ストーキングの現状と対策

守山 正［編著］

成 文 堂

はしがき

　2013年の初夏の頃だったと思うが、あるストーカー事件で親族を亡くされた方から連絡をもらい、相談したいとのことで大学近くのホテルラウンジで会うことになった。実は事前に、筆者の研究仲間であった樋野公宏さん（現在東大准教授）から話があり、知人にストーカー事件の遺族がおり、犯罪学の専門家を紹介して欲しいと相談され、筆者を紹介したので相談にのって欲しいとのことであった。その遺族こそ逗子事件被害者の実兄、芝多修一氏であり、まさしく本書の執筆者の一人である（第2章Ⅰ担当）。われわれは何度か会合を重ねたが、その際、筆者の印象では、芝多さんの考えや意見は、従来の重大事件の被害者遺族とはまったく異なり、遺族の苦痛や苦悩だけを強調するというよりも、きわめて客観的に逗子事件を分析され、さらに将来のストーカー事件をいかに防ぐべきか、対策のあり方を熱弁されていた。さすがに研究者の発想だと感心した記憶がある。その根底には、いわば「ストーカー加害者の救済」ともいうべき視点も含まれ、そこまで考えなければ結局はストーカー被害者を続出させる結果を招くという話であったように思う。要するに、芝多さんの思いは単に一遺族の域を越え、他の多くのストーキング被害をいかに防ぐかに注がれていた。

　われわれはその後、いくどか会合を重ね、将来の研究活動について議論した。そして、私がとりあえず提案したのが、研究団体を組織し定期的に開催して、一定の成果を発表することであった（その後、団体名を「ストーカー対策研究会議」とし、二人が共同代表を務めた）。もちろん、逗子事件は一般社会だけではなく、ストーカー事案を扱う刑事司法機関にも大きなショックを与えた。それは、連日のようにマスメディアが警察や保護観察所の失態や連携のまずさを強く批判したからであり、そこで桶川事件後、法整備がなされたにもかかわらず、このような悲劇を生んだ背景について官庁主体で組織された有識者会議が被害者遺族も交えて、問題点を議論した。しかし、われわれは官庁による会議の検討事項にも限界も感じていた。なぜなら、どうしても被

害者や遺族を意識したものにならざるを得ないからである。

　さらに、筆者はつねづね、ストーカー規制法は、その内容からして「被害者を加害者からいかに遠ざけるか、うまく逃げさせるか」を主旨としているように感じていたが、まさしくその懸念が逗子事件で的中したと言わざるを得ない。芝多さんが「加害者へのアプローチ」を強調されたのは、おそらく逗子事件を詳細に辿っていくと、ストーカー被害者が逃げとおせることが困難であると実感されたからではないかと思われる。それは、本書の中で芝多さんの「警察に"落ち度"が一切なく現在の法律と体制のもとで最善の対応を取っていたとしても、事件は防ぐことができなかったのではなかろうか」(43頁)という記述に端的に示されている。

　そこで、われわれの研究会議は科学的知見に基づいた議論を意識し、また運動論になることもできるだけ避けるようにした。もちろん、運動論は立法や法改正などに一定の影響を与えることもあるが、議論が一方の主張に偏り、他の見方をする人々の関心を失うおそれがある。

　しかしながら、研究会議を開始するまでに、種々雑多な事項を決定するために比較的多くの時間を要した。資金が無いなかで事務組織をどうするか、事務局をどこにおくか、誰に声をかけるか、発表者をどのように選ぶか、会場をどう確保するか、など。さいわいにも、芝多さんの努力もあり、比較的多くの人の賛同が得られたが、その間、芝多さんとしばしば連絡が途絶える時期があり、当然ながら、芝多さんにも遺族としての深い苦悩があり、このような組織を提唱して運営していくには心理的な負担も相当大きかったのではないかと想像している。

　しかし、このような苦難を乗り越えて、ようやく第1回目の研究会議の開催にこぎ着けたのは2014年11月のことである。もっとも、その苦労も多くの注目を浴びることで報われたように思われる。というのも、逗子事件はわが国のストーカー対策の転機を象徴する事件であり、その遺族である芝多さんはその当時、マスメディアでの露出度も高く、テレビや新聞などにもしばしば登場されていた。そのこともあって、われわれの研究会議もメディアで注目された。実際、第1回目の会合では多くのメディアが会場に現れ、やや異様な雰囲気でもあった。この会合では、発表者として芝多さんが現行の「ス

トーカー対策の問題点」を指摘し、筆者が「イギリスの対策状況」を紹介した。それから、第2回は2015年2月、高野氏による「カナダ・ストーカー対策」、第3回は同年6月に「ストーカー対策と警察」と題して内海氏（警察政策研究センター）と島田氏（科学警察研究所）、同年10月には「保護観察」をテーマに田島氏（東京保護観察所）と生島氏（福島大学）が研究発表を行い、このうち、芝多氏と筆者、さらに高野氏、島田氏、生島氏が本書にそれぞれ寄稿している。

　この研究会議と並行して、研究発表の公刊も企画し、さいわいにも当時の日立みらい財団『犯罪と非行』誌178号（2014年）が掲載を承諾してくれて、さらに多くの人々にこれらの活動を知られることとなった。同誌には、研究会議では発表の機会がなかった後藤氏（千葉大学）、櫻井氏（当時、警視庁生活安全総務課）、福井氏（精神科医）、廣井氏（立命館大学）などの論文も収録されており、これらの方々のうち、後藤氏、福井氏、廣井氏は本書でも執筆されている。このようにして、2013年から2015年にかけ、ストーカー対策の論点を客観的に議論する場が提供されたのである。その間、芝多氏のストーキング問題に対する関心や熱意はとどまることを知らず、各種学会や研究会への参加はいうまでもなく、刑務所の見学、実務家や研究者、さらにはNPOなどの活動家などへのインタビューなど、全国を駆け巡り、その間には、前述のとおり、マスメディアでも意見を述べるなどまさに精力的であった。若干の行き過ぎの部分もあったようにも思われるが、おそらく芝多氏にとってこの取り組みは文字通り、妹の死を無駄にするまいとするライフ・ワークではないだろうか。

　それからまた、しばらく時間が経過した。それでもなお、ストーカー関連の学術的な専門書がないこともあり、われわれが研究会議を立ち上げた当初から確認していたことの一つは、最終的には、上記に示したこれらの議論をまとめ、一冊の書籍として出版することであった。本書では、これらの内容を拡大し、刑事司法機関の実務家、科学警察研究所研究官や法学者、心理学者、精神医学者だけにとどまらず、社会学者、社会心理学者、臨床心理家なども交え、さらに諸外国の状況についても執筆項目を増やしており、現在のところ、考え得るストーキング対策への最も多角的で科学的なアプローチが

できたのではないかと秘かに自負している。つまるところ、多くの機関や組織、人々が関わって協働し被害者だけでなく、加害者も救済しなければ、ストーキング問題は根本的に解決しないということである。

　なお、最後に、こんにちの出版不況にありながら、本書の出版を快諾して頂いた成文堂社長の阿部成一氏、ならびに編集部の篠崎雄彦氏には謝意を表したい。

　　平成30年11月

編　者
守　山　　正

目　次

はしがき

序　章　現代社会とストーキング

　　一　はじめに …………………………………………………………… 1
　　二　ストーキングとは何か …………………………………………… 2
　　三　ストーキングの実態 ……………………………………………… 5
　　四　ストーキング法制 ………………………………………………… 6
　　五　加害者と被害者の特徴 …………………………………………… 8
　　六　ストーカーへの対応―医療機関の役割― ……………………… 13
　　七　おわりに―将来の課題― ………………………………………… 16

第1章　ストーキングの現状と警察の対応

　　一　はじめに …………………………………………………………… 19
　　二　ストーキングの現状 ……………………………………………… 19
　　三　警察によるストーキングへの対応 ……………………………… 22
　　四　今後の課題 ………………………………………………………… 35
　　五　おわりに …………………………………………………………… 36

第2章　ストーキングの被害と救済

　Ⅰ　被害者救済の総合的対策 …………………………………………… 39
　　一　はじめに …………………………………………………………… 39
　　二　逗子事件の概要と遺族の思い …………………………………… 40

三　警察によるストーカー対策の進展と課題 …………………………… 44
　四　柔軟な相談・サポート窓口の必要性 …………………………… 47
　五　多様な加害者対策 ……………………………………………………… 54
　六　おわりに ………………………………………………………………… 63

II　ストーキング被害への取り組み ……………………………………… 67
　一　ストーキングが侵害するもの ……………………………………… 67
　二　ストーカーと被害者の関係 ………………………………………… 68
　三　加害への対処 ………………………………………………………… 70
　四　被害者への支援 ……………………………………………………… 73
　五　DV・ストーカー犯罪後の対策 …………………………………… 77

第3章　ストーキング加害者へのアプローチ

I　ストーキング加害者への司法臨床
　　―100事例の質的分析をもとに― …………………………………… 85
　一　はじめに ………………………………………………………………… 85
　二　ストーカー対策の現状と課題―大阪府警の100ケースの質的分析(1)― … 86
　三　ストーカーに対する法と臨床の必要性 …………………………… 88
　四　悪質なストーカー加害者の攻撃性 ………………………………… 89
　五　怨恨と甘え ……………………………………………………………… 90
　六　ストーカーの怨恨と攻撃性―大阪府警の100ケースの質的分析(2)― … 93
　七　ストーカーに対する司法臨床 ……………………………………… 99
　八　ストーカーへの対応の課題 ………………………………………… 103

II　ストーカーに対する保護観察 ………………………………………… 105
　一　はじめに ………………………………………………………………… 105
　二　加害者の刑事処分の現状 …………………………………………… 105
　三　加害者に対する保護観察 …………………………………………… 110
　四　加害者に対する保護観察処遇の事例 ……………………………… 113

五	加害者と暴力のリスク	115
六	加害者に対する保護観察の今後	117
七	おわりに	123

Ⅲ　ストーカーに対する社会復帰支援 …………………………… 125
  一　はじめに ……………………………………………………… 125
  二　社会内処遇の可能性と課題 ………………………………… 125
  三　立ち直り支援の機能、その必要性 ………………………… 127
  四　境界性パーソナリティ障害への働きかけ ………………… 129
  五　ストーカーの社会復帰への道筋 …………………………… 135
  六　おわりに ……………………………………………………… 136

Ⅳ　ストーカーに対する治療 ……………………………………… 139
  一　警察等法執行機関と医療の連携の歴史的背景 …………… 139
  二　ほっとステーションと地域のネットワーク ……………… 141
  三　ストーカーに対する実践 …………………………………… 145
  四　おわりに ……………………………………………………… 148

Ⅴ　ストーカーへの教育・治療 …………………………………… 151
  一　はじめに ……………………………………………………… 151
  二　ストーカーの心理・病理 …………………………………… 151
  三　介入・治療 …………………………………………………… 156
  四　ストーキングの多様性に応じた介入 ……………………… 167
  五　プログラムの運用体制 ……………………………………… 170
  六　おわりに ……………………………………………………… 171

第4章　ストーキングの実証研究

Ⅰ　ストーカー相談に対する警察官の意識 ……………………… 175
  一　はじめに ……………………………………………………… 175
  二　警察署担当者等に対する調査の目的及び方法 …………… 177

三　調査結果 …………………………………………………… 178
　　四　考　察 ……………………………………………………… 183
　　五　おわりに …………………………………………………… 188

Ⅱ　親密型と非親密型のストーキング
　　　―相談記録の分析と一般市民の調査から― ………………… 191
　　一　はじめに …………………………………………………… 191
　　二　相談記録の計量テキスト分析 …………………………… 196
　　三　一般市民対象の被害調査 ………………………………… 202
　　四　おわりに …………………………………………………… 207

第5章　ストーキングに対する法規制

Ⅰ　ストーカー規制法の構造と問題点 ……………………………… 211
　　一　はじめに …………………………………………………… 211
　　二　ストーカー規制法の成立とその構造 …………………… 213
　　三　ストーカー事案に対する対応の変化 …………………… 219
　　四　おわりに …………………………………………………… 228

Ⅱ　ストーカー総合対策と機関連携 ………………………………… 232
　　一　はじめに …………………………………………………… 232
　　二　総合対策（2015年）のポイント ………………………… 233
　　三　改訂総合対策（2017年）のポイント …………………… 236
　　四　機関連携の意義と課題 …………………………………… 240
　　五　おわりに ―残された課題― ……………………………… 245

第6章　ストーキングの病理

Ⅰ　精神医学からみた病理 …………………………………………… 251
　　一　はじめに …………………………………………………… 251

	二 ストーカー病	251
	三 刑罰の限界と精神医学的アプローチ	258
	四 おわりに―今後の課題―	262

Ⅱ 社会学からみた病理 …………………………………… 265
　一　はじめに …………………………………………………… 265
　二　昔のストーキング類似態様 ……………………………… 265
　三　大胆な仮説 ………………………………………………… 269
　四　おわりに …………………………………………………… 272

Ⅲ メディアが伝えたストーカー事件 ………………… 274
　一　はじめに …………………………………………………… 274
　二　用語「ストーカー」の定着 ……………………………… 274
　三　最初の転機（1999年）―桶川事件など― …………… 275
　四　2度目の転機（2011〜12年）―西海事件と逗子事件― … 278
　五　3度目の転機（2013〜16年）―三鷹事件と小金井事件― … 281
　六　加害者対策の必要性と課題 ……………………………… 284
　七　おわりに …………………………………………………… 285

Ⅳ 心理学からみたストーキング ………………………… 288
　一　はじめに …………………………………………………… 288
　二　関係破綻後の感情や行動 ………………………………… 288
　三　喪失からの立ち直り過程とストーキング ……………… 290
　四　関係破綻後の感情や行動およびストーキングに関する性差
　　　……………………………………………………………… 292
　五　ストーキング加害のリスク要因 ………………………… 294
　六　ストーカー行為の種類とストーカーの分類 …………… 299
　七　おわりに …………………………………………………… 302

第 7 章　海外におけるストーキング対策

- Ⅰ　イギリス ………………………………………………………………… 307
  - 一　はじめに ……………………………………………………………… 307
  - 二　ストーキングの現状 ………………………………………………… 308
  - 三　ストーキング関連法 ………………………………………………… 310
  - 四　ストーキング対策 …………………………………………………… 321
  - 五　ストーキング処理に関する監察調査 ……………………………… 330
  - 六　今後の課題 …………………………………………………………… 334
- Ⅱ　カナダ …………………………………………………………………… 340
  - 一　はじめに ……………………………………………………………… 340
  - 二　ストーカー加害者の類型 …………………………………………… 341
  - 三　精神病理としてのストーカー問題 ………………………………… 343
  - 四　DV の延長上としてのストーカー問題 …………………………… 344
  - 五　ストーカー・リスク・アセスメント ……………………………… 347
  - 六　SAM の構成について ……………………………………………… 347
  - 七　アセスメントの流れ ………………………………………………… 349
  - 八　おわりに ……………………………………………………………… 350
- Ⅲ　オーストラリア ………………………………………………………… 353
  - 一　はじめに ……………………………………………………………… 353
  - 二　ストーキング法制の概略 …………………………………………… 353
  - 三　ストーキング法制の例 ……………………………………………… 355
  - 四　ストーキングの実態 ………………………………………………… 361
  - 五　加害者対策 …………………………………………………………… 368
  - 六　おわりに ……………………………………………………………… 372
- Ⅳ　ドイツ …………………………………………………………………… 377
  - 一　はじめに ……………………………………………………………… 377
  - 二　犯罪予防の概念とその根拠 ―ストーカー問題と刑事法― ……… 377

三　ドイツにおけるストーカー規制についての歴史的展開 ………… 378
四　犯罪統計に見る238条の運用状況 ……………………………………… 382
五　刑法238条の改正 ……………………………………………………………… 391

序　章　現代社会とストーキング

一　はじめに

　わが国に限らず、ストーキングの問題は世界的に深刻な状況がみられ、各国はその対応に苦慮している。なぜなら、その前兆現象は犯罪の構成要件に該当しない場合が多く、またその後の展開、危険性を予測しにくいからである。イギリスでみられた事例では、ある男性が街角で魅力的な女性を見初め、付き合いを求めて花束を贈ったことがストーキングの契機となった。最初は男性の善意として喜んでいた女性も、その後毎日のように送りつけられる花束に次第に恐怖を感じるようになり、花束を拒否したにもかかわらず、男性が女性宅に押しかけるようになって、彼女ははっきりとストーキングを認識するようになったのである。まさしく、この事例では、ストーキングが一回的な行為ではなく、望まれないのに、それが繰り返されることで恐怖に転じる特徴を明瞭に示している。

　ストーキングは現代的な現象かという問いがあるが、筆者が知る限り、昔からみられたように思われる。もっとも、古い話として、電車の中で好みの女性を見つけた男性が、毎日のように女性が下車する駅で待ってラブレターを渡し、その後付き合いに発展したなどいうことが、むしろ微笑ましい話として伝えられた。当時、携帯電話もなく、確かに接触するには物理的に出会うしかない時代であった。その時代、この種の話は今でいうストーキング、迷惑行為という扱いはされなかったように思う。米国でも同様のことが語られており、歴史的にはロマンティックとして扱われた時代があるという（昔からストーキングはあったのかについて、本書でも第6章Ⅱで別の角度から論じられている）。

　それでもなおやはり古い話で、飲んだくれの暴力的な夫が実家に逃げ帰っ

た妻を取り戻そうと毎日のようにその実家に押しかけ、近所を巻き込んだトラブルを引き起こした事例も囁かれていたので、微笑ましい話ばかりではなく、これは当時でも、その用語はなかったにせよ、ストーキング類似の行為として受け取られていたかもしれない。

このように、時代や社会によっても、この種の受け止め方や感じ方は異なるが、現代社会では、比較的遠隔の地にいる者でも種々の通信手段を利用して、被害者やその周辺の人たちを追いかけ回す行為は、脅威を与える行為として受け止められるようになっているのは間違いない。そして、この種の行為はもはや個人や地域で解決できる問題ではなくなり、公的機関の処理が期待されるようになっている。まして、前述のように現代社会のITやインターネットの普及により、地域や時間を超えて他人に接触する手段や機会が増える時代になると、サイバー・ストーキングなども含め、いっそう刑事司法機関や精神医療機関による問題解決力が求められているといえよう。

二　ストーキングとは何か

1　ストーキングの問題認識

'stalking' という語は、もともと狩猟の際に動物の獲物を追いかけるハンターの行動に使われたという[1]。それが人の行動に使用されるようになったのは比較的新しく、1980年代になった辺りであろう。当時はどちらかというと有名人に対するそのファンの執拗なつきまといや侵入行為（いわゆる「スター・ストーキング」）であったが、やがて次第に、一般人に対する行為として広がり始め、世界的にも重大な社会問題として認識されるようになったのである（その理由や背景について論じるのは本書第6章Ⅱ）。

その典型的な行動パターンは、直接の電話、被害者の自宅や職場への押しかけ、手紙やメールの送信、つきまとい、贈り物の送付などであり、それらを継続、反復することによって被害者への精神的圧力が強まり、恐怖が次第に高まる構図である。この脅威が最も端的に現れたのが、スター・ストーキングとしてアメリカ・カリフォルニア州の女優レベッカ・シェーファー事件であり、犯人は何年も彼女の追っかけをしていた男性のファンであった。そ

こで、カリフォルニアでは州法において、ストーキングという語は使用されていないが、世界で初めてこの種の行為を犯罪（常習的な悪意あるハラスメント）として処罰する法令を制定した。1990年のことである。これを契機に、アメリカの全州、オーストラリア、イギリスほか他のヨーロッパ諸国（ドイツ、オランダ、ポーランド）、そして日本でも法制化されている（これらの詳細については、本書の各項、とくに第7章を参照）。

2　定　義

　世界的にみて、上述のようにストーキング対応の法制化が進んでいるが、多くの立法者を悩ましているのがストーキングの定義である。また研究者にとっても、定義が不明瞭であったり、欠如したりして、実証研究を含め比較研究が行いにくい側面がある。かりに「つきまとうこと」と定義した場合、一回的なのか継続的なのかの頻度が示されておらず、このような行為は日常活動でもみられるし、必ずしも有害とも言えない場合もある。先に挙げたストーキングの典型的な行動パターンも、一般に社会的に受けいれられているものもあり、直ちに違法とも言いがたい。しかも、他方で、個人の「市民的自由」も保障されねばならない。実際、ストーキングに対する法規制に反対する論者は、集合する権利、行動・言論の自由など憲法が要請する諸条項に違反する恐れを指摘する[2]。そこで、これらの行動が社会的な許容度の一線を超えたとき、初めてストーキングの違法性を帯びるといえようが、はたして社会の許容度は奈辺にあるのか。

　社会の許容度を超えるのはどの程度か。二回か、三回か、あるいはそれ以上か。また、その行動の期間はどれくらい継続した場合をいうのか。短期間に集中した場合と長期間に散発した場合とではストーキングの判定は異なるのか。さらに、その際、被害者の恐怖の程度をどの程度考慮すべきか。一回的でも恐怖を感じる被害者もいれば、複数回でもそうは感じない被害者もおり、行為者の意図を被害者がどのように受け止め、あるいはその行動をどのように感受するかなど、ストーキングを定義し、判定する問題は尽きない。多くの法学者は、無害な行為までにストーキングのラベルを貼ることに躊躇する傾向があり、立法者がストーキングの閾値を下げることに警戒的であ

る[3]。ただ、そうなると、逆に被害者への対応や救済が遅れるおそれもあり、この閾値を決定することは非常に厄介である。このため、法律上においてストーキングの明確な定義を回避したり、間接的な列挙事項にとどめたりする例がみられる。

そうとはいえ、ストーキングの中心的課題は、被害者の恐怖をどう判断するか、それに対して法執行機関がどれだけ早期に対処し、最終的に被害者を救済しうるかにある。現在の恐怖と将来の恐怖は通常、重層しており、外形的にみられる行為者の行動は社会的には日常的であっても（たとえばメールを送信する）、それが将来の暴力の予兆、あるいは威嚇と捉えられれば、被害者にとっては脅威となる。ただ、行為者が被害者に与える恐怖、あるいは恐怖を引き起こす意図が法律上の要件とされる場合、それを証明することはきわめて困難なことが多い。往々にして、行為者は被害者に愛情を抱く場合があるからである。そうであれば、結局、ストーキングの法的定義は、何をめざすのかによって決定されるべきこととなる。最終的に、関連法令が被害者の恐怖の軽減を目的とするのであれば、恐怖の程度や閾値は若干低くなってもやむを得ないように思われる。

ストーキングの定義は研究者において種々試みられている。たとえば、「ある者が他の者に対してある程度の恐怖や威嚇を引き起こす方法で、反復継続した望まれない侵害によって特徴づけられる問題行動」[4]、あるいは米国のNIJ（国立司法研究所）では、「他人に対して、被害者に恐怖を惹起する意図で、反復してあとを付け、嫌がらせをし、脅すこと」などと定義されている。また、その侵害方法は多様であり、前述のとおり電話・SMS、SNS（Eメール、ブログ・掲示版、その他の媒体）を通じて音声、文字、画像などにより相手が望まないコミュニケーションが繰り返される。さらには具体的行動として、被害者への付きまとい、その周辺のうろつき、監視などによってもアプローチを図ろうとする。それが昂じると、器物損壊、窃盗、名誉毀損・侮辱、訴訟の濫用などに転じる。これを総合すれば、ストーキングの共通の要素としては、①反復、継続されること、②相手の意思に反すること、③深刻な苦悩を与えること、などを指摘できよう。そして、先述したように、これらは短期的な行動パターン（通常、不審者や遠距離にいる旧知の者による）と長期

的な行動パターン（通常、元配偶者や元恋人による）がみられ、いまでもなく、より深刻で危険なのは後者であり、それが最悪の事件になると、個人やその親族だけでなく、一般社会にも大きな衝撃を与える。

三　ストーキングの実態

　ストーキングは、それでは実際にはどれくらい発生しているのか。一般社会において、どの程度の広がりが見られるのか。これについて明らかにするためには、各種の調査が必要である。その手法は、一般には自己報告（self-report）方式が用いられる。アンケート調査やヒアリング調査では、通常ストーキングの基準や定義が示されないために、多くの調査結果では、回答者（被害者）の主観、感情、感性の影響を受ける。それでもなお、概ねの傾向や実態は明らかになる。他方、わが国で計測されているように警察の相談事案件数の統計も、その実態把握に役立つ。各種アンケートの質問紙を使用した調査よりも、警察に対する相談件数は、悩んだ末に敷居の高い警察を訪問した人たちであるから、より深刻な状況を抱える人からの相談と考えられ、他方、一般調査の方は必ずしもストーキングに直面していない場合も多く、比較的気楽に答える可能性があり、ストーキング被害率は高くなる傾向にあると思われる。ちなみに、わが国では2017年でストーキングに関して全国の警察署に２万3,000件の相談が寄せられている（実態については、本書各所で紹介されている。とくに第１章）。

　各国の調査では種々のデータが示されている。本書でも後述されているが、たとえば、イギリス（イングランドとウェールズ）で政府による大規模な犯罪被害調査（旧BCS、2011年・12年実施）では、16歳から59歳までの女性18.1％、男性9.4％が16歳以降にストーキング被害に遭遇したと答えている。過去１年では、同じ年齢層で女性4.1％、男性3.2％となっている。オーストラリアの調査（2016年個人安全調査）では、18歳以上の者につき女性17％、男性6.5％が15歳以降にストーキングの被害があったとし、過去１年でも女性3.1％、男性1.7％が推計されている。もっとも、これらの国の統計にはストーキング以外のハラスメントも含まれており、実際、オーストラリアでは男性

の被害の69％は同性からの行為であった。

　さらに、ストーキングの実態を知る指標としては、裁判統計が参考になる。つまり、どの程度の人員がストーキング関係で検挙され、有罪判決を受けているか。もちろん、加害者を起訴する際にはそれなりのスクリーニングが行われ、さらに裁判で有罪判決を受けるのはかなり少数になることが予想される。実際、たとえば、イギリスでは2017年でストーキング（ハラスメントを含む）の認知件数が1万件ほどであるが、そのうち起訴されたのは25％であり、さらに有罪判決を受けたのはそのうちの20％（50人）であった。しかも、刑罰としてはその3分の2はコミュニティ・サービス命令（わが国の社会貢献活動制度に相当）であって、拘禁されたのは3分の1にとどまる（イギリスの状況については本書第7章Ⅰ参照）。同様に、ドイツではストーキング・付きまとい行為（ドイツ刑法238条）で検挙された者が1万5,000人を超えながら、有罪判決を受けた者は150人程度であり、わずか1％にとどまるなど、ストーキングの深刻な実態と乖離しているように思われる（ドイツについては、本書第7章Ⅳ参照）。これは、ストーキングの外形が「つきまとい」など軽微な行為形態であり、実害が判断されにくいからであろう。このように、裁判ではストーカーに対する刑罰の付与は、実定法の形式にもよるが、かなり控え目に行われているのが実情である。

四　ストーキング法制

　最初のストーキング法制は、先述のように1990年のカリフォルニア州のものであるとされる。その意味では、ストーキングへの法的対応は比較的新しい。そして、1990年末から2000年初めにかけて、その他の英語圏、さらにはヨーロッパ諸国の法域へと広がった。その時代、いわばストーキング立法化の第1期は、ストーキング自体を犯罪とするのではなく、物理的な暴力への前兆事案として捉え、それを未然に防ぐことが主要な目的とされた。その後の法制、つまり第2期の立法化では、さらに進んで、ストーキング自体を有害行為とみなし、犯罪の構成要件が構築された。但し、このようなストーキングを独自に犯罪化する現象は、ヨーロッパ、北アメリカ、オーストラリ

ア・ニュージーランド、そして日本などであり、これらの国以外ではあまりみられない。すなわち、その他の国ではむしろ DV 法で処理され、その結果、実際のケースにおけるストーキングの扱いは、対象が元配偶者の女性に限定されるなど、ストーキングという意識に乏しいとされる[5]。また、実際ストーキングを犯罪化している国々でも DV との結びつきを重視する法制を採用している国は多い（たとえば、オーストラリア）。

　ストーキング法を有する法域では、通常、行為を証明するためには、3つの要素が求められる。第1に、一連目的行動（course of conduct）である。つまり、複数回継続した行為であることである。この用語は、イギリスやアメリカ、さらにオーストラリアの法制にみられ、一回的な迷惑行為と識別するための基準である。継続、反復することで次第に相手に脅威を与えることから、「一連目的行動」はストーキングの重要な要素である。もっとも、法域によってこの扱いは異なり、この要件を法律上定義する場合（オーストラリア）と、禁止すべき行動類型を列挙する場合（イングランドとウェールズ）がある。第2に、行為者の意図（perpetrator's intent）である。多くの国のストーキング法では、行為者において被害者を害する意図があるか、あるいは害悪を引き起こす意図があるかを要件とする。第3に、被害者の恐怖（victim's feeling of fear）である。もっとも、この要件は被害者の主観に依存することが大きいことから、たんに本人が感じた恐怖の程度だけでなく、一般人（reasonable person）の感覚が基準とされる。つまり、一般人であれば誰もが感じた恐怖であるかどうかという基準である。

　ストーキング法制ではさらに、このような行動に対してどのような手続きで処理するのかという問題がある。たとえば、民事裁判の不法行為として処理するのか、刑事裁判で扱うのか。それとも刑罰を使用しないで、精神医療の領域で扱うのか。あるいは両領域で処理するのか。多くの法域では、ストーキングの初期段階では民事裁判で被害者の保護を企図した保護命令（実質的な接近禁止）を出し、これに違反すると犯罪として刑罰を科している。わが国の場合は、「つきまとい等」の反復に対するストーカー行為罪のほか、たんなる「つきまとい等」に対しては行政的な措置（警告や禁止命令）を科し、それに違反すると犯罪化している。また、刑事裁判で処理する場合、多

くの法域では、軽罪（misdemeanor）とする場合と重罪（felony）とする場合とがあるが、これは行為の性質や状況にもよる。もっとも、先述したように、このようなストーキングの犯罪化は、世界的にみても比較的新しい現象である。多くの国で被害者が、かつて放任されていた事情は同じである。

いずれにせよ、こんにちのストーキング法制は、従来の身体的害悪の付与、より具体的には暴行・傷害、殺害といった実害が生じた後に逮捕し処罰するという態様から、このような明白な行為や結果が生じる前に被害者等が恐怖を感じる段階での介入策へと推移している。まさしく、行為の未然予防、処罰の早期化が進んでいるといえよう（これについて、わが国でも犯罪予防の観点を検討すべきとする意見がある。本書第4章Ⅰ参照）。それは、被害の最悪の事態を回避すること、つまり被害者救済を主要な柱とするようになったからである。もっとも、このような動きについては過去の行為を処罰することを目的とする刑法のあり方とは異なるとして各国で議論を呼んでいる（とくにドイツの議論、本書第7章Ⅳを参照）。

五　加害者と被害者の特徴

1　被害者の特徴

ストーキングは加害者と被害者の相互関係において発生するが、実際には被害者がその中核になる。なぜなら、ストーキングは被害者がそれと感じるかどうか、そう定義するかどうかが鍵となるからである。多くの場合、行為者の行動が不適切であったり、未熟であったりして、それが被害者に不安や恐怖を引き起こし、次第に違法性や有害性を帯びるのが一般的である。たとえば、夫婦であれ恋人であれ、近しい関係にあった男女の別れ話の際に、その処理が首尾良く行われないとストーキングが発生しやすいことは多くの論者が指摘するところである。つまり、人間関係失敗の所産ということであるが、この場合にも、ストーキングか否かの決定的要素となるのは、被害者の忍耐や感受性である。

ストーキングはこのように人間関係の崩壊や崩壊の恐れを契機に発生する場合が多いが、一般的には、次のように被害者の対人関係によって分類され

ている。①以前の性的パートナー。もっともよく見られるケースは、ある男性と親密な関係にあった女性が被害者になる場合であるが、逆に女性が男性や同性の女性に対してストーキングを行う場合もみられる。これらの場合多くは親密関係が終了している。②家族・友人。現在も婚姻関係にありながら、DVなどによって別居している事例などがある。DVとの結びつきが強いのが特徴である。また、友人としては、いわゆる「デート・ストーキング」があり、デート相手がストーカーになる事例である。③職場の同僚ないし元同僚、あるいは顧客。現在ないし過去の雇用関係、さらには取引関係から生じるストーキングである。これらの関係が拗れると当人の間だけでなく、職場に関係する人々が巻き込まれる事例もある。もっとも、これらの場合の多くはパワー・ハラスメントやセクシャル・ハラスメントとの境界があいまいである。④隣人。地理的に近い関係で日常的な接触から生じる。このような場合、居住地を変更して解決を図る隣人もいる。⑤専門家。これは特定の職業的専門的な関係がある場合で、医者と患者、弁護士と顧客、大学教員と学生などの関係から生じる。⑦その他、有名人のファンや全くの未知の者、つまりストーカーが不審者である場合である。

次に問題となるのは、被害者の心理的、精神的ダメージである。これらの被害者には共通して、ストーキングが止んだあとも、自らの人生に対する統制を失った喪失感が強く、それが昂じると他人への不信感が広がり、誰も信じられなくなるような事態に陥る。研究調査によると、短期的な嫌がらせを受けた被害者と（2週間以上の）長期的なストーキングを受けた被害者の比較では、後者が前者に比べ一般的な精神疾患罹患率が有意に高く、そのうち凄惨なストーキング被害を受けた者では自殺念慮率がさらに高く、事実、後者は前者よりもPTSD発症率が3倍高いという[6]。

さらに被害者で問題となるのは、いわゆる二次的被害者、「波及効果（ripple effect）」である。つまり、一次的被害者の関係崩壊によって影響を受ける人々であり、この中には被害者のパートナー（新しい配偶者、恋人）、家族（両親や子ども）、会社の同僚、近隣住民などがストーカーの標的となる場合である。実際、わが国の事件でも、桶川事件、長崎西海事件などでは家族も嫌がらせや暴行・殺害などの被害にあっている。

2 加害者の特徴

　加害者に関する単一のデモグラフィックな特徴というのは確認されていないが、外国の研究では、ストーカーになりやすいのは女性よりも男性であるという点である。また、女性ストーカーは同性をターゲットにする比率が男性よりも高いという傾向もみられる。同様に、性別ではストーキングの継続期間には相違はないが、ストーキングの背景や動機では男女差がある一方、行為の侵襲的（intrusive）性格、被害者への影響度はさして変わらないとされる。さらに、ストーカーと他の罪種の犯行者と比較すると、一般にストーカーは他の犯行者よりも年齢が高く、独身で別居・離婚を経験し、比較的学歴が高く、知的水準は高いとされ、ただ犯行当時は無職という調査結果もみられる。もっとも、ストーカーと他の犯行者には相違はないとする論者も少なくない。

　ストーカーの心理的特徴としては、他人との不安定なアタッチメント（「愛着」と訳される場合がある）、境界性人格などが指摘されている。前者に関しては、不適切な対人的アタッチメントの一般的なパターンを示し、対人関係の構築と継続が苦手で、感情易変で情緒不安定などが円滑な対人関係を困難にしているとされる。わが国の議論でも、ストーカーの特徴として、攻撃性と依存性が共存するといわれ、とくに依存性については「甘え」概念が援用されている（本書第3章Ⅰ）。

　いずれにしても、ストーカーに対する海外の調査では、精神障害、精神疾患の罹患がみられ、やや古い調査でも、ストーカーの約14%に精神衛生上の問題、つまりストーカー固有の障害があるとされる。とりわけエロトマニア（erotomania）については、若干の示唆がある。エロトマニアとは、特定の相手が自分を愛していると思い込む妄想的な疾病（恋愛妄想）であり、それゆえに、このタイプのストーカーは愛情対象を追い求めるタイプである。もっとも、ストーカーにエロトマニアが多くみられるかというと、そうでもないとする調査結果も少なくない。せいぜい4%～12%程度とされる。むしろ、ストーカーの中には統合失調症の罹患者が多いという指摘もある。ただ、統合失調症がストーカーに特徴的な疾病かというとこれも肯定することは難しい。一般に、多くの犯罪にこの疾病が散見されるからである。躁鬱

病、気分変調、大鬱病などもストーカーに見られるが、さらに人格障害（非社会的、芝居的、境界的、ナルシスト的）を伴うストーカーの例も報告されている（いずれにせよ、これらについては本書第3章I、V、第6章Iに詳しい）。

海外の例では、さらに、ストーカーと薬物濫用の関係が論じられているが、わが国で報告事例は少ない。海外の調査ではまちまちであるが、薬物濫用のストーカーの存在は、2％～70％の広がりがみられる。しかし、これも海外の他の犯行者にも薬物濫用者が多い点に鑑みると、ストーキングの固有の現象とは言いがたいであろう。

3　加害者の分類

多くの研究者がストーカー行為者の分類を試みており、本書でも各執筆者が類型論を試している（たとえば、第3章および第6章）。ここでは引用の多いミューレンらの例を参考にする[7]。

(1)　**拒絶型**（rejected）

もっとも共通した一般的なタイプとされる。過去のパートナーや友人との関係が断絶し、相手が関係修復を拒絶しているにもかかわらず、依然ロマンスを求めて人間関係における和解を執拗に求め、それが果たせないと分かると逆に復讐心を募らせるタイプである。このようなタイプの行為者は対人的、社会的スキルに欠け、友人や社会関係に乏しい。そのため、被害者にとって害悪性が強く、加害者自らの目的達成のために威嚇や暴力をもちいることも珍しくない。

(2)　**憤怒型**（resentful）

ある侮辱を感じたことを契機に、他人に対して復讐心を覚えて、その反動として相手を怖がらせ、不安を与えることを目的とするタイプ。実際には、過去にストーカーを怒らせるようなことをしなかった者も、ストーカーの主観からすれば侮辱を与えた者として見なされ、その標的になることがある。このタイプのストーカーは最も強迫的で持続的であって、被害者などの標的にとって大きな脅威となる。しかし、実際には被害者に対して言葉による威嚇、不満、罵りやその財物に対する器物損壊、ペットの殺害などは行うものの、物理的な暴力を用いることは稀れとされる。

(3) 略奪型（predatory）

ストーカーのタイプとしては最も少ないとされる。このタイプは、他人に対する支配や性的満足の願望にねざすストーキングの動機を形成する。しばしば、このストーカーは人格障害の症状を示し、最も多いのはサイコパスで一定程度の性的倒錯者である。さらに、ストーキングを行っている間は、被害者と直接接触することは少なく、典型的には被害者の監視、わいせつ電話、のぞき見などの行為を行う。被害者もこれらのストーカーとは顔見知り程度か、まったくの見知らぬ者である可能性が高い。

(4) 親密型（intimacy）

このタイプのストーカーは被害者と親密な恋愛関係を構築したいと望むことが動機となっている。通常、被害者に手紙やメール、ギフトを送付するなどして接近を試みるため、しばしばストーカーはこれだけ尽くしたのだから恩義を感じているはずと勘違いすることがあり、その関係をポジティブに捉えやすい。そして、その考え方を頑なに維持し、変えることは稀であり、そのうちに拒絶されていることを認識すると、動機が変化し、被害者を威嚇したり、害したりするようになり、拒絶型ストーカーに変質する。そして、被害者が別のパートナーとの現行の関係を維持したり、新たに構築することに激しい嫉妬を覚え、ときに被害者側の法的制裁にも動じず、自分の愛が本物であることを被害者に示すための行動をとり続け、その結果、ストーカーの中でも最も継続的、常習的な性格を有する。

(5) 不能型（incompetent）

このタイプも親密型と同様に、被害者とのロマンティックで親密な関係を構築したいという願望があるが、これを達成するための社会的スキルがないために果たし得ない。しかし、本人はこの行動が被害者にどのような影響や精神的ダメージを与えるかを理解できず、したがって被害者が拒絶する理由も理解できない。そこで、拒絶されても接触を試みようとし、ときに直接的な物理的接触（身体への接触、手つなぎ、キスなど）も図る。但し、このタイプは暴力を用いることは滅多にない。一般的にいって、このタイプは他のタイプと比較して継続的とはいえず、ただ、目先を変えて多くの標的を抱えるところに特徴がある。もっとも、警察などから警告や訴訟などを受けると直ち

にストーキングを止めることもある。また、精神医学的介入やカウンセリングの効果が比較的働きやすいとされる。

(6) **妄想型**（delusional）

このタイプの事例は、前述のとおり比較的少ない。いわゆるエロトマニア・タイプであり、病的な耽溺型である。しばしば、このタイプには社会的地位の高い者が含まれ、事例としては、医者、政治家、著名人・名士などの例がある。この種のストーカーは耽溺的であるが故に離脱させる（desist）ことが心理学的技法においても困難で、この行動が継続する可能性が高い。

六　ストーカーへの対応―医療機関の役割―

刑事司法機関による対応、とりわけ刑罰を使用した対応には限界があることは、しばしば指摘されている（とくに本書第6章Ⅰ）。なぜなら、多くの専門家はストーキングの根本原因を解決することなしに、将来のストーキングを防止することは困難であると考えるからである。仮に加害者に刑罰が科されても執行猶予である場合や実刑であっても早期に仮釈放が行われれば加害者は社会に出てきて、逆恨みで被害者を危険にさらすことになり、根本的な解決からはほど遠い。実際、逗子事件はまさにこのような経緯を辿った。要するに、刑罰の限界である。また、刑罰による拘禁刑を科しても、格別のストーキング対応のプログラムがない限り、事態は変わらない可能性が高いからである。他方、被害者の心理も複雑で、必ずしも厳罰を望まない場合も少なくない。とくに、犯罪が親告罪である場合には被害者が告訴に踏み切るには壁があり、躊躇するケースが多い。相手に対して愛情が残存している場合や逆恨みを恐れる場合があるからである。しかし、被害届を出さなかったために、結果的に深刻な事態に発展する事例はこれまでにもみられた（わが国のストーカー規制法はこのような観点から、2016年ストーカー罪を非親告罪に改正している）。また、被害者保護をうたう法制の下であっても、被害者への支援が困難な場合は少なくなく、実際被害者が住居を変えたりして身元を隠しても、いつまでのストーカーの手から逃げおおせる訳ではなく、それにも限界がある。現に、こんにちのインターネット社会では個人情報が氾濫して、身元を

特定するのはそれほど難しくなくなっており、逗子事件ではストーキング行為は断続的に6年間も継続している。

　そこで議論されるのが、ストーカー行為者の治療であり、精神医療機関の役割である。つまり、ストーカー対策の中核として、刑事司法機関以外、あるいはそれとの協働として、精神医療、臨床分野の領域が注目されている。海外の事例では、ストーカーが治療やカウンセリングを受けることを判決によって強制する場合や保護観察の遵守事項とされる場合が少なくないし、事例によって自由意思で治療を受けることに行為者が同意する場合もある。このような場合、訓練を受けた治療者（医師やカウンセラーなど）がストーカーの処遇を行うことになる。治療者は構造化されたリスク・アセスメントに精通し、ストーキング調査文献や法令にも明るい者が望ましいとされる。もっとも、先述したように、治療者が行う患者（ストーカー）に対する治療においては、治療者に対するストーキングの事例が紹介されており、治療者自身の安全や防御などに関する種々のリスクが存在することから、十分にこれらを認識し理解することが必要であるとされる。

　わが国でも、刑罰を中心とした法的アプローチと臨床的アプローチの融合や協働の必要性が強調されている（本書第3章Ⅰ参照）。そこで強調されているのは、法的アプローチを強めるほど加害者の怨念も強まるということであり、ストーキング行為を正当と思い込んでいる当事者からすれば、その禁止や阻止が強いストレスを生み、攻撃性が強まるという矛盾がある。しかも、わが国の法的対応の実際において、刑罰の執行過程、つまり矯正や保護の領域における犯罪者処遇の実践は、ストーカーに特化した形式としては、残念ながら乏しいのが実情である（もちろん、若干の試みはみられる。保護観察に関しては本書第3章Ⅱ参照）。もちろん、ストーカーに対する法的対応、つまり刑罰の適用は必要である。そこで、刑罰適用の場面で加害者への治療アプローチを活用する方法が考えられる。この点、近年導入された刑の一部執行猶予制度の対象者にストーカーを含めるという提案や裁判の判決で治療を強制する提案なども参考になる。但し、わが国の実情として、加害者に治療の場を提供するという試みも、加害者のその意欲や能力に欠けるとその効果がなく、そもそも確信的なストーカーほど治療に参加することを拒絶する傾向がある

といわれる。そこで、加害者の治療への参加をどのように確保すべきか。わが国の実例では、治療の現場に警察官が加害者と同行するなどのケースがみられるが、統計としては加害者の治療への参加率が低いのが現状である。

　それでは、このようなストーキングに特化した、心理的介入を伴う治療はどの程度の効果がみられるのか。世界的にみても、必ずしも十分な研究知見はみられない。ただ、数少ない研究成果として、弁証法的行動療法を試みた研究がある（本書第6章Ⅰ参照）。また、認知行動療法の視点から、過去のストーキング状況を解決するために、ストーカー自身がスキルを適用するのを支援する試みもある。これらのスキルの中には、情緒規制、問題解決、コミュニケーション・スキルなどがあり、これらは全て心理的介入の対象とされる。それに加えて、ストーカー加害者が自らストーキング行動の潜在的誘因となっている事項を認知させ、リスクの高い思考や行動パターンを確認させ、他の方策を実行させることも重要とされる。

　そして肝心なことは、最終的にストーカーがいわゆる犯罪からの離脱ができるかどうか。これは、犯罪学において、まさしく「デジスタンス（desistance）」問題として取り上げられている分野である。つまりデジスタンスへの準備や用意ができているか。処遇に参加するモチベーション、その能力や意欲が治療的効果を高めることは言うまでもない。参加するモチベーションが低い場合、将来のストーキングを回避するためには、治療者は対象者本人が自ら個人的な目標を見出すことに助力し、自分は行動を変えることができるとの展望を与え、自ら行った行動を考えたり語ったりして生じる情緒的な苦悩を削減してやることも必要である。

　もっとも、犯罪固有の介入策に着手する前に、扱うべき別の問題がある。簡単に言えば、精神障害や海外に多くみられる薬物依存（substance abuse）がストーキングに混在した場合である。実際、ストーキングに特化した処遇に関与する能力や意欲を阻害する共通の要因は、精神病や薬物乱用などの症状だからである。これらはストーキングのリスク・ファクターとなる。したがって、治療ではこのようなリスクを削減し、その他の負因対応の介入策に対象者が参加する機会を作らねばならないという指摘は少なくない（とくに本書第3章Ⅴ）。

七　おわりに―将来の課題―

　上記で考察したように、わが国のストーキング対策では依然として多くの課題が残されており、本書ではそれぞれの執筆者がわが国の制度を改善する各種の提案を試みている。それは、正しく被害者を「生き地獄」から解放する提案である。この点、海外の法制にいくつかの示唆が含まれており、参考のなるべき事項があるように思われる。

　本論を締めくくるに際して、最後に以下の3点を強調しておきたい。

　第1は、被害者（ないし潜在的被害者）に関する若干の問題の提示である。すなわち、被害者の行動や対応についても議論が必要ではないかと思われる領域がある。ストーキングの被害者の苦悩は生死に関わる場面もあり、非常に深刻であることは誰もが理解できるであろう。ただ、このような被害を生み出さないためには、被害者に対する救済だけでなく、被害者自身においても日頃の行動や対応に注意を喚起すべきではないかと思われる。これは決して被害者の落ち度や責任を追及するものではなく、いわば未然予防に属するアプローチである。しばしば議論になるが、ストーキングの問題はつまるところ、男女関係のもつれであり、多くは別れの際に生じるもめ事である。つまり、穏やかな別れ方を議論することもストーキング被害予防に資するものと考えられる。この点は今後多くの教育現場において学生や生徒を対象に指導や助言を与えることが重要であろう。

　第2は、ストーキングとDVとの関係である。本書にも指摘があり（第5章Ⅰ）、海外の法制でもストーキングと密接に関連したDVの対応が重視されていることは前述した（とくにオーストラリア。本書第7章Ⅲ）。ところが、わが国の法制では、ストーキングに対してはストーカー規制法、DVには配偶者間暴力（DV）防止法で対処しており、相互に関連する条項がなく、警察実務でもDV事案とストーキング事案は別々の問題として対応しており、両者が連携した取り組みに乏しい。実際、2016年2月に発生した札幌市豊平区の事件では夫のDVのために実家に逃げ帰った妻に対してストーキングを繰り返していた夫が妻の母親を殺害し妻に重傷を負わせており、DV事案と

してのみ対応していた警察がストーキングを見落とした事例であった。この事件もストーキングのメカニズムを分析しDVと関連づけて捜査を行えば別の結果が発生した可能性もある。今後、わが国でも何らかの形で、法制度を含めDVとの総合的な対策を考えるべきであろう。

　第3は、多くの識者が今後のストーキングの問題として「サイバー・ストーキング」を指摘していることである。このタイプのストーキングは、純然たる、いわゆる「サイバー空間」で発生するもので、この種の行動を行う者は彼らの標的を困らせるためのインターネット・メカニズムに精通している。彼らは、むしろ「オフライン状態」（インターネットに繋がっていない状態）のストーキングに関心がなく、実際には行動しない。このサイバー・ストーキングは、対面型、接触型のストーキングよりさらに定義や対応、規制が困難である。もっとも、サイバー・ストーキングのみの、被害者へのアプローチは実際には少なく、インターネットによるストーキングを経験した被害者は大半、オフラインのストーキング、つまり対面的なストーキングにその後遭遇するとされる[8]。すでに、わが国のストーカー規制法をはじめこの問題に取り組み始めた国もみられるが、今後ますます深刻な問題になると考えられるがゆえに、わが国でもこれについての活発な議論を期待したい。

1) Heckels V. and Roberts K. (2010), Stalking and Harassment, in Fiona Brookman et al (eds.), Handbook on Crime, Willan, p.366.
2) Cavanagh S. et al (2004), Stalking: Recent Developments, in Wang L.G. (ed.), Stalking and Domestic Violence, Nova Science Pub, pp.11-17.
3) 一部の研究者によると、ストーキングを「人が他人に対して望まない侵入や会話・通信を繰り返して危害を加える一群の行動」とし、その頻度としては、少なくとも別々の10回の行為と4週間の継続を示している（Mullen P.E. et al (2000), Stalkers and Their Victims, Cambridge University Press, p.368）
4) McEwan T. and Pathé M (2014), Stalking, in Gerben Bruinsma and Weisburd D. (eds.), Encyclopedia of Criminology and Criminal Justice, vol.9., Springer, p.5026.
5) Ibid., p.5027.
6) Ibid., p.5028.
7) Mullen P.E. et al, The Management of Stalkers (2001), *Advances in Psychiatric Treatment, no. 7*, pp.335-342.
8) Ibid., p.5027.

（守山　正）

第1章 ストーキングの現状と警察の対応

一　はじめに

　本稿は、ストーキング事案の被害者等からの相談を最も身近に受け、加害者に直に接しその言い分を聞き、ストーカー規制法その他の法令の適用を図りつつ、ストーキングの被害防止や事案解決に中心的役割を果たしている警察の活動について、ストーカー規制法施行前からの経緯を紐解き、平成29年(2017年)末時点までの現状や課題について、紹介することを試みたものである。

　なお、筆者は、警視庁においてストーキング事案取扱いの責任者として、また、警察庁においてストーキング対策に関する施策立案の担当者として勤務した経験を有する者ではあるが、本稿執筆時点においては、ストーキング事案に専門的に携ってはいないこと、また、本稿において、今後の課題として示した部分を含めて、解釈や意見にわたる部分については、全くの私見であり、警察庁によりオーソライズされた見解ではないこと等を予めご了承いただきたい。

二　ストーキングの現状

1　相談等件数

　警察庁では、ストーカー規制法施行(平成12年(2000年)11月24日)以降、ストーカー事案の相談等[1]の件数を集計しているところ、平成24年(2012年)以降は高水準で推移しており、29年(2017年)中は、2万3,079件であった(図1)。

　この2万3,079件の内訳をみると、被害者の約9割、加害者の約1割が女

第1章 ストーキングの現状と警察の対応

図1 ストーカー事案の相談等件数の推移

出典：警察庁
※平成12年（2000年）はストーカー規制法施行日（11月24日）以降の件数

性であった。年齢層別では、被害者、加害者とも20代から40代が多いが（被害者の約8割、加害者の約6割）、10歳代や70歳以上の者もいる。被害者と加害者の関係性を見ると、配偶者（内縁・元含む）及び交際相手（元含む）が5割強、知人友人及び勤務先同僚・職場関係が2割強であり、一方、面識がない、又は不明であるものが、それぞれ1割弱を占めている（図2）。

2 検挙等件数

ストーカー事案に対して、平成29年（2017年）刑法・特別法を適用して検挙した件数は1,699件で、前年より約1割減少した。一方、ストーカー規制法違反による検挙は926件と、法施行後最多を記録した（図3）。

刑法犯・特別法犯の罪名別では、検挙件数の多いものから、住居侵入305件、脅迫285件、暴行167件、器物損壊139件、迷惑防止条例違反131件となっている（複数の罪名で検挙した場合は、法定刑が最も重い罪名で計上している。）。

ストーカー規制法違反のうち、ストーカー行為罪での検挙は884件であった。

ストーカー規制法に基づく警告は3,265件で、前年より1割弱減少した。

第1章　ストーキングの現状と警察の対応　21

図2　ストーカー事案の被害者の性別、加害者との関係性

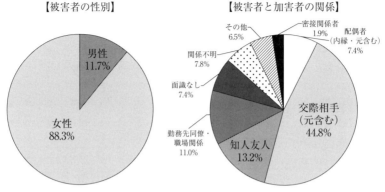

出典：警察庁

※「密接関係者」とは、加害者が、行為の感情等を抱いた相手方の家族や友人に対してつきまとい等を行った場合をいう。

図3　ストーカー事案の検挙件数の推移

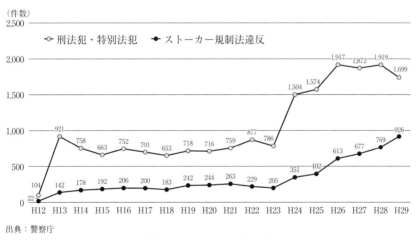

出典：警察庁
※平成12年（2000年）はストーカー規制法施行日（11月24日）以降の件数

一方、同法に基づく禁止命令は662件と急増し、法施行後最多となった（図4）。
　また、ストーカー規制法に基づかない警察活動として、被害者への防犯指導は2万2,549件、加害者への指導警告[2]は1万2,264件であり、前年より増加

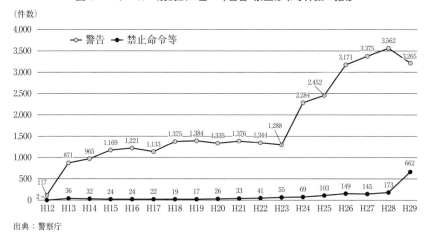

図4　ストーカー規制法に基づく警告・禁止命令等件数の推移

出典：警察庁

した。

　このように、相談等件数や検挙等件数が近年増加傾向にある理由としては、ストーキングに係る問題の社会的な認知度が高まり、また、警察が被害の防止に向けて積極的に取り組んでいることの周知が進んだため、これまで潜在化していたような事案についても相談等に繋がり、相談等を受けた警察側も、被害者の安全確保を最優先する観点から、検挙をはじめ、被害者及び加害者への働きかけをさらに積極的に行うようになってきていることが考えられる。

三　警察によるストーキングへの対応

1　ストーカー規制法制定前から第一次改正まで
(1)　ストーカー規制法制定前後

　警察庁では、平成11年（1999年）12月16日、女性や子どもが被害者となる犯罪が増加傾向にある中、「女性・子どもを守る施策実施要綱（次長通達）」を制定した。我が国の警察として初めて、つきまとい事案や夫婦間の暴力事案を、重大な犯罪に発展するおそれがあり、被害者の立場に立った積極的な

対応の必要な分野であるとして位置付けたものであった。それまでは、性犯罪等の被害者を除き、女性が被害を受けやすいとされる行為の類型についても、それぞれの特徴に応じた各別の支援策はなかったところ、本要綱により、刑罰法令に抵触しない事案であっても、「個人の生命、身体、財産の保護」という警察法第2条に基づく警察の当然の責務を果たすためには、相手方に対する注意、警告等捜査以外の手法をも積極的にとるべきことが明確化された。併せて、こうした積極的な対応を可能とするために、女性警察職員を担当者とする「女性に対する暴力」対策係を各警察署に設置するなど体制の整備を図ることも指示された。

　平成12年（2000年）春頃、前年10月に埼玉県上尾市在住の女子大学生が殺害されたいわゆる桶川事件において、元交際相手からの度重なる電話や自宅への押し掛け、中傷ビラの貼付などの悪質かつ執拗な嫌がらせについて、何度も相談や被害の訴出があったにもかかわらず、警察署幹部らが不適切で消極的な対応に終始していたことが発覚した。この時期に設置され開催されていた警察刷新会議においても、桶川の事例は警察への信頼を根底からゆるがす大問題として議論され、「警察刷新に関する緊急提言」（平成12年（2000年）7月に警察刷新会議から国家公安委員会に提出）や、これを受けた「警察改革要綱」（平成12年（2000年）8月に国家公安委員会と警察庁が取りまとめ）では、住民からの相談に的確に対応するための充実強化、「民事不介入」についての誤った認識の払拭などが正面から謳われた。

　一方、桶川事件の発生はストーカー対策法制の検討に拍車をかけ、ストーカー規制法は議員立法により制定され、平成12年（2000年）11月24日に施行された。

(2)　**第一線におけるストーカー規制法の活用の模索**

　ストーカー規制法の構造や特徴、解釈、評価等については、別章で扱われるため、本稿では、ストーカー規制法という力強い利器を得た警察の現場が、これをいかに有効に適切に活用すべきか苦心しながらも実務を蓄積していった過程を概観する。

　ストーカー規制法施行以前も、被害者が行為者の嫌がらせ等により安心で安全な生活を脅かされているのであれば、警察官により注意や警告をするこ

とはあり得たが、本法により、禁止される行為態様や、警告発動の要件・手続などが明確に規定されることで、警察が、与えられた権限を適切に行使すべきことはもとより、この種事案に対し、組織として積極的に対応するための支えが得られたといえる。

　しかし法施行後19年目の現在からは隔世の感があるが、施行当初は、「警察が判断と執行権を有してはたして公正、妥当な権限の行使が担保されるのか」といった警戒感[3]もあり、ストーカー規制法の解釈は厳格に、抑制的になされていた。

　その後、都道府県警察における警告や禁止命令等に係る実務も定着し、当初必要であった警察庁との事前協議を不要とするなど事案対応の迅速化が図られ、また、いわゆる「号またぎ」問題をはじめとする条文の解釈についても各種判決が集積されていった。施行5年を経過する頃には、当初懸念されていたような人権侵害にわたるような運用もなく、むしろ厳正な取締りを求める国民感情が高まっていたことから、警察庁では、実務や裁判例の蓄積を踏まえ、通達により解釈や運用を見直し、書式の簡素化等により現場の事務負担を大幅に軽減したところ、迅速な警告等が可能となり、積極的な実施に弾みがついた[4]。

(3)　**より踏み込んだ対応へ**

　その後、重大な事件に発展した事案の発生状況を踏まえ、警察庁は、平成18年（2006年）12月の通達において、警察署長の指揮の下、組織的な対応を徹底するとともに、相談者に被害届出の意思がないときにも、危険性について理解させるとともに、その真意を見極め、さらに相談者等に危害が及ぶ切迫性を考慮して、警察側からその提出を働きかけ、必要に応じ説得を試みるなど、積極的な対応を図ることとした。

　平成21年（2009年）夏には、恋愛感情に基づく女性へのつきまといが高じて殺人等の重大事件に発展する事案が相次いで発生した[5]。警察庁では、全国警察に対し、上記平成18年の指示をさらに徹底強化するため、同年8月、今一度、署としての組織的な対応や、被害申告を決めあぐねている被害者に対しても必要に応じて警察から被害届の提出を働きかけることに加え、積極的な事件化を図るよう通達した。

平成22年（2010年）2月には、解体工の少年が、宮城県石巻市の一般民家において、元交際相手の姉やその友人を刃物で突き刺すなどして3名を殺傷するという事件が起きた。本事件では、警察が相談を受けていたにもかかわらず重大な結果に至ったため、警察庁は同年4月、この種事案について、その特性を踏まえて、これまでよりも更に先制的に、被害防止のための踏み込んだ対応をとるよう指示した。これまでは、刑事事件として立件するか否かを判断する際に被害者の処罰意思に重きを置いていたがために、警察側からの働きかけも、被害者の真意の見極めや被害届提出に向けた説得を行う程度までに留まっていた例が多かったとみられるところ、被害者やその親族等が危険性を過小評価しているのを改めさせること、加害者に対して沈静化を図る観点からの対応にも配意すること、そして、被害者の説得にもかかわらず被害届が出されない場合であっても、双方当事者の関係等を考慮した上で、必要性が認められ、かつ、客観証拠及び逮捕の理由があるときには、加害者を逮捕し、強制捜査を行うことも検討することなどが、警察職員が実際に被害者や加害者に対応する際の具体的な指針として盛り込まれた。被害者の主観を排してでも、危険が急迫するおそれなどの客観的な状況を優先させて、強制捜査に踏み切るかどうか判断すべきと言い切った点が注目に値する。

(4)　**平成25年（2013年）6月改正前後の取組**

　千葉県警察、長崎県警察及び三重県警察において、平成23年（2011年）10月から男女間の暴力を伴うトラブルに関して被害女性の父親等から相談を受理し、傷害事件として捜査中であったところ、同年12月、当該加害男性が、長崎県西海市の被害者の実家に押し掛け、家族である女性2名を殺害するという事件が発生した。本件では、関係する3県警察間における連携や、警察署における組織的対応についての不備が顕在化した。

　警察庁は平成24年（2012年）3月に、各県警察本部に連絡担当者を置いて県警同士の密接な連絡体制を維持すること、警察署で相談等により事件を認知した場合には、警察署長に速報し、警察署長が積極的な指揮を行うこと、被害者等の親族をも含めた保護措置を徹底すること、他の都道府県警察における過去の取扱いの有無を含めた各種照会を徹底すべきことその他的確な対応の確保に向けた数々の具体的な指示を行った。

ところが、平成24年（2012年）11月、神奈川県逗子市において、元交際相手の女性に対する脅迫罪により保護観察付執行猶予者となった男が、当該元交際相手に対して、慰謝料を請求する内容の電子メールを大量に送信（それまで規制の対象とされていなかった行為）した後、同人を殺害した事件が発生した。本件では、保護観察所等との連携強化の必要性、逮捕状に記載された被害者の個人情報の取扱いその他の問題点が明らかとなった。

この逗子事件に関しては、別稿において詳細な説明や検討がなされると承知しているが、前述の問題点について警察庁は、保護観察所との連絡調整を積極化するよう都道府県警察に指示し、また、再被害防止への配慮が必要とされる事案における逮捕状の請求につき、恋愛感情のもつれに起因する暴力的事案等における被疑事実の要旨の記載に当たっては、再被害防止の必要性等に応じて被害者の氏名や住所の表記方法に配慮するよう都道府県警察に指示した[6]。

ストーキング事案等の被害者に対する支援としては、警察はそれまでも、110番緊急通報登録システム[7]への登録やビデオカメラの設置等による保護措置のほか、加害者が被害者を発見するのを防ぐ取組として、加害者が被害者の住所を探索する目的で被害者の住民基本台帳を閲覧するおそれがある場合、被害者に対し、市区町村における住民基本台帳閲覧制限等の措置を教示し、申請手続の援助を行ってきた。

平成25年（2013年）2月からは、さらなる取組として、順次全国で「被害者の意思決定支援手続」を導入し、「危険性判断チェック票」についても試行実施した。意思決定支援手続では、事案の危険性や被害の届出、ストーカー規制法に基づく警告の申出等の警察がとり得る措置を被害者等に図示しながら分かりやすく説明し、被害者等が選択する措置を明確にするためのリーフレットを用いる。被害者等の意思が明らかになることで、警察と被害者等が共通認識を持ち、より迅速・的確な事案対応を推進することをねらいとしている。

このような情勢の中、平成25年（2013年）6月に、議員立法により、配偶者暴力防止法とストーカー規制法について一部改正が行われた。ストーカー規制法の一部改正は、電子メールを送信する行為の規制対象への追加、禁止

命令等を求める旨の申出及び当該申出をした者への通知等つきまとい等を受けた者の関与の強化、ストーカー行為等の相手方に対する婦人相談所その他適切な施設による支援の明記、禁止命令等をすることができる公安委員会等の拡大等の措置を講じるものであり、同年10月に全面施行された。

2 人身安全関連事案対処体制の確立

　平成25年（2013年）10月、東京都三鷹市において、元交際相手の男が女子高校生の自宅に侵入し、帰宅した同高校生を殺害する事件が発生した。本件では、当日の午前中、警視庁三鷹警察署が、被害女性から、男からのつきまとい等に関する相談を受理していたが、相談を受理した段階では、男が被害女性の生命を脅かすほどの攻撃行動を起こす危険性が切迫しているとの判断に至らず、結果、被害の発生を防止するための組織的対応が十分になされなかったという問題点が明らかとなった。

　このように、認知段階では被害者等に危害が加えられる危険性やその切迫性を正確に把握することが困難である一方、事態が急展開して重大事件に発展するおそれが極めて高い事案において、被害者等の人身の安全を早急に確保するため、警察庁は、平成25年（2013年）12月に、都道府県警察に対し、所要の体制の確立を指示した[8]。

　人身安全関連事案対処体制のポイントは、警察本部に、生活安全部門と刑事部門を総合した体制を作り、当該体制が、警察署からの報告の一元的窓口となって事案を認知した後、行為者の事件検挙、行政措置、被害者の保護対策等に関する警察署への指導・助言・支援を一元的に行うことである（図5）。

　それまでは、ストーキング事案については、生活安全部門において相談を受理し、行政措置や保護対策を行いつつ、刑事事件として扱うべきとの見極めがなされた段階で刑事部門に引き継がれ、検挙等の対応がなされるというのが通常の流れであった。しかし、刻一刻と局面の変化するストーキング事案に継続的に対処するためには、警察としての組織の総合力を発揮することが不可欠であり、刑事部門が相談段階から一貫して関与し、被害の未然防止・拡大防止という目的達成のために、自らの任務として事件検挙等を行うことが求められる。両部門の連携を実質化するためにも、対処体制という形

図5 組織による一元的対応の確立

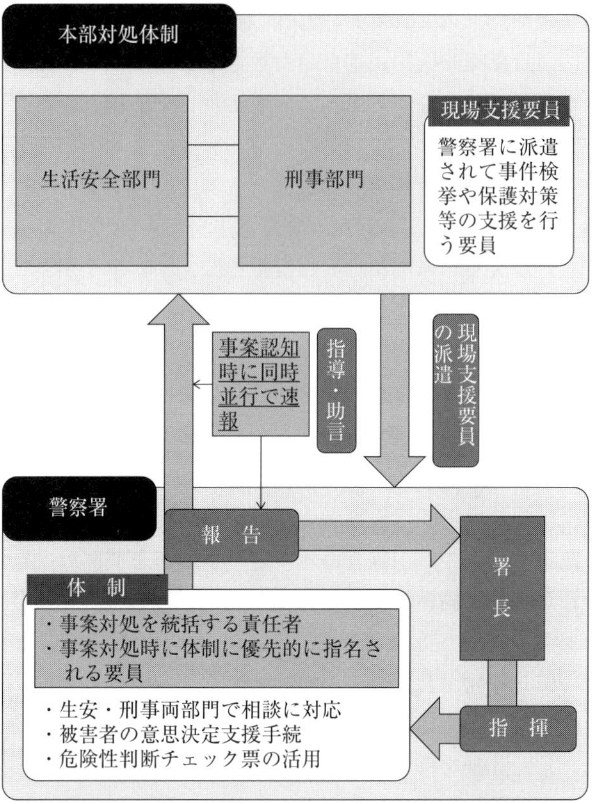

本部対処体制
- 生活安全部門
- 刑事部門
- 現場支援要員：警察署に派遣されて事件検挙や保護対策等の支援を行う要員

事案認知時に同時並行で速報 / 指導・助言 / 現場支援要員の派遣

警察署
報告 → 署長 → 指揮

体制
・事案対処を統括する責任者
・事案対処時に体制に優先的に指名される要員
・生安・刑事両部門で相談に対応
・被害者の意思決定支援手続
・危険性判断チェック票の活用

出典：警察庁

の確立は必須であった。

　また、事案に対する第一次的責任は警察署にあることから警察署長の指揮は維持しつつも、警察本部がより積極的、機動的に確実に関与することとし、知見と経験を蓄積し体制の充実した警察本部が主導して対応に当たることとしたことも特筆すべき点であった。警察署においても、事案対処のための統括責任者や要員をあらかじめ指定しておくことなどにより、生活安全部門と刑事部門を総合した体制を作ることとされた。

　このような対処体制は、平成26年（2014年）4月1日までに、全都道府県

警察において確立された。警察本部に「人身安全対策課」や「子供女性安全対策課」のような新たな所属を設け、人身安全関連事案に対処する上での中心的役割を担わせている府県もある。対処体制の運用は各府県において強化されつつあり、29年度（2017年度）末までに、全都道府県警察において、夜間や休日であっても署に的確な指導・支援を行うための本部当直体制（24時間運用）が構築されている。

　対応の流れを簡単に説明すると、被害者が警察署に相談に来られた場合には、危険性・切迫性や事件性の判断を組織として的確に行うため、原則として、生活安全部門の担当者と刑事部門の捜査員が共同で聴取を行う。事案を認知した警察署では、警察署長への速報と平行して、本部対処体制へ速報しており、本部からは、事案に応じて、継続した指導・助言を行い、必要な場合には、事件検挙や保護対策等の支援を行う要員も派遣している。個別の事態に応じて、誘拐事件や立てこもり事件の捜査に関する専門的知識を有した刑事部捜査第一課特殊班や機動力をいかした捜査活動を行う機動捜査隊も積極的に投入される。複数の都道府県にわたる事案に関しては、緊急時も含めて、あらかじめ本部対処体制の中から指定された連絡担当者（警視又は警部の階級にある者1名以上を指定）が窓口となり、府県間相互の情報共有を行う。

　被害者等に危害が加えられる危険性・切迫性については、積極的に判断することとしており、まずは加害者が被害者等に危害を加えることが物理的に不可能な状況を作り上げ、被害者等の安全を確保することを最優先に処理方針、処理体制を決定することとしている。被害者の避難や身辺警戒を確実に行いつつ、危険性・切迫性に応じて、第一義的に行為者に対する検挙措置等により加害行為の防止を図っている。

3　政策的な検討の進展
(1)　有識者検討会における検討

　平成25年（2013年）6月に成立した改正ストーカー規制法の附則第5条では、「所要の法改正を含む全般的な検討が加えられ、速やかに必要な措置が講ぜられるもの」とされ、これを踏まえ、警察庁では、同年11月から26年（2014年）7月まで8回にわたり、有識者や被害者関係者等から成る「ストー

カー行為等の規制等の在り方に関する有識者検討会」を開催した。検討会では、ストーカー対策の在り方全般について幅広い検討が行われ、被害者支援団体、被害者の御遺族、精神科医等からのヒアリング等も経て、26年（2014年）8月、「ストーカー行為等の規制等の在り方に関する報告書」[9]が取りまとめられ、ストーキング対策の在り方について、今後の方向性が示された。提言で示された事項については、後に、28年（2016年）12月に成立した第二次改正ストーカー規制法に反映されることとなった。

(2) 増員・予算確保等による対策強化

増員要求、予算要求等を通じて行った近年の体制整備や対策強化は主に以下のとおりである。

- 人身安全関連事案への対策強化のため、平成27年度（2015年度）から3か年にわたり、1,699人の地方警察官の増員が行われた。

    また、各都道府県警察は、女性警察官採用拡大計画に基づき、女性警察官の採用を推進している。

    なお、すべての都道府県警察において、ストーキング事案を担当する職員に対する研修が定期的に行われており、検察庁、裁判所、婦人相談所等、保護観察所、弁護士、医療関係者等の部外講師も招へいした実践的なものとなっている。
- 被害者が自宅等から一時的に避難することが必要と認められる際に、婦人相談所やシェルター、親戚・知人宅への避難が適さない場合、都道府県警察がホテル等の民間宿泊施設の宿泊費等を公費負担するため、平成27年度（2015年度）から、国費（補助金）を予算措置している。27年度（2015年度）中は、全国で約1,000人、約1,800泊分において執行があった。

    なお、当該制度は、婦人相談所と都道府県警察の連携の下、婦人相談所の一時保護等の体制が整うまでに時間を要する場合などにも活用されている。
- 被害者に対し、GPS機能付き緊急通報装置の貸出し等を行っており、そのための資機材を整備している。
- 警察庁では、若年層のストーキング被害を防止するため、高校生、大学生等を対象に、イラスト等を用いてストーキング被害の態様を説明したパンフレットやDVDを作成した。各都道府県警察においては、防犯教室等において、これらを用いて、ストーキング事案をめぐる情勢、具体的事例、対応方法等を紹介するなどしている。大学や企業と警察が協力し合い、大学新入生や企業の新入社員向けに、予防のための啓発や早めの相談を促すための講座を開催する動きも各地で広がってきている。

また、警察庁では、ウェブサイト上にポータルサイト[10]を作成し、ストーキング事案に関する情報を発信している。

(3) 被害者及びその情報の保護のための制度

　今般の第二次改正ストーカー規制法において、被害者情報の保護に関して規制が強化されたところであるが、既に行われている制度としては次のようなものがある。

　前述したが、ストーキングや配偶者暴力の被害者が避難している場合に、現在の住所地等を加害者側に秘匿するため、総務省は住民基本台帳の閲覧制限の制度を設け、平成16年（2004年）7月から、市区町村長による全国統一的な支援措置が講じられている。この際の市区町村長の判断を助けるため、警察は支援措置の必要性について市区町村長から聴取されることとなっているが、実務的には、先に被害を認知した警察が、被害者に対してこうした支援措置制度があることを教示して意思確認の上、警察の意見を記載した書面を被害者に交付し、市区町村の窓口に提出するよう教示している。平成26年度（2014年度）中からは、国土交通省においても、自動車の登録事項等証明書や軽自動車の検査記録事項等証明書の交付制限が開始している。

　また、警察においては、ストーキングの被害者と判明している者に対して行方不明者届が出された場合にはこれを受理せず、また、行方不明者届が既に受理されている行方不明者が発見されたときであっても、これがストーキングの被害者であれば、本人の同意がある場合を除き、届出をした加害者に対して発見の通知をしないこととしている。

　さらに、いわゆる「出所後のお礼参り」から被害者やその親族を守るため、再被害防止措置という制度を平成13年（2001年）から設けている。ストーキングの加害者の中には、刑務所の中から手紙を出し続け、報復をほのめかす者もおり、こうした場合の被害者を再被害防止対象者に指定し、担当警察官による連絡体制を確立し、要望を把握し、防犯指導や警戒措置を講ずることとなる。対象者から求められた場合や再被害防止のために必要な場合は、刑事施設等と連携し、加害者の釈放等に関する情報や加害のおそれ等を示す情報の通報を提供してもらい、被害者に教示したり、また、加害者の動

向把握や、必要に応じて指導警告等の措置も行ったりしている。

(4) **加害者に対する精神医学的・心理学的アプローチに係る調査研究**

ストーカー加害者の一部には、被害者に対する執着心や支配意識が非常に強く、行政措置や検挙を繰り返しても功を奏さず、何年経ってもつきまといをやめないような者がいる。更なる加害行為を思いとどまらせ、同様の被害の拡大を防止するためには、加害者の内面に働きかけ、被害者に対する支配意識や執着心を取り除くことが効果的な対策となり得ると考え、警察庁では、平成26・27年度（2014・2015年度）の2か年で、専門家によるカウンセリングや治療を実施するなどの加害者への精神医学的・心理学的手法に関し、諸外国の取組及び国内での取組について調査研究を実施した。

この結果を踏まえ、28年度（2016年度）からは、警察官が地域精神科医等に加害者への対応方法や治療・カウンセリングの必要性について助言を受け、つきまとい等を繰り返す加害者に受診を勧めるなど、地域精神科医との連携を推進している。

平成28年（2016年）4月から29年（2017年）3月までの間、35都道府県において、加害者に受診を働きかけた件数は405件であり、うち、約4割が受診に同意した。

(5) **ストーカー総合対策**

平成26年（2014年）10月、全閣僚を構成員とするすべての女性が輝く社会づくり本部において、「すべての女性が輝く政策パッケージ」が決定され、その中で、ストーカー対策の抜本的強化のため、被害者支援の取組や加害者対策の在り方について、警察庁の有識者検討会において提言された取組の方向性も踏まえつつ、関係省庁から成る会議において検討の上、同年度内を目途に総合対策を取りまとめることとされた。

これを受け、警察庁が内閣府と共同で開催した「ストーカー総合対策関係省庁会議」において、平成27年（2015年）3月、ストーカー事案に対応する体制の整備、被害者等の一時避難等の支援、被害者情報の保護、被害者等に対する情報提供等、ストーカー予防のための教育等及び加害者に関する取組の推進を内容とするストーカー総合対策[11]が策定された。

ストーカー総合対策は随時フォローアップされている[12]が、平成29年

(2017年) 4月には、第二次改正ストーカー規制法の施行を踏まえ、改訂がなされたところである。

4　第二次改正前後の動き

平成28年（2016年）5月、警察署が被害者等から事前に相談を受けていた中で、東京都小金井市のライブハウスにおいて、殺人未遂等事件が発生した。

本件において、警視庁が相談対応等を精査した結果、以下のような事項が確認された。

- ・署において、被害者の説明内容や持参資料（一方的な好意や嫌悪の感情が含まれる書き込みが多数あったが、具体的に被害者に危害を加える旨の文言はなかったもの）から、事案の危険性、切迫性を汲み取ることができなかった。
- ・被害者が事件当日、ライブハウスに出演することを把握した関係署においては、被害者の住所地の犯罪被害防止等即時対応システムへの登録や、ライブハウスを所管する交番勤務員等への連絡は行っていたものの、ライブハウス周辺のパトロール等は行っていなかった。
- ・事件発生に伴い、被害者から110番による助けを求める電話を受理した担当者が、発信元の携帯電話の位置情報の確認を失念し、即応システムに登録された被害者の住所地が通報場所であると判断したため、指令を受けた署員は、現場ではなく、被害者の住所地に臨場した。

本件発生後、警視庁では、一方的な好意の感情又は嫌悪の感情を含む相談を事態対処チームに速報すること、即応システムへの登録内容や110番通報受理時の位置情報の画面表示などについて所要の改善を行うことなどの取組を行った。

警察庁では、事件発生の翌月、通達[13]を発出し、「最近の情報通信技術の急速な進展等を背景としてコミュニケーション手段の変化や、社会情勢の変化等を背景として対人関係の多様化等、この種事案を取り巻く状況についても、これを十分に勘案する必要がある」として、特にSNS等におけるやり取り等の関連情報も踏まえ、予断を排して危険性・切迫性を判断するよう、被害の未然防止・拡大防止の徹底を図るよう指示を行った。

その後、平成28年（2016年）12月6日にストーカー規制法改正法案が可決・成立し、同月14日に公布され、一部の規定（平成29年（2017年）6月14日施行）を除き、29年（2017年）1月3日から施行された。

　この改正においては、第一に、規制対象行為の拡大として、特定の者の住居等の付近をみだりにうろつくこと、拒まれたにもかかわらず、SNSによるメッセージや、ブログ等の個人の情報発信ツールに対するコメント等を連続送信することが追加された。

　第二には、禁止命令制度について、警告を経ずに禁止命令等を行うことができることその他の見直しがなされた。

　第三には、ストーカー行為等をするおそれがある者であることを知りながら、その者に対して被害者の氏名、住所等の情報を提供することを禁止することとされた。

　また、国、地方公共団体等の責務として、第四には、被害者に対する措置等が、第五には、ストーカー行為等の防止等に資するための措置が定められた。

　第六に、罰則の見直しとして、ストーカー行為罪について非親告罪とすることとされ、ストーカー行為罪・禁止命令違反罪の罰則を強化することとされた。

　このように多岐にわたる事項につき改正がなされたところ、警察としては、被害者からの相談を受ける可能性のある全ての職員が改正法の趣旨・内容を理解した上で、警察本部の人身安全関連事案対処体制が中心となり、改正後の法を積極的に適用し、迅速に取締りや被害者保護を行い、各事案に的確に対処する必要がある。

　警察庁は、平成29年（2017年）5月に、第二次改正ストーカー規制法の施行に伴い、意思決定支援手続の実施のほか、警察署における対応上の留意事項、関係する警察本部間の情報共有、行方不明者発見活動に関する対応について、これまでの実務上の課題を踏まえ、改めて指示している[14]。

　また、被害者に対する措置やストーカー行為等の防止等に資するための措置（前記第四及び第五）を講ずるに当たっては、国レベル、都道府県レベルの双方で、様々な面での関係機関・団体間の連携が不可欠である。

四　今後の課題

1　相談窓口の充実及び適切な被害者保護

　実務上、現場が抱える苦労として、この種事件の危険性等について、被害者や相談者（親族、友人等）に正しい現状認識をしてもらうことの難しさが挙げられる[15]。警察への相談を躊躇しているうちに事態が深刻化することも多い。相談に来たにもかかわらず、「とりあえず話だけ聞いてもらえば」とそれ以上の介入を激しく拒絶したり、避難場所から無断で逃げ出したり、あるいは自ら加害者と連絡をとってしまう被害者も少なからずみられる。家族からの通報で認知する事案などの中には、被害者が危険性を理解せず、あるいは加害者の逆恨みへの懸念や未練・憐憫の情等により、警察への協力を一切拒否し被害届を出さない場合もある。

　現在、配偶者暴力相談支援センター、婦人相談所、法テラス等においても、ストーキング被害者からの相談を受け付けており、その数も増加傾向にあるようだが、こうした窓口があまり知られていないことと、夜間や休日であっても相談を受けることができる窓口が警察以外にはまだ多くないことから、ストーキング被害に係る幅広い相談が警察に集中してしまっているのが現状である。

　警察においては、先に述べたような即応体制の充実を図っているが、危険性・切迫性の高いストーキング事案は、継続的対応を必要とし長期化するものが多く、マンパワーは常にギリギリの状態である。したがって、ストーキング被害の相談に関しては、事案の性質に応じ、責任をもった専門的助言が可能な様々な窓口が随所で拡充し、それが周知されることが望まれる。

　そして、こうした様々な相談窓口や、被害者の保護、支援に当たる関係機関とのネットワークが適切に機能するよう、意思疎通等をさらに円滑に図っていく試みが必要となろう。

2　加害者への取組の推進

　何度検挙されてもストーキングをやめない一部の加害者については、警察

による検挙や行政措置のみでは限界があると考えられ、前述したような調査研究により、医療機関等との連携により少しでも解決の糸口が見出せないか模索しているところである。平成29年度（2017年）からは、新たに、多機関連携による加害者への取組について、欧米各国の実践例等も踏まえながら、2か年の調査研究を行うこととしている。

　また、平成29年（2017年）12月に閣議決定された「再犯防止推進計画」Ⅱ第5中、1(2)②ⅱウにおいて、警察庁及び法務省が、再犯者である「ストーカー加害者が抱える問題等や、効果的な指導方法等について調査研究を行い、2年以内を目途に結論を出し、その調査結果に基づき、必要な施策を実施する」ことが明記された。

五　おわりに

　警察におけるストーキングへの対応の現状と抱える課題について俯瞰を試みたが、紙幅の都合や筆者の関心の偏り等もあり、極めて雑駁な内容となり、ご容赦いただきたい。

　第二次改正ストーカー規制法が全面施行された現在、警察としても、これまでの制度が抱えていた様々な問題の解消を見て、今後、更に実効的な措置を行うことが可能となる。その分、国民から警察に寄せられる期待はますます高まることから、与えられた武器を十二分に活用できるよう、職員の知見・経験の蓄積、グッドプラクティスの組織内共有、体制の強化・効率化を不断に図っていく必要がある。

　また、本稿でも所々で触れたが、警察としてストーキング対策の実効を図る上で欠かせないのが、関係機関等との連携の強化であり、今後も、国レベルでは「ストーカー総合対策関係省庁会議」の枠組みを活用しつつ、「ストーカー総合対策」を推進し、都道府県レベルにおいては、同様に関係機関・団体との顔の見える関係づくり、具体的な事案レベルでの協力体制の構築づくりが課題となろう。

1）ストーキングとして受けた被害相談のほか、事件発生によりストーキング事案と判明したものなど幅広く含む。執拗なつきまといや無言電話等のうち、ストーカー規制法やその他の刑罰法令に抵触しないものも含む。
2）ここでいう指導警告とは、ストーカー規制法に規定されている警告（いわゆる文書警告）ではなく、（文書）警告の要件を満たさない場合（被害者からの（文書）警告の申出がない、つきまとい行為に該当しない、反復のおそれがないなど）等に、警察法第2条に基づき、警察官が行為者に対する事前の抑止手段として口頭等で行う注意のことを指す。
3）平成12年（2000年）5月16日参議院地方行政・警察委員会照屋寛徳議員発言など。ストーカー規制法第21条（制定時は第16条）には、国民の権利を不当に侵害しないよう留意し、本来の目的を逸脱した濫用を戒める適用上の注意規定が特に設けられている。
4）拙稿「ストーカー事案等男女間のトラブルに起因する被害の未然防止」『講座警察法第2巻』（立花書房、2014年）
5）平成21年（2009年）7月、無職の男が、千葉市花見川区の団地において、元交際相手の母親を刃物で切り付けて殺害し、さらに元交際相手にナイフを突きつけるなどして車両内に連行し脱出不能にして逮捕監禁した事案。同年8月、会社員の男が、東京都港区の住宅において、常連客となっていた耳かき店の店員女性及びその祖母をナイフで突き刺すなどして殺害した事案。
6）「再被害防止への配慮が必要とされる事案における逮捕状の請求等について」（平成24年12月20日付け警察庁丁刑企発第239号）
7）あらかじめ電話番号を登録した被害者等から通報があった場合、被害者等からの通報であることが自動表示されるもの
8）「人身安全関連事案に対処するための体制の確立について（通達）」（平成25年12月6日付け警察庁丙生企発第132号等）
9）検討会の概要及び提言の内容等については、拙稿「「ストーカー行為等の規制等の在り方に関する報告書」による提言と今後の課題」（警察学論集第67巻第11号）で紹介している。
10）http://www.npa.go.jp/cafe-mizen/index.html
11）「ストーカー総合対策」の策定について（通達）（平成27年3月31日付け警察庁丁生企発第186号）、「ストーカー総合対策」の改訂について（通達）（平成29年4月24日付け警察庁丁生企発第218号）
12）「ストーカー総合対策」に掲げられた項目についての関係機関等における取組状況等については、篠崎真佐子「ストーカー対策の現状と課題」警察学論集第70巻第1号（2017年）で詳述している。
13）「人身安全関連事案への的確な対処に係る留意事項について（通達）」（平成28年6

月20日付け警察庁丁生企発第430号等）
14）「恋愛感情のもつれに起因する暴力的事案への対応上の留意事項について（通達）」（平成29年5月26日付け警察庁丁生企発第296号）
15）現場で警察官が苦慮する具体的事例については、岡本圭司「第一線警察における人身安全関連事案への対処の現状について」警察学論集第67巻第11号（2014年）で紹介している。

参考文献

青山彩子「ストーカー事案等男女間のトラブルに起因する被害の未然防止」『講座警察法第2巻』（立花書房、2014年）

「特集・人身安全関連事案への対処」警察学論集67巻11号（2014年）所収の各論文

「特集・ストーカー規制法の一部改正」警察学論集70巻1号（2017年）所収の各論文

「特集・ストーカーと現代社会」犯罪と非行178号（2014年）所収の各論文

「特集・ストーカー行為の法的規制と加害者の再犯防止」刑法雑誌55巻3号（2015年）所収の各論文

（青山彩子）

第2章　ストーキングの被害と救済

I　被害者救済の総合的対策

一　はじめに

1　ストーカー事件遺族としての思い

　2012年11月6日、神奈川県逗子市にて、「逗子ストーカー事件」が発生し、筆者[1]の実妹である三好梨絵が犠牲者となった。その直後、加害者もその場で自殺を遂げた。

　加害者が死亡していることから、私たち家族は、通常の殺人事件の遺族のように法廷での加害者の勝手な言い分や判決の量刑等に心をかき乱されることもなく、只々悲しみと鎮魂の日々を送っていた。

　しかし、その後も悲惨なストーカー事件が発生している。そのような報道に触れる中で、「現在、あるいは未来に妹と同じような境遇にあるストーカー被害者たちを、最悪の結末に至る前に救うこと」のみが、遺された私が亡くなった妹のためにできることではないかとの思いに至った。

　そこで、事件の翌年より、逗子事件のプロセスを改めて検証するために神奈川県警等に情報提供を要求し、また各分野の専門家に面会して助言を受ける中で、現在のストーカー対策の問題点と取り組むべき課題を明らかにする活動を開始した。2014年11月からは、本書編者の守山正教授とともにストーカー対策研究会議を立ち上げ、国内外から多分野の専門家を招いて議論を行うことで、より多くの視座を得ることができた。

　本稿は、このような経験を経るなかで得られた、ストーキング被害者を救うための対策のあり方について、遺族としての思いをまとめたものである。

2 逗子事件のケーススタディ

　一口にストーカーと言っても、そのストーカー行為の特徴や加害者のパーソナリティは多様であり、筆者の立場からそれを俯瞰することは到底できない。一方、逗子事件では、6年間におよぶ加害-被害関係のなかで、ストーカー行為は次第に変質しエスカレートしていった。さらに、警察による注意・警告、逮捕、裁判所による有罪判決と保護観察所による対応、と事態が進行する中で、ストーカー犯罪に関して検証すべき多くの機関・組織が登場している。では、そのどこに問題があったのだろうか。

　本稿では、統計的にストーカー犯罪を理解するのではなく、主に逗子ストーカー事件に関する詳細なケーススタディを通して、今後必要なストーカー対策のあり方を検討することを目的としている。

　特に、加害-被害関係が長期に渡り、検挙・裁判のプロセスを経ても止めることのできなかった本事件のプロセスからは、これまでに主要なストーカー対策として議論されてきた加害者への早期の警告・検挙と被害者の一時的な保護・ケア等のみでは解決できない課題を見出すことができる。

　まず二「逗子事件の概要と遺族の思い」で逗子ストーカー事件のプロセスについて概説するとともに遺族としての筆者の思いを述べた上で、三「警察によるストーカー対策の進展と課題」では現在警察が取り組んでいるストーカー対策についてまとめる。その後に、主に逗子事件のケーススタディから見出された、重要でありながらこれまで議論されることの少なかった対策として、四「柔軟な相談・サポート窓口の必要性」、および五「多様な加害者対策」について、その必要性と筆者の意見を述べていきたい。

二　逗子事件の概要と遺族の思い

1　逗子ストーカー事件の経緯

　2006年　　被害者と加害者は、スポーツ教室で知り合い、短期間の付き合いの後、2006年に別れた。以後、犯行当日まで直接会ってはおらず、その間のストーカー行為はすべてメールによるものである[2]。

　別れた後に精神的に不安定になった加害者からは、当初は「死んでやる」

とのメールが来ていた。心配した被害者は、加害者の家族に連絡し、実際に自殺未遂に至った際には、被害者から加害者家族への連絡により一命を取り留めた事もあった。一方で、相談した警察のアドバイスにより、被害者は当時の勤め先を退職して引っ越し、さらに電話番号や普段用いるメールアドレスを変更することで、自らの身を守る対策をとった。また、警察より、加害者家族を通しての口頭注意も実施された。

2010年　その後、加害者は数度の転職の後、最終的に働けない状態に陥り、実家に戻った上でクリニックへの通院を行う。しかし、被害者が結婚したことを知ったこともきっかけとなり、2010年には「お前だけ幸せになるのは許さない」等のメールを再度に送りつけるようになり、2週間で2千通のメールが届く。さらに、元職場への嫌がらせ電話やインターネット掲示板への被害者の名を騙ったふしだらな書き込み等に及んだ。

そこで、被害者は12月に逗子警察署の生活安全課に相談、再び加害者家族を通しての口頭注意がなされる。この注意を機に加害者は再び自殺未遂の上、入院。

2011年　退院した加害者は、この件で逆上し、「ぜってー殺す」「殺してやるから楽しみにしてろ」等の文面、「殺す」の単語がひたすら続くもの、包丁の写真を添付したものなどの異常なメールを大量に送信するようになる。そのため被害者は4月に再び逗子警察署に相談した。警察では、検討の結果、ストーカー規制法ではなく、脅迫罪で立件することを決定、以後この事件は刑事課に引き継がれる。

6月1日に脅迫罪で逮捕される。その後の裁判の中でも、未だ被害者に責任があるとの態度を改めることはなかった。そのため、裁判官も、単なる罰金刑ではなく、保護観察付きの執行猶予判決としたものと思われる。

9月の判決と同時に釈放される。その後、保護観察所では、特別遵守事項として、メールも含む一切の接触禁止が定められる。また、保護司との面談は毎月2回行われたが、特に問題とみなされる点はなかった。

2012年　釈放後に半年ほど静かな日が続いていたが、3月ごろから再びメールが届き始める。以前の文面が脅迫罪に至ったため、この時には、婚約不履行の慰謝料を求める内容に変化していた[3]。10日間で1000通以上の

メールが送られるなど明らかに異常な状態であったため、被害者は再度逗子署に相談した。しかし、金銭を求める文面が脅迫にあたらないと判断されたため「民事不介入」、しかも当時のストーカー規制法のつきまとい等の定義に電子メールが含まれていなかったことから、結局警察は再逮捕等の加害者側への対処は行わず、自宅への防犯カメラ設置等の被害者保護の処置のみがなされた。その後メールも途絶えたことから、カメラ等も撤去された。

　11月1日に、加害者はかかりつけのクリニックで受診し、抗鬱剤等の薬を処方される。さらに、5日には、探偵事務所を訪れて被害者の住所特定を依頼、同日中に回答を得る。

　加害者の誕生日である11月6日、電車で被害者自宅を訪れた加害者は、犯行後に自殺を遂げた。

2　事件後の警察批判とその対応

　本事件の直後には、警察に何度も助けを求めていた被害者が犠牲になったことから、助けることのできなかった警察の"落ち度"を批判する報道が多くなされた。特に、以下の3点が問題点として指摘された。

① 　被害者の結婚後の苗字と住所は、当時加害者に知られておらず、逮捕前に被害者は何度も知られたくない旨を生活安全課の担当者に伝えており、担当者も承諾していた。しかし、担当が刑事課へと引き継がれる中で、氏名と住所を秘匿する件は伝えられていたものの、結局は逮捕状を読み上げる際に全てを加害者に伝えてしまった。加害者は新しい苗字と町名・丁目までをこの際に記憶したことで、後に探偵会社への依頼が可能となった。

② 　逮捕後に1000通を超えるメールが再度送られたにも関わらず、メールがストーカー規制法の対象外と杓子定規に判断したことから再逮捕されなかったことが事件へとつながった。

③ 　保護観察所が特別遵守事項で接近禁止を定めており、本来はメールを送信した時点で執行猶予取り消しとなり、刑が実行されるはずであった。しかし、警察と保護観察所の連携が全くなかったことから、警察はそのような特別遵守事項が出ていることを知らず放置された。

このような批判の高まりに対し、①については警察庁通達等により、逮捕時の被害者氏名の読み上げについては、すでに知られている旧姓等が認められるようになった。②については、2013年にストーカー規制法が改正され、メールに関してもつきまとい等に該当するものとされた（さらに2016年の改正では、SNSへの投稿も含まれた）。また、③についても、事件後には警察と保護観察所との連絡会が設置され情報交換がなされるようになった。

3　遺族としての思い

このように、逗子事件直後に警察の失態に対する批判が高まり、それぞれの"落ち度"に対して対策が取られた。では、警察がこうした"落ち度"なくストーカー対策を遂行できる体制を整えていけば、今後には同様なストーカー事件が起きないといえるのか。

もちろん、これら3点について、未だ小手先の対処にとどまっている点もあり、今後に抜本的な対策が取られることを期待したい。しかし、遺族としての筆者の思いは異なる方向を向いている。①で苗字・住所を加害者に読み上げなかったとしても、日本の"優秀"な探偵業に依頼した時点で、時間はかかっても最終的には知られてしまったのではないか、②や③で加害者の再逮捕等がなされていたとしても、刑務所で感情がより一層ねじれ固まり、出所後、例えば翌年の11月6日に、結局同じ結果になってしまったのではないか。

結局、警察に"落ち度"が一切なく現在の法律と体制のもとで最善の対応を取っていたとしても、事件は防ぐことができなかったのではなかろうか、と考えざるをえないのである。となれば、遺族としての私の役割は、警察の落ち度を声高に批判することよりは、むしろこれまで議論されてこなかったこと、つまり、加害者を食い止め被害者を守る可能性のある組織や制度、ストーカー対策のあり方を、より大きな枠組の中から見出し、それに対する要求や期待を表明していくことだと考える[4]。

三　警察によるストーカー対策の進展と課題

1　ストーカー規制法の成立と課題

　以前の警察では、ストーカー行為に対して「民事不介入」の原則により被害者が求めるような対応が取られることはなかった。しかし、1999年に発生した桶川ストーカー事件後の遺族の活動や世論の盛り上がりの中で、2000年にストーカー規制法が成立した。

　ただし、当時は人権面から警察によるその運用を危惧する意見も強かったと聞く。結果的に、ストーカー規制法による当初の対策は、非常に煩雑な行政手続きが必要なものとなった。また、現場の警察官の「民事不介入」の意識も簡単に払拭されるものではなく、被害を訴えても"痴話げんか"と見なされ門前払いを受けることもあった。深刻な被害を受けた被害者が、自身の手で証拠を集めて、腰の引けた窓口警察官に訴え続けながら手続きを進めることで、警察による注意・警告、公安委員会による禁止命令、そして、当時それを違反した場合にようやく1年以下の懲役または100万円以下の罰金が科されるにすぎなかった。

　しかし、2011年の長崎西海町、2012年の逗子、2013年の三鷹で事件が相次いで発生したことで、再びストーカー犯罪に対する社会的関心が高まり、警察がより積極的な役割を果たすことが期待される状況となった。そこで、ここ数年のあいだに警察によるストーカー対策の強化が集中的に取り組まれた。特に被害者側からみた際には、下記の3つの新しい取組みが注目される。

2　被害者対応マニュアルの導入

　警察庁や県警本部がいくらストーカー対策に力を入れようとしても、被害者と直接対応する現場のストーカー担当者の「民事不介入」「所詮痴話げんかのもつれ」という態度は、長年かけて凝り固まったものであり、変えていくことは難しい[5]。

　そこで、2013年からは、警察庁の作成したストーカー・DV被害者への対

応マニュアルが、全国の警察署で利用されるようになった。そして、相談の際に被害者本人が用紙に記入し、それはすべて警察本部のストーカー犯罪担当者のもとへ回され、改めて対応策等が確認されるのである。

　ある関係者によると、これは「警察官の品質保証」の対策だという。本来、ストーカー被害者対応には、マニュアルを超えた現場担当者のきめ細かい配慮と対応が求められる。しかし、そのような経験の蓄積が十分ではない現状では、まずはこのマニュアル対応から、経験値と現場の判断能力を高めていくことが望まれる。

3　危険度の高いストーカーのリスク評価と対策

　2017年のストーカー事案の警察相談件数は、2万3079件と2万件を超えた状態が続いている。これは、窓口の相談体制が整ってきたことも影響していると思われる。ただし、警察の限られた人員の中で対応するには、特に凶悪な結果に至る可能性のある事案を見極め、その加害者・被害者へ積極的に関わる仕組みが必要となる。

　また、ストーカー問題に関わってきた精神科医[6]によると、全体の約8～9割の加害者は、警察の注意警告で加害行為をやめる。逆に、残りの1～2割のストーカーは、警察による注意・警告のみならず、逮捕・有罪判決によってすら、加害行為をやめられない気質の持ち主であるという。

　警察にとって、この「大半は注意・警告程度で止まるが、一部は実刑でも止められない」というストーカーの加害者特性を適切に見極めることは、非常に難しい[7]。そこで、警察による注意・警告でも止まらないこの1～2割の加害者を見つけ出すことが、今後に重大な事態に進展しかねない被害者を救う上で非常に重要となる。

　その試みの一つとして、2013年には、警察庁が前述の精神科医と連携して、「危険度判定チェックリスト」を作成し、全国の警察本部で導入された。加害者の言動や性格、加害者と被害者の関係を問う複数の質問に（主に被害者が）答えることで、凶悪事件を起こす恐れのある加害者を迅速に見分けることが目論まれている[8]。

　さらに、科学警察研究所の島田貴仁氏らの手によって、ストーカーの加害

−被害のプロセスに関する統計的研究も進められており、エビデンスに基づいた対策に関する日本独自の知見が蓄積されつつある。

　一方海外においては、ストーカー対策研究会議で高野嘉之氏が紹介されたカナダの SAM（Stalking Assessment and Management）など、警察がストーカーのリスクを評価し対処方針を決定するための支援ツールの開発が進められている。日本においても、警察と多くの研究者・実務家が連携することで、より効果的なリスク評価・対策の手法を構築することが求められる[9]。

4　危険度の高いストーカーの早期検挙

　逗子事件においては、従来から被害者の相談を受けていたストーカー事案を担当する生活安全部門と、脅迫罪での逮捕と方針変更されたのちに事案を担当した刑事部門との連携不足、さらには逮捕のスピード、被害者保護の視点等に関する"文化"の違いがこのような結末に至る要因の一つとなった。

　そこで事件後の2013年7月に、神奈川県警は生活安全部門と刑事部門の捜査員らが共同でストーカー・DV等の事案に対応する「人身安全事態対処プロジェクト」を発足させた。これにより各警察署に寄せられた相談等の情報を集約し、特に緊急性が高いと判断された際には、即応チームを派遣して、被害者保護と同時に加害者の逮捕等を即座に行う体制がつくられたのである。その後、警察庁より、ストーカーに関する専門性を有した捜査員のいる警察本部の一元管理の下で、生活安全部門と刑事部門を統合したかたちで緊急性の高いストーカー事案に対処する常設の組織づくりについての通達が各警察本部に出されている。

　こうした新たな取組みが2012−13年に集中して実施された。その結果、ストーカー規制法成立直後のように人権面に配慮した煩雑な手続きを経ることなく、危険度の高いと判断された事案については、ストーカー規制法違反として即座に検挙する方針へと改められた。さらには、ストーカー規制法の「つきまとい等」に該当しない場合であっても、あるいはより厳しい罰則で対処できるように、ストーカー事案への刑法・特別法適用による検挙（暴行、傷害、脅迫など）も増加している。

　このような危険度の高いと判断されたストーカー加害者の早期検挙の取り

組みにより、最悪の事態に至る直前で食い止められた事案などの成果も上がっている。遺族として、警察によるこれら近年の取り組みについては、「まずは被害者の命を守る」という視点から一定の評価している。警察関係者からこれらの対策について説明を受けた際には、省庁縦割りの縄張りの中での警察の守備範囲、あるいは特に警察という国家権力に対して社会が抱いている様々な人権面での懸念の中で、現時点で可能なことはとにかく試みようという意欲が伝わってきた。取り組みを行っている関係者には謝意を表するものである。

　しかし、これらの警察単独での新しいストーカー対策が充実すればするほど、同じように重要でありながら、貧弱な、あるいは手付かずの領域が浮き彫りになる。それがどのような領域なのか、以下の四、五で見ていきたい。

四　柔軟な相談・サポート窓口の必要性

1　警察前の相談・支援組織の必要性

　先程述べたように、助けを求めていた被害者に対する警察の対応はマニュアルの導入によって改善されつつあるが、それでも、依然として課題は大きい。

　警察にストーカーについての相談に訪れる被害者の深刻度は、軽微なものから、すでに深刻な段階に至っているものまで、実に差が大きい。問題は、被害者がストーカー行為の深刻度を自分自身で判断することが難しい点である。本人がさほど深刻さを感じていないうちに、加害者の行為が一気に変質することがしばしばある。

　そこで、現在の警察の姿勢は、「被害が深刻になる前に、迷わず最寄りの警察署又は警視庁ストーカー対策室に相談してください」（2013年当時の警視庁HP「ストーカー被害にあったら」より）というものである。自分で勝手に判断するのではなく、まずは警察に相談することが求められており、その後は先述のように対応マニュアルによる文書化、警察本部の専従チームによる判断・早期対応がなされていくのである。

　しかし、この被害者保護の手順が想定している以上に、被害者が「警察に

相談すること」のハードルは高いのではなかろうか。なかには、(ある警察官が私に語ったように)「気楽に異性と付き合って別れ話のたびに何のためらいもなく警察に相談に来るストーカー『被害者』」もいるだろう。しかし、ストーカー被害が深刻な段階に達していながらも、元は恋人であった加害者の将来を慮って、あるいは復讐を恐れて、さらに、自分自身が「警察沙汰」に巻き込まれることや社会から好奇の目で見られることを避けるため、等の理由で警察に相談に行くことをためらう被害者も多い[10]。

例えば、三鷹事件についても、被害者側がもっと早く警察に相談できていれば、結末は違っていたかもしれない。しかし、報道で触れた範囲での想像だが、"芸能界を目指す若い女性"が警察に相談することのハードルは、一般に想像される以上に高かったのではなかろうか。

この点（危険度の過小評価、警察への未相談・相談の遅れ）については、ストーカー被害者側の自己責任と指摘する声も聞く。しかし、今の日本は、被害者自身が適切に判断し行動に移すためのサポートや情報が、あまりにも貧弱なのではなかろうか。

2　ストーカー被害者の相談窓口と継続的サポート

必要なのは、警察のみですべての相談を受け付ける一元的な体制の充実化ではなく、被害者の周囲に多様な相談の窓口のある柔らかな膜のような仕組みではないかと思う。

では、現在警察以外にどのような相談先があるのであろうか。インターネットで「ストーカー被害」を検索して出てくるのは、警察組織のほかは、弁護士事務所や探偵事務所関係、あるいは「ストーカー〇〇センター」等の一見公的な組織に見えながら実際は民間事務所が営業行為の一環として開設しているサイト等である。

基本的に、これらへの相談は有料となろう。しかし、自分が被害を受けながらなぜお金まで払わなければならないのかという感情や、あるいは高校生等が親への相談もできていない時には金銭的問題から相談をためらうなど、そのハードルは高い。

もちろん、これらの組織はストーカー被害からの回復のプロセスで時には

重要な役割を果たす。しかし、被害者にとっての最初の相談先としてこれらは必ずしも最適とは思えない。

　被害を受け始めた初期段階、「自分はストーカー被害にあっているのかも」と感じた際に、信頼が置けてしかも気軽に相談できる最初の相手先として、①無料で、②公的、もしくは公的に認められた、③アクセスのしやすい組織が必要ではないかと考える。

　現在、DV被害者の相談を行っている婦人相談所や男女共同参画センター、法的なアドバイスを行う法テラス、犯罪被害者への広い支援を行っているNPO全国被害者支援ネットワークなどは、各都道府県に窓口のある機関・公的に位置づけられた民間NPO組織であり、ストーカー被害者としても支援を地元で求めやすいのではなかろうか。

　ただし、これまでに各組織の担当者等に話を伺った範囲では、ストーカー問題についての専門的な支援をおこなう体制やノウハウの蓄積について組織的な対応はなされておらず、担当者個人の努力により局所的に取り組みがなされているに過ぎない。

　最終的には多くの組織がストーカー問題に専門知識を持って取り組む多面的な体制が望ましいが、まずはいずれかの組織に中心的な役割を担わせ、専門スタッフを少なくとも各都道府県に配置することが必要だと考える。

　さらに、被害者自身、あるいはその周囲が、このストーカー被害者支援組織の存在と連絡先を認知しており、ストーカー行為の疑いがあるときに即座に電話等で連絡が取れることが望ましい。例えば近年は社会的認知の進んだ「自殺予防ホットライン」のように、気軽に相談できる窓口があることを広報していくことも重要となる。

　こうした相談窓口が警察の外にあることにより、気軽に相談がなされ、組織内の専門家が危険・即座の対応が必要と判断された事案は当然すぐに警察へと連絡される。こうして、警察としてもより早く事態への対処が可能となる。警察のより効果的な対処のためにも、警察以外の支援体制が必要なのである。

　さらに、警察へ事案が引き継がれた後も、被害者へのサポートは引き続き必要である。逗子の妹の場合は、実は警察への相談や逮捕へ向けた証拠集め

は、自身と家族の力でやり遂げていた[11]。むしろ最も相談を必要としていたのは、加害者の逮捕・裁判・出所の段階であり、法テラスや複数のNPO等に裁判対策やその後の対応等についてアドバイスを求めていた。

アメリカでは、民間NPOによる一貫した被害者支援の仕組みがあると聞く。日本においても、被害者の側に一貫して寄り添うようなサポート体制が取られることを望むものである。

ただし、個人や企業からの豊富な募金により多くのNPOが活動を行っているアメリカと異なり、日本のNPOの財政基盤は非常に脆弱である。公的組織として、あるいは公的に認めたNPOへの継続的な助成金により、安定した組織運営の基盤が必要であろう。

3 被害者周囲の関係者への援助

こうした相談先が必要なのは、被害者及びその家族のみではない。被害者から相談された学校の友人や先生、職場の同僚や上司などにとっても、ためらっている被害者本人の代わりに気軽に相談できる窓口が必要なのである。

例えば、アメリカは犯罪被害者支援が非常に充実した国であるが、民間NPOである全米犯罪被害者センターの下部組織「ストーキング・リソース・センター」では、被害者本人が深刻度を理解していなくても、周囲の学校・職場が危険を認知すると即座にセンターや警察に連絡を取ることで対策へとつなげる体制が構築されている。

さらに、加害者・被害者の関係が学校の同級生や職場の同僚の場合は、直ぐに警察に届けるのではなく、周囲の関係者が仲裁して穏便に済ませようとすることがある。しかし、例えば上司が部下である加害者を厳しく叱責することで、逆上してより凶悪な行為へとエスカレートすることもあろう。実際に、仲裁に入った上司や友人が被害者となる事件も起きている。筆者が面会した元ストーカー男性も、ファミリーレストランで行われた同僚女性である被害者との話し合いに上司が立ち会ったが、そこへ刃物を持込み逮捕に至っていた。

このように、加害者・被害者の間に立つ仲裁者は、事態をよりエスカレートさせないために、そして何より自分自身の身を守るために、専門的なアド

バイスが必要である。その上で、少しでも仲裁者に危険がある場合は、以後の対応を被害者支援組織等に任せるべきであろう。

4　適切な情報提供

　インターネットの普及した現代において、被害者本人やその周囲の関係者は、支援組織に電話や面接に行く前に、まずはネット上の情報を参照するであろう。

　先ほど取り上げたアメリカのストーキング・リソース・センターのサイトを訪れてみると、ストーキング犯罪の特徴や深刻度の増すプロセス、自己診断できるチェックリスト、身を守るためのセーフティプラン、等の豊富な情報が掲載されている。

　一方、日本で「ストーカー被害」とのキーワードでインターネット検索をすると、警視庁のHPが最初に出てくるが、「迷わず警察に相談」を訴えるのみでストーカーに関する詳細な情報は掲載されていなかった（2013年当時）。

　他にヒットするのは、先ほど述べた探偵事務所等が営業のために設けているHP等である。そこで掲載されている情報は、個人の経験談や提供サービスの宣伝であり、HPによって正反対の内容の「取るべき対処法」が見つかることもある。このように、情報化社会の現代でありながら、インターネット上でストーカー被害者が得るべき信頼できる情報を見つけることは、非常に困難なのである。

　今後は、警察、もしくは被害者支援組織等が、ストーカーに関する情報・アドバイスを公開し、被害者本人とその周囲の家族・学校・職場が容易にアクセス出来る体制を構築しなければならない。

　特に求められるのは、捜査員・探偵・相談員らの個人的な成功体験から個別に導き出されたストーカー対策ではなく、過去の多くのストーカー事案のデータから加害プロセスを統計的に分析する「エビデンス・ベースト」の研究により導き出された対処法であろう。当該データを有するのは警察組織だけであろうが、内部研究組織で、もしくは外部の専門家との協働により、「最も被害者を救う可能性の高いストーカーへの対処策」についてのノウハウを蓄積し、公開してほしい。

5　加害者家族に対する支援

　逗子の事件について、時間を巻き戻し、現実にはできなかったストーカー規制法の厳罰化による実刑判決や被害者保護の充実など、どのような対策が取られていれば妹が救われたのか、いつも考えている。しかし、脅迫罪での逮捕段階ですでに異常な精神状態にあり、それが事件まで収まることなく持続した加害者を止める手段を考案するのは、事後であっても非常に困難なのである。時間を巻き戻したとしても、事件当日に自分自身がバットを持って妹の横に立っている姿しか結局は思いつかない。

　そうした中で、もしこれがあったら別の結末だったかもしれないと期待できるものがある。それは、加害者本人ではなく、その家族への支援である。

　加害者本人は、すでに妄想の中で異常な状態にあるため、相当な強制力を持たなければ治療等の対処はできないであろう。「加害者相談窓口」があったとしても、来訪の可能性は小さい。

　一方でその家族は、加害者本人とある程度の結びつきを保った関係であるならば、「息子を犯罪者にしたくない」「逆上して暴れるのが怖い」など、多様な苦悩を抱えているであろう。そのため、誰かに助けを求める可能性は非常に大きいと考える。

　逗子の事件では、警察からストーカー規制法による最初の口頭注意が家族を介してなされたが、実際には、逆上し暴れることを心配した家族（当時は女性のみだった）が本人に伝えなかった。また、2回目の警察からの口頭注意の際は、家族内の目上の男性が高圧的に叱ったときいている。その結果、加害者は自殺未遂の後に、より凶悪化して「殺す」等のメールを送りつけるようになった。これらのチャンスに、家族が異なる対応を取っていれば、その後の加害行為がエスカレートすることなく収まっていった可能性もあるのではないだろうか。

　そこで、先程述べたストーカー被害者支援組織は、周囲の人や加害者家族等へのトータルな支援を行うことができる体制を取ることが望ましいと考える。

　ストーカー被害者・加害者とその関係者への総合的支援組織が家族の相談に応じ、専門教育を受けたカウンセラー等が適切な対応の取り方をアドバイ

ス（例えば、「一方的に叱りつけない」など）していれば、逗子事件も、もしかしたら別の結果になっていたかもしれない。

　この「加害者家族への支援」というアイデアについて、犯罪被害者支援を行っているNPO等に意見を求めたことがある。その際に、一つの組織が加害者と被害者の両者に対応することは不可能と答えた組織もあれば、両立可能でDVに関してすでに実践していると答えた組織もあった。今後は、重要な論点の一つとして、ぜひ議論を深めていただきたい。

6　近年の進展

　遺族として活動を行うなかで、上記のような主張を続けてきた。近年になって、ストーカーの相談窓口に関する進展が見られる。

　現在の警視庁ホームページでは、ストーカーに関する多くの情報が掲載されている。特に、警視庁の情報発信のための外部サイト「cafe-mizen」[12]では、著名な俳優を登用したビデオも活用しながら、ストーカーに悩む被害者向けに、ストーカーの内容、危険性判断のポイント、被害に遭わないための対策、警察やその他の相談窓口等の情報が分かりやすく掲載されている。

　さらに、「もしかして自分はストーカーかも？と思ったら……」との問いかけで、ストーカー行為を行っている可能性のある加害者向けの情報も掲載されている。そこからダウンロード可能なリーフレットを見ると、ストーカー行為の列挙、セルフチェック用リスト、さらには法令違反の内容を記載し、「あなたの行為が法令違反に該当すれば警察は検挙します」と警告している。このような加害者向けの情報も合わせて提供されていることは、大いに評価できると考える。

　一方で、加害について「悩みがある方は警察や地方自治体の窓口に相談できるところがあります」とは記載されているものの、相談窓口の具体的情報は記載されていない。加害者からの相談を受け付ける体制づくりが必要であろう。

　筆者はこれまで、京都府警を数度訪れ、相談体制や加害者対策に関する意見交換を行ってきた。その結果、警察担当者らの熱意により、京都ストーカー相談支援センター（KSCC）が2017年11月に開設された。設立主体は府警

であり、専従の警察官が無料の電話・インターネットでの相談、および予約制の直接面談にあたる。センターの部屋は警察本部とは別の建物内におかれているため、気軽に立ち寄る事ができるようになっている。

　また、加害者に関する相談、対策も実施していることも大きな特徴である。さらに、警察対応のみではなく、司法、福祉、教育など関係団体と連携し、相談から再発防止に至るまでワンストップで対応することを表明している。

　このようなストーカーに特化した相談センターは日本で初めてであり、先程必要性を指摘した、①無料、②公的、③アクセスのしやすい組織、という条件を満たしている。担当者へのインタビューによると、現在は京都府外からの電話・ネット相談が３割程度あるという。効果を検証しながら、他の都道府県でも同様な取り組みがなされることを願う。

五　多様な加害者対策

1　加害者への「罰」と「治療」

　凶悪事件が起きるたびに繰り返されてきたのは、「どのような罰を与えれば、このような犯罪が無くなるのか」という問いであったように思う。ストーカー犯罪についても、罰則強化の検討が行われている。

　しかし、先日に新聞社の紹介により面会した元ストーカー加害者（過去に３回のストーカー行為を行い逮捕にも至っている）は、「死刑だといわれても当時は止められなかった」と述べた。実際、逗子事件のようにその場で自殺、あるいは事件後に「自分も死ぬつもりだった」と供述するストーカー加害者は多い。つまり、どのような罰が待ち構えていたとしてもそれを気にすることなく凶悪な行為に至る、そのような精神状態にある加害者に対して、「厳罰化→犯罪抑制」という戦略だけでは立ち向かえない、というのが遺族としての率直な思いである。

　最悪の結末に至る前に、まだ生きているストーカー被害者が望むこと、それはもちろん、まずは自身の身の安全である。その際に、加害行為をやめさせる手段、加害者から逃れる手段は問わない。もし「罰」よりも「加害者治

療」・「カウンセリング」「ケア」・「教育」・「福祉」など、より有効な対処策があるのであれば、当然それらの実行を望む。加害者が更生し社会で充足した生活を営むことでストーカー行為をやめる可能性があるのであれば、それでもよいから「とにかく止めて」というのが心情なのである。

　三で述べた「危険度の高い加害者の早期逮捕」等の警察の近年の取組みによって、ストーカー行為が止み救われる被害者も多いであろう。しかし、逗子の加害者の場合、逮捕・裁判を経てより狡知化、そして凶悪化したのである。単に早期検挙により逮捕者の数を増やすだけで、その後ストーカー気質の加害者に対して効き目の薄い「罰」以外の対処を何も取らないまま社会に戻していくのであれば、逗子の最終段階と同様なねじれた精神状態の加害者を、結局は多く生み出してしまう危険性すらあると危惧している。

　必要なのは、「罰」か「治療」か、という単純な選択、主義主張間の争いではなく、有効な手段は「罰」も「治療」も社会的に実装し、トータルに被害を最小限に抑えるためにその適正なバランスを探る、そのような取り組みなのではなかろうか。

2　加害者「治療」への戸惑い

　上記のような意図から、遺族として新聞・テレビの取材を受ける際に、加害者対策、特に加害者「治療」の必要性を訴えてきた。その際に、2013年時点での取材者は、遺族から「厳罰化」の要求を聞き出すために取材に訪れることが多かった。そこで、異なる対策の重要性を訴える際に分かりやすさが最も必要との認識から、「罰」の対極として論じやすい「治療」という単語を用いていた[13]。

　しかし、その後に2014年になって、ストーカーの「加害者治療」が社会的に論じられる機会が増え、7月にはNHKスペシャル「ストーカー殺意の深層」でも加害者対策をテーマに番組がつくられた。

　こうした中で、「加害者治療」という言葉の急速な広がりには、個人的に戸惑いを感じている。ひとつは、「治療」というと医療行為が想起され、精神科医による薬物療法でストーカー加害者を治療する場面が思い浮かぶ。しかし、実際に効果的なのは、医学的な投薬よりも、臨床心理学的なカウンセ

リングであろう[14]。

さらに、カナダでのDV加害者更生プログラム等の経験から日本でのプログラム実施に関わってきた信田さよ子氏は、「警察庁やNHKは、ストーカーという明らかな犯罪を扱う際に病や治療という医療モデル的言語を乱発することに問題を感じていないのだろうか」と厳しく問うている[15]。「治療という言葉が氾濫し、あらゆる望ましくない現象は犯罪として厳罰化されるか、病気として疾病化されるかの二方向しか許されていないかのよう」な風潮の中で、「厳罰化と疾病化の間を目指しつつ、つまり司法と医療の間に位置しながらいずれにも偏らず、被害者の支援を第一義にすること」の重要性を指摘している。

3　加害者への多様なアプローチ

筆者にとって一番問題だったのは、メディア等で「加害者治療」の必要性を訴えていながら、その語がいったい何を指し示しているのか、実態としてどのような加害者対策が行われているのか、そして本当に被害者を救うという意味での効果があるのか、明確な認識や個人的確信を有していなかったことであった。そこで、加害者治療、加害者対策の現場を訪れ、あるいは実際にプログラムを実施している担当者に話を聞いて回ることにした。

ストーカー加害者へのアプローチとして、効果・体制・専門家・マニュアル等の点から最も可能性が高いのは、「認知行動療法」プログラムであろう。特に欧米で行われている性犯罪者、あるいはストーカー・DV加害者に対するアプローチでは、このプログラムが最も多く採用されており、日本でも刑務所及び保護観察所で実施されている性犯罪者に対する特別処遇プログラムでは、この認知行動療法が採用されている。

一方で、「解決志向アプローチ」という心理療法もある。これは、犯した暴力問題の理解と反省にこだわるのではなく、むしろ前向きに自身の将来像を構築していくものである。被害者としては、感情的には即座に受け入れがたいアプローチである。しかし、加害者のプログラム受講の動機づけにおいて優れており、アメリカで実施されているDV加害者処遇プログラムでは、高いプログラム完了率と再犯防止効果が実証されているとの主張もある[16]。

また、精神医学の分野では、薬物依存症の治療プログラムとして用いられてきた条件反射制御法をストーカー加害者に適用する試みもなされている。
　こうした医学的な治療や心理学的療法以外にも、福祉や教育の文脈の中でも、加害者へのアプローチが試みられている。
　福祉の分野では、累犯障害者支援の司法と福祉の連携「長崎モデル」などがあるが、「パーソナリティ障害」と診断されることの多いストーカー加害者を福祉の分野がどのように受け入れる事が可能なのか、大いに関心がある。
　また、PFI刑務所である島根あさひ社会復帰促進センターでは、「治療」ではなく「教育」として受刑者（ここでは「訓練生」と呼ばれている）への再犯率低下のためのプログラムを実施している[17]。特に、「回復（治療）共同体」[18]の取り組みは興味深い。これは、「人間性をトータルに学習する場に適したコミュニティ」を施設内に構築し、「社会の中で生きる個人として責任を果たすための考え方や行動の仕方」を互いに学び合うことを目的としている。このコミュニティで、受刑者同士がこれまでの過去を洗いざらい話し、自身が傷ついた経験を仲間と共有していくことで回復を果たし、犯した罪にも向き合うことができるようになっていく。
　こうした多様なアプローチが各分野・各地で試みられている中で、筆者としては、加害者の更生や立ち直り、社会復帰ではなく、あくまで「被害者を救う」という視点から、すべてのアプローチへの期待を表明し、そのポテンシャルを検証する作業を行っていきたいと考えている。

4　加害者との対話

　筆者が初めて「加害者」と対面したのは、DV加害者プログラムを実施している横浜のNPO「女性人権支援センター・ステップ」においてであった。当時取材を受けていた記者のお節介な仲介で、DV加害者のグループカウンセリングの現場を訪れることになったのである。正直なところ、遺族として「加害者」に会うことは精神的負担も大きく、当日になっても訪問を躊躇していた。しかも、施設内に入ると、U字型に配された加害者の椅子のなかに私の席も用意されていた。

当時の筆者は、メディア等ではストーカー加害者を「モンスター」扱いするのではなく、その「治療」の必要性を訴えていた。それでも無意識のうちに、「加害者」を、決して渡ることのできない大きな川の対岸にいる人達と位置づけ、コミュニケーション不可能な存在として恐れていたように思う。

しかし、ステップでのグループカウンセリングで加害者の告白を聞いているうちに、彼らが最初から対岸にいたのではなく、もともとは私の隣にいるような存在だった人々が、徐々に心がねじれ後戻りができなくなっていったのだと気付かされた。だとすれば、ねじれきる前に適切な手が差し伸べられれば、また隣に戻ってくる事ができるはずだと信じることができた貴重な経験となった。

その後、別のメディアの紹介で、元ストーカー加害者とも面会した。3度のストーカー行為を犯し逮捕も経験している男性であったが、それでも現在もなおその気質が無くなることはないことを自覚しており、最近はNPOでのカウンセリングを受けていた。確かに会話の中でも、過去の行為を反省しながらもその話の節々に現在もねじれた感情が強く残っていることが伝わってきた。この面会は、前回とは逆に加害者を「治療」することの根源的な困難さを知る機会となった。

個人的に加害者プログラムの有効性を最も強く認識し、「加害者プログラムが被害者を救うことにつながる」との確信を得ることができたのは、島根あさひ社会復帰促進センターで回復共同体のプログラムに参加した時の体験である。

筆者が参加した回では、先輩訓練生が司会役を務め、ある新入生の生い立ちや過去の家庭や学校での辛い体験を聞き出すことで、それをコミュニティで共有し支え合うようなプログラムが実施されていた。また、筆者からも逗子事件の加害者について話をした。その後にある訓練生が、次のような趣旨の話を語ってくれた。「自分も元ストーカーで実刑判決を受けた。最初に入った刑務所では、単調な刑務作業ばかりさせられていたが、その時は（逗子の加害者と同じように）『自分こそが被害者なのになぜこんな目に合うのか』といつも思っていた。しかし、島根あさひに移り、このプログラムに参加する中で、初めて自分が犯した罪に気づき、向き合うことができた」。

彼のような体験と気付きの場を、いかに多くのストーカー加害者に提供していくのか、それが遺族としての役割だと確信することができた機会であった。

5　加害者プログラムの社会的実装

では、そのような場として、実際にどのようなプログラム・施策・組織がありうるのであろうか。筆者がこれまでに見聞きし、担当者から情報を得ただけでも、下記のような多様な社会的実装策がある。

(1)　自発的に通う加害者カウセンリング

DV に関しては、現時点でも民間 NPO において加害者カウンセリングのプログラムが実施されている。DV 加害者男性は、被害者である妻（元妻）との復縁を願い、あるいは離婚を避ける条件として治療を約束したなどの動機から、毎回の料金を自ら支払いながら一定期間継続してカウンセリングに通ってくるのである。

しかし、逗子のストーカー加害者のように、自分が被害者だと思い込んでいる場合には、自発的に有料のカウンセリングを受けに来るとは思われない。危険な行動に及ぶ可能性のあるストーカー加害者へのカウンセリングを実現する上で、その動機付けが最も難しいと思われる。

そのような意味でも、四で述べた警視庁による加害者向け情報の発信、京都府警による加害者も受け入れる無料相談は、加害行為が悪化する前に自身の行っていることに気付くきっかけとして、意義があると考える。

(2)　警察警告時のカウンセリング紹介

警察からストーカー加害者への注意・警告により多くの場合はストーカー行為が止むと言われているが、逆に逗子の加害者のように、よりエスカレートし危険性を増すこともありうる。それでも、この注意・警告の時点が、加害者の心理状態がまだ思い込みが激しくなる前の段階であれば、認知行動療法等のカウンセリングの効果があると考えられる（一方で、裁判・有罪判決後も被害者への歪んだ思いを持っているような加害者に対するカウンセリングの効果は低いという意見があった）。

また、ストーカー対策に最も熱心に取り組んでいる警察にとって、逮捕・

送致前のこの段階であれば、自らが主体的に新しい対策を試みることができる。

こうした要因から、警視庁を始めとした各県警では、2013年から加害者への警告時に治療を勧めるパンフレットも渡し、カウンセリング料金も初回分を負担することで受診を促す試みを開始している。

しかし、この段階においても、警察等が加害者に受診を強制することは、できない。実際に、加害者に受診を勧めても拒否される率が高いことが一部で問題視されていた。一方で、北海道警察と医療法人社団ほっとステーションの長谷川直実医師との連携のように、貴重な成果を蓄積しているところもある（本書第3章Ⅳ参照）。どのような加害者が受診したのか、その治療効果はどうだったのか等、データの蓄積・分析と情報公開が期待される。

(3) 刑罰の代替として強制的加害者プログラム（ダイバージョンプログラム）

ある弁護士に伺った話では、脅迫罪で有罪判決が言い渡された逗子事件において、裁判官は加害者の再犯を危惧したため、罰金刑ではなく保護観察付きの執行猶予を選択した可能性があるという。

本来であれば、判決において、より積極的に加害者プログラム受講を義務付けるような方策があることが望ましい。加害者の状況を見極めることを前提に、刑罰を科すことよりもカウンセリングプログラムを受講するほうが再犯の可能性が低くなるのであれば、それを選択し受講を強制できるような仕組みがあるべきではないのだろうか。

こうしたダイバージョンについて、現在の日本では不可能だということだが、遺族としては、ぜひ専門家により活発な議論を期待したい。

(4) 刑務所・保護観察所での性犯罪者処遇プログラム

2005年の受刑者処遇法（後に、「刑事収容施設法」に改称）の成立により特別改善指導の一つとして刑務所・保護観察所等における性犯罪者処遇プログラムが導入された。これは認知行動療法に基づくプログラムであり、すでに検証可能な程度の受講経験者がいることから、再犯防止面での有効性に関する議論も進み始めている。逗子事件の加害者も、保護観察の段階で単に保護司との面談だけでなく、このプログラムの受講が義務付けられていれば、異なる結果となっていたかもしれない。

しかし、対象が性犯罪者に限られているため、ストーカー・DV加害者は現時点では受講できない。そこで、両者を性犯罪の範疇に加えるか、あるいはストーカー・DV加害者に関して別プログラムを立ち上げるか、いずれかの対策を強く望むものである。

ストーカー犯罪に関しては、極端な暴力行為が伴わなければ、逗子事件のように実刑は回避され、保護観察付き執行猶予がせいぜいという場合が多いであろう。そのため、特に保護観察所での処遇プログラムに期待している。しかし、プログラム期間が極めて短いなどの課題があるという。さらに、プログラムを担当している保護観察官と意見交換した際には、近年は保護観察官の業務負担が非常に大きくなっていることから、新たにストーカー処遇プログラム等を立ち上げることは困難との意見を頂いた。

それならば、ぜひ民間の個人カウンセラーやNPO組織と連携を取り、業務委託等の形を取りながら実践していくことはできないのであろうか。情報管理等で問題があるのかもしれないが、加害者の更生を担う保護観察所には、「被害者を救う」という視点がこれまで殆どなかっただけに、今後に新たに取り組むべき課題は非常に多く残さえていると考える（なお、ストーカーに対する保護観察については第3章II参照）。

(5) **元加害者の自助グループとコミュニティでのサポート**

逮捕・刑務所出所後に、出所者や元加害者でグループを作りお互いにサポートを行う組織が、多様な形で立ち上げられている。例えば、NPO法人「配りの会」は、保釈中、保護観察中、および刑務所出所者で集まり、出所後の悩みやもやもやした思いを気軽に話し合う「おしゃべり会」を実施している。刑務所出所者であるスタッフの方に伺うと、自身は島根あさひ社会復帰促進センターでの回復共同体やアミティのプログラムを経験しており、ぜひ出所後にも社会の中で同じようなプログラムが受けられる機会を作りたいと取り組んでおられた。

また、ストーカー元加害者だけで集まる会を発足させようと活動している元加害者の方にも話を伺った。

逗子事件の加害者は、拘置所を出た時点で仕事を失っており、多分友人もほとんどいない状況だったのではなかろうか。そうした中で、パソコンで

「包丁はどこで買えるのか」等の質問をしながら、静かに自身の誕生日の計画を練っていたと思われる。一緒に暮らしていた家族も、毎月面談していた保護司も、その異常性に全く気づかなかったという。この時点で、誰か本心を語り合える相手がいれば、そこで思いを発散できていれば、違う結末だったのではないか。

その意味でも「治療」「教育」等の態度ではない、加害者の横で伴走するようなコミュニティでのサポート体制のあり方も考えていかねばならない。

6　加害者のリハビリとモニタリング

上記のような加害者への関与・働きかけを行っている担当者・実践者にこれまで多く会ってきた。彼らは、社会の秩序維持や再犯防止を抽象的な使命として認識はしながらも、実践の中では目の前にいる人間（加害者）の立ち直り、社会への再統合を心から応援しサポートを行っていた。

彼らと個人的に、あるいは日本臨床心理士会の研修や日本更生保護学会等の場で遺族としての筆者の考えを聞いていただくと、9割以上は目標を共有し同じベクトルで活動しているように感じられる。「加害者更生」と「被害者保護」は、基本的に同じ道を歩むのである。しかし、被害者保護の視点に立つ筆者と、加害者の立ち直りを第一に考えているカウンセラーらとの間で、常に意見が食い違う点があった。それは、カウンセリング中の加害者に関する情報を被害者へ提供できるのか、ということである。

保護観察所によるストーカーへの処遇プログラムが実現しその効果が上がることで、受講した加害者が二度とストーカーを起こさないような心情に至ればそれが最も望ましい。しかし、海外でのカウンセリング実績・再犯率低下の統計データを見ても、実際には効果はそれほど高くはないことが予想される。

それでも、専門訓練を受けた臨床心理士がカウンセリングを行ったのならば、加害者の心のなかに未だねじれた部分があることに気づく可能性は高いと考える。この時点で唯一危険性に気づきうるのは、被害者でも加害者家族でも警察でも保護司でもなく、処遇プログラムを実施するカウンセラーだけかもしれない[19]。その情報を妹に伝えてもらえたならば、即座に引っ越す等

の対策によりあの日の事件を防げた可能性がある。

　つまり、加害者のリハビリが不可能ならば、せめてモニタリングの役割を果たし、危険であればその情報を被害者に伝えて欲しいのである。しかし、この加害者情報の被害者への提供は、守秘義務が絶対視されている日本のカウンセリングの世界では不可能なアクションだという[20]。

　アメリカでは、1969年にある大学のカウンセリング室にて、うつ状態でカウンセリングを受けていた男子学生が、カウンセリング中にタラソフという女子学生を殺害すると打ち明けたにも関わらず、カウンセラーが女子学生とその家族に伝えなかったことから、結局殺害されるという事件が起きた。被害者両親がカウンセラーを相手に起こした損害賠償請求訴訟の中で州最高裁は「守秘義務と同時に警告義務も生じる」との判断を下した。この「タラソフ判決」については、現在もアメリカで議論が続いているという[21]。

　今後に、加害者臨床のプログラムや組織化が進むのであれば、その際にはぜひこの守秘義務と警告義務のバランス、どのようなときに潜在的被害者へ情報提供するべきなのか、議論を進めていただきたい。

六　おわりに

　逗子の事件を振り返りながら、ここまでストーカー対策のあり方について考えてきた。「これさえあれば（やれば）、凶悪なストーカー犯罪を防げる」という万能薬（大きな壁）はおそらくないのであろう。求めるべきは、例えば逗子事件の6年間のプロセスの各段階に、多様な主体による「小さな壁」が数多く実装され、そのどれかが加害者の行為や性向を最悪の結末以外のベクトルへ逸らす役割を果たす、そのような社会的対策のあり方なのではなかろうか。

　個人的な思いとして、人権面などに配慮が求められる警察が特に加害者対策において実施可能なことは、それほど残されていないのではないかと感じている。一方で、裁判所・刑務所・保護観察所が、加害者の更生と同時に"被害者保護"のために取り組むべき対策は、その多くが手付かずの状態で残されている。

また、学校や職場では、加害者と被害者がともに学生・職員であることも多い。その際に、教育の枠組み、あるいは職場の例えば産業医の立場で、ストーカーの加害－被害の関係に介入していくことも大きな意義があると考える。そのような意図から、先日には京都府警にて府内の大学の学生係担当者らへのストーカー対策研修会を開催していただいた。

さらに、地方の自治体による分野横断的な取り組みにも期待したい。省庁の縦割りを越えて、現場のレベルで福祉等の担当者と連携していくことは意義がある。特に、児童虐待に関するケースマネジメントの取り組みなどは、大いに参考になると考える。

多様な視点からのストーカー対策が論じられている本書をきっかけに、多機関で連携したストーカー対策が進展することを切に願う。

1）筆者は、国立大学の教員として普段はコミュニティに関する研究を行っており、地元県警とともに地域防犯の活動にも取り組んでいる。そこでの経験も、本稿での主張の背景にはある。
2）ストーカー被害を受けた6年間、被害者はこのメールアドレスを維持し、ときおり確認していた。それは、このアドレスまで閉じると、加害者が新たに接触手段を探し出すために身近に現れるのではないかという恐れと、相手の状況を確認する手段は残しておきたい、との思いからであった。
3）実際に婚約の事実はなく、それ自体が加害者の妄想である。
4）警察によるストーカー対策の進展に関しては、桶川ストーカー事件の遺族である猪野夫妻の担ってこられた役割が非常に大きいと考える。警察の取り組みに対する批判的検証を常に実践し社会へのメッセージを発信している猪野夫妻がいてくださることを前提に、逗子事件の検証から見出されたこれまで見過ごされてきた視座を補っていくことが、私の役割だと考えている。
5）妹も、いくつかの機関に被害を訴える中で、担当者のやる気の無さや不誠実な対応には常に悩まされていた。被害を相談した警察署の担当者に「当たり外れ」があることは、以前から指摘されてきた。
6）福井裕輝『ストーカー病―歪んだ妄想の暴走は止まらない』（光文社、2014年）。
7）複数の警察官と事件後に会う中で痛感したのは、「ガツンと警察が叱ればそれで終わり」と未だ信じていて私にそう語りかけてくる（特に年配の）警察官が多いことである。彼ら自身が過去に対応したストーカー加害者（8割に相当する多数派）への成功経験から、それがすべてのストーカー加害者に当てはまると判断してしまっている

のであろう。
8）神奈川県警でも2012年に試験的にこのチェックリストを導入していたが、3月で試行が終えたため、4月に受理された逗子事件では用いられることはなかった。後日入力して確認してみると、やはり逗子の加害者の危険度は高く判定されたという。
9）筆者は、ある県警から、複数の防犯研究者とともに「犯罪予防研究アドバイザー」の委託を受けており、守秘義務に関する協定を結んだ上で調書をベースとしたデータの提供を受け、県内の性犯罪・コンビニ強盗・住居侵入盗に関する統計的分析を行ったことがある。ストーカー問題に関しても、組織の内部のみでなく、より多くの研究者との協働作業により、エビデンスベースの対策が進むことを期待する。
10）SWASH（Sex Work and Sexual Health：主にセックスワーカーとして働く人たちが安全・健康に働けることを目的とするNPO）のスタッフによると、支援対象の女性から、元客からストーカー被害を受けているとの相談が非常に多いという。しかし、時には従事しているサービスが法的にグレーゾーンである場合もあるため、警察には相談できない。
11）逗子事件では一旦は逮捕・裁判での有罪判決まで至ったが、あるストーカーに関するNPO関係者からは「妹さんはほんとうによく頑張った。普通の人では、自分で証拠を集めてここまで行くことはできないのよ」と妹の努力を労っていただいた。
12）https://www.npa.go.jp/cafe-mizen/
13）当時の記事では、「ストーカー加害者を救って　逗子殺人の遺族　再発防止を模索」（朝日新聞2013年10月4日）、「ストーカーに治療を　厳罰だけでは止まらぬ」（愛媛新聞［共同通信］2013年10月12日）等の見出しでインタビュー記事を掲載していただいている。
14）更に個人的な違和感として、逗子事件の加害者は、自殺未遂で大学病院に入院し、その後もクリニックに通うなど、精神科医の「治療」は継続して受けていた。事件の5日前には、かかりつけのクリニックで、10種類以上の抗鬱薬の処方を受けており、「薬で治るのか」「むしろ単純な投薬の持続は悪影響だったのではないか」と素人なりに感じている。
15）信田さよ子「グローバル化する精神医療　辺境から眺める」現代思想 vol.42-8（青土社、2014年）。信田氏によると、カナダのDV加害者プログラムでは「疾病化」を厳しく退けるという。「DVは暴力であり犯罪であること、したがって責任を取ることがプログラムの最大のテーマ」であるため、「疾病化は彼らに『病気のせいで』という言い訳を助長することで責任から遠ざけてしまう危険性」があり、「第一義的にプログラムは被害者支援のために実施するのであり、彼らを『治療』するのではない」という。
16）モー・イー・リー、ジョン・シーボルド、エイドリアナ・ウーケン（玉真慎子、住谷祐子訳）『DV加害者が変わる　解決志向グループセラピー実践マニュアル』（金剛

出版、2012年）

17) 島根あさひ社会復帰促進センターでは、修復的司法、認知行動療法、回復共同体の3つを柱として再犯率低下のための教育プログラムが構築されている（http://www.shimaneasahi-rpc.go.jp/torikumi/）。

18) これは、アメリカ・アリゾナ州で、犯罪者や依存症者の社会復帰を支援するNPO「アミティ」が実施しているTherapeutic Communityの考え方を導入したものであり、テキストも職員が自力で翻訳しながら実践していた。アミティについては、終身刑受刑者への取り組みを取材したドキュメントである坂上香『ライファーズ　罪に向き合う』（みすず書房、2012年）参照。この本を読み坂上氏とお会いしたことをきっかけに、島根あさひの施設訪問と受刑者との対話が実現した。

19) 逗子事件において、妹や私達家族は、加害者からのメールが以前の「殺す」から逮捕後は「金を払え」に変わり、特に最後の事件の直前の段階ではそのメールすら来なくなっていたので、正直に言って油断があったのだと思う。また、加害者側の家族や面談を担当した保護司も、加害者の精神的なねじれには全く気付けていなかった。警察は、裁判後には加害者に関する情報を一切持っていなかった。

20) ある保護観察官と意見交換した際には、たとえ保護観察所が知ったとしてもそれを被害者本人に伝えるのは不可能との態度であった。また、臨床心理士の研修会で話した際にも、そもそも彼ら／彼女らは守秘義務が課されており、その情報を他の個人に伝えることは職務上不可能との反応が多かった。

21) しかし、日本で筆者が臨床心理士の研修会で話をした際には、司法臨床分野に関心をもつカウンセラーの集まる場でありながら、タラソフ判決自体を知らないという反応が多かった。

（芝多修一）

Ⅱ　ストーキング被害への取り組み

一　ストーキングが侵害するもの

　ストーキングは特定の他者との関係において、他者を征服・支配しようとして、他者が自身で設定している安全圏内に侵入し、その安全と平穏を脅かす行為である。野生動物には生存のためにスペーシングという、他の個体から距離をとる習性があるが、人間も、自身の物理的・精神的な安全のために、だれをどこまで近づけてよいかその距離を決めながら生活している。このように他者が設定したプライベートな安全圏を侵す行為は、他者の尊厳と独立を認めず、至近距離に近づく、重大な危険を孕む行為である。他者に執着し拒絶を受けてもその安全圏への侵入を繰り返そうとする行為は自己の欲望のままに歪んだ個人的関係を強要するものであり、根深いネガティブな情動を引き起こす人格構造に由来する[1]。それは、個人的関係を巡る情動に関わるために親密な関係で発露しやすく、人格構造に根差すため長期にわたり、改善しにくいことも少なくない。
　ストーキング被害の核心は被害者から安全を奪い自由に生きる毎日が剥奪されることにある。すなわち、ストーキング被害者は、無断でもしくは拒絶に反して安全距離内に侵入され、安全圏を侵害される。望まない相手が至近距離に接近し、いつ襲撃を受けるか知れない状態に陥ることになるから、あらゆる意味での安全と平穏を奪われ、常時、緊急事態に備えた警戒と緊張を強いられる。その耐えがたいストレスは、被害者を疲弊させ、精神的・身体的健康を害する。同時に、被害者の生活は、勉強・仕事・楽しみのための自由な活動、望む相手との交際・結婚・出産・子育てといった当然の活動を含めて、ストーキングの地雷を踏むことを懸念して縮小を迫られ、本来の社会生活を営むことが大きく制約される。さらには不意にストーカーの攻撃が加速し、時に凶悪な事件に発展する場合もある。自分では全く制御できない原因により次々に問題が起こり、翻弄され、不安、緊張を抱え、疲労と憂鬱が

いつ終わるとも知れず、家族や恋人など近しい人々を巻き込んで断続的に続く。ストーキング被害者の受ける理不尽な苦痛は、見えにくいけれども甚大、深刻である。

このような事態に置かれる被害者を支援するには、被害者が本来、脅かされず胸を張って生きる権利があること、それが侵害されていることを確認し、対策を尽くして安全を回復することによって、被害者を理不尽な苦痛から解放しつつ、傷つけられた被害者が本来の力を回復し、再び安全平穏で正常な生活を送れるように援助する必要がある。法的な領域でできることには限界がある。被害者を中心に、司法、医療、福祉、精神保健、教育その他広範な領域で有機的な連携を組み上げて、切れ目のない支援を実現しなければならない。

二　ストーカーと被害者の関係

1　一方的な好意・怨恨に始まるもの

特別な個人的関係がなかったのに、一方的に性的関心を抱き接近し、相手の拒絶を無視して接近し、プライバシーとして守られるべき安全圏に侵入しようとするストーキングがある。このようなストーカーは、被害者の生活圏やその周辺から現れる。すなわち、学校・大学の生徒・学生やクラブの部員や交友関係者、職場の同僚や上司、営業や窓口業務担当中に接客した利用者、歌手やダンサーの舞台を鑑賞しに来た客など、何かのはずみに知り合った程度の相手である。性的ハラスメントを仕掛けてきた者も含まれる。

こうした相手の接近を望まない場合、人はたいていその誘いや好意をさりげなく斥けている。しかし、ストーカーは、被害者が婉曲に拒絶したときは自分に都合よくこれを無視して接近を続け、安全圏を侵害する。そうした侵犯行為を重ね、接近の既成事実を積みあげて、ストーカーは被害者を追い込んでいく。被害者は追い込まれるほど、明確に拒絶すればストーカーが逆切れして攻撃を増すことを恐れるために、拒絶をすることがむずかしくなる。こうしてストーカーの侵犯がエスカレートし危険性を増す悪循環に陥る。

2　現在若しくは元の交際相手・配偶者によるもの

　交際をし、結婚をしてパートナーになれば、二者は親密な関係に入り最接近する。だが、その後何らかの原因で一方がパートナー関係を見直したい、解消したいと望めば、二者間の距離は遠ざかるのがふつうである。

　ところが、DV加害者の場合は、被害者から別れることを許さない。DV加害者は、身体的・社会的・経済的あるいは心理的な優位を濫用してパートナーをコントロールして利益を得、被害者との関係は互いのものではなく、支配者である自分が決めるものと認識しているからである。DV加害者は、支配と加虐に嗜癖し自己の要求を被害者が拒絶することは認めないから、被害者が逃げたり別れて自己の支配下から離脱することに怒り、支配を回復するために被害者を取り戻そうとする。DV型ストーキングはこの時に起こる。加害者は、別れようとする被害者に激しい怒りを燃やし、逃げれば追求し、捕獲し連れ戻し、報復し、再び支配下に組み敷こうとする。すなわち、前述の「1　一方的な好意・怨恨に始まる」ストーカーが、相手の安全圏への侵入を目指して接近するのに対し、DV加害者は、過去、相手方の安全圏に入りそこで自分が相手方を支配した経験があり、いわばその失地回復のためにストーキングを仕掛けるという違いがある。支配の味を占め、所有した経験があることで、ストーキングをしてでも取り戻そうとする独占欲はより強いものになりやすい。

3　上記以外によるもの

　現行のストーカー規制法は、「恋愛感情その他の好意の感情又はそれが満たされなかったことに対する怨恨の感情を充足する目的」に出たストーキングだけを規制の対象にしている。しかし、人間は対人関係で、恋愛以外でも嫉妬や憎悪を抱くことはあり、そういうネガティブな感情に囚われて、相手を脅かし害を加えるストーキングは起こる。近隣関係の紛争やリストラに始まる鬱積した害意を晴らそうとするストーキングやハラスメントに対しても、今後、法的な対応が検討される必要がある。

三　加害への対処

1　できるだけ早期の明確な拒絶

　ストーキングに対しては、できるだけ早期に明確な拒絶を伝えるべきである。ストーカーは、被害者との距離を縮めたがっており、被害者はそれに苦痛を感じるけれども、普段の社会生活では他者と衝突を回避して生活しているからストーキングに対する拒絶が遅れる場合がある。拒絶が遅ければ、安全圏への侵入はそれだけ進み、ストーカーにはそれだけ大きな既得権を与えるから、拒絶によりストーカーを激怒させる程度は大きくなり、安全圏外へ撤退させるために大きな力を要することになる。

　そのため、被害者に対しては、安全圏を守ることは誰にとっても最小限の自由と尊厳を守ることであり、他者の侵害を拒絶することは当然の権利であることを確認し、拒絶が遅れるほど反応が増大することを話し合ったうえで、直ちに明確な拒絶をするよう支援する。

　拒絶に際しては、相手の感情的な反応に取り合わない姿勢を伝えるため、事務的に接近を拒絶するよう配慮することも伝える。

2　接触機会をなくす

　接近を拒絶したうえで被害者側でできるのは、ストーカーとの接触の機会を減らすことである。ストーカーとの離婚は、すべての法的関係を解消するために重要である。ストーカーと学校・職場が同じ場合には、学校・職場に相談し、脅かされずに学業・職業を遂行できるための安全配慮として、組替え・配置転換などの措置によりストーカーとの接触を避ける措置を求める。ストーカーに被害者の動静などの情報を与えないために、SNS などストーカーが閲覧できるサイト等にあげる情報を見直す。

3　警告／禁止命令

　ストーカー規制法 2 条 1 項で列挙された「つきまとい等」の行為があり、それが被害者に身体の安全、住居等の平穏若しくは名誉が害され、又は行動

の自由が著しく害される不安を覚えさせるものであれば、被害者は、関係資料を整理して同法4条の警告を申し出る。警告は記銘力を発揮するためにも、口頭ではなく、原則文書で行われるべきである。ストーカー行為等の規制等に関する法律施行規則（国家公安委員会規則第18号）も、緊急の場合真に必要な場合に限定して口頭で警告することを認めつつ、当該口頭での警告実施後、可能な限り速やかに警告書を交付することとしている（同規則2条）[2]。

　事案によっては、警告が発せられたことで、ストーキングが収束することもある。筆者は、DV事案で別居した妻への夫のストーキングにつき警告が発せられたことにより、その後のストーキングが止んだ事例も経験している。

　しかし、警告後も加害が止まない場合、或いは三鷹事件のように相談を受けた時点ですでにストーキング加害が過熱して危険が迫り、警告を経ていては凶行が防げない危険な場合もある。警告違反に罰則はなく、凶行に至る前のつきまとい等で検挙することはできないから、これらの場合には、躊躇なく、禁止命令の申出、緊急の必要がある場合は緊急禁止命令を申し出るべきである。平成28年改正で、禁止命令は警告を経る必要がなくなり、違反の罰則も強化された。

　禁止命令は、ストーカーに対し、被害者に不安を与えるから接近するなと命じることで、被害者に安全と平穏を確保しようとする重要な制限であるが、ストーカーにストーキング以外、何らの制限を課すわけではない。違反さえしなければ刑事罰を受けることはない制限である。被害者は警告や禁止命令が加害者を激高させることに不安を抱きがちではあるが、禁止命令があってこそ更なる接近を取り締まれること、接近反復の怖れがある限り禁止命令は延長することができ（法5条9項）、接近段階で取り締まる体制を継続できることを説明し、過大なプレッシャーを抱かせることなく、禁止命令を得るよう支援するべきである。

　警察は、警告・禁止命令を発出したときは、その旨の証明書を発行することができる（法7条1項）。この証明書の交付を受けることで、被害者はストーキング被害を受けていることを説明し、学校・勤務先等・行政の支援を得やすくなる。支援者はこれも説明し、証明書の交付、利用について助言する。

4　刑事的立件

　ストーキングへの刑事法的対処はストーカー規制法のストーカー行為罪、禁止命令違反罪に限らない。ストーカー規制法は「忍び寄る」段階の接近行為を規制するが、「1　一方的な好意・怨恨に始まる」ストーカーでも、ストーキングに付随して、被害者方に侵入し、自動車を傷つけるなどの器物損壊や、害悪を告知する脅迫などの刑法犯罪に該当する行為に及んでいる場合がある。「2　現在若しくは元の交際相手・配偶者」のストーカーでは、被害者が別れを選択する原因となったDV加害として、逮捕監禁、脅迫、強要、暴行、傷害、性交強制、器物損壊、名誉棄損、侮辱などの刑法上の犯罪に該る行為が行われ、追跡の過程でもこれらの加害が繰り返されている場合が少なくない。こうした犯罪行為が親密な関係において行われる場合には、攻撃の照準が被害者に絞り込まれているため、見知らぬ第三者による犯行より、被害者を一層恐怖に陥れる。捜査と訴追手続きが開始することは、ストーカーに自己の行為の責任に気づかせる契機にもなり、さらなる加害行為をけん制する効果が大きいから、刑事的にきちんと立件する必要がある。

　それには、被害者の協力が不可欠である。被害者の協力を得るには、協力が被害者に過大な負担にならず、かつ協力して立件されることが被害者の安全を高めると信頼されなければならない。上記のとおり、立件は更なるつきまとい等をけん制する効果を発揮するのに加え、逮捕勾留で身柄が拘束されれば過熱した加害を食い止めることができる。併せて、将来の逆恨み対策には、禁止命令を得て被害者の安全を確保する。他方で、聴取時の負担を軽減するために、担当者を決めて被害者が同じことを繰り返し説明しなくて済むようにする、二次被害に十分の配慮をするなどのほか、ストーカーが知らない被害者の情報の秘匿は刑事訴訟法で整備する必要がある。被害者は傷つきながら、仕事や生活を続けなければならないなかで、捜査や訴追に協力しているから、その負担を軽減することにはさらにきめ細かい配慮が払われるべきである。

5　民事損害賠償請求

　ストーキングは、被害者に対し、健康上の被害をもたらし、正常な社会生

活を害し、社会的・経済的にも精神的にも大きな損害をもたらす。こうした損害の賠償を請求することは被害の経済的回復にとどまらない。ストーカーに対し、被害者が問題を司法制度を用いて決着する、もはや個人的な関係で取り合わないという態度を示し、認容判決を得ることで法秩序がストーキング加害を容認しないことを告げることになり、ストーカーをして自己の加害責任に直面させることが可能になる。被害者の名で、このような決着をつけると、ストーキングは再発しにくくなる。

6　上記法的手続がもたらす関係の変化

　筆者は、弁護士として、主にDV加害者の復縁欲求に由来する中程度の危険性のあるストーキング事案を担当してきたが、上記のような法的対策を選択することで、概ねストーキングを遮断することができた。それは思うに、一連の法的処置が被害者を保護し、加害を非難する立場と規範価値を繰り返し被害者とストーカーに送り続けることにより、両者の力関係が変わるからではないかと考えている。DVでもストーキングでも加害当時は、加害者が優位で、被害者は攻撃に苛まれ怖れを抱え孤立・無力化させられ、劣勢を強いられる。しかし、法権力が被害者の安全・平穏と自由にかかわる権利を保護する原則に立って介入し、ストーキングを処分することで、被害者は社会や法権力の支援を得て加害者を制御することができる。その経験が被害者をエンパワーし、ストーカーの妄想で膨張していた勢力を萎ませるのである。DVは親密な関係にある2者間で暴力による支配を正当化することにより力の格差を押し広げる攻撃であるが、ストーキングも同様の構造があるから、被害者との力関係が変わり、対等になると消褪してしまうのであろう。

四　被害者への支援

1　当座の安全対策

　ストーキングの被害者は、ストーカーから独立の住まいを持っていてそこを拠点とした私生活の安全が脅かされている。被害者はストーキングに挫けないためにぎりぎりまで自分の正常な生活を継続しようとすることが多いか

ら、そのために警察にストーキング被害を相談して、警察のパトロールを受けたり、防犯用の物品の貸し出しを受けたり、緊急通報用の登録をするほか、危険性が急激に高まった場合に備えて一時避難の相談もしておく。被害者支援のメニューには、転居用公営住宅の提供もあるが、相談の結果引っ越しを勧められても被害者は応じないことが多い。住まいは生活の拠点であり、ストーキング被害のために転居することは、経済的負担が大きいだけでなく、生活のための様々な関係を失い転居先でその再構築を要するうえ、そうまでして転居しても再びストーカーに探し出されて再被害を受ける恐れは払しょくできないからである。難しい判断ではあるが、被害者の安全と利益を較量しできるだけ現住所は残しながら、機動的に一時避難を利用し、ストーカーへの法的対策を進めることが多いように思われる。

2　安全に関わる情報の秘匿

　DV被害者保護で先行するように、被害者の安全を守るためには、被害者の氏名・住所・居所・勤務先・家族の構成など安全にかかわる情報をストーカーから秘匿する必要がある。婦人相談所・男女共同参画センターなどの相談窓口ではストーカーからの問合せ等に応じて被害者の安全情報を回答しないことにしている。被害者の住所情報については、住民基本台帳の一部の写しの閲覧、住民票や戸籍の附票の写しの交付等は、被害者からの申出を受付け、警察等の意見又は警告等実施書面や保護命令決定書の写し等で該当性を確認したうえ、加害者へ交付しない、戸籍届出書記載事項証明書の発行時に被害者住所をマスキングするなどの支援措置が取られる（住民基本台帳事務処理要領）。登録自動車の登録事項証明の交付請求や軽自動車の申請等にかかるストーカー行為等の被害者保護のための扱い、不動産登記や後見登記手続き・供託制度における支援措置などについて、必要な被害者に相談窓口で案内することになっている。

　また、行方不明者届が加害者による被害者の探索に悪用されないため、警察は、被害者からの不受理の申出を受け行方不明届を受理しないなどの対応をしている[3]。

　このほか、市区役所では、国民健康保険、年金、税務、児童手当支給等の

事務処理のために、住民の個人情報を多数扱うので、DV 事案などで情報管理の徹底が求められている。

　近年、このような被害者支援を巡っては、申告の中で「加害者」と告げられた者からの抗議があるが、判例はこうした違法の主張を認めていない。すなわち、DV 防止法 8 条・8 条 2 に従い支援措置の対応票等を作成した警察官が「被害者の申告内容の真偽について十分に調査するべき職務上の義務を怠った」などと主張された国賠訴訟で、裁判所は、DV 防止法第 3 章の規定は「もっぱら、被害者に対する関係での関係機関の行為規範ないし努力義務を定めたものであり、加害者とされる他方当事者に対して関係機関が職務上の法的義務を負うことは想定していない」とし、同法 8 条の支援措置の「判断がなされたからといって直ちに加害者とされる他方配偶者の権利又は法的利益を侵害することにはつながらない」[4] とした。あるいは、DV 防止法 8 条は「被害者の保護を図るために警察署長等に援助を行う義務があることを定めた規定であって、当該援助申出の相当性の判断については警察署長等の合理的な裁量に委ねられていると解される」として、その判断が著しく不合理であって、裁量を逸脱又は濫用していると言えなければ違法ではないとした[5]。

　また、住民基本台帳事務を管理する市の対応については、加害者代理人からの請求を加害者からの請求同様に斥けることが認められている。すなわち、支援対象者との和解離婚に基づく協議を依頼された代理人弁護士からの、支援対象者の戸籍の附票写しの請求に、市が住民基本台帳事務処理要領第 6 の 10 に従い、不交付とした処分の取消が求められた事案で、裁判所は、上記事務処理要綱が、加害者による被害者の住所探索を防止し被害者の保護を図る目的で、戸籍附票の写し等の交付を拒むこととしており、加害者代理人に交付すれば加害者に知られるおそれは否定できないから、市が同要綱に従い、DV 法 1 条 2 項の被害者で暴力により生命身体に危害を受けるおそれのある者と認めて支援措置を講じた場合に、加害者代理人の請求を拒否したのは違法でないとした[6]。この判決の後、総務省は通知でこの趣旨を確認した[7]。

　一方、逗子ストーカー事件では、被害者の夫を装った加害者側探偵からの電話に、納税課職員が、DV 等支援措置の申出を受けていた被害者の住所を

漏えいした行為につき、裁判所は「秘匿されるべき必要性が高い」「(支援)対象者の生命身体に危険を生じさせる恐れがある」情報であり、「同措置に係る住民票の写し等の交付の申出の方法によらない場合にも慎重に取り扱われるべき情報である」として違法とし、市に賠償を命じた[8]。

　被害者の住所等安全情報を加害者に漏えいしてしまう過誤は、なお後を絶たないが、DV防止法23条・ストーカー行為規制法8条が、職務関係者の配慮義務として、被害者の安全の確保と秘密の保持を並べてあげているのは、住所等安全に関わる情報の管理の重要性によるのであるから、ヒューマンエラーをカバーする措置を開発する必要がある。市区役所のように管理する情報が大小多数にわたる場合には、DVやストーキング、家族間虐待など安全情報を秘匿管理しなければならない事案を広範な部局でそれぞれに管理させるのではなく、むしろこれら安全の管理を要する事案の事務を特定の部署に集中配属し、被害者支援に習熟した職員に多種の情報の処理を担当させるなど、自治体内部の情報管理と被害者支援の体制を工夫するべきではないだろうか。

3　生活支援

　ストーキング被害を受けることで、被害者は健康を害し、学業や職業の継続が困難になる場合がある。被害者が生徒・学生であれば、就学を継続し単位取得などで不利益を被ることなく就学・進級ができるために、教諭などに相談して、通学途上・学内生活での安全確保や補修・追試について支援を求めることがある。被害者が勤労者である場合にも勤務先に相談して、出退勤、勤務先事業案内サイトや外部からの問い合わせに被害者の氏名や所属を明かさないなどの対応等を配慮してもらうことが考えられる。被害者の社会的つながりを守ることが、被害の拡大を防ぐためにも重要である。

4　心理的支援

　ストーキングは、被害者に恐怖を帯びた出口のない耐え難いストレスをもたらす。こうしたストレスは、第一に、ストーキングを解消しそれが引き起こしている危険を除去することで解消をはかる。しかし、その危険がある程度若しくはきれいに除去されても、こころの傷が残る場合がある。被害後、

Ⅱ　ストーキング被害への取り組み　77

トラウマによるPTSDや適応障害、不安と混乱によるパニック障害等病名のつく精神症状のほか、自己評価や自信の低下や孤立、対人恐怖などの困難を抱え、それがたとえば新しい職場の人間関係形成に影を落とし、新しい人間関係でハラスメントやいじめなどの被害を受ける例は意外に多い。心の傷を過小評価せず、トラウマ治療を受け回復をはかることは、被害を終わらせるために重要である。

　近年、トラウマ治療は広がり、トラウマに焦点化した認知行動療法なども行われている。新しい職場やパートナーからハラスメントを受けないために、安全な人間関係について学んだり、自助グループを通じて回復をはかることも大切である。

5　安全平穏な生活を守るための相談支援制度

　現在、被害者のストーキング被害の相談は、警察以外ではほとんど行われていない。自治体・学校等で相談窓口を設けるところはあるものの、まれである。しかし、ストーキングの被害は被害者を支援してエスカレートする前に対処するべきこと、そのためには早めの相談が必要なこと、刑法・ストーカー規制法に抵触する前でも、あるいは加害者が刑の執行を免れたり終了したあとでも被害者がストーキングに不安を抱えることはあり、その不安を払しょくしなければ、正常な生活に戻っていけないこと、なにより人には他者に脅かされず尊厳を持って生きる権利があることを考えれば、被害者の居住地・学校等の社会的属性に関わらず、安全平穏な生活がストーキングで脅かされた場合に、誰でも相談でき、丁寧親身な支援をうけられる窓口を整備するべきである。ストーカー規制法9条で、国・自治体の被害者支援を謳っているが、これを一人一人の市民が利用できる制度として整備する必要がある。

五　DV・ストーカー犯罪後の対策

1　再犯リスクと被害者の回復

　ストーキングが刑事犯罪にまで至った場合は、加害者の執着や支配的傾向

はとりわけ顕著であり、対象は転じるかも知れないが、再発のリスクは高い。ストーキングの再発の危険を世に知らしめたのは逗子事件である。同事件の加害者は、被害者に対し、別れて4年後からしつこいメールを送信し始め、5年目には殺害を伝えるメールを送り付け、逮捕、起訴され、懲役1年保護観察付執行猶予3年の有罪判決を受けるも、6年目には半月間に嫌がらせメールを1000通以上も送信し、その後7か月の沈黙の後、被害者方に押し掛け被害者を刺殺し、そのベランダで自死した。ストーカーの執着が実に6年半もの間継続したこと、刑の執行や執行猶予といった法的処分がストーカーを変えなかったことに、私たちはストーカーの特徴を汲みとる必要がある。

　ストーキングの被害者はこういうストーカーの被害妄想からでた執拗な報復を知っているから、恐怖し、加害者が処罰されても安全と平穏な生活を回復できない。警察に相談するときも、警告や禁止命令等の行政処分が出るときも、刑事裁判で有罪が宣告されるときも、ストーカーが再び自由の身になれば、蓄積した逆恨みを加えて報復するのではないかと恐れる。そしてその不吉な不安は、逗子事件などで現実化した例があり、小金井事件の被害者が「たった14年後には犯人が塀の外を歩いている。そう思うと、今から不安と恐怖しかありません」とコメントしたように、振り払っても忘れようとしても、被害者の自由を奪い生活を制約し続ける。

　私たちはそのような現実をしっかり認識し、被害者がストーキング被害から解放されて安全に生活できるために、何が必要か、何が可能かを議論していかなければならない。

2　被害者の安全確保のための介入契機としての有罪宣告

　刑事訴訟は過去の犯罪行為を処罰する手続きではあるが、その刑事責任を考慮する要素には、犯行の危険性や結果の重大性だけでなく、更生の見込みなど被告人が将来に犯罪をおかす危険性を自ら克服することも含まれる。すなわち、刑事訴訟では、犯行に至る経過と犯行に現れたストーカーの危険性を示す事実が審理されるのであるから、有罪判決はストーカーの人的危険性の程度を踏まえて下されることになる。

刑事司法の手続は宣告された刑を執行すれば終了するが、被害者も加害者もその後を生きる。現行法のもと刑事判決で言い渡せるのは刑罰に限られるけれど、有罪判決を契機にストーカーの危険性の程度に相応した被害者の安全確保の対応は別途検討するべきである。

3　長期の禁止命令

　平成28年のストーカー規制法改正で禁止命令の効力期間は1年とされ、1年ごとに延長できるものとされたが、これは有罪判決を挟んで、別れてから6年半、ストーキング開始から2年半後に被害者殺害に及んだ逗子事件を見れば、短期にすぎると思われる。筆者が担当した事件でも、加害者は受刑後、別の人と婚姻した被害者に物品を送付する嫌がらせを繰り返し、被害者が転居しても探し出してその車両等を傷つけ、ついに住まいに押し掛ける等何年間にもわたるストーキング行為を繰り返し、被害者と家族の生活を甚だしく傷つけた。ストーカーの復讐への執念を過小評価してはいけない。被害者に向けた犯罪の末、有罪判決を受けたストーカーに対しては、身柄釈放後5年とか7年とか長期間の接近を禁止する命令を刑事裁判所が付加刑として言い渡せるよう制度改正を検討するべきである。

4　禁止された接近行為の電子的監視

　電子的監視とは、電子ブレスレット、携帯型受信装置、設置型受信装置を用いて、全地球測位システム（GPS）と携帯電話のデジタル通信信号（GSM）を利用して、対象者の居場所を特定し、居住場所や外出禁止時間、特定の場所や他者への接近禁止などの法的義務の順守状況を監視するシステムである。欧米や韓国などで、小児への性犯罪やDVなど反復性が高く重大な被害を招く犯罪について、加害者を収監する代わり、あるいは身柄釈放後に再犯を防ぎ被害者を保護する目的で制度化されており、再犯率はおおむね抑制の効果を上げているようである。

　ストーキングは、DVなど特定の被害者に対する執着にもとづく執拗なつきまといで再発のリスクは高いから、その深刻な再加害を防ぐうえで、加害者が、被害者に接近しないよう監視することは端的に有効である。日本で

も、ストーキング犯罪の加害者に対して、電子的監視による監視を通じた再加害防止の制度は検討してよいのではないだろうか。

　ただし、電子的監視は、収監に比すれば軽度とはいえ、監視対象者の自由とプライバシーを制限するから、諸外国でもこの措置は、有罪言い渡しの身柄釈放に際して裁判所の命令で実施されている。ストーキング加害者への電子的監視は、適正手続保障のために裁判所が発令するとの原則に立ちつつ、再犯防止と被害者の安全確保のため、日本でも、今後、その導入を積極的に検討するべきである。

　この点、日本では現行、禁止命令は公安委員会とその委任を受けた警察本部長等が発令する行政命令であり、審理が非公開で簡単な不服申立手続きさえないため、禁止命令に電子的監視を付することは、国民の自由と人権保障の観点からは重大な疑念がある。したがって、ストーカー規制法の禁止命令を行政命令で発令している間は、禁止命令違反の行為の監視には電子的監視は除くこととし、ストーカー行為罪・禁止命令違反罪及びストーキングに由来する脅迫・暴行傷害等の犯罪については、具体的な検討を進めるべきである。

5　被害者へのストーカー加害者の情報開示

　ストーカー被害者は、被害者等通知制度により、刑事訴訟の確定までは、ストーカーに対する刑事手続きの進行、審理の内容、判決等につき知ることができる。確定後は、同制度により、収容される刑務所と満期出所予定時期や釈放された年月日等のほか、受刑中・保護観察中の処遇状況等につき通知を受けられるほか、再被害防止のために必要があると認められた場合に釈放予定時期の直前通知と釈放後の住所地の通知を受けられることになっている。

　しかし、これら通知で開示される情報は、被害の安全を確保するには、まったく不十分である。たとえば釈放後の予定住所の通知を受けても、そこが元加害者の現実の住所にならないかもしれないし、直ちに転居するかもしれない。現在の住所地を通知されるのでなければ、被害者には元加害者がどこに潜んでどこから攻撃を仕掛けてくるか全く見えなくなってしまう。また、

受刑中・保護観察中の処遇を通知すると言っても、刑務所の諸規則を遵守しているとか、保護司との面接に通っているという以上のこと、すなわち元ストーカーが面談で話した内容や過去の犯罪に対する認識の変化、定住・定職を得て規則正しい生活を送っているのか、安定した人間関係を形成しつつあるのか、精神的な健康を維持しているのか、ストレスに対する耐性がついてきているのかなど、釈放後の加害再開につながる具体的な情報はもたらされない。保護観察中の処遇通知にしても同様である。筆者が経験した元ストーカーに対する保護観察事案では、被害者が身辺に出没する元加害者の姿に不安を感じ、保護観察所に対し、元ストーカーに対する指導監督と反省の状況、現在の住所・同居家族・就業の状況、情緒的に落ち着いた生活が送れているのかを聞きたくて何度も連絡したが、そのような情報は更生保護を理由にまったく開示されなかった。

　ストーキングは被害者を付け狙う攻撃であるから、被害者は、身をひそめて接近する加害者の姿と動静に目を凝らし、耳を欹てる。自由になった加害者の様子が見えなくなることは、それ自体被害者を底抜けの恐怖に陥れる。元加害者が落ち着いた生活を送っている様子を確認できることは、被害者が安全と安心、その上に築ける自律ある生活を回復するうえで不可欠なことである。被害者は、元加害者の個人情報を暴いたりその更生を妨げるために情報の開示を求めるのではない。元加害者が二度とストーキングを再開しないことを願いつつ、再開する兆候が見られないことで自身の不安を鎮め、被害に怯えない生活を再建する必要があるから、情報の開示を求めるのである。

　満期釈放後・保護観察終了後、元ストーカーは自由を回復し、その行動が制約されることはない。その意味で、被害者に対する国家の保護は終了し、ストーキングが再開するまで法が介入することはない。しかし、被害者は、再びストーキング被害を受けないだけではなく、安心して生活したいと欲しているから、加害者が目の前に立ち現れる前にその兆候をつかめるよう、矯正や更生に関して公的な部門が得る情報を開示してほしいと望むのである。ストーキングで安全を害された被害者にとって、「安心して暮らしたい」という願いは切実である。そのための被害者の情報ニーズのまえに、元加害者のプライバシーは制限され、必要な限度で開示されるべきではないだろうか。

6 効果的なストーキング再発防止プログラムの研究開発を

現行制度では、執行猶予の場合に保護観察がつくと、健全な生活態度の保持に向けた一般的遵守事項（更生保護法50条）のほか、対象者を選んで課せられる特別遵守事項の中に「医学、心理学、教育学、社会学その他専門的知識に基づく特定の犯罪的傾向を改善するための体系化された手順による処遇として法務大臣が定めるものを受けること」が定められ（更生保護法51条2項4号）、これら事項の不遵守は保護観察取消事由とされている（刑法26条の2、2号）。そして、逗子ストーカー事件では、加害者が、被害者といっさいの接触を禁止する特別遵守事項に反して大量のメールを送信していたのに、保護観察所が知らなかったことが問題になり、以後警察と保護観察所は特別遵守事項に関する情報を共有することとして、警察がストーカーとしての特異傾向を把握したら、再犯につながる遵守事項違反の発見と対応に向けて保護観察所と連携することも始まっている。

また、刑務所では、再犯防止に向けて対象者を「少年・若年者・初入者」、「高齢者」「女性」「薬物依存者」「性犯罪者」「暴力団関係者等再犯リスクの高い者」に区分した指導・支援を強化し、出所後の「社会における『居場所』と『出番』を作る」取組を進めている（法務省矯正局「再犯防止に向けた総合対策」）。

しかし、現在、これら専門的処遇はストーキング特性に向けては行われていない。まだ、ストーカーの実態や特性、その発現要因などについての研究が十分進んでいないからであろう。先ずは官民・専門領域を横断する調査研究と効果的なストーキング再犯防止の教育プログラムの開発が急がれる。因みにDV加害者に対する再教育プログラムは、欧米ではすでに40年近く行われているが、裁判所等の監視下身体的暴力が改善する以外の効果は検証されていないとのことである。DV同様ストーカーが示す他者への支配・執着は人格形成の基部に刻み付けられているから、加害者の心の内部にプラスの大きな変化を起こすためには、さまざまな方面からの真摯な研究と開発が望まれる。

一方、警察と保護観察所の連携は、いまだ限定的で不十分である。警察が被害者から相談を受けた事案で、特別遵守事項に抵触する元加害者の行為を

保護観察所に通知しても、保護観察の取消等にはなかなかつながらないということもある。更生に当たる保護観察所では、被害者の不安に対する理解が及びにくいのかもしれない。ストーカー加害の深刻さへの認識および被害者の安全は加害者更生の目的でもあるという認識を保護観察所も共有するために、警察に加え、被害者支援団体との連携も推進するべきではないだろうか。

7　元ストーカーを孤立させない

　ストーカーは孤立している。社会との確かな絆を持てず、特定の他者の独立を否定して融合する妄想を追求して、加害に及ぶ。犯罪に至った加害者を再犯から遠ざけるためにも、元ストーカーを孤立させない方策は検討されるべきではないだろうか。

　かつては定職に就けば婚姻し家族を持つことができ、社会的な地位を得て精神的に安定することが期待されたが、今はそうではない。職場の人間関係はドライになり、情緒的な交流には一般に不向きであるし、長時間労働と低賃金の生活で結婚できる割合は下がり家族形成による社会関係も持ちにくい。加えて、ストーキングに及ぶ人は、自己の偽らない内面を開示することに人一倍強く抵抗するから、腹を割って助言を得る人間関係を持つことが難しい。そこでこういう人々に対しては、7～8年あるいは10年程度というある程度の長期間、人間が共存する社会に適応する努力を見守り、その社会関係を支援する観点から継続的な教育的関わりをする仕組みが必要である。その間は心理教育を実施し、社会的適応を促すために、心理学的訓練を受けた同性の支援者が見守り、加害者のゆがみを正し、社会復帰を見届けるのである。そのような仕組みと立ち直りを支援する関係ができれば、少なくともその間、元ストーカーの孤立を防ぎ、支援する社会につなぎ留めることができる。被害者の求めに応じて、元ストーカーの内省の状況や変化も伝えることができよう。

　結局、ストーカー加害者への対策は、被害者の安全と回復と調和して行われるべきである。加害者は、加害を生み出した内心の歪みに目を向け、その歪みを改めなくてはならない。そのような矯正は、他者を重んじ責任を転嫁しない正常な人間関係を経験することからしか進まない。それを支援できる

人材の基準と養成を含め、再犯防止に役立つ仕組みを議論していく時が来ている。

1) ストーカーの人格については、渡辺久子「ストーカーを生み出さない社会づくり」長谷川京子・山脇絵里子著『改訂　ストーカー被害に悩むあなたにできること』（2017年、日本加除出版）を参照。
2) 警察庁通達「ストーカー行為等の規制等に関する法律の一部を改正する法律の一部の施行に伴う下位法令の改正について」（丙生企発62号、2017年）
3) 警察庁通達「恋愛感情のもつれに起因する暴力的要素への対応上の留意事項について」（丁生企発296号、2017年）、「配偶者からの暴力の防止及び被害者の保護等に関する法律等の運用上の留意事項について」（丙生企発137号、2013年）
4) 東京高等裁判所平成26年8月21日判決（判例集未登載）
5) 名古屋地方裁判所平成29年11月9日判決（判例時報2372号80頁）
6) 大阪高等裁判所平成30年1月26日判決／確定（判例時報2375・2376合併号182頁）
7) 総務省通知「ドメスティック・バイオレンス、ストーカー行為等、児童虐待及びこれらに準ずる行為の被害者の保護のための住民基本台帳事務における支援措置に関する取扱いについて」（総行住第58号、2018年）
8) 横浜地方裁判所横須賀支部平成30年1月15日判決（LEX/DB 25549223）

（長谷川　京子）

第3章　ストーキング加害者へのアプローチ

I　ストーキング加害者への司法臨床
　　―100事例の質的分析をもとに―

一　はじめに

　ストーカーによる犯罪がわが国でも社会問題になり、桶川女子大生ストーカー殺人事件を契機としてストーカー規制法が2000年に成立した。しかしその後もストーカーによる犯罪は後を絶たず、2009年の新橋ストーカー殺人事件、2011年の長崎ストーカー殺人事件、2012年の逗子ストーカー殺人事件などが起きている。逗子ストーカー殺人事件では電子メールによるストーカー行為に対する法の不備が指摘され、2013年9月に同法を強化する改正規制法が施行された。

　このようにストーカーに対する法的対応が強化され、メディアの報道などで市民のストーカー問題への関心が高まる中でも確信犯的ストーカー事件は止むことなく、2013年に三鷹女子高生刺殺事件、2014年に館林市拳銃ストーカー殺人事件が起きている。館林事件では、加害者は被害女性に対する暴行罪で逮捕され、罰金刑及びストーカー規制法による警告を受け、さらに警察は加害者の行動に注意し、被害女性は住民票の閲覧制限をして転居したが、加害者の執拗なストーカーは続き、結局被害女性は殺害された。

　さらに、2016年の小金井市ストーカー殺人未遂事件などソーシャル・ネットワーキング・サービス（SNS）での行為による被害が続いたことを受け、2017年5月にSNSやブログ上でのつきまとい行為の禁止、ストーカー行為罪の罰則の強化、非親告罪化などの改正規制法が施行された。

このような相次ぐストーカーによる重大事件と法改正の繰り返しを見るにつけ、ストーカーに対する現在の対策が果たして適切なのか、そうでないとすればどのような対策が必要なのか。本稿ではそれらを問題の所在として、ストーカーに対する、法と臨床の協働＝「司法臨床」の観点から検討する。

二　ストーカー対策の現状と課題
―大阪府警の100ケースの質的分析(1)―

1　ストーカー対策の現状

　警察庁の調べ（2017）では、2016年に全国の警察が認知したストーカー事案は2万2,737件で2013年以降2万件を超えている。ストーカー規制法の適用は、警告が3,562件、禁止命令等が173件、ストーカー規制法の違反検挙は707件（内、ストーカー行為罪735件、禁止命令等違反34件）である。ストーカー規制法以外の対応としては、被害者への防犯指導2万2,097件、行為者への指導警告が1万1,598件、他法令による検挙（殺人、傷害、暴行、脅迫等）が1,919件である。

　大阪府警の調べ（2016）では、大阪府内の2015年のストーカー事案の認知状況は1,255件、ストーカー規制法の適用は、警告が188件、禁止命令等が1件、ストーカー規制法の違反検挙は21件である。ストーカー規制法以外の対応としては、行為者への指導警告が653件、他法令による検挙が98件である。

　このように高水準で推移しているストーカー事案について、大阪府内7警察署で2016年に受理したストーカー事案（対応中や係争中を除く）から無作為に100ケースを取り上げて筆者が質的分析を行った。

　質的分析においては、加害者と被害者が知り合った経緯、交際等の経過、加害者がストーキングを始めた契機、被害者の対応及び警察への相談と警察の対応の内容、終結までの経過を時系列的に整理したうえで、その時系列に加害者・被害者の心情とその変化等を表す言動、その他の特記事項をプロットした（注：2016年9月に大阪府警本部ストーカー・DV対策室から依頼された「ストーカー行為者の心理の把握による効果的な事案対応について」の研究である）。

2　分析結果

　100ケースの警察対応の内訳は、被害者連絡（警察が加害者に直接対応せず、被害者へのアドバイス等によるもの）だけによる対応が17ケース、1回だけの口頭注意（電話や面接による注意）による対応が30ケース、口頭注意複数回だけによる対応が16ケース、口頭注意と逮捕による対応が5ケース、警告を含む対応が20ケース、被害者の転居、転職等で他府県警察に引き継いだケースが4ケース、その他（相談のみ、DV法による対応、ストーカー事案と明らかに違うもの）が8ケースであった。

　この内訳によれば、63ケースが警察法による口頭注意と被害者連絡の対応で収束している。25ケースでストーカー規制法による警告や他法令等で逮捕を行っている。

　警察法による口頭注意と被害者連絡による対応の割合が多いのは、被害者が加害者への逆恨みを怖れてストーカー規制法による対応に消極的であったり、比較的手続きが柔軟な警察の初期対応で早期にストーカー行為が収まることを期待する場合が多いことによる。

　警察法による口頭注意と被害者連絡で収束した63ケースの内、被害者連絡だけの対応（17ケース）と口頭注意1回だけの対応（30ケース）の合計が47ケースで、警察法による対応の7.5割程度になる。執拗なストーカー行為を続けていた加害者が警察の電話による口頭注意で即座に行為をやめた事案や、加害者のなかには自分の行為が普通の恋愛のアピールであると思い込んでおり、警察に指摘されて初めてストーカー行為であることを知ってやめた者も多い。

　したがって、ストーカー被害者はまずは警察に相談のうえ初期対応を行うことが効果的であると言える。

　しかしながら、被害者連絡や1回の口頭注意では収まらず、口頭注意を2回以上行ったり（16ケース）、警告を実施したケース（20ケース）、逮捕によるケース（5ケース）には、収束するまでに長期間を要したり警察対応に反発するなど加害者の攻撃性の変質を伺わせるケースがあり、その見極めと対応の仕方がポイントになる。

　さらに、その内の5ケース（後述の質的分析(2)の怨ケース）は口頭注意を3回

以上行ったり書面警告を2回実施したりするなどの対応をしており、警察の対応の仕方によっては加害者の攻撃性をさらに激化させて重大事件にもつながりかねない要注意ケースであった。

以上の結果からすれば、100ケース中、47ケースは警察の口頭注意1回や被害者連絡などの対応でストーカー行為を止めるが、41ケースがすぐには止めず、さらにその内の5ケースが書面警告や禁止命令にも逆らって行為を続けたり、釈放後に重大事件などを起こしたりする可能性があると言えよう。

どのようなストーカーの対応も難しいが、それでも警察の関与で行為を止めたり、グループカウンセリングに嫌々ながらでも参加したりするストーカーへの対応の余地は残されている。ストーカー対応で最も困難になるのは、警告や禁止命令にも逆らって行為を続けたり検挙されてもストーカー行為を続けるなど、法的対応が強化されればされるほど、その度に被害者への怨恨を募らせ、攻撃を激化させるストーカーである。その点については後述の「六　ストーカーの怨恨（うらみ）と攻撃性―大阪府警の100ケースの質的分析(2)―」で検討する。

三　ストーカーに対する法と臨床の必要性

逗子ストーカー事件で妹を殺害された兄は、いみじくも次のように述べている。

「逗子事件の加害者は、警告、逮捕しても止めることはできなかった。このようなストーカーをどのように防げばよいのだろうか。1つは厳罰化で防いでいくという発想がある。しかしこの事件では、最終的に加害者は自殺を遂げており、死刑をもってしても防ぐことはできなかったと思う。（中略）逮捕しても結局また出てくるのであれば、単に事件の時期がずれるだけで、基本的には止められない」（警察庁第2回ストーカー行為等の規制等の有り方に関する有識者検討会、議事録要旨、平成25年12月4日）。

それではストーカーから逃げ続ければよいのか。その点についても兄は、「逗子事件においては6年間にも及ぶプロセスであった。シェルターというものがあったとして、6年間ずっとどこかに隠れていろというのは無理であ

る。(中略)結局逃げることは日本では不可能だ」(同議事録要旨)。

　ストーカーに厳罰を与えても、ストーカーから逃げ続けることでも、ストーカー行為にさらされ、結局殺害された妹をどうすれば守ることができたのか。兄が苦しみ考え抜いた末に行きついたことが、「妹を救うためには、ストーカー加害者を"救う"しかなかった」(兄から筆者へのメールの内容)という切実な言葉である。このように法的対応が強化されればされるほど、その度に被害者への怨恨を募らせ、攻撃を悪質化させるストーカーに対して司法臨床によるアプローチが必要になる。

四　悪質なストーカー加害者の攻撃性

　「すべての攻撃は欲求不満(目標反応が行動系列の途中で干渉を受けた状態)の結果である」(ドラード、J／宇津木保訳、1959)というように、ストーカーは恋愛等の感情を充足させたり怨恨の感情をはらしたりすることが目的であるため、規制法でストーカー行為を禁止、阻止すると、ストーカーの欲求不満が募り、攻撃行動が起きる、ということになる。すなわち、ストーカーの行為を法で禁止しても、ストーカーの歪んだ感情にアプローチしなければ、ストーカーの攻撃行動は防ぐことができない。ここに臨床によるアプローチが求められるゆえんがある。

　わが国もようやく警察段階などでストーカー加害者に対する臨床的アプローチの試みが始められている。しかしながら、たとえばストーカーやDV加害者に有効であるとされる認知行動療法などを施すにしても、確信犯的なストーカー加害者はその臨床の場に登場しようとしない。では、法による強制力で治療を実施することが可能かといえば、そのこと自体が人権侵害とみなされる。法の基本は、罪に対する応報であると同時に、いかなる犯罪者にも人権の擁護を使命とするからである。

　さらに、ストーカー規制法による実際問題として、同法の罰則で強化された処分をしても禁止命令違反が6ヶ月以下の懲役または50万円以下の罰金、ストーカー行為が1年以下の懲役または100万円以下の罰金、加重罰(命令違反してストーカー行為した場合)でも2年以下の懲役または200万円以下の罰金

に処せられるに過ぎない。実刑による懲役期間は短く、執行猶予で釈放される場合も多い。このような法的対応では、もともと更生動機のない（治療を求めない）ストーカー加害者に対する本格的治療を施すこと自体が困難である。結局は、悪質なストーカー加害者はストーカー行為や法令違反としての暴行や傷害を繰り返したり、果ては殺人に至るまで過激な攻撃を続けることになる。

　では、そうしたストーカー加害者にどのようにアプローチすればよいのであろうか。ここで問題にしている「悪質で危険なストーカー」は「精神病理学的な類型で言えば、ボーダーライン系、サイコパス系のストーカーであろう」（福島、2002）、というように、パーソナリティ障害のカテゴリーに入り得ることが指摘されている（もちろんパーソナリティ障害だからといってストーカーになるというわけではない）。

　仮に、悪質なストーカーを精神病理学でそのように分類したとしても、パーソナリティ障害の治療は極めて難しく、治療を続けてもそう簡単に変わりようがないと言われている（斎藤・山登、2011）。まして心理臨床家がパーソナリティ障害の本格的治療を行うことは困難である。また、すでに述べたように、現状の司法制度ではパーソナリティ障害に限らずストーカー加害者を治療対象とする準備がなされていない。

　そうだとすれば、悪質なストーカーを法による厳罰に処するだけではなく、精神医学によってパーソナリティの治療をすることでもなく、法と臨床の協働によって対応困難なストーカーの歪んだ感情と攻撃性にアプローチして、ストーカー行為の凶悪化を防ぐことが現実的な課題であると言えよう。

五　怨恨と甘え

1　甘え-攻撃型心理

　長年、多くの犯罪者の精神鑑定を行ってきた福島（2002）は、すべてのストーカーに共通する心理は「甘え-攻撃型」犯罪者の心理に通じると指摘している。この「甘えと攻撃」が表裏一体となって示される未熟な心性は、特に青少年の非行臨床に携わると顕著に認められることであり、ストーカーの

心性の理解とアプローチに示唆を与える。

「甘え-攻撃型」の未熟な心性とは、「乳児が不満があるときに、泣いたり喚いたりしがみついたりして関心を求めるように、相手にまとわりついてメッセージを送りさえすれば、やがて相手が気がついてくれ愛情で応えてくれるはずだ、という思い込み」（福島，2002）である。このような乳児期後半期に見られる、依存対象への甘えの不満が攻撃に結び付くという心性である。つまり、依存性と攻撃性が表裏一体となって他者との関係を求めるという、未熟で過渡的な対象関係的行動である。

攻撃性と依存性のアンビバレンス（ambivalence）な関係は、土居（1971）が「甘え」の観点から解き明かしている。土居によれば、「甘え」とは、乳児が自分と母親とが別の存在であることを体験したことにより、一層相手との一体感を求めようとする感情表現であるとしたうえで、甘えられない乳児の憤怒は単なる攻撃性の現れではなく、依存欲求の不満による反応行動であり、攻撃性と依存性が同じ関係性の裏表であるとしている。

未成年者である非行少年は、この極めて未分化な状態を非行や犯罪行動を通して顕著に示している。それと同様にストーカーは、依存対象である相手が自分の思いどおりにならないと、小さな子どものようにいらだち、怒りや恨みの感情を抱き攻撃性を向ける。

さらに土居（1975）が「恨むのは単に敵意や憎悪の表現ではなく、その裏に甘えたい気持ちを宿している」というように、甘えと恨みはアンビバレンスな関係にある。したがって、甘えを拒否されることによって恨みの感情が生じ、甘えの関係性や拒否の仕方によって怨恨の程度も変わるのである。それは、「男女の愛情にかかわる甘えには、（中略）媚態の拒否は羞恥心を、ねだりの拒否は屈辱感を、期待の拒否は対象喪失の危機感を生み、いずれも未練と結びつきやすい恨みを発生させる」（山野，1989）。

したがって、ストーカーが相手にしがみつくような行為を繰り返したり、犯罪などの攻撃行動として発現したりするという行為は、単に敵意や憎悪の表現ではなく、その裏に甘えたい気持ちを秘めていることの表れであり、依存性が満たされておらず、他者への依存性の歪みを反映したものでもある、と理解することができる。そして、「甘えの背後には分離についての葛藤と

不安が隠されている。したがって甘えが成功しない場合には、いつでもこの背後の葛藤と不安が噴き出す」（土居、1975）のである。

　以上のようにストーカーの怨恨と攻撃性を理解すれば、彼らの甘えと依存性にアプローチすることが対応の鍵になるように思われる。

2　受動攻撃性と甘え

　ストーカーの「怨恨」による攻撃性の特徴は、受動攻撃的心性（passive-aggressive）が参考になる。受動攻撃性は、DSM-ⅠからⅢ-Rまでパーソナリティ障害の一類型であったが、Ⅳ-TRからは今後の研究のための規準案とされている。

　受動攻撃性はもともと戦時中の従軍兵士のストレス反応として理解されたものである。DSM-Ⅱ（1968）では、受動攻撃性の行動パターンについて、「受動性と攻撃性が共存しており、攻撃性は受身な形で表現される。この行動は明確に表明されない敵意の反映であり、その個人が過度に依存している相手や機関との関係に十分な満足ができないときにおこる憤怒の表現である。この行動の背後には過度の依存性が存在している」と説明している。

　攻撃衝動が生じた場合、通常そのエネルギーは何らかのかたちで行動化されるが、人格形成過程で攻撃性が過剰に抑圧され攻撃感情を表すことができないと、攻撃性はそれに附随する依存性が表面化して受身的に表現されることになる（加賀、1979）。

　そして、権威（権力）に対する反応について、ウィトマン（Whitmann, R.M.）は次の点を指摘している（加賀、1979）。「権威に向かって潜在的には闘争的な傾向をもちながら、権威者との関係において受身の依存的な立場に身をおくという退行した態度を保持する。自分を強く主張することを内的な罪悪感や報復の恐れから抑圧してしまう。権威に向かって怒りや攻撃的感情を直接表示できない。権威に対して都合のよいイメージを作る」ということである。

　こうした特徴は、ストーカーが警察などの権力者に示す表面的な無抵抗や従順さに表れるが、内心では怨恨の感情を秘めて歪んだ攻撃性を高めていることを示すものである。

六　ストーカーの怨恨と攻撃性
―大阪府警の100ケースの質的分析(2)―

1　「怨み」と「恨み」

　ストーカー規制法が定義するストーカー行為とは、「特定の人に対する恋愛感情等又はそれが満たされなかったことに対する怨恨の感情を充足する目的」（規制法2条）で、一定の行為（規制法2条に例示）を繰り返すことである。したがって、ストーカー問題における質的分析においては、「恋愛感情等」と「怨恨の感情」に着目することが必要である。

　そこで各ケースにおける、加害者・被害者のその心情と変化をとらえるために、「加害者及び被害者の恋愛感情等」、「被害者の加害者に対する嫌悪感情」、「加害者の被害者に対する怨恨の感情」、「加害者の攻撃性の程度」を時系列に分析した。

　「加害者及び被害者の恋愛感情等」、「被害者の加害者に対する嫌悪感情」とは、双方が出会ってからの恋愛等の関係性、被害者が加害者に嫌悪感情を抱いた経緯、そして関係を断ち警察に相談するまでの経過である。「加害者の被害者に対する怨恨の感情」については、上記の経過において加害者に怨恨の感情が伺えればその質と変化を具体的な行為に着目しながら攻撃性の程度と共にとらえた。

　怨恨とは、「他者から与えられた不当な仕打ちによって生じた不快感を、辛抱し続けた苦しみを基調として発現する感情」（山野、1989）である。攻撃性の観点から言えば、「攻撃的感情でありながら受動的ないし受身的であり、急性の不安感、抑うつ状態、強い復讐心をもたらし」、「仕返しあるいは報復によって完成する心理過程である」（郷古、1978）。

　さらに、怨恨は「恨み」と「怨み」で大別される。「恨み」は「相手への甘えや一体感欲求が拒否されて生じた受動的な敵意であり、甘えとアンビバレンスな関係にある感情」、「怨み」は「相手がどうしても甘えや一体感の回復欲求に気づかないため、恨みが解消せず、その苦しさに耐え切れず害意を抱くようになったときの感情」である（山野、1989）。

怨恨による報復の方法については、「恨み」では甘えとアンビバレンスな関係にあるので、相手を本当に倒しては元も子もないと感じて、攻撃しても決定的なダメージを与えないが、「怨み」になると情緒的混乱を統制できずに殺傷などの直接攻撃に及ぶことがある（山野、1989）。

2　分析結果

　質的分析の結果、ストーカーの怨恨と恋愛感情について、「怨型」、「怨恨型」、「恨型」、「歪んだ恋愛感情型」、「一方的恋愛感情型」、の5カテゴリーを抽出した。

(1)　怨み型（5ケース）

　「怨み」は、被害者が加害者の甘えや一体感の回復欲求を完全に拒絶したため（警察の対応等も通して）、その苦しさに耐えきれず情緒的混乱に陥り被害者に害意を抱くようになっているか、また警察の介入ごとに攻撃性を悪化させているかどうかが判断の要点である。

　これらのケースのほとんどが、面接による口頭注意を複数回したり（4回の口頭注意を受けているケースなど）、誓約書や書面警告、検挙をしてようやく収束している。そうした警察対応中の加害者の言動として「油に火をそそぐな」とか「しつこいなおまえら」などと警察に反発したり、警察対応の間に被害者に暴行をしたりしている。また、その攻撃性の高まりによって、加害者は別件で検挙、収監されたりしているケースもある。

　被害者が別れ話しをもちだすと「殺すぞ」と脅したり、被害者の店のガラスをぶち破ったり、被害者の携帯電話を叩き壊したりするなどの明らかに害意のある行動をしている。被害者はそうした加害者の逆恨みを怖れて転職や転居をしている。

　総じて「怨み型」ケースでは、規制法2条の加害者の行為のうち、一号のつきまとい、自宅等への押しかけの行動化があり、四号の著しく粗野、乱暴な言動、五号のメール等の大量送信、連続電話などもあり、暴力など直接的攻撃に及ぶ可能性が極めて高い。

(2)　怨恨型（7ケース）

　「怨恨型」は、前述の「怨み型」と後述の「恨み型」の中間的状態に位置

付けられるものである。すなわち後述の「恨み型」のように未だ相手（被害者）に好意や未練があるため激しい行動化には至っていないが、過激な言葉を使ったり何回も面会を要求するなど相手（被害者）へのしがみつき方が極めて執拗で執念深さがある。対応によっては情緒的混乱を起こし「怨み型」に移行する危険性をはらんだ状態にある。

　たとえば加害者の言動に、「引っ越してもやくざを使ってしらべる」、離婚の際に「実家を燃やす」「お前の親を潰す」、復縁や交際を迫るために被害者宅に押しかけ「ナイフを持っている」、被害者の自宅に押し掛け「出てこなかったら何をするかわからないぞ」と過激な言葉で脅すケースなどである。

　そのような加害者に対して被害者は、「（加害者は）執念深い性格で何年経っても押しかけてる」と怯え、住民票の閲覧制限をして他県へ転居したり、「（加害者は）パニックになっている。自分の気持ちが抑えられない。何をするか分からない」、（加害者による）後難を怖れて警告を望まなかったり、「相手を逆上させるとナイフで刺されたり家に火をつけられる」と恐怖心を抱いたりしている。

　ただし怨み型との違いは、加害者は過激な言葉を使うが過激な行動はあまりせず、警察の対応にはそれなりに応じる。逮捕の可能性を示唆されるとストーカー行為を一旦止めたりするが、再びストーカー行為をしたり別の被害者にストーカーに及ぶことがある。

　また既述のように、「怨恨型」では加害者は被害者に未練があり、やり直したい別れたくない、という気持ちが強い。ある加害者は複数回の口頭注意を受けたにもかかわらず被害者宅へ押し掛け話し合いを要求したため、警察での話し合いを実施した。その際に加害者は被害者にバラの一輪を手渡して「愛している」と伝えている。

　以上、「怨み型」と「怨恨型」など怨恨の感情が加害者に明らかにみられる時はその動向に注意し、特に怨み化している時は要注意である。「怨み型」は法的対応を強化すればするほど、加害者は攻撃性を高め行動化するため、重大事件につながる可能性も高い要注意ケースである。「怨み型」と「怨恨型」は、後述のように、法的対応と同時に臨床的対応、すなわち司法臨床による対応が必要になる。

(3) 恨み型（20ケース）

　怨恨の大半を占める「恨み型」は、甘えとアンビバレンスな状態が強いため、相手を本当に倒しては元も子もないと感じて、攻撃しても決定的なダメージを与えない。相手への甘えと未練が強いことが特徴である。

　怨みでは相手との関係を完全に断たれたことに絶望して報復の攻撃をするのに対して、恨みでは未だ相手が振り向いてくれることに望みがあるため直接的な報復は抑えている。したがって、「怨み型」や「怨恨型」のように過激な言動はせず、抑制された攻撃性（受動攻撃性）で陰湿な行為をすることが多い。

　陰湿な行為としては、被害者宅の鍵穴にいたずら、車にGPA取り付け、下着盗、隠し撮りなど。加害者に妄想的、偏執的など精神疾患を疑わせるケースも多く、医療との連携も必要になる場合がある。特にパーソナリティ障害を患っているストーカーの場合は治療と対応にかなり困難をきたす。

　「恨み型」の多くが口頭注意等警察の1回の対応で収束することが特徴である。これは「甘え-攻撃」とも言われる受動攻撃性を示す者に対しては、権威や権力を背後効果にした受容的な対応が有効だからである。ただし、単に権力的に対応したり威嚇するような対応は、加害者がふてくされた態度になったり、加害者が表面的な反省の態度を示すだけで「怨恨型」に転じてしまうことになりかねない。

　「恨み型」は収束するまでにやや時間を要するが、執拗なつきまといや過激な暴言・暴力などの行動化は起こすことはまれである。ただし被害者の精神的負担が大きいため被害者へのサポートが求められる。規制法2条の主な行為としては、電話やメール等の繰り返しによって「交際しないなら、交際中の金・物を返せ」などと受動的な敵意を示したりする。

　その他、警察相談までに、加害者は「会社に言って全部ばらしてやる」、匿名で会社に「あの女は風俗で働いていた」と電話をしたり、「夜の仕事をしていることを家族にばらす」、「デート代を返せ」、「プレゼントした物を返せ、できないならつきあえ」、「○○と結婚しやがって」、「絶対に別れない」、「別れるのなら自殺する」とメール送信したりするなどの言動がある。

　「恨み型」は「歪んだ恋愛感情型」と共にストーカー事案の多くを占め

る。「怨み型」や「怨恨型」への転化を防ぐ対応が必要になる。

(4) **歪んだ恋愛感情型**（29ケース）

「歪んだ恋愛感情」には、怨恨の感情はないが、つきまとい、押し掛けによる面会の要求、電話やメール等の繰り返しによる好意感情の伝え方が極めて歪んでおり執拗、粘着である。そのためストーカー行為が長期間に及ぶこともある。「恨み型」と違って警察対応があまり効を奏さず口頭注意が数回に及び解決までに長期化することがある。

あるケースでは、加害者は同僚に対するストーカー行為によって部署異動や退職させられても、さらに警察で口頭注意や書面警告をしても行為を続け、（加害者に）新たな交際相手ができてようやくやめている。その他、ある加害者は交際を断れても店へ押し掛け、口頭注意後も押し掛けを続けストーカー規制法で逮捕されたが、釈放後も押し掛けて好意感情を伝えようとしている。

「歪んだ恋愛感情型」の29ケース内、8ケースが女性加害者である。攻撃性は高くないが、長期間にわたる執拗な行為が続くため被害者に与える精神的ダメージが大きい。なお、女性加害者には被害者意識がみられることも特徴である。

総じて、「歪んだ恋愛感情型」への対応は解決が困難で長期間を要するので、このストーカー加害者に対する臨床的対応と同時に被害者のケアが必要になる。

(5) **一方的恋愛感情型**（27ケース）

被害者が拒否、嫌悪しても、加害者は恋愛、好意感情等を一方的に伝え続けたり交際を要求するケース。このケースのほとんどは、加害者は自分の行為がストーカーにあたることを理解していないため、ストーカーの意味と規制法について分かりやすく説明することで終結することが多い。

3　ストーカーの攻撃性と関係性

横軸を攻撃性の程度と縦軸を加害者と被害者の関係性の程度によって区分し、分析(2)で抽出した「怨み型」、「怨恨型」、「恨み型」、「歪んだ恋愛感情型」、「一方的恋愛感情型」、の5カテゴリーをプロットすると図1のように

図1

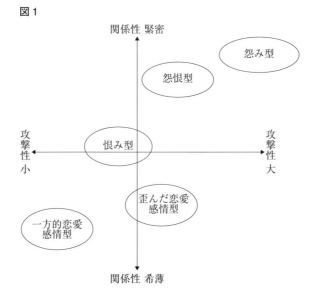

なる。

ただし、攻撃性や関係性は個々のケースによって多義的なため、図の類型プロットはそれに応じて変動する。

怨み型

いずれも元交際相手である。交際期間は数ヶ月から3年であるが、その間の関係は結婚前提、同棲、不倫など緊密な交際を経ている。このストーカーは相手から完全に関係を切られるや怨みに転じ、激昂し過激な暴力に及ぶことが特徴である。きっかけは被害者による突然のメール着信拒否によるものが多い。

怨恨型

いずれも元交際相手である。交際期間は数ヶ月から1、2年であるが、その間の関係は比較的密接である。このストーカーの関係性の特徴は相手から別れを告げられても、ほとんどが復縁を要求したり関係の回復を執拗に望むことである。そのため相手への束縛が強く執念深さがある。

恨み型

関係の特徴は、ホステスと客、愛人関係などで一方的に好意を示している場合が多く、「怨み型」や「怨恨型」比べて関係の緊密性は薄い。ただし加害者は被害者が関係を元に戻してくれることを期待している。そのため過激な攻撃性は示さないが、抑制された陰湿な攻撃行動をとることがある。

歪んだ恋愛感情型

このタイプのストーカーの相手へのしがみつき方が非常に執拗、粘着的である。警察のさまざまな介入が奏功せず収束するまでに長期間かかることが多い。加害者に妄想的、偏執的など精神疾患を疑わせるケースも多い。攻撃性は「怨み型」や「怨恨型」のように過激ではないが、しがみつきが被害者に精神的打撃を与える。

一方的恋愛感情型

一方的に相手に恋愛感情等の行為を示す。その行為がストーカーにあたることを理解していないことが多く、結果的に攻撃的な行為になっているが攻撃性はあまり高くない。

七　ストーカーに対する司法臨床

1　加害者の語りの徹底傾聴

まず、ストーカーに限らずすべての犯罪者や非行少年に対する加害者臨床に通じることがある。

さまざまな加害者臨床の実践から言えることは、加害者は法の網に捕捉されて犯罪者や非行少年となるや否や、司法の関与の前提は罪に対する応報（罰）が基調になるということである。非行少年といえども例外ではなく、昨今の少年法の改正やメディア、一般市民の視線は、加害者に対する厳罰と非難を強めている。

そうした司法のプロセスにおいて、筆者は、非行少年の立ち直りを援助する役割を担う家裁調査官として、その後、情状心理鑑定などで犯罪者の更生の手立てを見極めるために、加害者の語りに真剣に耳を傾けてきた。すると、彼らは一様に堰を切るように自らの思いや抑えていた感情を吐き出すの

である。警察、検察で供述できなかったこと、供述しようとしなかったことが語られるのである。その内容は、いわば司法の俎上に乗せるために切り捨てられた、加害者の生身の感情である。

　もっとも彼らなりのものの見方の偏りがあり、屁理屈や不合理な言い訳もたくさん出てくる。しかしそれを否定したり修正したり、もちろん肯定したりするのではなく、とにかく"徹底傾聴"するのである。加害者はしっかりと自分の話を受けとめて聴いてもらった経験がほとんどなく、ましてや事件を起こしてからは怒鳴られ叱責され非難され続け、一切を否定されているといっても過言ではない。

　犯罪や非行は悪い行為であるため、私たちはそれをすぐに否定したり間違いを正そうとしたりする。そうした関わりは加害者の口や殻を閉ざしてしまう。結局、彼らは吐き出すことができなかった感情や思いをさらに屈折させて、攻撃行動に転化してしまう。他人のアドバイスも受け入れずいっさいの関係を断ち切ってしまうことにもなりかねない。

　あらためて解説するまでもなく、「傾聴」とはカウンセリングなど心理臨床の基本であり、すべての治療法にも通じる共感的なコミュニケーションの方法である。「共感」とは、クライアントの感情や思いを批判や非難せず、また同感、同意、同情することでもなく、「受容」することである。いわば丸ごとのクライアントをそのまま受けとめることである。

　徹底傾聴による受容的関わりに徹すると、今まで他者との関係を拒絶して自らの偏った思いに固執していた加害者が少しずつ変化していく。ある非行少年は、犯罪の原因は自分が悪いのではなく被害者のせいであると言い続けていたが、その言い訳や不合理な語りを徹底傾聴し続けたことで、少年の言い訳が徐々によどみ、最後の最後に自分にも非があったことを自ら語りはじめた（廣井、2000）。このように、「逆説的であるが、人をありのままに受容する態度は、その人を自由にして、変わる方向へと導く」（William, R.M. & Stephen, R. 2002／松島＝後藤訳、2007）のである。

　ここで「傾聴」をあえて「徹底傾聴」（積極的傾聴ともいう）と表現したのは、犯罪や非行という善悪など法的倫理に関わる問題は、法的基準によって否定的され裁かれる行為であり、ともすれば彼らの語りが十分に受けとめら

れないからである。そうした法の枠組みにおける臨床展開として、あえて徹底的に傾聴することが「司法臨床」の要点でもある。

　さらに、私たちは、法による罰を強化することが、犯罪や非行の抑制と犯罪者や非行少年の矯正につながると思い込んでいるところがある。しかし、加害者臨床の実践経験からすれば、犯罪・非行性の根深い者には、罰を背後効果とした圧力は逆効果になりかねないということに留意すべきである。「心理学的抵抗理論によれば、人は個人的な自由を侵害されたと感じると、『問題』行動に心惹かれ、その行動を行う頻度が上がる」（William, R.M. & Stephen, R.（2002）／前掲書）、という。法的圧力・罰・社会的圧力（非難）などによって、強制的に問題行動を抑え込もうとすればするほど、その問題行動を増幅させてしまいかねないという逆説を招くのである。

2　司法臨床によるアプローチ

　ここまで述べてきたことからすれば、ストーカーの歪んだ攻撃性の発動を法的に抑え込むだけではなく、それに附随する未熟な依存性を早期に臨床的アプローチによって受けとめることが、ストーカー行為の凶悪化－「怨み型」と「怨恨型」への転化を防ぐ手立てになる。

　以下、司法臨床によるストーカーへのアプローチとその際の留意点を踏まえながら、ストーカーのケアの道すじを述べる。

第1段階

　ストーカーへの通常の法的関与では、警察による口頭注意や警告から始まり、それでも行為が続けば禁止命令、それに違反すれば逮捕、罰金、さらに繰り返せば加重罰（懲役など）へと、罰や社会的非難が強化されていく。こうした法的関与は法的手続の順当であると同時に、ストーカーの行動を阻止するためのクサビとして必要になる。臨床的関与だけではストーカーの行動化を止めることは不可能だからである。

　ただし留意すべきは、すでに述べたように、こうした法的関与だけで強制的にストーカー行為を抑え込もうとすればするほど、ストーカーは攻撃性をさらに歪ませ悪化させて直接攻撃に及ぶことになりかねないということであ

る。また、ストーカーの攻撃性を力で抑え込むということは、未熟な依存性を脅威にさらすことになり、ストーカーの不安と怯えが高まる。ストーカーはその不安と怯えを受けとめてもらえない場合、自己防衛として攻撃性を行動化する。

第2段階

このようなストーカーの心性からすれば、ストーカーに法的アプローチをすると同時に臨床的アプローチを施すことが必要になる。それは、法的にストーカー行為を禁止、阻止するときのストーカーの攻撃性の高まりを抑制するためと、ストーカーの不安と怯えにアプローチするためである。ここが司法臨床としての介入の要点であり、援助者（ストーカーに関わる心理臨床家）とストーカーの関係（ラポー）を築く端緒になる。司法臨床の経験では、ストーカーとのラポーの形成は事の他困難であるが、ストーカーが「怨恨」（歪んだ攻撃性）に秘めた「甘え」（未熟な依存性）を援助者が受けとめるための契機としてこのプロセスは特に重要である。

第3段階

すると、ストーカーは未熟な依存性の表現として、被害者の代わりに援助者に文句を言ったりすねたりするようになる。さらにそれを受容していくと、あからさまな甘えを吐露しながら、ストーカーは微妙に変化し始める。

そのときのストーカーの兆候は、「変化しようとする自分」と「変化などしないという自分」のせめぎ合いを起こして、激しいいらだちを示す。このアンビバレンスは、ストーカーに限らず改善の動機づけのない加害者の臨床でしばしば見られることである。ここでの対応を急いだり説得を強めたりすると、ストーカーは元の状態に戻ってしまい、援助者に同情を求めたり、自分と相手のどちらが正しいのかなど白黒をつけるような司法的議論に終始してしまいかねない。

以上のような司法臨床によるアプローチには、ストーカーの状態に応じた適切な心理的距離を取りながら関与するという心理臨床の専門性を必要とするが、ストーカーとの心理的距離の取り方はとりわけ難しい。安易にストーカーの依存性に関わると、援助者がストーカーの対象になりかねず危険であ

る。そのためにも、司法という枠に守られた臨床的アプローチが必要になる。
　ストーカーへの司法臨床は、心理臨床の経験を積んだ臨床心理士やさまざまな加害者（加害少年）への更生に携わった専門家などの関与が求められる。その意味で、現行の制度でのストーカーへの司法臨床は、警察に所属する臨床心理士、保護観察官による直接処遇、少年事件でのストーカー行為に対しては家裁調査官による試験観察などによるアプローチで行うことが想定される。

八　ストーカーへの対応の課題

　本稿のおわりに代えて、ストーカーの本格的な対策のための課題について述べる。
　すでに指摘したように、現行の刑事司法によるストーカー規制法の手続と処分では、ストーカーを治療の対象とすること自体に無理がある。伝統的な刑事司法が拠って立つところの司法観は、刑事訴訟における手続構造としての当事者主義モデルである。検察側と弁護側の対立構造をもとに法的論戦を行い、裁判官が有罪か無罪かを決定したうえで、その罪の重さに応じた刑罰を法的結論とする構造である。わが国のみならず刑事司法の伝統的な準拠モデルである。
　こうした刑事司法の土台においては、司法過程において事前にそのストーカーが重大犯罪に及ぶ危険性を察知したとしても、現行の法体制では治療ベースに乗せる司法判断はできない。警告や禁止命令違反で逮捕しても程なくして釈放されてしまうこともある。結局、ストーカーは暴行や傷害などの法令違反を繰り返したり、重大犯罪を犯して長期間の刑に服する対象になる。
　また教育刑の観点から見ても、わが国の犯罪者（少年）の矯正教育は、少年であれば少年院、成人であれば刑務所での集団処遇である。発達障害児者の矯正教育や性犯罪者の受刑者教育も行われているが、個々の犯罪者（少年）一人ひとりに対応した治療・臨床的ケアになっているとは言えない。医学では各患部に特化した専門治療が行われ、精神医学においても精神症状に細分

した治療がなされるが、こと犯罪や非行についてはそれぞれの罪種に応じた臨床研究と更生の方法が確立されているとは言えない。

　ようやくわが国でも、刑事司法の側面から「治療的司法」(therapeutic justice) の研究がなされているが、「司法臨床」は心理臨床の側面からストーカーなどさまざまな加害者に対する治療的アプローチを目指すものである。今後、「治療的司法」と「司法臨床」との本格的な協働によるストーカー事案への展開を期したい。

参考文献

土居健郎『甘えの構造』(弘文堂、1971年)
土居健郎『甘え雑考』(弘文堂、1975年)
Dollard, J. (1939), Frustration and Aggression, Yale University Press (宇津木保訳『欲求不満と暴力』(誠信書房、1959年)
DSM-Ⅱ Diagnostic and Statistical Manual of Mental Disorders Second Edition, 1968 American Psychiatric Association.
郷古英男『「うらみ」の心理』(大日本図書、1978年)
廣井亮一『非行少年』(宝島社、2000年)
廣井亮一『司法臨床の方法』(金剛出版、2007年)
廣井亮一編『加害者臨床』(日本評論社、2012年)
福井裕輝『ストーカー病』(光文社、2014年)
福島章『ストーカーの心理学 [新版]』(PHP新書、2002年)
指宿信「治療的司法」廣井亮一編『加害者臨床』(日本評論社、2012年)
加賀多一「受身－攻撃型人格とその臨床」原俊夫＝鹿野達男編『攻撃性：精神科医の立場から』(岩崎学術出版、1979年)
警察庁「平成25年中のストーカー事案の対応状況」
Omatsu, M. (指宿信、吉井匡訳)「トロントにおける問題解決型裁判所の概要：『治療的司法』概念に基づく取り組み」立命館法学 314号 (2007年) 199-212頁
斎藤環＝山登敬之『世界一やさしい精神科の本』(河出書房新社、2011年)
佐藤裕史＝山口隆＝福留瑠美「受動攻撃的心性」精神医学37巻2号 (1995年) 129-136
William, R.M. & Stephen, R. (2002), Motivational Interviewing (2nd), The Guilford Press. (松島義博＝後藤恵訳『動機づけ面接法』(星和書店、2007年))
山野保『「うらみ」の心理－その洞察と解消のために』(創元社、1989年)

(廣井亮一)

Ⅱ　ストーカーに対する保護観察

一　はじめに

　ストーキングの加害・被害を防ぐため、保護観察に何ができるのか。2012年11月、神奈川県逗子市において保護観察付全部執行猶予中（刑の一部執行猶予と異なり、全ての刑が執行猶予になるもの）の加害者が元交際相手である被害者を殺害、自殺するに至った、いわゆる逗子事件は、我々更生保護の関係者に極めて重い命題を投げかけた。同事件後には、ストーカー規制法の改正のみならず、保護観察所と警察との現場レベルでの連携の推進など進展が見られるものの、これらの取組は十分体系的には整理されておらず、また法務省の統計上の実態等もほとんど明らかになっていない。本稿では、ストーキング加害者に対する保護観察等について、現状を俯瞰するとともに、保護観察の果たすべき役割について今後の更なる施策の方向性を模索してみたい。

　なお、本稿における分析や意見にわたる部分はいずれも私見であることをあらかじめお断りしておく。

二　加害者の刑事処分の現状

　まず、ストーキング加害者が保護観察に至るまでの刑事司法における処理状況等を概観する。警察庁の統計によれば、2017年のストーカー事案の検挙件数は、ストーカー規制法違反によるものが926件、他の刑法犯・特別法犯によるものが1,699件であり、ストーカー規制法違反以外での検挙者が多いが、法務省の統計では、他の刑法犯・特別法犯によるストーカー事犯者は把握できないため、以下、罪名としてストーカー規制法違反による人員が把握可能な検察統計年報に基づきその状況を見ていくこととする。

　警察から事件送致を受けた被疑事件の検察庁終局処理人員のうち、起訴・不起訴の人員並びに起訴率の推移（最近10年間）を見ると、図1のとおりであ

図1 起訴・不起訴人員等の推移

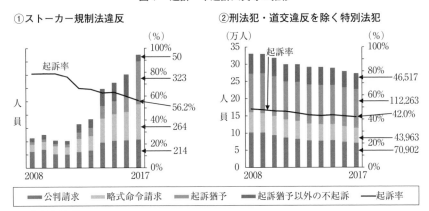

注　検察統計年報による。

る。ストーカー規制法違反については、起訴が478人であり、その内訳は公判請求が214人、略式命令請求が264人であり、半数弱が執行猶予を含めた懲役刑、残る半数強が罰金刑となっていることがうかがえる。これに対して、不起訴は373人であり、起訴率は約6割となっている。起訴・不起訴を合わせた人員は2012年以降、急激に増加を続けており、それに伴い起訴率は低下傾向にあるものの、刑法犯・道交違反を除く特別法犯全体（以下、「刑法犯等全体」という。）の起訴率と比較すると、依然として高い。また、2016年まではストーカー規制法違反の不起訴のうち起訴猶予が約4割と少なく、親告罪等の告訴の取消等が約4割を占めていたが、先般のストーカー規制法の改正によりストーカー行為罪が非親告罪化され、2017年には同法違反においても8割以上を起訴猶予が占めるようになった。

次に、全部執行猶予言渡人員・保護観察率の推移（最近10年間）を見ると、図2のとおりである。ストーカー規制法違反については、人員数の少なさ故、年によるばらつきも大きいが、保護観察付全部執行猶予の言渡人員・保護観察率とも上昇傾向にあることが見て取れる。近年はストーカー規制法違反の全部執行猶予言渡人員の約3分の1に保護観察が付されており、その比率は刑法犯等全体より一貫してはるかに高い。なお、ストーカー規制法違反

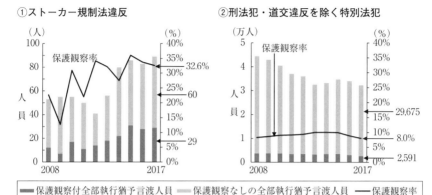

図2　全部執行猶予言渡人員・保護観察率の推移

の全部執行猶予言渡人員は、男性が約9割を占めている。また、2017年に保護観察付きの刑の一部の執行猶予の言渡しを受けたストーカー規制法違反の者はわずか1人であった。

　法務省保護局が行った特別調査によれば、2013年末時点で、罪名のいかんに関わらずストーカー事案により保護観察付全部執行猶予となり、被害者等との接触等の禁止に関する特別遵守事項（詳細は後述「三」参照）が付された者は266人であった（宇井、2014）。犯罪の性質上、加害者と被害者が判決言渡後に復縁し同居しているような特殊な事案を除き、ストーカー事犯者に対しては、被害者等との接触等を禁じる特別遵守事項が付されるのが通常であり、同調査時点での保護観察中のストーカー事犯による保護観察付全部執行猶予者のほぼ全数であると見てよい。ストーカー規制法違反による全部執行猶予言渡人員の執行猶予期間は3年以上4年未満が8割から9割程度を占めていることや、警察におけるストーカー規制法違反と他の刑法犯・特別法犯によるストーカーの検挙人員の比率、近年の増加傾向等も勘案すると、罪名のいかんに関わらずストーカー事案により新たに保護観察付全部執行猶予となる者は、概ね年間100人弱と推計される。

図3　全部執行猶予言渡取消人員の再犯期間別構成比

①ストーカー規制法違反

ア　保護観察付　　　　　　　　　　イ　保護観察なし

②刑法犯・道交違反を除く特別法犯

ア　保護観察付　　　　　　　　　　イ　保護観察なし

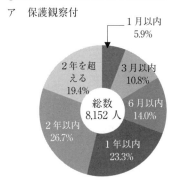
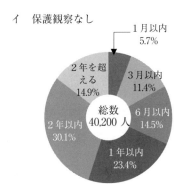

注　検察統計年報による。

　ちなみに、成人について刑務所で受刑し、仮釈放となった場合にも保護観察の対象となるところ、検察統計年報上の公判請求人員と執行猶予言渡人員からは、一定数が受刑まで至っていると推測されるものの、ストーカー規制法違反による罰則は、(平成28年法律第102号による見直し前は)ストーカー行為罪で懲役6月以下、禁止命令違反罪でも懲役1年以下であり、このような実刑期間の短さゆえ、仮釈放審理の手続には乗りづらい。また、もし仮釈放となっても、残刑期が保護観察期間となるため、ごく短期間の保護観察に留ま

る。従って、保護観察所で取り扱うストーカー事犯者は、ほとんどが保護観察付全部執行猶予者という状況であると考えられる。

　最後に、再犯の状況について見てみる。全部執行猶予言渡取消人員の再犯期間別構成比（2008年から2017年までの最近10年間の累計）を見ると、図3のとおりである。ストーカー規制法違反では再犯期間が6月以内の者が過半数を占めており、刑法犯等全体に比べ、早期に再犯に至っている。さらに、同じストーカー規制法違反でも、保護観察なしの全部執行猶予者は再犯者の4分の1が1月以内に再犯に至っており、保護観察付全部執行猶予者に比べ、より早期に再犯をじゃっ起していることが分かる。なお、これらの者は執行猶予を言渡された年が一定でないため必ずしも正確には言えないが、先の全部執行猶予言渡人員数から推計すると、ストーカー規制法違反の保護観察付全部執行猶予者は保護観察なしの者とおおむね同程度の取消率であり、刑法犯等全体の保護観察付全部執行猶予者に比べて取消率は低いと考えられる。通常、全部執行猶予判決を言渡すに当たって保護観察を付す者は、保護観察なしの者に比べ、前歴の有無や事案の悪質性、再犯のおそれなど、より問題性の大きい事案であると考えられることから、全体としてみるとストーカー事犯者に対する保護観察は、取消率や再犯期間の面で一定の効果をあげていることが推察される。また、ストーカー規制法違反の保護観察付全部執行猶予者では短期間の再犯者の占める割合が高い一方、2年を超える時期に再犯に至った者も2割弱を占めており、長期間の指導監督を要する一群の存在が示唆される。

　以上から、警察による検挙者のうち、公判を経て保護観察となるストーキング加害者が人員としては極めて限られており、多くの者は保護観察なしの全部執行猶予や罰金、不起訴となっていること、同時に、そうした過程を経て保護観察となるような者は、既にして「選ばれたストーカー」とでも呼ぶべき存在であり、これらの者は通常の保護観察付全部執行猶予者と比べ、早期に再犯に至るリスクを有する点に留意すべきであることなどが分かる。

三　加害者に対する保護観察

　次に、ストーカー事犯者の保護観察処遇において何が行われているかを見てみよう。
　まず、保護観察の基本的な枠組みについて説明しておく。保護観察とは、犯罪や非行をした者（以下、「対象者」という。）の再犯・再非行を防止し、その改善更生を図ることを目的に、常勤の国家公務員である保護観察官と法務大臣から委嘱された地域の民間ボランティアである保護司とが協働しつつ、対象者に社会内において生活を営ませながら、遵守事項（違反した場合に執行猶予の取消等のいわゆる不良措置が執られる事項）等を守るよう必要な指導監督を行い、また、自立した生活ができるよう住居の確保や就労支援等の補導援護を行うものである。具体的には、保護観察開始時に保護観察官が対象者と面接して処遇の方針を定め、以降は、事案に応じ、専門的処遇プログラム（特定の犯罪傾向を改善するため認知行動療法を理論的基盤として開発された、体系化された手順による処遇）の実施、就労支援や医療・福祉等の支援のための関係機関・団体との調整等を行う。同時に、主に対象者の居住する地域の保護司により保護司又は対象者の自宅等で毎月数回の面接がなされ、その動向が保護観察官に報告される。犯罪につながるような問題行動等が認められれば、保護観察官が出頭を指示して面接し、指導等を行うとともに、必要に応じ警察とも連携して、再犯・再非行の防止に必要な措置を執る。
　このように、保護観察は硬軟両面を有する枠組みであるが、基本的には対象者の自助の責任を踏まえながら、安定した社会生活が営めるよう支援をしていく姿勢を重視している。平時における保護観察所の役割は、①当初の問題性等のアセスメントを踏まえた（肯定的な部分も含めての）対象者の変化のモニタリング、②専門的処遇プログラムなど直接的な介入、③就労自立や自らの問題性を改善する治療・支援等につながろうという意思を促進するような動機付け及び関係機関・団体等との調整に集約される。無論、再犯等が懸念される緊急時の対応も被害者保護の観点から極めて重要であるが、一般的には、そもそもそうした状況に至らないよう平時の処遇及び早期の介入によ

り、問題の発生を未然に防止する方がより望ましいことは言を俟たない。

　そして、ストーカー事犯者に対する保護観察の特徴は、本稿冒頭に記したように、逗子事件を契機として2013年度から開始された警察との連携である。同事件では、加害者に対して被害者への接触を禁じる特別遵守事項が付されていることを警察が把握しておらず、また、大量のメールでのアプローチが再開しているとの情報が被害者の相談を受けた警察から保護観察所にまで共有されていなかった。こうした同事件の反省に立ち、保護観察所と警察がそれぞれ把握した特異動向等の情報を共有する仕組みが整えられた。

　これにより、警察においてストーカー事犯の保護観察付執行猶予者（後述する刑の一部の執行猶予制度の施行に伴い、2016年６月からは仮釈放者についても連携の対象となった）を把握することが可能になり、警察署が被害者等からの相談により当該対象者の特異動向を把握した場合には、その者の保護観察をつかさどる保護観察所に速やかに連絡することとなった。保護観察所は、当該連絡を受けた場合、情報の取扱に特に慎重を期しつつ事実確認等を行い、不良措置を検討し、或いは警察と連携しつつ保護観察官の関与を密にするなどの処遇の強化を図ることとした。また、保護観察所において、ストーカー事犯者につき被害者等への接触等の禁止に関する特別遵守事項への違反があったり、当該対象者の態度、言動等から、再び加害行為を行う危険性が高いと認められたりした場合等において、把握した問題行動等の内容等を、自庁の所在地を管轄する都道府県警察本部に速やかに連絡することとした。当該連絡を受けた警察は、被害者の住所への訪問等を行い、書面により当該対象者の特異動向を被害者に伝え、必要に応じ、避難又は転居の検討、住民基本台帳閲覧制限等の申出、警察への相談等を促すこととなった。これら連携の意義を端的に言い換えれば、情報共有によって平時のモニタリングの精度を高めるとともに、緊急時の迅速かつ足並みの揃った対応等を可能にするものであるといえる。

　他方、保護観察開始時等のアセスメントや以降の動機付け、関係機関・団体との調整等については、ストーカー事犯者に特有の取組は存在しない。さりとて、保護観察所が何ら指導・支援等を行っていないという訳ではなく、個々の対象者の罪名やニーズに応じ、暴力犯罪を反復する犯罪傾向を改善す

図4 ストーキング加害者・被害者への関わりにおける保護観察所・警察等の役割分担（保護観察期間中）

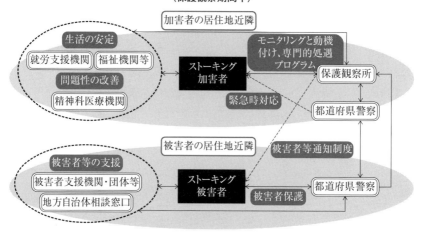

※筆者作成による。

るための暴力防止プログラムや、性的動機に基づき犯罪をした者に対する性犯罪者処遇プログラムといった専門的処遇、就労支援、医療・福祉機関等と連携した依存症や精神障害等への手当てなどを行っている（ストーカー事犯者に特有の問題性の改善に係る処遇の今後の可能性については、後述「六」参照）。

　なお、保護観察所には被害者支援の枠組みもあるが、基本的には判決確定後の被害者に対する情報提供（被害者等通知制度）を通した関わりが中心である。同制度は保護観察の開始時・終了時に加え、概ね6か月ごとに、加害者の保護観察中の処遇状況等を書面により通知するものであり、差し迫った再加害からの保護を可能にするような制度ではない。後記の事例のように、緊急時の対応や組織体制も含めた実行力の点から見ても、被害者の保護は保護観察所との迅速かつ密な情報連携に基づき警察において担うことが望ましいと考える。ただし、平時の定期的な加害者の処遇状況等の通知であっても、保護観察官及び保護司との接触、専門的処遇プログラムの受講等、当該対象者が保護観察の枠組みから逸脱していないことは確認ができ、ストーキング被害者の不安を解消する一助とはなると考えられる。被害者が事件後に転居

をしている場合等には、加害者の処遇をどの保護観察所がつかさどっているかという情報も一定の安心につながるのではないだろうか。その意味でも、警察・検察等の機関を通じ、捜査や処分等、刑事司法の各段階で被害者等通知制度の存在を知ってもらうことは重要であろう。

　以上のような、保護観察期間中における保護観察所の処遇と警察との連携及び加害者・被害者に対する処遇等の役割分担をまとめると、図４のとおりである。無論、個別の事案により差異はあろうが、基本的な役割分担等をモデル化し、あらかじめ共有しておくことは、関係者間の速やかな相互理解と円滑な連携を図る上で有益であると考える。

四　加害者に対する保護観察処遇の事例

　では、実際にこのような連携を通じて保護観察所はどのような役割を果たしているのか、具体的な事例を通して見てみることとする。なお、以下の事例は個人の特定等を避けるため、筆者において複数の事例を組み合わせ、適宜の抽象化・改変等を加えている。

　【事例１】
　　30代男性の保護観察付全部執行猶予者。ストーキング等の被害者は元同棲相手の女性である。本件罪名は傷害及び脅迫。問題飲酒の傾向があり、酔余の上、通行人相手に暴行事件を起こして罰金刑を受けた前科を有する。また、事件化されていないが、過去に別の交際相手へのDV歴がある旨本人述。事件時及び保護観察開始時は無職。
　　保護観察開始当初は暴力防止プログラムを受講し、３か月で５課程を無事終了。その後、程なくして、一時、保護観察所との連絡が付かなくなったため、即座に警察と情報共有。連携を通じ、元同棲相手とその子供を保護している遠方の自治体ともつながり、速やかに安否確認と注意喚起ができた。実際は、ストーカー行為の再発ではなく、対象者が連続飲酒をしたことで起きた膵炎による緊急入院であった。退院後、保護観察官が本人宅を訪問、面接の中でアルコール依存症の専門医療機関を紹介し動機付け、治療につなげるとともに、経過を見つつ職業安定所と連携した就労支援も実施。以降、離職もなく生活は安定して推移し、依存症治療の中断等はあったものの、保護司には常日頃の精勤ぶりを報告し、特異動向も見られず保護観察期間満了となった。

【事例2】
　40代男性の保護観察付全部執行猶予者。ストーキングの被害者は元妻である。本件罪名はストーカー規制法違反。前科なし。気分障害（うつ病）を有し、本件をじゃっ起後、逮捕前には元妻と暮らしたかつての自宅近くの公園で自殺企図。
　元妻との無理心中も考えていた等の対象者の言動も鑑み、再犯リスクの高い事案と見て早い段階から警察と連携。その中で、元妻は遠方に転居していることを把握したことから、対象者の現在地での定着を促すべく自治体の福祉部門とも調整を図り、医療・福祉の支援につなげるとともに、本人の了解のもと精神科医療機関の主治医とも接触。
　しばらくして、対象者が被害者の実家に電話を掛けてきたことを、被害者からの相談を受けた警察署経由で保護観察所が把握。すぐさま対象者に出頭を命じ、質問調査を行って「被害者等に一切接触しないこと」という遵守事項への違反について厳重指導。執行猶予の取消の申出は行わなかったものの、被害者のサポートを行う警察とも緊密に情報交換しつつ、保護観察官による面接の頻度を増やして指導を強めた。同時に、対象者の支援に関わる多機関でのケア会議（関係者が集まり支援について検討する会議）を行い、訪問介護等による生活支援サービスも強化。その後も、保護司との面接の中では対象者から元妻に対する恨み言が出ることはあったものの、問題行動に出ることはなく（警察による被害者への連絡でも確認）、保護観察期間終了となった。

　以上はいずれも問題行動はあるものの再犯なく終了した事例である。その過程、特に緊急時において、警察との連携が大きな役割を果たしたことがうかがえる。同時に、保護観察所による各種支援の重要性も見逃せない。近時、警察と精神科医療機関とが連携した取組が開始されているが、ストーキングを行った者が自らの内面に向き合い、その認知等を変化させていくには、そもそもの生活面での安定が欠かせない。明日をも知れぬ生活の中では落ち着いて治療等に取り組むことはできず、まず衣食住が足りてこその精神科医療である。とかく緊急時の慌しい対応が注目を集めがちだが、ストーカー事犯者もまた支援を必要とする一人の人間であると捉え、平素から冷静な目でリスクのモニタリングを行いながら、己の内なる陰性感情や被害者を含む社会の感情に引きずられないよう、覚悟と専門性とを持って対象者に寄り添い、必要な地域の社会資源につなげていくこと、これこそが保護観察所の第一の役割であることを改めて強調しておきたい。

表5 ストーキングにおける暴力のリスク要因の効果量

	研究数 (k)	対象者数 (N)	相関係数 (r_m)	信頼区間 (CI_l, CI_u)	研究間の異質性 (Heterogeneity)	フェイル・セーフ数 (k_c)
過去の親密なパートナー	16	3,584	.36	[.34,.39]	あり	42.2
脅迫	16	3,070	.32	[.29,.35]	あり	34.7
精神病	9	1,839	-.13	[-.18,-.09]	なし	3.0
人格障害	7	811	.12	[.05,.19]	なし	1.2
物質(薬物・アルコール)乱用	12	1,947	.18	[.13,.22]	なし	9.0
犯罪歴	9	1,017	.19	[.13,.25]	あり	8.2
暴力犯罪歴	6	1,043	.19	[.13,.25]	あり	5.4
性別	6	2,020	.14	[.10,.19]	あり	2.7

※1 Churcher & Nesca（2013）のメタ分析による。各要因はいずれも加害者属性である。
　2 「相関係数」は効果量であり、この値が大きいほど影響が大きい暴力のリスク要因であることを示している。

　なお、保護観察付全部執行猶予者の遵守事項違反については、不良措置（執行猶予取消申出）も想定されるが、法律上の要件としては「その情状が重いとき」（刑法26条の2第2号）に限定されている。そのため、被害者等への接触等の禁止をはじめとする遵守事項への違反のみを理由として執行猶予取消まで至ったストーカー事犯者は相当限られており（罪名がストーカー規制法違反の者に限れば、2008年から2017年までの過去10年間で計4件。検察統計年報による。）、前記事例2のような指導監督の強化等により対応する事案が大半であることは、現場の実態として踏まえておく必要はあろう（ただし、刑法上の同要件は、全部執行猶予者に限り、刑の一部の執行猶予者には当てはまらない。詳細は、後述「六」参照）。

五　加害者と暴力のリスク

　それでは、こうした保護観察所の指導・支援の在り方に妥当性はあるのだろうか。逗子事件をはじめ、幾つものストーカーによる重大事件が示していることの一つは、ストーキング加害者が時として被害者の殺害に至るような暴力のリスクを有しているということである。無論、つきまといそれ自体が被害者にとって計り知れない苦痛をもたらすものではあるが、その延長線上の暴力、直接的な身体加害の発生は最も憂慮すべき事態である。

これに関し、諸外国では多くの研究がなされ、またそれらを通じて得られた知見を統合するような分析も行われている。例えば、表5はストーキングにおける暴力のリスク要因について行われたメタ分析（Churcher & Nesca, 2013）の結果を抜粋したものである。同研究はアメリカ、カナダ、イギリス、オーストラリア等で行われた25の研究を統合したものであり、暴力との相関関係を示す要因であること、大半の研究は犯罪者の警察・裁判記録や臨床記録に基づくが、一部、被害者の自己申告データによる研究も含まれていることなど、ただちに我が国の保護観察対象者に適用できるものではない点に留意が必要であるものの、大規模な研究成果として一定の示唆を与えてくれる。ストーキングにおける暴力のリスク要因としては、過去に加害者と被害者が親密なパートナーであったことが最も効果量（影響）が大きく、次いで被害者への脅迫、加害者の暴力に限定しない犯罪歴や暴力犯罪歴、アルコールや薬物等の物質乱用となっている。なお、同研究では、人格障害（personality disorder）が暴力リスクを高める一方、精神病（psychosis）は逆に暴力リスクを低下させるという結果となっているが、他方で精神病はストーカー行動の持続性の重要な予測因子であることも同研究において紹介されており、表5はあくまで暴力の要因のみに限った結果であることを重ねて付言しておく（他にも例えば、McEwanら（2017）は、ストーカーのエピソード内での暴力と、将来のストーカー行為の再発、ストーカー行為の持続期間ではそれぞれ異なるリスク要因があることを指摘している）。

このようなメタ分析の成果を踏まえると、ストーキング被害者に対する暴力に至るような深刻度の高い再犯を防止するためには、被害者との関係性や脅迫の有無に注意しつつ、暴力事犯を含む犯罪歴があり、アルコール等への依存を有するストーカー事犯者に特に力を入れて処遇すべきと考えられる。これに関連し、我が国の保護観察所における暴力防止プログラムは、2015年度から、飲酒やDVの問題性がある者に対する「オプション単元」を導入しており、アルコール依存症についての心理教育や、親密なパートナーへの暴力を容認する考え方への介入など、必要に応じて選択的に実施できる指導内容の充実が図られている（『平成28年版犯罪白書』第5編第2章第7節のコラム参照）。これは正に、表5に掲げる諸要因を有するようなストーカー事犯者へ

の有効な対処策となるものと言える。また、前記の事例1に見られるような、依存症の治療等につなげるための支援も大きな意義がある。

　無論、被害者の殺害等、重大な結果に至るストーカー事案の再犯の全てが、これら予め予測可能な問題性の大きな者のみによってなされる訳ではない。メタ分析はあくまで統計的に研究を統合したものに過ぎず、それが必ずしも個々のストーカー事犯者に適用できるわけでもない。前記のように、保護観察となる時点で既に選ばれたハイリスクなストーキング加害者であると言え、油断は禁物であり、これらの者に対しては、特異動向を迅速に把握できる警察との連携が欠かせないのは当然である。ただし、現在の保護観察所の限られた人的体制においては、リスクに応じ対象者への関与に濃淡をつけていくことも求められる。以上のように、暴力のリスクに対して現在の保護観察処遇には一定の妥当性があると言える。これは一つの例であるが、保護観察所が行っている既存の指導・支援等は、実証研究のエビデンスに基づき、ストーカー事犯者に対する保護観察処遇の構成要素としてより戦略的に体系化される必要があると考える。

六　加害者に対する保護観察の今後

　ここまで、ストーカー事犯者に対する保護観察の現状を紹介し、それを体系付け整理することを試みてきた。以下では、今後残された課題について触れることとしたい。

１　ストーカー特有の問題性の治療と保護観察

　最重要課題の一つは、ストーカー事犯者に特有の問題性の改善に係る介入を誰がどのように担うのかという点である。ストーカーの問題行動が暴力や性暴力として顕在化すれば、それらは既存の保護観察所の専門的処遇プログラムの対象としていくことができる。だが、本件の犯行がつきまといの範疇に留まる場合、被害者の拒絶や周囲の警告等を受け容れることができず認知や行動を修正できない、感情を整理・統制できないといったストーキングにつながる問題性は直接的な介入のないまま残されてしまう。先に統計上、ス

トーカー事犯の保護観察付全部執行猶予者の中に、2年を越えて再犯をじゃっ起する一群が見られることを指摘したが、これらの者は、保護観察所や警察に発覚せず密かに何年も犯行を続けていたと考えるより、手付かずの問題性が対象者を取り巻く環境の変化等により数年の時を経て再び活性化したのだと考えるほうが妥当である。再犯事件の被害者は本件と同一かもしれないし、新たなストーキング被害者であるかもしれない（既存の統計からは特定できない）。無論、通常の保護観察官や保護司との面接、就労支援や福祉的支援等を通じて出会う多くの他者との関わりを通じ、緩やかに認知や感情の傾向が変化していくことはあろう。しかし、本書でも他の筆者が指摘しているように、ストーカー加害者は様々なタイプを含み、事案によって人格障害や発達障害等複雑な背景を併せ持つため（福井、2014）、本来、その問題性に対しては極めて高い専門性に基づく介入が必要である。

　警察では、2016年度から地域精神科医療と連携し、ストーキング加害者に働きかけて受診を促す取組を開始しているが、高度な専門性を有する精神科医療機関に以上のような問題性への介入の部分を委ねることは理に適っている。しかし、治療を拒否する者も6割以上に上るとの報道もなされているところである。

　この点につき、保護観察所が精神科医療機関を受診するよう一定の強制力を持って指導することに期待する向きもあろう。諸外国においては、裁判所の命令や保護観察（probation）の条件として通院等を義務付け、その確実な実施を保護観察所等がモニタリングする例もある。しかし、我が国では現状、そのような法制度とはなっていない。一例を挙げよう。直接ストーカー事犯者と関係するものではないが、保護観察対象者と医療との関係につき、刑の一部の執行猶予制度導入に伴う更生保護法の改正により、薬物事犯者に対する特別の規定が同法65条の3として設けられた。そこでは「規制薬物等に対する依存の改善に資する医療を受けるよう必要な指示その他の措置をとる」一方、「前項に規定する措置をとろうとするときは、あらかじめ同項に規定する医療又は援助を受けることが保護観察対象者の意思に反しないことを確認する」ことが保護観察所に法的に義務付けられている。つまり、規制薬物等への依存という犯罪に結び付くおそれが高く、かつ診療報酬が認めら

れるような医療的介入の妥当性が認められている問題性であっても、本人が望まない治療の強制はできないのである。警察の働きかけに対して受診そのものを拒否したストーカー加害者が仮に保護観察となっても、ストーキングに係るカウンセリング等の治療を受けるか否かは、同じく対象者自身の意思次第ということになる。

　他方、福井（2014）は自らの調査研究と臨床経験から、ストーカー加害者の特徴として、感情の整理ができず、彼ら自身がそれに苦しんでいることを挙げ、そこに脳機能的な原因が存在するという仮説を立てている。仮に、彼らの感情統制の問題の作用機序に脳機能が関係しているとすれば、ストーキング被害者に対する感情のみならず、日常生活全般でも同様の問題を抱えている可能性が高いと考えるのが自然である。つまり、ストーカー行為を反復する傾向それ自体を対象とする治療には拒否感を示したとしても、「他の様々な人たちとの関わりの中で生じる自らの感情の波を整理し、気持ちを楽にするための治療」であれば受診の意思を示す可能性もあるのである。このようなソフトな働きかけと動機付けは、現在の保護観察所に与えられた枠組みの中で十分実行しうるし、先に示した保護観察所の役割とも親和する。

　なお、保護観察所が自らストーキングに特化した専門的処遇プログラムを実施するよう求める声もあるが、前記のとおり保護観察となるストーカー事犯者の件数が少なく、一人一人の保護観察官が彼らの問題性に特化した専門的処遇プログラムの実施経験を積み重ねづらい点に難しさがある。例えば、ストーカー事犯者に限定しない暴力防止プログラムの受講者は全国で年間約300人程であるが、それでも実施経験を積み重ねにくいと言われている。また、保護観察所のプログラムによる介入は全5回の保護観察開始初期に行われる短期的なもので、当然効果に限界がある。それよりも、地域に直接的な介入を行うことができる社会資源があるなら、動機付けと多機関連携の調整を大事にし、年単位の保護観察期間の中、変化のモニタリングという保護観察所の基本的な役割を丁寧に果たすことにまず注力すべきである。

　我が国においてストーカー特有の問題性に対する専門的な治療を実施可能な精神科医療機関は極めて限られているが、将来、全国的な警察の動きを通じて社会資源が開拓されていけばそれを活用できるだろう。無論、どのよう

な精神科医療機関でも良いわけではなく、理想的には弁証法的行動療法（Rosenfeld et al., 2007）などストーカー特有の問題性の改善に有効とされる治療が行われている病院等が望ましい。また、こうした医療機関につながれば相手方任せにして良しとするのではなく、例えば精神症状の急激な悪化などに応じ、警察の被害者保護とも迅速に連携できるようなリスクマネジメントの視点を持って、情報交換を続ける必要もある（多機関連携を促進する上で重要なポイントについては『平成29年版犯罪白書』第7編第4章2項も参照）。

加えて、多機関連携のための道具立てとして、警察や精神科医療機関等との共通言語となり、犯歴等の静的リスク要因だけでなく、変化しうる動的リスク要因を含んだ、ストーキング加害者のリスクアセスメント・マネジメントツールを導入することも検討に値する。例えば、警察庁が実施した委託調査研究（2016）で紹介しているSAM（The Guidelines for Stalking Assessment and Management）等を我が国で活用することなどが考えられよう。

なお、こうした諸外国のツールや前記のメタ分析のようなリスクに係る知見が同じく我が国に適用できるかどうかの検証はなされていない。ただし、保護観察対象者となるストーキング加害者の数は少なく、その中でも特に再犯に至った者についての研究となるより数が限られ、事例研究の域を出なくなってしまう。そこで、保護観察対象者のみに限定せず、広くストーカー事案により刑事裁判の確定判決を受けた者について、その後の再犯等の追跡調査を行い、その特徴や処遇状況等を分析して体系的な知見を得、それを踏まえ作成したガイドライン等の保護観察処遇における有効性について、更に実務を通じて検証していくといった方向性が考えられよう。先般改正されたストーカー規制法の11条でも、国・地方公共団体による加害者更生等の調査研究の推進が掲げられ、また2017年12月に閣議決定された「再犯防止推進計画」でも警察庁・法務省が調査研究を行って2年以内を目途に結論を出し、その結果に基づき必要な施策を実施することが明記された。効果的な指導方策等についての研究は当然望まれるところであるが、それ以前に、我が国の刑事司法領域におけるストーキング加害者の犯罪歴や精神疾患を含む心理・社会的背景など、そもそも彼らが有する問題性等の基礎的な実態把握を行うことがその第一歩である。

2 ストーキングに関する保護観察官の専門性向上

次に、ストーカー事犯者に対する保護観察処遇の体系化にあわせ、保護観察官にストーキング加害者の有する問題性の見立てや多機関連携に必要な知識について理解を促すような研修等が必要であることを指摘したい。少ない件数ながら全国でケースが生じうるということは、例えば新任保護観察官の養成のための全国研修の課程内に適宜のカリキュラムを設定するなど、広く全保護観察官が対応可能な状態としておく必要があるということである。

なお、全国の保護観察所では「ストーカー事犯者対応アドバイザー謝金」を2015年度から導入している。ストーカーの治療等の経験が豊富な精神科医師や臨床心理士等から個別の担当ケースについて助言を受けることは、全国で年間100人程の新規対象者への対策として効率的な仕組みであると考える。ただし、全国にストーカー事犯者の処遇について十分な助言が可能な専門家を確保できるかどうかについては若干疑問が残る。前記の警察の取組による専門家の発掘にも期待しつつ、都道府県警と情報交換しながら、必要に応じて管区機関的機能を有する地方更生保護委員会単位で、アドバイザーとなり得る専門家の情報を集約していくことなども一つの方法であろう。

また、数年単位の保護観察を同一保護観察官が担当し続けるとは通常考えられず、転勤や担当地区の変更も多いところ、ストーカー事犯者と同じ地域で生活を続けながら保護観察期間の終了まで事件を担当することとなる保護司にも、丁寧にストーキングに関する知識の提供と見立て及び処遇方針の説明を行うことが必要である。なお、多くの先行研究でストーキングと人格障害の関連が指摘されている。自宅で面接を重ねる際の保護司の負担軽減や、人間関係構築・維持の困難さなども考えると、事案に応じて公的施設等に設置された更生保護サポートセンターの面接室や保護司の複数担当制等を積極的に活用することも求められ、民間協力者に過度の負担を負わせないという意味でも、こうした処遇の必要性を認識できるような保護観察官の専門性の涵養が欠かせない。

3 ストーカー規制法の改正等による影響と法制度の活用

最後に、近年の法改正等がストーカー事犯者の保護観察にどのような影響

を与えるのか、また、法制度をどのように有効活用していくことができるのか、若干の考察を加えたい。

　先般のストーカー規制法の改正では、ストーカー行為罪が非親告罪化された。統計の項で触れたように、2017年の検察庁におけるストーカー規制法違反による起訴人員は大きく増加している。増分の多くは略式命令請求が占めているものの、今後の罰金処分者の再犯状況次第で、公判請求人員及び保護観察付全部執行猶予言渡人員の増加傾向がより進む可能性がある。罰則の引き上げについてはどうであろうか。法改正後はストーカー行為罪で懲役1年以下、禁止命令違反等違反で懲役2年以下となったことを踏まえると、刑期が長くなった影響で仮釈放となる者が増加することも予測される。以上のような保護観察所におけるストーカー事犯者の新規受理人員の増加は、これまで諸々述べてきたような処遇の体系化、多機関連携等の強化の必要性を後押しすることとなるだろう。

　罰則に関連して、2016年6月から施行された初入者等に対する刑の一部の執行猶予制度（言渡刑期のうち一部を実際に受刑させ、その後、残りの部分につき一定期間その執行を猶予するもの）をより積極的に活用することも考えられてよいと思われる。被害者保護の観点からは、ストーキング加害者を受刑という形で一度、被害者から完全に引き離し、その間に、被害者の避難・転居等を含めた生活再建の期間を確保できるといった、実刑判決ならではのメリットが存在する。他方、前述のメタ分析のとおり、暴力リスク要因として犯罪歴の大きさが指摘されながら、これまでは保護観察付全部執行猶予者より重い犯歴を有する受刑者について、実刑期間の短さゆえに仮釈放中の保護観察による出所後の生活支援とモニタリングを十分行うことができないという隘路があった。全部執行猶予を取り消して、受刑させることとなった場合も同様の問題が生じていた。保護観察付きの刑の一部の執行猶予判決の積極的な活用は、これを打破するための有効な方策となる可能性がある。また、刑の一部の執行猶予者については、遵守事項違反による執行猶予取消に関し「その情状が重いとき」という法律上の要件が存在しないことも注目に値する（刑法27条の5）。これは、刑の一部の執行猶予者が全部執行猶予者よりも重い刑事責任を有することから設けられている差異であるが、再犯リスクの高まりや

問題行動の発生等、必要に応じて積極的に不良措置を執ることのできる可能性が高まる点で、ストーカー事犯者の保護観察処遇になじむと考えられる。長期かつ強力な指導・支援の必要な対象者としてストーカー事犯者を捉え、求刑等を考慮していくことについては、保護観察所と検察庁との協議会等で議題の一つとする価値があるのではないだろうか。

七　おわりに

　現状のストーカー事犯者に対する保護観察は、一定の効果を上げていると考えられるものの、前記の社会資源の不足等、所与の事情を汲んだとしても、未だ多くの改善の余地を残している。他方、逗子事件遺族である芝多（2014）が正に指摘するように、これさえ実施すればストーカー事犯者の再犯を防げるというような万能の方策がある訳ではない。保護観察所をはじめとする関係各機関が一つ一つ着実に制度や実務の穴を塞いでいくことが肝要である。また、それら取組が個別的かつ散発的になされるのでなく、ストーキングという事象の特殊性と多様性、深刻度のグラデーション等を十分に踏まえた体系的で科学的な根拠のある背骨の通ったものとすることが望まれる。

　冒頭の命題に対して、本稿では拙い答えしかできておらず、実現の道筋も定かでない。しかし、逗子事件をはじめ、保護観察対象者等による重大再犯事件を個別の悲劇に終わらせず、それを組織として背負い、そこから学んで制度と実務とを改めていくこと、それが被害者、地域社会、そして加害者に対する我々更生保護関係者の責任であると考えている。

参考文献

Churcher, F. P., & Nesca, M.(2013), Risk Factors for Violence in Stalking Perpetration: A meta-analysis. *FWU Journal of Social Sciences, 7*(2), pp.100-112.

福井裕輝「ストーカー加害者─その病理と介入」犯罪と非行178号（2014年）51-67頁

McEwan, T. E., Daffern, M., MacKenzie, R. D., & Ogloff, J. R. (2017), Risk Factors for Stalking Violence, Persistence, and Recurrence, *The Journal of Forensic Psychiatry & Psychology, 28*(1), pp.38-56.

Rosenfeld, B., Galietta, M., Ivanoff, A., Garcia-Mansilla, A., Martinez, R., Fava, J.,

Fineran, V., & Green, D. (2007), Dialectical Behavior Therapy for the Treatment of Stalking Offenders, *International Journal of Forensic Mental Health*, 6 (2), pp.95-103.

芝多修一「『被害者を救う』ためのストーカー対策の実現に向けて」犯罪と非行178号（2014年）97-122頁

宇井総一郎「更生保護におけるストーカー事犯者、DV事犯者等に対する取組」罪と罰51巻4号（2014年）17-27頁

　　　　　　　　　　　　　　　　　　　　　　　　　（谷　　真如）

Ⅲ　ストーカーに対する社会復帰支援

一　はじめに

　筆者が、執筆者のひとりとして加わることになったのは、「逗子ストーカー事件」被害者遺族である芝多修一氏が、わざわざ福島を訪問されて本書の基となった研究会への参画を要請されたことによっている。この研究会については、本書のなかで芝多氏から詳述されるであろうが、筆者が加害者臨床（元保護観察官）と被害者臨床（ふくしま被害者支援センター理事長）に従事していること、特に社会内処遇として立ち直り支援の実践を行い、そのアプローチは家族臨床に基盤を置く多機関・多職種連携を重視するシステムズ・アプローチであることに着目されたものと理解している。

　まず、自身の臨床経験としては、直接的なストーカー事件はないに等しいことをあらかじめお断りしておかなくてはならない。だが、家族臨床の専門家としてDVなど対人関係の深刻な障害を抱えるケース、いわゆる人格上の歪みの大きい「処遇困難者」に対して長年アプローチしてきた経験は多い。DV等と共通の問題性を有するストーキング事案に関して、「彼らを再び社会に受け入れるために」という問題意識をもって、その再犯抑止に欠かせない家族を含めた立ち直り支援の課題と展望について、社会内処遇における具体策の論述を試みたい。

二　社会内処遇の可能性と課題

　国の刑事政策の中で社会内処遇を担う保護観察については、筆者は更生保護施設の理事や日本更生保護学会の副会長を務めているとはいえ、すでにその現場から離れて10数年を経ているので、現役の実務者による別稿に譲りたい（本書第3章Ⅱ参照）。

　しかし、ストーカー対策において保護観察のあり方は重要である。傷害以

上の人身事件なら実刑があり得ても、ストーカー規制法違反事件などの大半は、厳罰化されても実際には執行猶予刑であろう。そうであれば、保護観察を付けるのはリスクマネジメントの観点からも当然で、新たに導入された刑の一部の執行猶予制度の適用を含めて、今後保護観察で取り扱う事件数が増加するのは間違いない。

　ところが、保護観察所は、過去に大きなミスを犯している。2012年11月に起きた逗子ストーカー事件において、被害者から警察に相談があった事実を執行猶予付保護観察事件の係属庁である保護観察所が把握していなかったこと、さらに、保護観察対象者に設定された被害者への接触を禁止する特別遵守事項についても相談を受けていた警察が把握していなかったこと、要するに警察との連携・情報共有の欠如が指摘された。両者の連携を取り持つ検察庁も含めて、関係機関の"配意不足"というか"不勉強"が大きかったように筆者は認識しているが、2014年4月から被害者の相談を受ける警察と加害者の行状を把握する保護観察所との機能連携が強化された[1]。

　具体的対応としては、被害者に対するストーカー行為の再発が警察への被害相談等で把握されたときに、保護観察付執行猶予者に関して刑の執行猶予の取消し申出を含む厳しい指導を保護観察所が的確に行い、実際に裁判所が執行猶予を取消して刑務所に入れるというペナルティが課されることになった。ところが、保護観察所長の申出に基づく保護観察付執行猶予の取消しは、その大半が再犯確定による必要的取消し（刑法第26条）であり、遵守事項違反による裁量的取消し（刑法第26条の2）は最近まで例外的であった事実がある。その理由は、「保護観察の実施状況等考慮し、当該遵守事項を遵守しなかったことの情状が重いと認められるとき」に限定されると規則に明記されていたからである。この「情状が重いとき」というのが難関で、遵守事項の形式的違反にとどまらず、本人の行状から更生意欲が欠如しており、保護観察を継続しても改善更生が期待できない、というハードルの高さが従来は実務上のネックであった。現在、ストーカー事件に対する社会的・道義的非難が急速に強まっており、純粋な遵守事項違反による取消しが、保護観察所長の積極的な申出は当然として、裁判所においても確実に決定がなされているのか、その運用については実務者による論考（第3章Ⅱ）を参照されたい。

ところで、実際にストーカー事件の社会内処遇である保護観察実施上の困難はどのようなものがあるのか。ストーカー行為の背景、要因も多様であり一概に述べることはできないが、恋愛妄想が伴う統合失調症などの精神障害のあるケースは精神医療との連携がカギになる。私見では、その一部は、医療観察制度における入院・通院制度が有用であり、精神保健観察の対象に加えられるべきだと主張したい。社会復帰調整官の配置によって、保護観察所全体の精神保健・医療・福祉との協働態勢は飛躍的に機能が向上したのであって、これをストーカーやDV事件に加え、発達・精神障害の関わる重大な少年非行に限定しても活用すべきと考える[2]。

　一方、現役保護観察官からのヒアリングによれば、おおむね保護観察の表面的な実施は、意外にも困難ではないという所見が多かった。事件前からそうだが、ストーカー行為を除いて生活の崩れもなく、早々に復職し、保護司への来訪もきちんと守っている対象者が多いという。本件による逮捕・勾留で頭が冷えたのか、「やっとあきらめがついた」のであれば、保護観察付執行猶予の"言渡し効果"があったと考えられる。しかし、単なる認知の問題なのか、より深刻なパーソナリティ障害かは別として、その歪みは逮捕・勾留期間だけでは十分に是正されていないことが推量される。社会からの「自分を不幸にした相手は被害者、自分は加害者」というレッテル貼りに対する"理不尽さ"への不当感が、本人の内面には充満しているであろうし、ある程度の経過を見なければ再犯リスクは依然払拭されない。仮に再び恋愛対象が現れれば、その歪んだ対人関係は容易に甦るであろうし、何より、不良交友や不就労、夜遊び・飲酒やギャンブルに耽るなどの生活の乱れといった「伝統的な再犯リスクの指標」が有用でないことが最大のリスクファクターなのである。

三　立ち直り支援の機能、その必要性

　前述の芝多氏が、加害者臨床の必要性を強調するのは、逗子事件のようにストーカーが自殺してしまえば、あるいは、自殺覚悟で凶行に及ぶのであれば、加害者の厳罰化が再犯防止に奏功するものでないという現実である。

「ストーカー行為への執着を止めさせる」、それが立ち直り支援の着手点であり、再犯リスクのアセスメントを必須とした専門家の介入は重要である。それなしには、仲裁に入った友人や同僚に危害が及ぶ危険性が生じ、警察の警告も逆恨み・逆効果になり得ることがストーカー自身の語りによって明らかとなっている[3]。果たして、「自分のどこが悪いのか分からない」、「分かっていてもどうにも止まらない」といった"ストーカー心性"が厳然と存在し、前述の不就労や生活の乱れといった外形的な指標ではリスクアセスメントが有効でない上に、「犯罪者とされた自分と同じ不幸を味合わせてやる」と恨みを抱き続ける本人への働きかけは限界がある。心底では「自分が悪いとは思っていない」ストーカーにとって、さらには、DVや児童虐待と違って、更生を決意することによる復縁や子どもの引き取りといったメリットが期待できない現実を前にして、治療的動機づけの欠如は専門家の働きかけを一層困難にしている。

医学的な治療を主張する福井裕輝氏の『ストーカー病』では、「恨みの中毒症状」が強調され、平井愼二氏の『条件反射制御法』では、不達のメールを送り続けるといった疑似行動による「反射連鎖の抑制」に焦点が当てられているが、共通するのは薬物乱用等への依存症モデルが基本となっている点である[4]。いずれも入院等医療の管理が厳格に行われる必要があり、治療的動機付けが乏しいストーカー事案では、治療対象に至るまでの、すなわち受診に向けてのアプローチが不可欠である。

だからこそ、ストーカー家族への働きかけが必須である。歪んだ対人関係から由来する立ち居振る舞いへの困窮は、恋愛対象に限定されることはない。一方家族は、普通では理解しがたい本人の言動を心配して注意・助言を繰り返すが、反発・無視されるだけである。加害者には乏しくとも、その家族には治療的動機づけが認められるからこそ、犯罪・非行臨床において本人を監視させるためではなく、立ち直りへの手立てとしての家族支援が重要となるのである[5]。

家族支援に関する依存症へのアプローチでは、薬物・アルコールなどの物質依存を抱えているにもかかわらず、治療を拒否している人の家族や友人のためのプログラムが有用であり、コミュニティー強化と家族訓練のマニュア

ルを意味する「CRAFT（Community Reinforcement and Family Training）」が注目されている[6]。

　これらのハンドブックでは、当事者である対象者本人が治療に参加するかどうかにかかわらず、家族などのCSO（重要な関与者：Concerned Significant Others）自身の幸福感を高める、認知行動療法をベースとしたプログラムが提示されている。その中核は、「コミュニケーション・トレーニング」であり、CSOのポジティブなコミュニケーション・スキルは、本人の問題行動の減少という効果を生むとしている。このポジティブなコミュニケーション・スキルのためのガイドラインとして、「ポジティブ＝責めたり中傷したりしない」、「簡潔に」、「具体的な行動に言及する」、「自分の感情に名前を付ける」など7つが挙げられており、そのトレーニングは、治療者が対象者を演じ、家族などのCSOとのロールプレイ（役割演技）で行われる。それが効果を上げるには、治療者が対象者本人の認知や行動のくせ、刺激・反応のパターンを十分把握した上で、本人役を演じる必要があり、これには高度な専門性が要求される。ストーカーの行動様式は理解しがたく、嫌悪感さえ覚えるものであっても、そのパターンを正確に把握し再現することが、トレーニング実施上のカギとなる。

　また、「正の強化訓練」では、専門機関を訪ねようとのCSO（家族など）の提案を本人が素直に受け入れるとは限らず、本人がネガティブな反応した場合は、本人の刺激・反応パターンを踏まえたロールプレイにより、CSOが本人のどんな反応にも、対決ではなく良好な関係を維持しながら適切に対処できるような練習がポイントとなる。こうした方法が、CSOを積極的にプログラムに取り組ませることに貢献し、さらに、約7割の対象者本人が専門機関に繋がり、しかも繋がるまでに5回程度しか要さないというCRAFTの成功率の高さ（ハイリターン）に寄与していると報告されている。

四　境界性パーソナリティ障害への働きかけ

　さらに、筆者が参照、推奨するのは、黒田章史氏による『治療者と家族のための境界性パーソナリティ障害ガイド』[7]である。黒田氏は、私と同じ

「常識的家族療法」で著名な下坂幸三氏を師と仰ぎ、パーソナリティ障害のある重篤な患者に対して心理社会的機能を高める治療を家族の協力のもとに行って、大きな成果を上げてきた臨床経験を持っている。何より本書を取り上げたのは、そのはしがきに、「読むにあたって、精神医学や心理学、あるいは境界性パーソナリティ障害（Borderline Personality Disorder: BPD）という病気に関する予備知識はほとんど必要ない」という明記されており、保護司を含めた社会内処遇の熱意ある実践者に相応しいテキストと確信したからである。

境界性パーソナリティ障害とは、現在の発達障害のようにかつて精神科・臨床心理領域で注目が集まった疾患である。「境界性」とは、昔は「精神病と神経症の間の病態水準」を意味したが、世界保健機構（WHO）が定めた『国際疾患分類［第10改訂版］（ICD-10）』では「情緒不安定性」といった意味で今は使われている。ここでは、自傷行為、自殺企図、家庭内暴力、薬物依存など広い意味での行動化を示す病態を指しており、後述するようにストーカーやDVなどにも基底部分は通じるものだと筆者は考えている。ちなみに、わが国でも参照されることの多いアメリカ精神医学会の『精神疾患の診断・統計マニュアル［第5版］（DSM-5）』では、パーソナリティ障害を「気分、衝動性、対人関係、そして認知という4領域のうち、少なくとも2領域に関して、青年期に始まり、長期にわたって機能不全に陥っていること」と定義している[8]。

ここで、気を付けたいのは、パーソナリティの障害だから治らないわけではなく、その心理社会的機能は的確な働きかけがあれば、少なくとも目に見えて向上するという事実である。筆者も下坂氏のもとで10数年間、そして、大学教員となって17年目になるが、この経験から、これらの者がある程度の時間、つまり加齢は必要であるが、一定のパーソナリティ障害があっても、かなりの社会適応能力の改善は見込まれると確信している。犯罪臨床においても、重大犯罪を行って無期懲役の刑を受けた者が長期の受刑生活を経て、保護観察の地域生活支援を受けることにより、数は多くないが恩赦（刑の執行の免除）に浴する事例があるというエビデンス（平成29年版犯罪白書によれば2016年は5人）を再確認したい。

1　境界性パーソナリティ障害（BPD）の病理、ストーカーの問題性

　ストーカーをアメリカ精神医学会による精神疾患のマニュアルで診断するわけではないが、その問題性・病理について支援へつなげる理解の助けとするために、前記のDSM-5に挙げられているBPDの診断項目をみてみよう。

・現実に、または想像の中で見捨てられるのを避けようとするなりふりかまわない努力
・自殺の行動、そぶり、脅かし、または自傷行為の繰り返し
・顕著な気分反応性による感情不安定性（たとえばエピソード的に生じる強い不機嫌、イライラ、あるいは数時間続く不安など）
・不適切で激しい怒り、または怒りの制御の困難
・一過性のストレスに関連した妄想様観念、または重篤な解離症状

　これらは、ストーカー事案のかなりの部分に該当するのではないだろうか。

　立ち直り支援に際して焦点を当てるべき第一は、対人関係の問題ということである。自分の思いが成就しないという現実に対して、「見捨てられた、拒絶された」と受け止めて、いや、受け止めることができずになりふりかまわない言動に出る、これがBPDの病理の特質であり、ストーカー行為の心理的な要因であると理解できる。BPDの場合は、自分と他人の思いの違いが明らかになったことを「相手から拒絶された」と表現されることが多い（〈コミュニケーションのつまずき〉と呼んだ方が正確な実態である）。これが生じるのを必死に避けようとする努力が、「見捨てられないための無謀な行動」につながると黒田は指摘している。〈コミュニケーションのつまずき〉が生じる苦痛、すなわち自分と他人とは違うということを苦痛や過重なストレスと感じることが問題なのではなかろう。事の本質は、対人関係のなかでつまずきは必然であり、それを受け入れて耐える力〈耐容力〉、相手との葛藤を体感して〈きちんとガタガタする経験〉の重要性である。その経験を衝動的行動ではなく言語で表現する能力が必要であり、何より暴力的に相手との関係を意のままにする、あるいは、そうならないならば有無を言わせず「断ち切る」という挙に出る行動こそが、ストーカーにつながるBPDの病理なので

ある。

　次に、情動に関する問題、すなわち、コントロールできない怒り・不安、性急かつエスカレートする衝動性の問題がある。関連して自殺企図や自傷行為も〈コミュニケーションのつまずき〉から生じる強い不快な情動を一時的、かつ、一気に晴らすという情動調節作用として、もちろん適当なものではないが理解することができる。ところで、ストレスと関連した一過性の妄想様観念や重篤な解離性症状というのは、ストーカー事案のそれとは異なるものかもしれない。だが、現実検討能力が持続的に失われることなく、人格水準が維持されているという側面は、統合失調症などで見られる精神症状が伴わないBPDとストーカー事案とが共通に有するものであろう。働きかける上で重要なのは、衝動性も行動のパターンと捉えることであり、否定的な感情を経験したときに、計画性・耐容力の欠如により極めてリスキーな行動に敢えて出るという「マイナスの衝迫（negative urgency）」こそが、ストーカーの特質なのである。

2　BPDの治療から学ぶストーカーへのアプローチ

　黒田は、BPD患者がつまずきのない、なめらかなコミュニケーションをひたすら志向するために必要な、「人からものを学ぶことに伴う苦痛に耐える能力」、「人から自分の気持ちや考えについて学ばれることの苦痛に耐える能力」の欠如が目立つと指摘する。その治療には、これらの能力に焦点を当て、他人と接する際に必要な常識的知識や振る舞い方、例えば、〈普通の気の遣い方〉を身につけるよう推奨している。すなわち、対人関係上の微妙で些細な出来事に対するバランスのとれた、極端でない判断ができる常識を面接場面で日常生活の報告を聴きながら繰り返し教えていく。これなら社会内処遇において保護観察官や保護司が十分できることではないだろうか。

　具体的な黒田のアプローチを紹介しよう。BPD患者との関わり方の基本は、「凡人」として「豊かな語り口」で語ることだという。ところで、「豊かな語り口」とは、つぎのようなコミュニケーションスタイルを用いて話しかけることを意味している。

① ゆっくりと間をとって話をする。抑揚もつけて、声のトーンも少し上げる。
　② 話し手が積極的に関わりを持とうとしていることを明示するような聴き方、言葉遣いや表情も工夫する。
　③ 「誰がどうした」と主語・述語を明確に、「だから・しかし」といった順接・逆説関係を示す接続詞も省略することなく、丁寧に語りかける。

　要するに、子どもに話しかける母親のような語り口を意味しているのであろう。留意点としては、「ありがとう」と言う場合にはいかにも感謝しているように「言葉と表情・口調の一致」を心がけること、話し手の側でほぼ一方的に、たとえ冗長になっても「豊かな語り口」を多用することが強調されている。
　もうひとつの「凡人」として語ることの説明をしよう。
　① 「個性的・風変わり」な言い回しはもとより、皮肉や比喩的表現も避けること。あくまで正面から素直に、ダイレクトな表現で語ること。
　② 的確で常識的な表現となるよう「口添え」してやること。相手の語り口が典型的でない、個性的・風変わりな言い回しであることをやんわり指摘してやることが大切である。
　③ 「普通悲しくなっちゃうよね、けどあなたは……」、「普通なら怒りたくなるけど、あなたは……」と普通からのズレを指摘する。「私からすると……」と凡人として感じるところをやんわりと伝えること。

　つまり、普通の感じ方、もの言い、常識的な立ち居振る舞いを上から目線からの強圧的な指導ではなく、つぶやくようにやんわりと伝えるところがミソなのであろう。黒田は、「変わった怒り方・悲しみ方」から「普通の怒り方・悲しみ方」に変換するように、「〈変わったこと〉をするのは、必ずしも悪いことではないけれど、場合によっては〈間違った・悪いこと〉をする以上に怖いことになるよ」と繰り返し教えることを強調している。また、コミュニケーションのつまずきの反応傾向・パターンを"癖"と呼ぶ工夫、さら

には便所掃除や洗濯物の取り込みといった小さな家事をさせる常識的な日常生活の課題も推奨している。

　ストーカー事案の立ち直り支援における面接に応用するとすれば、例えば長い保護観察付き執行猶予期間のなかで、ストーカー行為の有無だけの確認に終始するのではなく、日常生活における「変わった困り方・怒り方・悲しみ方」が現れたエピソードをとらえて、「普通の困り方・怒り方・悲しみ方」を心身に刷り込むように、染みこむような教唆を繰り返すということになろうか。対象者本人を〈間違っている〉と全否定するのでは、援助関係を継続できず、〈あなたの感じ方の"癖"は変わっている〉から〈常識的な振る舞いに変えると大分ラクだよ〉とアプローチするところが勘所となるのである。「学び／学ばれる関係」を常識的に教え、家事から始まる日常生活の常識、世間で暮らす能力を向上させるアプローチは、地域生活支援を担う社会経験が豊富な保護司の得意とするところであろう。

　黒田は、このようなBPDの治療を家族面接のなかで行うことを不可欠としている。治療者と患者が1対1で面接を行っていれば、本人の特異な反応傾向（癖）によって「治療者が普通なのか」、「本人と治療者のどちらが適切なのか」、不毛の対立が生じることを懸念するからである。ここに家族、典型的には母親が加われば、「社会生活をまともに営むには治療者の方が正しい」と評価してくれるはずだという。しかし、肝心の母親も本人同様「変わった」反応傾向（癖）を持っていることが少なくないであろうから、筆者の臨床経験では、父親、祖父母、兄・姉、伯父（叔父）・伯母（叔母）といった拡大家族の中から社会的能力が備わった家族を入れた合同家族面接を設定することが望ましいと考えている。そこで、「他人の話をなぞるように聴き取る」訓練を行って、「人の気持ちや考えをなぞる」ことができるように仕向ける。そのなかで、徐々に普通の怒り方・悲しみ方、そして、最終的には「仕方なく諦めることも大切」という常識的対応である折り合い方を教えていくことになるのである。

五　ストーカーの社会復帰への道筋

　ストーキング加害者の立ち直りとは、刑事司法的には、法律に違反するような該当行為を行わないということになる。ちょうど、BPD の患者が、自傷行為がおさまる、大量服薬をしなくなる、感情的に不安定でなくなることを「治る」というのと同じ意味である。

　しかし、社会復帰を目的とした地域生活支援者の観点からは、「世間で生きていくための社会的能力が身につく」ということに尽きるであろう。黒田は自らの臨床経験から、「BPD 患者の目つき、表情、姿勢や仕草、行動パターンに及ぶ、広い意味での社会的能力に関する"誰がみても歴然とわかる"変化」と明示している。ストーキング事案についても同様のことが言えるのではないか、筆者も臨床経験を積み重ねていきたいと思う。

　ストーカー行為の再発が、リスクアセスメント、そして、リスクマネジメントの指標であり、目的ということに限定されれば、保護観察など立ち直り支援は監視にすぎなくなる。ちょうど、性犯罪者に対する「RNR（Risk-Need-Responsivity）」モデルが有効性はあっても、ドロップアウト率が高く、何より、支援者側の「クライエントのニーズに沿った支援を行っているという体感」が維持できずに有用感が薄くなってしまうのと同様の事態を招くであろう。RNR モデルに対抗して出てきた「Good Lives」モデルを参照すれば、「より良き人生」とまでは言わないが、犯罪行為から遠ざかって「普通の生活」を送れるような対象者本人のニーズに添った支援が不可欠であることがわかる[9]。

　繰り返しになるが、社会的能力の向上を図るために、「他人の話をなぞるように聴き取る」訓練を面接場面で繰り返し行って、「人の気持ちや考えをなぞる」ことができるようになることを目指す。そのなかで、徐々に常識的な怒り方・悲しみ方、そして、最終的には「仕方なく諦めること」を習得・体感させることになるのである。更生保護関係者が長年学んできたロールプレイを活用する SST（Social Skills Training）の技法も役立つことは間違いない。

　最後に、精神科・臨床心理領域で今最も注目を集めている「オープンダイ

アローグ（開かれた対話）」について取り上げたい。重篤な精神疾患である統合失調症等の長期入院患者の地域移行に成功した、フィンランドの一地方で1980年代に開発された地域精神科医療の取組み全体を指すものである。世界的に注目されているこのアプローチの由来は家族療法にあるが、際だった特徴は次のとおりである[10]。

・医師、看護師、心理士などの多職種がチームを組んで患者の家庭に赴いて実践する。
・患者、家族、親戚、そして専門職など誰でも関係者が参画するオープン形式の対話が唯一といってよい技法である。
・何事も本人なしでは決めない。対話は一方的に先導されたり、結論に導かれたりされない。
・ひとつの合意に至らずとも、多様な見解・理解を共有することが肝心である。複数の視点を引き出すよう努める（「ほかの人はどうでしょうか」）。
・明確化や統一ではなく、曖昧さや不一致をも大切にする。
・患者・家族の問いかけには、「今、ここで」対応するよう努める。

　このような「クライエント・ファースト」の手法に加えて、筆者は、精神病患者の地域移行を実現するには不可欠な、地域住民との対話実践に着目している。犯罪臨床においては、北欧の刑務所における実践が紹介されているが、自分自身に向き合い、自分を表現する言葉（行動ではなく）を持つこと、すなわち「人間になる」、いや「普通の人間になれる」というプロセスへの信念が立ち直り支援の基幹であることは言を俟たない[11]。このことを普通の地域住民でもある保護司が、その処遇体験からエビデンスとして「語る」ことこそが、ストーキングのような理解しがたい犯罪であっても、加害者を再び地域社会に受け入れる大切な道筋であると確信している。

六　おわりに

　筆者自身が、ストーカー事案の対応経験が乏しいなかで、精神医療・臨床心理領域からのアプローチとして、長年「処遇困難者」の代表格であった境

界性パーソナリティ障害（BPD）の臨床実践に頼った叙述となったことを重ねてお許しいただきたい。「常識と普通を教え諭す」黒田氏のアプローチは、「豊かな語り口」で説示する心理教育的手法、つまり、一方的な説教に終わらない、本人・関係者があまねく関わる「開かれた対話」につながるものである。この手法は、宗教家や教育関係者が多い保護司の得意とするところであり、本稿により社会内処遇での対処可能性を示すことができれば幸いである。

　黒田氏と筆者が師と仰ぐ下坂氏が、フロイトに学びつつも、西田幾多郎に傾倒し、道元の『正法眼蔵』を読む研究会を主宰していたことを思い出した[12]。他の臨床領域と同様に、結局のところ、ストーカー事案やDV、そして性犯罪など最新の事柄を扱う犯罪臨床も臨床家の基本的人間観を養う哲学に学ぶべきところが多いことを強調したい。それは、更生保護が実践してきた立ち直りを信じて対象者や家族との人間的な付き合いを基本とし、手間暇かけた地道な時間をかけた取組みにほかならないのである。

1）法務省保護局観察課「ストーカー行為等に係る保護観察付執行猶予者に関する警察との連携について」更生保護（2014年7月号）
2）生島浩編著『触法障害者の地域生活支援』（金剛出版、2017年）
3）田淵俊彦／NNNドキュメント取材班『ストーカー加害者』（河出書房新社、2016年）
4）福井裕輝『ストーカー病―歪んだ妄想の暴走は止まらない―』（光文社、2014年）
　平井愼二『条件反射制御法』（遠見書房、2015年）
5）生島浩『非行臨床における家族支援』（遠見書房、2016年）
6）ジェーン・エレン・スミス、ロバート J. メイヤーズ／境泉洋ほか監訳『CRAFT 依存症患者への治療動機づけ』（金剛出版、2012年）、ロバート・メイヤーズ、ブレンダ・ウォルフ／松本俊彦ほか監訳『CRAFT 依存症者家族のための対応ハンドブック』（金剛出版、2013年）
7）黒田章史『治療者と家族のための境界性パーソナリティ障害ガイド』（岩崎学術出版社、2014年）
8）米国精神医学会／髙橋三郎ほか監訳『DSM-5 精神疾患の診断・統計マニュアル［第5版］』（医学書院、2014年）
9）Bonta J. (2012), The RNR Model Offender Treatment：Is There Value for Community Corrections in Japan?, Tony Ward (2012), The Rehabilitation of

Offender :Risk Management and Seeking Good Lives. 共に『更生保護学研究』創刊号（2012年）に翻訳が掲載されている。
10) 齋藤環著・訳『オープンダイアローグとは何か』（医学書院、2015年）。なお、精神療法43巻3号（金剛出版、2017）において、オープンダイアローグが特集されており、各論稿を参照されたい。2017年8月に開催された日本家族研究・家族療法学会第34回つくば大会にオープンダイアローグの主導者であるヤーコ・セイックラ（ユバスキュラ大学教授・フィンランド）氏が招聘され、そこでの講演、ワークショップで学んだ内容が反映されている。
11) 矢原隆行「北欧の刑務所におけるリフレクティング・トークの展開」更生保護学研究10号（2017）18-25頁。
12) 原田誠一他編「先達から学ぶ精神療法の世界－著者との対話への招待」精神療法増刊第1号（金剛出版、2014）において、「下坂幸三の三編」として中村伸一氏が解説、牧原浩氏らのコメントが寄せられている。

（生島　浩）

Ⅳ　ストーカーに対する治療

一　警察等法執行機関と医療の連携の歴史的背景

　平成27年（2015年）度より、ストーカーの警告を受けた加害者の中で、メンタルケアを必要とするのではないかという疑いがあり、治療を勧めて同意を得られる者について、警察が医療機関を紹介する取り組みが始まった。

　この取り組みだけでなく、精神医療と警察などの法執行機関が同時に介在する場面がままある。しかし、そのような事態は必要であるとともに、精神医療、司法双方の専門組織から時に警戒の対象になってきた。

　まだ精神病院が整備されていなかった明治時代、精神病が疑われた者についての届け出等が警察の枠組みの中で定められていた。1875年の行政警察規則において、「路上に癲狂人あれば穏やかに之を介抱し其暴動する者は取り押さえ其地の戸長に引き渡すべし」とある。それ以前より、家族の中の精神病者を所謂座敷牢のようなところで生活させている事例が多くあり、これら私宅監置に関する届出は、1878年に警視庁布達として扱われた。その後も、精神病者を診るために巡回する医師が警察に指名されるよう決められていたり（1884年）、私宅や病院に精神病者を監置する時には監護義務者が警察署を経て地方長官に願い出なければいけないと定められたり（精神病者監護法、1900年）と、警察が精神病者の処遇に関わってきた[1]。これは、精神病者が病状のために不穏になり、市民の安全が脅かされることを防ぐことと、精神病者が保護すべき家族などから虐待されたり、財産を奪われたりされないようにする目的があった。精神病院が整備されずに、何の治療も保護も受けられない人が多かった時代、このことは余り問題にはならなかった。第二次世界大戦後の昭和25年（1950年）の精神衛生法に、私宅監置の禁止ともに現在の措置入院制度の中の警察官通報について定められた。しかし、その後精神病院設立ブームが始まり、措置入院等の非自発性入院の後に長期入院する人が増加していった。昭和39年（1964年）には、駐日アメリカ大使が精神病を患

った少年に刺されて負傷したライシャワー事件が起き、精神衛生法は改正され、その後他害行為を起こした精神病者、犯罪行為を繰り返した精神病者の「保安処分」の是非が討論されるようになった。患者の長期入院、虐待事件（宇都宮事件）が表面化したこともあって、弁護士会だけでなく、精神科医の組織の中でも賛否が分かれ、保留になったまま、平成時代になって池田小学校事件が契機となって、名前と形を変えて「医療観察法（心神喪失等の状態で重大な他害行為を行った者の医療及び観察等に関する法律）」（2003年）が公布されるに至った。

　このように、精神医療と警察は、歴史的に重なり合う部分を持ってきたが、それは、時に批判されたり、警戒されたりしてきた。

　平成28年（2016年）7月に起きた戦後最悪の大量殺傷事件となった相模原市障害者施設大量殺傷事件は、加害者の精神状態と事件との関係は判明していない部分が多いまま、措置入院や精神保健指定医制度の見直しが検討されている。厚労省のホームページ[2]上の「相模原市の障害者支援施設における事件の検証及び再発防止策検討チーム」報告書において、関係機関の協力の推進が今後必要であるとされ、「地域の関係者（自治体、警察、精神科医療機関者等）の協議の場を設置する」ことが再発防止のために必要であるとされている。しかし、「警察との協議の場」という記載は、精神医療に社会防衛の意を付すにではないかという懸念につながり、論議を呼ぶ。

　統合失調症の幻覚妄想状態下、幻聴に左右されて事件を起こしたような、精神症状と犯罪行為との関係がはっきりと理解しやすいものとは異なり、発達障害、薬物・アルコール乱用などによる犯罪は、精神症状との因果関係がはっきりしないことも多い。そうすると、「精神症状はあるが、犯罪行動については警察へ」と捉えられがちである。しかし、精神症状が逸脱行為につながり、その逸脱行為が法に触れる場合犯罪になるといったケースが一定以上存在する。

　ストーカーについても、あいまいなラインにあり、司法と医療の境界に存在しているがゆえに、どちらからも手が差し伸べられずにきた[3]。

　ストーカー加害者に対する警察と精神科医療機関との連携については、現在のところ、まだあまり周知されていていないことに加えて、非自発的入院で

はなく外来治療を受けるケースが多いこともあり、警戒や批判の的になってはいない。しかし、ここで述べたような歴史的背景から、医療機関と取締側との連携は、治療の同意、情報提供などの点から慎重にならざるをえない。

連携の有効な新しい形を示せるかどうかは、今後にかかっている。

二　ほっとステーションと地域のネットワーク

1　ほっとステーション概要

医療法人社団ほっとステーション大通公園メンタルクリニック（以下ほっとステーションと記す）は、地域連携の下、多職種連携のチームで地域精神医療に取り組む多機能型精神科診療所である。多職種協働で、デイケア、就労支援、CRCT（Conditioned Reflex Control Technique；条件反射制御法）、ケア会議、薬物療法、カウンセリング、外来森田療法等の治療ツールをその人に合わせて組み合わせ、実践している。

多問題、困難ケースについては、主治医、看護師、ソーシャルワーカー、自治体生活保護課職員、保護司、児童相談所職員などの関係者が集まって当事者を中心にケア会議を持ち、情報共有とそれぞれの役割の確認、クライシスプラン作りなどを行う。ケア会議チームは、「応援団」としてのメッセージを当事者に伝えることができ、そしてケア会議の存在自体が逸脱行為のブレーキにもなりうる。

精神科デイケアのプログラムとしては、体力をつける運動系プログラム、芸術療法や作業療法等の芸術系プログラム、SST（Social Skills Training；社会生活技能訓練）やアンガーマネジメント、統合失調症や発達障害といった疾患別のプログラム等の心理社会系プログラム、学習支援プログラム、就労支援プログラムなどがある。

プログラムに関わる多職種チームを構成するメンバーは、看護師、精神保健福祉士のほか、医師、臨床心理士、作業療法士等である。当事者スタッフである「ピアサポーター」もグループホームやプログラム運営等に関わっている。

2　ほっとステーションでの　触法者に対する取り組み

　触法者に対する取り組みとしては、個別に行うものと集団で行うもの、家族に対する支援がある。

　薬物乱用者に関して取締側と行う面談については、我々のところでは麻薬取締官と行っているが、このやり方を提唱した千葉県にある国立下総精神医療センターでは、麻薬取締官との面談ほか、警察官との面談もおこなっている[4]。

　院内のアディクションミーティングや学習会につては、薬物乱用のほか、盗癖をもつ触法者のミーティングもある。また、性的な逸脱行動に走ってしまう発達障害の人のミーティングもある。

　このほか、記載のとおり、アンガーマネージメントやSST、就労支援、CRCT（条件反射制御法）、生活訓練としてのグループホーム利用といった取組がある。

　ほっとステーションでは、グループホームを3つ運営しているが、その1つは、社会生活を阻害する何らかの嗜癖問題を抱え、CRCTに取り組みながら、社会復帰を図る専門のグループホームである。

3　CRCT 条件反射制御法

　CRCT（条件反射制御法）について簡単に説明する。これは、ロシアの生物学者であるパヴロフの条件反射理論[5]に基づいた治療法で、2006年に国立下総精神医療センターで開発された[6]。薬物・アルコール乱用、ギャンブル、性犯、盗癖、繰り返す自傷行為、強迫性障害、ストーカー行為、PTSD等に適用される。もともとは薬物乱用者だけに適用されていたが、現在では、適用範囲が広がっている。

　基本ステージで「制御刺激」を作り上げてから、「疑似刺激」作業、「想像刺激」作業のステージを経て維持ステージへというように、4つのステージを進んでいく。薬物、アルコール等の物質使用障害はこの4つの基本ステージを踏むが、そのほかの事例では、基本ステージは踏まない場合がある。

　パヴロフの信号学説によると、人間には二つの中枢があり、それらはそれぞれ第一信号系、第二信号系と称される。第一信号系には生まれつき持って

いる神経活動である無条件反射と、生まれてからの経験により定着する条件反射とがある。一方、第二信号系は人間以外の動物は持っておらず、意志、思考等に関わる神経活動である。

社会的に逸脱した行動を反復して行い、それをやめたいと思い、やめる決意を持っているのに、その行動が生じる現象がある。第一信号系の特定の反射連鎖が強化され、強く作動することに基づく。また、第一信号系に抵抗して、第二信号系が動作を司ろうとする強さにもより、その抵抗の程度は、主体の種々の要素が関係する。しかし少なくないケースで、第二信号系よりも第一信号系の特定の反射連鎖がはるかに強くなり、逸脱行動が生じる状態まで強化される。

そのようにして生じる逸脱行動の代表的なものの一つにストーカーがある[7]。

ストーカー行為の一部は生殖に繋がる接近行為の過作動であろう。また、ストーカーに生じることのある対象者に対する殺意は、生殖を促進する第一信号系の反射連鎖と対象が自分と接触しないことを把握した第二信号系の反射網の摩擦が激しい苦悩を生み、それが対象者への攻撃に転じたものとして理解できる[8]。

やめられない行動へのアプローチ（カウンセリング、認知療法、説教など）の多くが第二信号系に対するものである。CRCTは、第一信号系の条件反射を主なターゲットにしており、同時に無条件反射にも働きかけうる。

なお、CRCTの具体的技法に関しては、入院病棟のある下総精神医療センターと外来だけのほっとステーションとではやり方が異なる部分もある。

4　多機関連携

ほっとステーションの支援の連携先としては、医療機関、就労支援事業所、自治体保護課、ハローワークといった援助側機関の他、保護観察所、麻薬取締官、警察といった刑事司法機関がある。

また、ほっとステーションでは、平成17年（2005年）から、医療、福祉、司法が一堂に会して情報交換ができる場を作ろうと、「北海道で更生と再犯防止を考える会」を2ヶ月に一度開催してきた。会ではまずゲストスピー

カーから1時間半程度の講話があり、その後質疑応答、ディスカッションに入る。平成28年度（2016年）には、北海道警察濱野氏が演者として招かれて我が国におけるストーカー対策について講演会を開き、参加者の質問に答えた。本会の最大の特徴は、警察、麻薬取締官、保護観察所などの人たちと刑務所、少年院などの矯正施設の職員、社会で支援する医療、福祉、弁護士、当事者スタッフ、家族などが場を共有し、顔を合わせることができることである。

この会が立ち上がってこの12年、医療観察法の施行、定着支援センターの立ち上げなど、政策上の様々な動きがあった。「北海道で更生と再犯を考える会」はこの都度、地域の顔が見える連携、ネットワーク作りに貢献してきた。

(1) **警察以外の法執行機関側との連携**

ほっとステーションでは、違法薬物乱用歴があり、薬物乱用をやめるために受診予約を希望する電話を受けた場合、簡易薬物検出検査と麻薬取締官との面談を受けることを了承できる場合にのみ引き受けている。予約を希望する殆どのケースがこれらを了承して受診に至る。

医療観察法では、保護観察所の社会復帰調整官が調整役を担う。医療観察法以外でも保護観察所の担当者はケア会議にも参加し、ブレーキとしての存在意義を示すことができる。2013年より、地域によっては、検察庁の中に社会復帰支援室が設置された。

生活困窮者や高齢者、障害者による反復した軽微な事件（無銭飲食等）で、服役しても出所後同じことを繰り返すことが明らかなケースは、治療に確実につながることができれば、起訴せずに社会で様子を見るという判断を下される場合が出てきている。地方検察庁社会復帰支援室におけるいわゆる入口支援の取り組みである。検察側から対象者に受診勧奨があり、検察側と医療機関と引き受け前に会議がもたれることもある。

(2) **警察との連携**

北海道警察ではストーカーとして警告の対象になった者の一部について医療機関へ受診勧奨を行っている。これは全国的な取り組みである。文書警告の段階での受診については影山が重要性を述べている[9]。それによると、初

犯防止のために有用である。受診を勧める際、医療機関へ治療の状況などを警察から問い合わせることがあることを説明し、対象者の同意を得ている。

　Cupachらは、ストーカー行為の原因を次の①②に分けて考え、更に別の要因となる③④を検討した[10]。すなわち、①表現型のストーカー（被害者に怒り、嫉妬を伝えるためや求婚するためにつきまとう。）②手段としてのストーカー（被害者への報復、脅し、コントロールのためにストーカー行為をする）③個人要因によるストーカー（個人の性格、精神障害、アルコールや薬物依存によるもの）、④状況要因によるストーカー（ストーカー行為者の環境因によるもの）の４つである。

　これら４つの中で医療にかかりやすいのは、③の個人要因によるストーカーである。

　多くの人が「ストーカー」という言葉を聞いて連想する所謂「三鷹事件」のようなケースでは、あるいは加害者は治療を同意しないかもしれない。同意が得られないケースに重篤なリスクが残るケースがあることも否めないだろう。

　水野[11]も指摘しているように、自ら進んで治療を受けることを望んでいる人間には、そもそも本来的に高い回復の可能性が認められるともいえ、やはり厄介で、問題としなければならないのは、治療の同意が得られないという場合なのである。

三　ストーカーに対する実践

1　警察からの依頼

　平成27年（2015年）からストーカー対策として、北海道警察からの依頼を受けたケースは、平成29年８月までで23名になる。23名中20名が男性で、年代は20代、30代が４分の３以上を占める。精神科受診歴がないものは半数以上である。

　主診断については、適応障害、PTSDといったストレス関連疾患が６名で最も多く、その他、物質使用障害（アルコール依存）、ADHD（注意欠陥多動性障害）、パーソナリティ障害、性嗜好障害、双極性感情障害、発達障害、認知症など多岐にのぼっている。あくまでも主診断なので重複している者もいる。

例えば双極性感情障害とアルコールの問題を両方持っていたケースあった。

病態として見れば、通常の精神医療でもよくみるような事例が多くなっている。

また、主診断がアルコール依存症ではなくても、アルコールの問題を抱えるケースが目立った。アルコールの問題を抱え、ストーカー行為にアルコールの影響があったケースは23名中9名にのぼった。

ADHDを含む発達障害を持つケースは5名である。ADHDの場合は衝動性、自閉症スペクトラムの場合、こだわりや動機につながる本人の中の独特の論理が問題となる。十一は、知的障害のない発達障害者の場合、恋愛関係の微妙なやり取りの中では、本人の理解・予想を超える出来事に遭遇するかもしれず、そのうちに一種の混乱状態に陥り、一見すると動機不明のストーカーのような問題行動が現れることになると述べている（十一元三、2004年）[12]。

また、性嗜好障害を有する者が3名いたが、3名とも治療が中断している（内、1名はその性嗜好そのものは違法行為ではない）。別の1名は受診のきっかけになった事件で起訴されて、その後服役に至った。

治療に関しては、薬物療法を実施したケースが11名、デイケアプログラムを利用したケースが4名（就労支援プログラム2名、院内アディクションミーティング1名、60歳以上のスペース利用1名）、CRCT 5名、家族面面談7名、ケア会議1名、往診1名、訪問看護2名となっている。薬物療法については、最初のうち薬物療法を行い、その後は薬物療法なしになったケースもあったが、そういうケースも含めて、薬物療法を行った人が11名いるということである。

デイケアのプログラムを利用した者は4名で、就労支援プログラム、アディクションミーティング等に参加した。

CRCTを行った者は4名である。このうち、アルコール問題を有する者は、物質使用障害のカテゴリーに入るので、上述の4つの基本ステージを進む。その他の恨み等でCRCTを実施したケースでは、恨みがなくなると、自分の判断で、途中でやめてしまう場合がある。治療の継続を強制することはなかなかできないので、そのような場合、リスクが高まった時にすぐに相談できるように治療を中断させないことに留意する。中には、恨みの感情が再燃して再びCRCTに取り組む場合もある。

7名に対して、家族面談を行った。内訳は、母親のみに行ったケースが3名、父親が1名、両親が1名、配偶者が2名である。

ケア会議は、1名について行ったが、その者の治療は残念ながら中断してしまっている。

このほか、危機介入として往診を1名に行った。

アルコール問題に対するアプローチは、指導により節酒もしくは断酒に至った者が3名、節酒剤処方2名、アルコール問題に対するCRCT実施1名、院内ミーティング1名を指導したが、治療が中断してしまった者が1名、転院2名（重複あり）である。指導のみで節酒、断酒に至るようなケースは、物質使用障害としては比較的軽度であると思われる。

医療につながって3か月の時点の経過を検討すると、医療につながったことで、当該事件に関しての問題行動もリスクもなくなった者が7名いたが、一方で、警察が介入したこと自体で既に問題行動もリスクもおさまっていた者も8名いた。医療につながったが、当該事件に関するリスクはまだ消失していない者が4名いる。リスクが残ってしまった4名のうち、1名は通院を中断してしまった。別の1名は、被害者と共依存関係であり、相談者がストーカー行為をやめても被害者がメールを何回も送って誘ってくるという問題が続いた。

また、当該事件に関するリスクは消失したが、別のリスクが残っている者も4名いた。すなわち、問題飲酒や病状の不安定さからくる対人トラブル、性嗜好障害等である。医療につながることで本件に関するリスクはなくなったものの別のリスクがある者については、性嗜好障害又は境界性パーソナリティ障害であったが治療を中断してしまった者や、保釈中に受診したが、また収監されてしまったので治療できなくなった者等、治療中断の者ばかりである。

実際、通院中と言っても、その間ずっとストーカーの問題が続いているわけではない。もちろん、怒り・恨みの気持ちが続いている者もいるが、それ以外の職場のストレスの相談、双極性感情障害で、事件の時には躁状態であったが、うつ状態に移行していてそのための薬物治療を要するケース、アルコールの問題等、ストーカーとは別の問題で通院が続いている者がほとんど

である。

　ストーカー行為は他害行為であるが、他害行為への強い衝動を持つ人は同時に自殺念慮も持っていることが少なくない。ストーカー防止は、他害行為防止と自殺防止の両方の意味合いを持つ。

　今後は、リスクを残したまま関わりが中断しないよう取り組んでいきたい。

2　刑務所におけるCRCT導入

　ストーカー的な行為に関しては、北海道警察からの依頼ほか、本人の家族や弁護士の依頼で我々が関わるケースや刑務所で筆者が関わった事例がある。筆者は、月に2回、精神科嘱託医として北海道内の刑務所で診療しており、そこでも、出所前に「復讐してやる」という訴えが切迫していた受刑者3名に対して、CRCTを導入して治療を行った。この3名はその後出所を迎えたが、今のところ復讐行為に及んでいるということはない。

　なお、3名のうち2名は、出所後は帰住先の地域の中のCRCTを実施している精神科医療機関につなげた。

四　おわりに

　警察から依頼のあった全例について、治療の必要性とリスクの評価の観点から、医療機関につながることが必要であったといえる。23例中15例は、当院初診の段階で、警察が介入した後も新たに何らかのトラブルを起こす可能性が残っていた。医療機関につながることで、十分とは言えないかもしれないが、アセスメントが行われてリスクを見守る目が増えることとなり、一定の抑止効果が期待でき、医療につながることによる初犯[13]・再犯への防止効果もある程度有すると考える。

　しかし、警察からの依頼を受ける精神科医療機関はまだ少なく、今後つながる医療機関が増えれば、受診する人の選択肢も多くなり、中断例も減っていくだろう。ほっとステーションの中断例の中には、初診時鉄道で2時間以上かけて来院したケースもあり、もっと近くに受診できる医療機関があれば、中断を防げたかもしれない。

法的な問題については、今後、警察庁と厚労省が法律の専門家などと協議してガイドラインを示した方が、現場は混乱が少なく、協力する医療機関も多くなると思われる。すなわち、警察からの問い合わせについて、いったんは同意したが、診療の場では同意しない場合への対応など、警察からの問い合わせの体制の期限などについてである。

　我々は、CRCTやケア会議、薬物療法、グループワーク、カウンセリングなど複数のアプローチを組み合わせて、対象者に選んでもらい、多職種連携で取り組んでいるが、今後は、リスクを残したまま関わりを中断させないことが課題と言える。

　また、前述したように、ハイリスクグループの多くが、精神科医療機関を受診すること自体を拒否していることが考えられる。「俺の頭はまともだ。おかしいのはあの女の方なのにあいつのせいで異常者扱いされた」と問題意識を持つどころか火に油を注ぐようなことにもなりかねない。

　今後、アンガーマネージメント、CRCTなどについての特別な研修を受けた心理士、相談員、ソーシャルワーカーなどが面談をし、幻覚妄想や不眠、うつ状態で薬物療法や診断が必要になった場合に医療機関につなげるような仕組みを警察内に準備できるのが理想である。つなげる先は医療機関とは限らず、断酒会やAA（断酒支援組織）、SA（性依存の自助グループ）などもあり得る。更にこれらに取り組む専門家たちが協働で、地域でストーカー加害者のグループワークを行う場所を作ることができれば、尚よい。グループワークは、それが自助的な集まりであっても、集団認知行動療法的な取り組みであっても、心理教育的な学習会としての位置づけだとしても、「苦しんでいるのは自分だけではなかった」という気付きが生まれる。

　警察での個別相談、CRCT、グループワーク、医療機関での治療など複数の取り組みがあれば、ストーカー行為が止まるチャンスも増える。

1）中谷陽二『刑事司法と精神医学―マクノートンから医療観察法へ』（弘文堂、2013年）216-226頁
2）厚生労働省ホームページ（www.mhlw.go.jp）
3）小早川明子『ストーカーは何を考えているか』（新潮新書、2014年）96-101頁

4）平井愼二「規制薬物乱用者への対応における取締処分との連携による援助職としての純化」日本社会精神医学会雑誌12巻1号（2003年）55-65頁
5）パヴロフ著／川村浩訳『大脳半球の働きについて―条件反射学』（上）（岩波文庫、1975年）40-164頁
6）平井愼二『条件反射制御法―物質使用障害に治癒をもたらす必須の技法―』（遠見書房、2015年）3-7頁
7）平井愼二『行動原理と条件反射制御法（CRCT）の基本』第四回条件反射制御法関西研修会テキスト（一般社団えぞネット、2017年）
8）平井愼二「進化システムの過作動による種々の疾病」条件反射制御法研究4号（2016年）17-27頁
9）影山仁佐「精神障害者の初犯防止に向けて：特集号について」犯罪学雑誌76巻5号（2010年）130-133頁
10) Cupach. W. R. & Spitzberg. B. H. (2004), The dark side of relationship pursuit: From attraction to obsession and stalking. Mahwah. NJ. (2004), Lawrence Erlbaum Associates, p.69-74
11）水野陽一「パネルディスカッション：ストーカー被害者の保護と加害者の更生」（講演録　ストーカー行為と依存）北九州市立大学法政論集44巻1・2合併号（2016年）173-177頁
12）十一元三「青年期以降の高機能広汎性発達障害」精神科臨床サービス4号（2004年）332-338頁
13）前掲注9）参照

参考文献
P. E. ミューレン／M. パテ／R. パーセル（詫摩武俊監訳、安岡真訳）『ストーカーの心理　治療と問題の解決にむけて』（サイエンス社、東京　2003年）
中谷陽二『刑事司法と精神医学―マクノートンから医療観察法へ』（弘文堂、2013年）

（長谷川　直実）

V　ストーカーへの教育・治療

一　はじめに

　世界的にストーカーの評価や対応について注目され、国内外でその評価や対応について多くの研究が出され始めている[1]。日本においてもストーカー規制法に基づく禁止命令を受けたり、摘発されたりした加害者について、警察官がつきそい医療機関等への治療を勧めるという制度が始まり、プログラムを完遂できれば再発が減っていることが報告されている[2]。しかし、診療に行く者は2～3割程度であり、その成果は限定的である。今後、どのような枠組みやプログラムかを検討すべき時期にきており、本稿では、そうした検討のもとになるストーカーの心理と働きかけの基本的なポイントを整理した。

二　ストーカーの心理・病理

　ストーカー全体に共通して認められる心理・病理と事例によって異なるものがある。それぞれについて以下に述べる。

(1)　偏った権利意識

　ストーカーに共通する心理として、被害者に関する特別な権利を有しているという意識があることが指摘されている[3]。すなわち、「自分は、自分の願いを満たされる権利をもっており、そうした願いを達成する上で、被害者の時間や注意を得る価値が自分にある」という信念である。これに基づいて、「自分の言うことは聞いてもらう権利」「説明を受ける権利」「不満をとりあげてもらう権利」「自分は愛情を表現し、これを敬意をもって扱ってもらう権利」があるとして、相手が嫌がっても、相手への追跡を行い、これが果たされなければ、怒りや復讐心を感じ、暴力行為にも結び付く場合がある。

(2) 被害者の気持ちに対する無関心

権利の感覚に加えて、被害者の願いや恐怖に対して、極端な無関心を示すこともが特徴である[4]。同じ「無関心」という場合でも、いくつかのパターンがあり、相手が困っていることに注意が向かないという者や、相手の苦痛を喜ぶ者などが含まれる。

(3) 精神障害と人格的な脆弱性

ストーカーの背景に精神障害やパーソナリティ障害などの精神的問題がある場合があり、これが上記した「偏った推理意識」や「被害者の気持ちに対する無関心」の背景になっていることがある。McEwan と Strand の報告[5]によれば、司法精神健康クリニックに紹介されたストーカーの事例211例の研究で、精神障害がなかった事例は36名（17%）のみであり、83%は何らかの診断があったという。最も多いものは、パーソナリティ障害40事例（20%）であった。第1軸診断（疾病診断）では、統合失調症17%、うつ病13%、物質（薬物・アルコールなど）使用障害18%、妄想性障害3%、知的障害7%、アスペルガー症候群1.9%であった。暴力の発生を精神障害の有無で予測できないという結果であった。しかし、精神病がある場合はない場合よりもストーキングの行動の期間が長かった。パーソナリティ障害のある場合はない場合に比べて、繰り返しストーカー行動を起こした割合が有意に多いことも報告されている[6]。被害者が元のパートナーの相手の場合である事例は、それ以外の事例に比べて、精神病が関係する場合が少なかった。

パーソナリティ障害は、精神障害に入るが、精神病などの狭義の精神疾患（DSM Ⅳでいう I 軸診断「疾病診断」）とは異なる取り扱いをされる。例えば、刑事責任能力の判断を行う場合、精神病のような疾病診断の場合は責任能力の減免の根拠になるが、パーソナリティ障害の場合は、それのみでは責任能力を減免することはほとんどない。幻覚や妄想のように明確に現実認識が変容している場合には責任を問うよりも「治療」ということになるが、パーソナリティ障害は相手との人間関係において自己中心的で感情的になりやすいという問題であり、当事者が自分の責任を自覚できるようにすることが重要で、「治療」というよりも「教育」「処罰」などの対象となる場合が多い。またパーソナリティ障害の傾向のある事例でも典型的なケースよりも、ストー

カーの場合は、その偏った考えや行動は、ある限れた文脈や対象にのみ生じてしまう事例が多く、どの場面でも偏りが堅調な典型的なパーソナリティ障害ではない場合も多いとされる。人格的な脆弱性に心理社会的なきっかけや文脈があって、生じると考えることができる。以上の議論から、精神疾患と人格的な脆弱性や心理社会的な要因の関係は図1のようにまとめられる。

近年、ストーカーを「病気」であると表現する場合があるが、これはストーカーが説諭や処罰してもその通りにはできない制御困難性をもっていること示すためのものであろう。しかし、図1に示したように制御困難性の背景要因は複雑で、単純に全てのストーキングを「病気」としてしまうと個人の責任がないという印象をあたえてしまうことが危惧される。人格的な問題が中心の事例では、これを変える責任が自分にあることを受け入れさせた上で、その修正を図ることの困難性を支援するという意味での治療を含む働きかけが必要になる。Warren ら[7]も、ストーキングを精神障害の診断に当てはめようとするのは無理がある場合が多く、多要因によって生じる「問題行動」としてその修正を検討していくことが重要であるとして、ストーカーの「問題行動モデル（Problem Behaviors Model）」を提唱している[8]。

図1　ストーカーに関連する精神疾患、人格的脆弱性、心理社会的な要素の関係

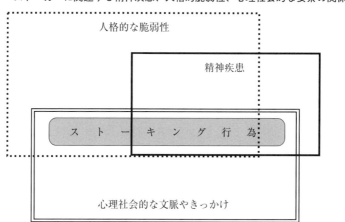

注）森田展彰作成

(4) アタッチメントの問題

ストーカー行為をアタッチメントの問題として理解できることが指摘されている[9]。アタッチメントとは、「個体が不安を感じた時に、これを養育者（やその他の親しい者）に対する近接を維持することで、安全と安心感を回復するというケア探索に関する関係性やその結果として成立するシステムである」とされる[10]。アタッチメントが安定的に発達した場合、心の中に安心感が蓄積し不安定な感じがしなくなり、いざとなれば守ってもらえるという感覚がその後の感情調節機能や共感性のもとになるとされる。最初には、幼児期における養育者の交流で、不安な時にこれを調整してもらえる（又はもらえない）経験を繰り返す中で、それぞれの人に特有なアタッチメントに関するモデルやスタイルが形成される。こうしたアタッチメントスタイルは養育者と子どもの関係だけでなく、その後の青少年や成人期を含む生涯にわたる重要な他者との関係にも引き継がれていくとされる。成人期のアタッチメントでは、アダルト・アタッチメント・インタビュー（AAI）という面接やバーソロミューとホロヴッツのモデル（表1）をもとにした自記式質問票に

表1　バーソロミューとホロヴッツによるアタッチメントスタイルのモデル[1]

		自己のモデル（アタッチメント不安）	
		肯定的	否定的
他者のモデル（アタッチメント回避）	肯定的	**安定型**：親密な友人関係を大切にする、個人的な自律性を失うことなく親しい関係を維持する能力がある、対人関係やそれに関わる問題を議論するとき一貫性があり思慮深い。	**とらわれ型**：親密な関係に過剰にのめり込む、自分の幸福感を持つ上で他の人の受容に依存している、対人関係について議論するとき一貫性がなく情動を大げさに表出する。
	否定的	**拒絶型**：親密な関係の重要性を過小評価する、情動性が制限されている、独立性と自律性を重視する、対人関係について議論するとき明瞭さや信頼性に欠ける。	**恐れ型**：拒絶されることへの恐怖、自分の安全感、他者への不信感から親しい関係を回避する。

注）これは、Bartholomew, K. ,Horowitz, L. M. Attachment Styles among Young Adults: A test of a four-category model. *Journal of Personality and Social Psychology*, 61:226-244、1991. に基づくモデルの概要をまとめたものである。

より評価される。ストーカーの場合、アタッチメントスタイルが不安定なタイプ、特に見捨てられ不安が強いタイプ（とらわれ型や恐怖）が多いこと確かめられており、また、こうした成人期の不安定なアタッチメントスタイルは、幼児期における養育者との間のアタッチメントが不安定であることと関連していることが示されている[11]。実際にストーカーには、子ども虐待、親の離婚などの養育者の喪失や移行が多いことが示されている[12]。ストーカーは幼児期に得られなかった安定したアタッチメントをパートナーに求めることに固執し、嫌がられてもそれを求め続けたり、拒絶に対して過敏な攻撃的な反応を生じる現象であると考えられる[13]。

(5) **社会学習による認知の歪み**

ストーキング行為は、意識的または無意識的に、仲間や家族やメディアなどから、学習された非機能的な認知により生じている面がある[14]。社会全体あるいはある集団のもつ価値観やコミュニケーションの仕方を学ぶことで、ストーキング行為を、献身や忠誠心や愛の表現とし誤解してしまう場合がある。元パートナーへのストーカーの場合は、DV関係のもとになった男尊女卑や家長中心主義などの社会的な認知が影響していることが多い。

(6) **感情や対人関係に関する対処スキルの問題**

被害者との関係を望みながら、その被害者に対して圧迫をかける方法をやめられないということには、ストーカーの感情調節能力の低さ、自尊心の低さ、コミュニケーションスキルの不足が影響していると考えられる[15]。これは上記のアタッチメントの内的作業モデルの問題をベースに、トラウマや喪失体験の影響や精神障害・発達障害、知的障害の並存も影響していると考えられる。

(7) **ストーカーの多様な動機**

ストーキング行為を行う動機により、「拒絶されたタイプ」「親しくなりたい求愛者」「相手にされない求愛者のタイプ」「憎悪タイプ」「略奪タイプ」の5つのタイプに分けられる。その特徴を表2に示した[16]。動機の違いやそれに関連する特徴をもとに、対応法を検討することが有効であるとされる。

表2　ストーキングの動機による5分類

分類	内容
拒絶されたタイプ	・パートナーとの関係が破綻した後に、ストーカー行為を行うものである。 ・ストーカーが目指すのは、相手との寄りを戻すこと、相手に復讐することまたはその両方である。 ・パーソナリティ障害があることが多い。
親しくなりたい求愛者のタイプ	・被害者との親密な関係、彼らの「真の愛」を求めている。 ・被害者を理想化している。 ・相手の否定的な感情に無関心で、一方的にアプローチする。 ・被害者以外に親しい関係の人はおらず、つきまとうことで孤独を解消しようとする。
相手にされない求愛者のタイプ	・気の引いた相手と付き合う権利があると感じている。 ・被害者の気持ちには頓着しない。 ・告白やアプローチは未熟であり、それが実らないことを理解できていない。 ・社会的スキルの低さが目立つ。
憎悪タイプ	・被害感をもち、復讐を望んでいる。 ・被害者が自分に与えた実際又は想像上の傷に対する復讐のために、被害者を脅す。 ・妄想性障害の診断がつくことが多い。
略奪タイプ	・性的満足や性的暴力の準備のために、被害者を追いかけまわす。 ・性倒錯を生じることが多い。 ・性犯罪の前科がある。

注）ポール・E. ミューレン、ローズマリー パーセル、ミシェル パテ（詫摩他訳）『ストーカーの心理―治療と問題の解決に向けて』（サイエンス社、2003年）に基づいて、森田展彰作成。

三　介入・治療

1　介入・治療の対象とすべき基本的な要素

　ストーカーへの教育・治療プログラムとしては、事例に応じた内容が必要とされている。以下に共通して扱うべき項目と、事例の特徴に合わせて個別的に扱われるべき項目を示す。

　共通項目
　1：安定的な援助関係を作ること

2：ストーカー行為とはどういうことかを理解させる
   3：ストーキング行為に取り組む動機づけを高める。
   4：歪んだ認知の修正
   5：コミュニケーションスキルの不足を補う
   6：再発防止を行うクライシスプランをたてて、アフターフォローにつなぐ

  個別項目
   1：動機の違い
   2：被害者との関係性の違い
   3：精神障害やアディクションの有無

これらについて、以下に詳しく述べる。

2　共通項目への働きかけ

(1)　相手との安定した治療関係をつくること

　ストーカーは、その行為の裏に不安定なアタッチメントがあり、見捨てられ不安を生じたり、ケアを求める相手を攻撃するなどケア欲求の表現に混乱がある場合が多く、苦しい感情を共有できる関係を作ることが重要になる。援助者が単純に処罰的な態度で接することは、ケアを求める感情や混乱を取り扱うことができなくなるばかりか、相手を一方的に制御する態度はストーカー悪い見本になってしまう可能性がある。その人の行動の裏にある愛情を求める気持ちやそれが満たされないつらさは受け止めつつ、その表現の仕方が、相手に脅威や苦痛を与えた行動の責任は明確にしていく。再犯防止などの責任を果たすことを求めながらも、それがうまくできない矛盾や葛藤を一緒に考えていくという姿勢を示す中で援助関係を築いていく。

(2)　自分の行っていたことが、ストーキング行為であることを理解させること

　ストーキング行為は「他者の生活に、反復的で望まれていない侵入を強要し、それにより合理的な判断力をもつ相手に不快感や恐怖心を生じさせること。」と定義されている[17]。ストーキング行為と普通の愛情関係の差異は、ストーカーなりの愛情表現が、相手に脅威や不快感を与えていることや、それがうまくいかなかった時に終わることができないという点にある。そこ

で、ストーキング行為を受けている側に生じている感情を考えさせることが重要になる。しかし、多くのストーカーの特徴は、相手の気持ちへの無関心や共感性の低さが挙げられているため、自分以外の事例について考えさせたり、自分が逆に好意をもたられる立場で好意の表現に困らせられるときにどのように感じるかを考えさせるなどの工夫する必要がある。伝えたい気持ちの内容が好意であれ、怒りの表現であれ、境界線を越えて押し付けるやり方はハラスメントや暴力になることを伝えることがポイントである。

(3) **ストーキング行為に取り組む動機づけを高めること**

ストーカーの行動を変える動機づけの高さを評価しながら進めていくことが重要である。ProchaskaとDiClementeは動機づけを次の5段階に分けている[18]。

前企図期（行動を変える考えがない時期）

企図期（変化の必要を感じ始めた時期）

準備期（行動変容の手段を検討するようになった時期）

行動期（実際に行動を変えることに取り組む時期）

維持期（変化させた行動を継続し，元に戻らないように努める時期）

まず、前企図期から企図期に移行する上で、先に述べたストーキングとは何かを伝えることと並行して、自分の行動を変える必要があると意識できるようになるようにする。被害者の受けた苦痛を知ることが重要だが、発達障害やパーソナリティ障害等で相手の気持ちに感情移入できない場合は、「繰り返すと捕まる」などの自分に関する負の結果を避けることを動機付けにする方が有効な場合もある。

表3のようにストーキング行為の継続することや変えることのメリット、デメリットを話し合っていくことで、続けていっても望む結果が手に入らないことを感じさせる。また、やめることが難しい理由、例えばその行為をやめてしまうことでの不安・絶望や、プライドを失う恐怖などについて明らかにできる。その人がいなければ、不安や絶望になってしまうということを認知の修正で扱っていく。

表3 ストーキング行為を継続することとやめることの良い点と悪い点の比較
（一方的な恋愛対象（これまで交際していない人）への付きまとい行為の事例）

	いい点	悪い点
相手を追いかける行為を継続すること	・相手に自分の愛情が伝えられる可能性が残せる。 ・その人が自分のことを知ってくれることを思いうかべると興奮する。	・被害者が自分を誤解して自分から逃げたり、通報したりする。 ・警察につかまれば、仕事などを失うかもしれない。 ・被害者に恐怖を与えるかもしれない。（でもそれは自分の愛情が十分伝わっていないからだと思う。）
相手を追いかける行為をやめること	・警察には捕まることはない。 ・相手に嫌がられることはなくなるかもしれない。	・あきらめることで、希望が無くなり、生きていけない気持ちになると思う。 ・本当の愛を伝えられる可能性がなくなる。 ・毎日の習慣がなくなると虚しい気持ちになる。

注）森田展彰作成

　行動を変える必要性が理解できる企図期に来たら。行動を変えるための計画をたてる準備期に移る。ストーキング行為に代わる行動、例えばカウンセリングやそのほかの打ち込める活動（例えばエクササイズや趣味の同好会など）をもとにその不安を解消する計画をたてるなど取り組みを検討する。実行期では、それを実際に取り組ませて、その効果を確かさせ、学習を強化して、新しい行動パターンを継続させたり、再発を防ぐための再発防止計画をたてさせるのが維持期ということになる。

(4) 認知行動モデルによる分析をもとにした認知などの修正

　認知行動療法のモデル（A：Action＝出来事、B：Belief＝信念、C：Consequence＝感情、D：Decision＝行動の決定、E：Effect＝影響）を用い、自分の暴力の過程を分析させる（図3参照）。こうした分析を教えてもすぐにはできない場合が多いが、具体的な場面を丁寧にとりあげていくことで次第にできるようになる。ストーカー行為につながってきた「被害者に対する特別な権利意識」や「その人への関わりがないと、自分がだめになってしまうという考え方」などについて、再検討させる。自分の問題の分析よりも前に、モデル事例に

ついて検討させるなどを行ってから、自分の分析を行わせる方が抵抗が少ない。自分の認知が、感情や行動に与える影響について見直してもらい、自分の正当性よりも、自分や相手にとって破滅的な行動に向かわず、被害を最小限に食い止めることやポジティブな関係を相手に感じてもらうことにつながるような認知を考えさせる。図2の場合だと、以前の交際相手にメールを打って返ってこないという場面で、「彼女に強い言葉で言ったのも、それだけ好きだからだ。ちゃんと謝ったし、ひろ子は俺の愛情をわかるべきだ。」「別れたみじめさやさびしさに耐えきれない」と受け止めて、強い怒りや絶望感を生じて、自分の気持ちを相手に知らせようと大量のメールをおくるという流れになっているが、結局それは彼女との関係改善に結び付かず、絶望して、投げやりな生活で取り組んでいた学業もうまくいかず、警察に通報されてしまいという結果に結び付いている。この考え方を修正して、相手に与えた恐怖などをうけとめて、つらいが一旦別れるしかないと考えるようにした。「愛があればわかってくれる」という信念があったが、「相手を大事に思うなら身を引くことも一つの愛だ」と思うようにした。そうして相手を追いかけない方法に耐えていたら、破壊的な生活状況も少し変わって、とりつかれたような思いが減って、目の前の学業に集中できるようになってきた。

　もちろん簡単にはこのように変えられないことも多いが、異なる考えをもつことで異なる結果を導ける可能性を一緒に検討する。異なる選択肢を見出すうえで以下のようなCBT（認知行動療法）の手法が事例に応じて行うことが検討される。

・反応暴露阻害法：強迫性障害のように彼女の姿やメッセージに接するとすぐにメールをうつという行動の連鎖が強く生じている場合は、「彼女のメールを見る」という暴露（想像上の暴露や実際に治療者の前でメッセージを見るなどの現実暴露）をさせ、その際のメールを打つという行動をとらせないで、代わりに別の行動（深呼吸、体操をする、セラピストに電話をするなど）を行う練習をさせる。

・思考ストップ法：彼女との思い出のイメージを反芻したり、俺は悪くない彼女こそ悪いなどの思考を反芻しがちの場合に、自分にストップと言ったり、心の回路のスイッチのイメージを思いうかべ、それを切ることを想像

する。
・行動活性化技法：生活や人間関係や運動の活動が狭くなっている人が多いので、比較的手軽に取り組める活動を行う目標を立てさせる。行動レパートリーを増やすとストーキング行為に必要性が相対的に下げられるし、同じ場面でストーキング行動の代替行動の選択肢を増やせる。

図2　認知行動モデルによる考え方の修正の例

A：できごと	B：考え方・うけとめ	C：感情　D：行動	E：影響
2年付き合ってきた交際相手のひろ子にデートDVをしたといわれた。何回かどなったことあったが、謝ったのに、もう一度やり直したいと繰り返し、メールで送ったが、それに対してだんだん返事がなくなる	＜心のつぶやき＞ ・彼女に強い言葉で言ったのも、それだけ好きだからだ。ちゃんと謝ったし、ひろ子は俺の愛情をわかるべきだ。 ・別れたみじめさやさびしさに耐えきれない ★信念 ・愛情があればわかってくれるに違いない。 ・相手を取り戻すためなら何をしてもよい。 ・別れることは人生の敗北者だ。	・激怒、被害感 ・絶望 ・メールを大量に送り付ける。 ・ひろ子が通う大学の校舎の近くで待ち伏せする。 ・捨てられるくらいならと自傷行為をした写真を相手に送る。	・相手からは、まったく返事が来なくなった。 ・絶望して、投げやりな生活で取り組んいた学業にも手がつかない状態である。 ・相手は怖がって、警察に連絡して、注意を受けた。
	B：考え方・うけとめ ・相手から見たら、怖い思いをさせたと思う。 ・まずは謝ろう。許してもらえるどうかは相手次第だが、押し付けてもしょうがない。 ・別れを受け入れるのはつらいけど1つのけじめだ。 ↓ ☆信念 ・愛情があっても、それぞれの考え方がある。 ・別れをうけとめることも大人の考えだ。	C：感情　D：行動 ・罪悪感 ・寂しさ、悲しみ ・サバサバした気持ち ・相手にはこれ以上何をしてもかえって負担をかけるので、何もしなかった。	E：影響 ・相手からは、まったく返事が来なくなった。 ・でも、それはそれでしょうがないと考え、自分なりの生活を始めている。 ・別の異性との出会いを目指す。

注）本図の作成は森田展彰による。このモデルでは、あるできごと（A）があったとき、それをどのように考えるか（B）で、感情（C）や行動（D）あるいはそれによる自分や相手に与える影響（E）は変わることを示している。図の上段のBCDEは元々の認知行動パターンで、下段のBCDEは修正後の認知行動パターンである。ストーカー行為を生じる背景にある自分の考え方（B）の癖あるいはパターンを振り返り、これをどのように変えると自分にとっても相手にとってもよい影響を与えるような感情や行動につながるかを検討してもらう。

以上のような認知や行動への働きかけをじて、ストーキングに関連する内的外的なきっかけに対して、そこで生じる自分のつらさを回避せずに受け止められることを感じたり、異なる行動や認知に置き換えること練習していくことが役立つ。

(5) 対処スキルの不足への対応

イントラパーソナル（対人的）、イントラサイキック（内的）の両面における対処スキルの不足を補うことが有用である。この中には、相手への感情を感じる能力、感情への対処スキル、コミュニケーションスキルが含まれる。モデル事例などをもとに、その登場人物（ストーカーやその被害者）の感情について考えさせる。感情そのものに良い悪いはなく、それをどのように表現したり、うけとめるかという方法が重要であることを示す。相手に対する愛情や見捨てられ不安を感じることそのものはおかしいことではなく、ただ、それを一方的に押し付けることは相手にダメージを与えるものであることを示す。まずストーカー行為や怒りの裏にある感情に気が付くこと、言葉にできるようになることを練習する。

コミュニケーションのスタイルとして、アグレッシブと、ノンアサーティブ、アサーティブの3つがあることを示して、一方的に自分の感情を相手に押し付けるアグレッシブな方法も、自分の感情を表現しないノンアサーティブな方法も、良い結果を招かないことを伝える。アサーティブな方法＝相手への敬意をもちながら、自分の気持ちを表現するスキルを身につけていく必要性を示すと共に、具体的な場面で使えるようにロールプレイなどを通して練習させることが役立つ。表4は、アグレッシブな方法と、アサーティブな方法のスキルをわかりやすくまとめたものである。ストーカーは被害者に対して、アグレッシブな方法である「詰問」「決めつけ」「禁止」を多く行いがちであり、これを極力減らす代わりに、アサーティブな方法で互いの考えを両方話せることを大事にする。特に、相手と自分の感情について意識して、これを言葉にする練習が有用である。これをもとに例えばモデル事例で、DV被害で別れたパートナーと話し合う場面で、意見が食い違う中で、アグレッシブな方法とアサーティブな方法でやってみて、被害者の立場からその違いを考えさせる。その後自分自身の被害者との場面をロールプレイなどを

V　ストーカーへの教育・治療

表4　コミュニケーションスキル

アグレッシブタイプ「3つの**キ**けんな話し方」	アサーティブな話し方：「**アイコ**の言葉」
キ…きつもん（詰問）：問い詰めること。 （例）「なんでいうことわかってくれないの？」 　　　「どうしてそんなことになってしまったの？」	ア…あいづち、あいての言葉のくりかえし
	イ…いいところをほめる
キ…きめつけ（決めつけ）、一方的な命令 （例）「俺を困らせようとしているんだね」 　　　「とにかく私のいう通りにしてくれ」	コ…こころの声を表現する ①最初に<u>相手のつらい気持ちや願っていること</u>を言葉にする。 （例）「なんとか生活をたてなおしたいとおもっているんだね。」 　　　「依存症という病気だといわれても、抵抗感があるかもしれないね」
キ…きんし（禁止）、否定、非難。 （例）「そんなことしちゃだめ」 　　　「お前は、どうしようもない人ね。」	
	②次に<u>自分の心配している気持ちや願っていること</u>を「私は……」と私を主語にして表現する（アイメッセージ）。 （例）「私は、あなたに愛情を感じているのでそれをうけいれてほしい」

注）森田展彰作成

行う。その場合、援助者が被害者のロールをとり、以前の話し方・伝え方を再現してもらい、今度は加害者が被害者の役を取る方法での再現を行い、さらにまた元のロールつまり加害者役（当事者）－被害者（援助者）で被害者を尊重した話し方に変えることに挑戦してもらうという方法がある。相手への感情を持つことそのものが問題ではなく、自分の感情やどのように相手に伝えるかという方法を検討してもらう。そして、一方通行にならず相互的な対話が成り立っているかについて、一歩下がって見直してもらうことが重要になる。こうしたロールプレイを行う意図というのは、ストーカー被害者とのコミュニケーションを実際に行うことが目的ではなく、相手を尊重した話し方や聞き方を行うことの重要性を感じて、それを練習してもらうことにある。また被害者以外の人間関係を作る自信やスキルを向上させていくことで、被害者以外の人とのつながりを増やし孤独感を減じることを目指す。

　感情対処スキルの訓練について、Rosenfeldらは、弁証法的行動療法（Dialectical Behavioral Theraoy, 以下DBT）をストーカー治療に用いて、その効果を確かめている[19]。29人の男性ストーカーを対象として、この治療を終了

した14人のうち、治療修了後の12か月でストーカー行為を再度行ったものは一人もいなかった。これは、治療を完遂しなかった者の27％が再犯したことと対照的であり、十分な有効性が示唆される結果であるといえた。このDBTという心理療法は、境界性パーソナリティ障害の自傷行動を始めとする問題行動に対する治療として作成したものであり、45分の個人セッションのあとで、1時間のスキル訓練のグループが毎週あり、セッションの間では電話によりコーチングを行う内容となっている[20]。行動化しそうになる気持ちを、電話や個人療法を通して特定の治療者＝安定したアタッチメント対象が支えながら、感情や対人関係の調節を行うスキルを学んでいくという内容は、ストーカーのもつ問題に適合するプログラムであるといえる。

(6) プログラム後の再発を防ぐクライシス・プラン

上述のプログラムにより、加害者の認知、感情、行動面での変化が一旦生じても、様々な引き金やストレスによって、被害者への不適切な接触への欲求が高まる可能性が残る。そこで、引き金やストレスに対処し、できる限り安定した状態を維持すること、そして、もし危機的な状況が生じた場合には加害者が行う対処や家族、支援者が行う対応をあらかじめ決めておくことで、再発を防ぐことができる可能性がある。

このように、支援を受ける者と支援を行う者とで危機的状況を想定し、対処や対応を話し合っておく取り組みは'advance statement'（事前打ち合わせ）と呼ばれ、海外では1980年頃から精神科医療において取り入れられるようになってきた[21]。

わが国における'advance statement'としては、医療観察法に基づく処遇において作成、活用されてきた「クライシス・プラン」が挙げられる[22]。クライシス・プランとは「安定した状態を維持するため、また病状悪化のサインや進行が生じた際に適切に対応するため、患者・ユーザーと支援者双方の対応・対処をまとめた病状管理計画書」と定義される。医療観察法は精神疾患の影響を受け、重大な他害行為（殺人、傷害、放火など）を行い、責任能力が限定的か、責任能力が問えない者に対して、同様の他害行為を防ぎ、社会復帰を促進するための法律である。同様の行為を防ぐためには対象者への治療プログラムに加え、支援者と共同的に病状管理することが重要であり、

図3 クライシス・プランの作成例

Aさん　クライシス・プラン（○月○日作成）　目標：穏やかに生活し、趣味や友達との時間を楽しむ

状態	自分で気づける状態	支援者が気づける状態	Aさんが行う対処	支援者が行う対応	特記事項
安定した状態	・自分の趣味を楽しめる ・友達との時間を大切にできる ・よく眠れる（0時～6時） ・時々彼女に連絡を取りたくなることもあるが、抑えられる（10段階で1～5くらいまで）	・笑顔になる時がある ・表情がスッキリしている ・仕事を休まない	・生活リズムを整える（食事、活動、起床時間など） ・趣味を続ける ・ジムで軽く体を動かす	特になし	特になし
注意状態	・連絡を取りたい気持ちが強くなる（10段階で5～10） ・「やり直したい」と頭に浮かぶ ・メールを打ち始めては送信せずに消すことが出てくる ・趣味がいつもより楽しめなくなる	・時々思いつめた表情の時がある ・自分の部屋で過ごすことが増える ・少しイライラした様子の時がある	・「怖い思いをさせてしまったんだから、連絡を取らないことが彼女を大切にする方法だ」と考えるようにする ・ジムで体を動かす日を増やす	・行なっている対処を確認し、やっていないものがあれば勧める	特になし
要注意状態	・彼女に会うための計画を考え始めた ・返信が欲しくて、「死んでやる」といった内容のメールを送った（1度だけ） ・彼女への怒りが出てくる（10段階で7まで） ・眠れなくなる（1時過ぎまで起きている日が続く） ・友達と会わなくなる	・笑顔がなくなり、表情が険しい ・家で必要最低限しか話をしなくなる ・落ち着かない様子	・「彼女は連絡を取りたがっていないのだから、怖がらせるだけ。お互いになんのメリットもない」と考えるようにする ・友達と過ごしたり、ジムで体を動かしても気持ちが治らなかったり、メールを送ってしまった場合には○○病院に連絡する	・できるだけじっくり話を聞く ・行なっている対処を確認し、やっていないものがあれば勧める ・切迫している場合には入院対応も検討	相手への連絡内容や頻度によっては警察対応される可能性がある
緊急を要する状態	・彼女への怒りが強い（10段階で8以上） ・彼女と一緒に死んでもいいと思うようになる ・何度も「死んでやる」「死ね」などとメールを送るようになる	・仕事を無断で休む ・診察に来ない	・怒りが強くなったり、彼女と一緒に死んでもいいと思うようになったらすぐに○○病院に連絡	・入院対応を検討	何度も相手にメールをすれば警察対応される

要注意・緊急を要する状態の時の希望	注意ストレスと対処法	同意者
同じことを繰り返したくないので、切迫していると感じたら、入院してでも止めてもらいたいです	○気を付けたほうが良い引き金・ストレス ・別れた日（○月○日の前後）、彼女の家の近所を通る、寂しさ ○対処法 ・友人と過ごす予定を作る、彼女の家に近づく道は通らない、ジムで体を動かす、趣味の温泉巡りをする	A ○医療スタッフ 医師：○○ 精神保健福祉士：△△

連絡先　○○病院：××××-△△△-□□□□

注）野村照幸作成

クライシス・プランは重要なツールとなっている。一方、ストーカー加害者も同様の行為を防ぐためには支援者と協力して再発に取り組むことが重要であると考えられ、クライシス・プランは有用と考えられる。

以下にストーキングの事例とクライシス・プランの例を挙げる。

【事例】

　Aは交際していた女性に時々暴力を振るうことがあり、半年ほど経った頃にそれが原因で女性から別れを切り出された。女性とやり直したいAは電話やメールで連絡を取るが、対応してもらえず、執拗に「別れるなら死ぬ」などの嫌がらせのメールを送ったり、家の近くで待ち伏せしたりするようになった。恐怖を感じた女性が警察に相談し、警察からAに対して警告を行った。しかし、その後も女性に対して恐怖を与えるようなメールを続け、職場の近くで待ち伏せすることがあり、ついに警察から禁止命令が出された。実はA自身もストーキングをやめられないことに苦しさがあり、そのタイミングで、警察から受診を進められたため、治療を受けるこ

とになった。

予定されていた治療プログラムを終了し、医療チームから再発防止に向けてクライシス・プランを作成することを提案され、Aは同意した。そして、医療チームは内容や表現などについてAの納得できるものを話し合いながら作成した。図3に作成したプランを示す。

作成したクライシス・プランは診察や面接などの場面でAと支援者とが一緒に確認し、最近の状態について確認する。そして、状態の段階に応じてクライシス・プランに基づき、Aは自分でできる対処を行い、支援者は対応を行った。時には要注意状態になることもあり、再発のリスクが高まったが、主治医や担当精神保健福祉士がAの話をじっくり聴き、苦しさに寄り添うとともに、Aは自分でできる対処を行なったところ、徐々に安定した状態に立て直すことができた。

このように、加害者がプログラムで身につけたスキルを使う準備をする上でも、支援者と協力して再発を防ぐ上でもクライシス・プランは有効と考え

図4　セルフモニタリング表

Aさん　セルフ・モニタリング表

状態	項目	月 日	月 日	月 日	月 日	月 日	月 日	月 日	月 日	つけ方
安定した状態	自分の趣味を楽しめる									あてはまる項目に○
	友達との時間を大切にできる									
	よく眠れる（0時〜6時）									
	時々彼女に連絡を取りたくなることもあるが、抑えられる（10段階で1〜5くらいまで）									
注意状態	連絡を取りたい気持ちが強くなる（10段階で5〜10）									あてはまる項目に✓
	「やり直したい」と頭に浮かぶ									
	メールを打ち始めては送信せずに消すことが出てくる									
	趣味がいつもより楽しめなくなる									
要注意状態	彼女に会うための計画を考えを始めた									
	返信が欲しくて、「死んでやる」といった内容のメールを送った（1度だけ）									
	彼女への怒りが出てくる（10段階で7まで）									
	眠れなくなる（1時過ぎまで起きている日が続く）									
	友達と会わなくなる									
緊急を要する状態	彼女への怒りが強い（10段階で8以上）									
	彼女と一緒に死んでもいいと思うようになる									
	何度も「死んでやる」「死ね」などとメールを送るようになる									

注）野村照幸作成。

られる。なお、クライシス・プランを作成する際には、支援者が一方的に作るのではなく、加害者と協働して作成することが重要である。また、確認事項において、リスク要因のみを強調するのではなく、加害者のもつ肯定的な面につながる「目標」や「安定した状態」、「要注意・緊急を要する状態での希望」を確認することも重要である。

なお、医療観察法におけるクライシス・プランでは「自分で気づける状態」を抜き出し、表にして「セルフ・モニタリング表」(図4参照)を作成し、毎日チェックしてもらうことが多い。セルフ・モニタリングを継続するプロセスによって、自分の状態に対する客観的な視点が養われ、状態の変化を把握する能力の向上が期待できることから、自らの状態を同定できるようになり、クライシス・プランによって加害者自身の対処や周囲の支援者の対応を期待できる。

四　ストーキングの多様性に応じた介入

ストーキングには、対象や動機や行為について多様性に応じた働きかけがある。

(1) 動機における違い

Mullenらの挙げるストーカーの動機により分けた5グループへの対応について表5に示した[23]。責任を明示して司法的な扱いを行うことと、薬物療法などの精神科的な治療と、認知行動療法などによる考え方や行動の修正などの組み合わせを事例の特徴に合わせて行うことが重要である。

(2) 被害者との関係の違いによる対応

Mohandieらは、ストーカーと被害者の関係性・文脈をもとにして、(a)親しい関係の人へのストーカー、(b)(親密な関係の人以外の)見知っている人へのストーカー、(c)公的な人物へのストーカー、(d)私的な関係で未知の人へのストーカーの4つのタイプの分類を提案した[24]。

(a)親しい関係の人へのストーカーの典型は、元の配偶者や交際相手に対するものであり、被害者への暴力・暴言が多く、再犯が他群より多い。自傷・自殺行動や薬物乱用も多く、精神病のある事例は少なく、精神障害があ

表5　ストーキングの動機の分類に応じた対処

分　類	内　容
拒絶された タイプ	司法的な取り扱いと、精神健康の介入を組み合わせることが最もよいとされる。というのは、このグループが最も暴力的になりやすいためである。保護観察や仮釈放の制度を用いた方がいい。薬物問題のある受刑者で導入されている刑の一部執行猶予制度などの枠組みで、保護観察の状態で認知行動療法プログラムを受ける方法があると思われる。
親しくなりたい求愛者のタイプ	処罰に対して、「真の愛」を得る試練のようなものとしてとらえられてしまい、反応に乏しい可能性が高い。裁判所命令で行う精神科治療が必要であることが多い。
相手にされない求愛者のタイプ	処罰に加えて、精神健康の治療や社会的スキルの向上、就労や生活支援のプログラムが有用であろう。精神障害のリハビリ施設も有用であるかもしれない。
憎悪タイプ	精神疾患のある憎悪型のストーカーは、裁判所命令による精神科治療を必要とすることが一般的である。薬物療法などとともにDBTやアンガーマネージメントなどによる感情調整スキルの支援が有用であろう。
略奪タイプ	性倒錯や暴力傾向を扱うには、矯正や司法の設定での性犯罪に対するプログラムが有用であろう。

注）ポール・E. ミューレン他・前掲書および、Knoll,J.,Resnick,P.（2017）, Stalking Intervention; Know the 5 stalker types, safety strategies for victims. *Current Psychiatry* 6 :31-387をもとに作成した。

ってもうつ病やパーソナリティ障害などである。薬物療法の効果は限定的であるため、保護観察などの司法的枠組みが必要になる場合が多い。元DVの場合はDV加害者更生プログラムが有用で、加害責任を自覚させ、歪んだ認知を変えることが重要になる。

（b）親密な関係の人以外の見知っている人に対するストーカーでは、親しい関係の人へのストーカーよりは少ないが暴行を伴う場合がある。関係性が強い場合ほど暴力のリスクはその分上昇する。付きまとい行為は、間接的で、機会的なものであるが、被害者への共感性は低く、危険な行動に注意を要する。他の群より、女性のストーカーが比較的多く、境界性人格障害やその傾向を有する場合がある。疾病診断とパーソナリティ障害の両方を検討する必要がある。それに対応する形で、リスクマネージメントにおいて、司法的な取り扱いと精神健康の治療の両方が必要になる事例が多いとされる。

(c) 公的な人物のストーカーでは、愛情や援助希求の動機で行っている。暴力は比較的少ないが、起きる場合は武器などを用いる深刻な場合がある。精神病症状がある場合が比較的多く、精神医学的な評価と治療、時には司法精神病棟への入院が必要になるという。

(d) 私的な関係で未知の人へのストーカーは、有名人というわけではなく何らかの機会に私的に知る機会のあった人に一方的な行為をもつことで始まる。被害者にとっては、加害者は未知人であって、どうして自分が対象に選ばれているのかとまどう場合が多い。この場合は、親しい関係の人に対する群と、公的な人物に対する群の中間的な特徴である。精神障害がある場合が多い。親しい関係のストーカーより、薬物乱用、暴力は少ない。リスクマネージメントには、司法的な取り扱いと精神科治療の両方が必要である。

(3) **精神障害やアディクションの合併**

ストーカー行為の主要な要因が、統合失調症や妄想性障害による精神病の場合、治療をしなければ、その信念が継続し、しかも病識がない場合が多い。したがって、ストーカー行為に妄想が直結している場合には、まずは精神医学的な治療が行われる必要がある事例が多い。しかしながら抗精神病薬による効果はある程度期待できるが、完全に信念が変更されず、継続する場合もある精神病性のストーカーは病識がない場合が多い。その場合、治療に行くことに抵抗があり、裁判所や精神保健に関する法律の下で、強制的な治療に導入される。その場合、精神科病院への非自発的な入院が必要とされる場合がある。また、外来で行う場合には、ACT（Assertive Community Treatment：包括的地域生活支援）[25]の方法を用いることが有用であると思われる。

他に、物質使用障害やギャンブル障害、インターネット依存のようなアディクションは、ストーキングと共通の背景（アタッチメントの問題や社会的スキルの問題、自尊心の低さ、孤立など）を有しているため、併存しやすい。また、アディクションがあるとストーカーの衝動制御や社会適応力の回復の足かせになるので、並行して治療することが望ましい。インターネットやSNS等に対するアディクションは、これらを用いたストーキングと重なる問題であり、今後アディクションを合併する事例に対する介入法の開発が必要である[26]。

図5　ストーカー加害者へのプログラム提供を支える体制

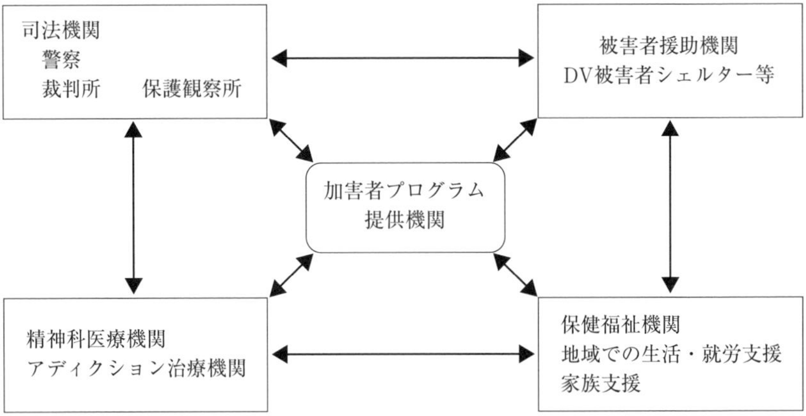

```
┌─────────────────┐                    ┌─────────────────┐
│ 司法機関        │ ←───────────────→  │ 被害者援助機関  │
│   警察          │                    │ DV被害者シェルター等 │
│   裁判所  保護観察所 │                │                 │
└─────────────────┘                    └─────────────────┘
        ↕          ↘       ↙                  ↕
                 ┌──────────────┐
                 │ 加害者プログラム │
                 │ 提供機関      │
                 └──────────────┘
        ↕          ↗       ↘                  ↕
┌─────────────────┐                    ┌─────────────────┐
│ 精神科医療機関  │ ←───────────────→  │ 保健福祉機関    │
│ アディクション治療機関 │                │ 地域での生活・就労支援 │
│                 │                    │ 家族支援        │
└─────────────────┘                    └─────────────────┘
```

注）森田展彰作成

五　プログラムの運用体制

　ストーカー事例が出てきたときに、上述したようなストーキング行動の背景にある要因に適合した内容のプログラムを組むことが重要であるが、内容とともに重要なのはプログラムの運用体制である。現在の日本では、ストーカー規制法に基づく禁止命令を受けたり、摘発されたりした加害者について、警察官がつきそい精神科医に治療勧奨が行う制度が始まり、2016年度に受診を働きかけた405人のうち治療を受けた人が93人で、完了した33人の再発は、終了後から2017年9月まではなかった（ただし、治療中と治療が中断期間に計7人（7.5％）の再発であった）とされる[27]。また、ストーカーの被害者・加害に対する専門治療を提供する団体として2013年に設立された一般社団法人男女問題解決支援センターでは、専門的なプログラムを行い、2013年11月から2015年1月までに問い合わせを受けた183例中、初回面接を受けたのが98例でプログラムにつながったのが55例について治療を行い、大半の事例でリスク評価を低下させる成果を報告している。これらはプログラムが効果を持つことを示すとともに、導入や継続できない事例が少なくないことやアフ

ターフォローの体制をどうするかという課題を示している。これに対して、先述した ACT や医療観察法の体制のように、司法機関や被害者の支援を行う機関との連携をもとにしたプログラムの運用が重要であると考えられる[28]。図5に示すように、加害者プログラム提供機関が、被害者援助機関、保健福祉機関、精神医療機関などと話し合いをもち、目標やプログラム期間やアフターフォローの方法や脱落や再発時の対応などを決めておくことが有用であると思われる。できればこれを加害者とも一緒に確認して、クライシス・プランを作り共有し、また被害者との間ではセーフティプランを策定しておく。特に重要なのは、プログラムの脱落など再発リスクの高まるときに遅滞なく情報が共有され、被害者を確実に守れるようにすることである。これらをもとに加害者プログラムの効果やリスクを繰り返して評価しながら進めていくような体制を作ると良いと思われる。

六　おわりに

　本稿では、ストーカーの心理から、それに対する働きかけなどについてまとめた。PSCC などのストーカーに対するプログラムや警察による治療勧奨が始まり、効果を少しずつ上げつつある。しかし、ストーカーは多様な背景をもち、多くの援助が必要であり、時系列的にもプログラムの導入・完遂・アフターフォローにおいて被害者の安全を守るために切れ目のない対応が必要になるが、そうした体制作りはこれからの課題になっている。包括的な支援体制の形成に向けた議論や、介入を行うための人材育成などの体制の整備が必要であると考えられる。

1) ストーカー研究が非常に多く出されるようになっており、海外のものでは、ポール・E. ミューレン、ローズマリー パーセル、ミシェル パテ（詫摩武俊他訳）：『ストーカーの心理―治療と問題の解決に向けて』（サイエンス社、2003年）、MacKenzie R.D., James D. V. (2011), Management and Treatment of Stalkers: problems, options, and solutions, pp.220-239. などの総説がだされている。日本でも対策が始まり、その対応をおこなっている中心的存在である福井による解説書（福井祐輝『ストーカー病：歪んだ妄想の暴走は止まらない』（光文社、2014年））が発刊されている。

2）日本でのストーカーへの対応は、警察庁生活安全局生活安全企画課『平成26年度ストーカー加害者に対する精神医学的・心理学的アプローチに関する調査研究（Ⅰ）（Ⅱ）報告書』（警察庁、2015年）が出ている。
3）ストーカーの特権意識については、Mullen, P.E., Pathé, M., Purcell,R.（2009）, Stalkers and Their Victims, Cambridge University Press において指摘されている。
4）注3と同じ。
5）この文献は、McEwan, T. E, Strand, S.（2013）, The Role of Psychopathology in Stalking by Adult Strangers and Acquaintances, *The Australian and New Zealand journal of psychiatry, 47*, pp.546-555. である。
6）精神病の並存の有無による違いを示した文献としては、例えば MacKenzie R.D., James D.V.（2011）, Management and Treatment of Stalkers: problems, options, and solutions. *Behavioral Sciences & the Law, 29*, pp.220-239. が挙げられる。
7）以下の文献からの引用である。Warren L.J.1., MacKenzie R., Mullen P.E., et al.（2005）, The Problem Behavior Model: the development of a stalkers clinic and a threateners clinic, *Behavioral Sciences & the Law, 23*, pp.387-397.
8）「問題行動」とすることの意味は、ストーカーの問題を「病気」という解釈を当てはめてしまうのではなく、中立的な「行動」としてまずとらえなおすことで、その要因や対策を幅広く検討できるようにするという意味がある。これとよく似ているのが不登校であり、いぜんは学校にいけない児童を学校恐怖症やアパシー症候群と病気として考える見方があったが、そうした見方は個人の異常としてしまうので、ある時期から「不登校」という中立的にいい方に修正されるようになった。その裏には、個人の病理として医療化するのがかえってよくない面（責任のあいまい化やラベリングなど）があるという考えがある。
9）ストーカーにアタッチメントの問題がある場合が多いことを示す文献としては、Dutton, L.B.,Winstead,B.A.（2006）, Predicting Unwanted Pursuit: Attachment, relationship satisfaction, relationship alternatives, and break-up distress, *Journal of Social and Personal Relationships, 23*, pp.565-586. や、Tonie.（2004）, The Attachment Styles of Stalkers, *Journal of Forensic Psychiatry & Psychology, 15*, pp584-590., MacKenzie, R., Mullen, P.E., Ogloff, J. R. P., et al.（2008）, Parental Bonding and Adult Attachment Styles in Different Types of Stalker, *Journal of Forensic Sciences, 53*, pp1443-1449. などがある。
10）数井みゆき・遠藤利彦『アタッチメント―生涯にわたる絆』（ミネルヴァ書房、2005年）
11）9）に同じ。
12）ストーカーの多くが幼児期において問題をもっていることは、いくつかの報告があるが、例えば、Kienlen, K. K.（1998）, Developmental and Social Antecedents of

Stalking, in J. R.Meloy (ed.),The Psychology of Stalking: Clinical and forensic perspectives, San Diego, CA:Academic Press pp. 51-67. がこれにあたる。

13) ストーキング行為が幼児期に得られなかった安定したアタッチメントをパートナーに求めるものであるというモデルをもとに介入を考えることができる。こうした視点を示した文献としては、例えば Kropp,P.R., Hart,S.D., Lyon,D.R.,et al. (2011), The Development and Validation of the Guidelines for Stalking Assessment and Management, *Behavioral Sciences & the Law, 29*, pp.302-316. がある。

14) ストーキング行為は学習されたものであることを示す文献としては、Fox, K.A., Nobles, M.R, Akers RL (2011), Is Stalking a Learned Phenomenon?: An empirical test of social learning theory, *Journal of Criminal Justice, 39*, pp.39-47. がある。

15) ストーカーの対人関係のスキルの不足に対する介入を行う見方がある。この点を示す文献としては。MacKenzie R.D., James D.V. (2011), Management and Treatment of Stalkers: problems, options, and solutions, *Behavioral Sciences & the Law, 29*, pp.220-239, がある

16) ストーキングの動機別のグループやその対応法については、ポール・E. ミューレン他・前掲書や、Knoll, J., Resnick, P. (2007), Stalking Intervention; Know the 5 stalker types, safety strategies for victims, *Current Psychiatry, 6*, pp.31-38. において詳しく示されている。

17) この定義は、Mullen, P.E., Pathé, M., Purcell,R. (2009) 前掲書によるものである。

18) この動機づけの段階は、アルコールや薬物依存症などの制御が難しく当事者が否認しがちな問題行動を変える動機づけの強さを検討する上で広く用いられている。詳しくは、Prochaska, J.O., DiClemente, C. C. (2005), "The Transtheoretical Approach". in Norcross, John C, Goldfried, Marvin R, Handbook of Psychotherapy Integration, Oxford series in clinical psychology (2nd ed.), University Press, pp.147-171, を参考されたい。

19) この治療研究については、Rosenfeld, B., Galietta, M., Ivanoff A., Garcia-Mansilla, A., Martinez J. F., Fineran V., and Green D. (2007), Dialectical Behavior Therapy for the Treatment of Stalking Offenders, *International Journal of Forensic Mental Health, 6*, pp. 96-103. を参照のこと。

20) 弁証法的の行動療法については、Linehan,M.M. (1993), Cognitive-behavioral Treatment of Borderline Personality Disorder, New York: Guilford Press; 1993.（大野裕、阿佐美雅弘、岩坂 彰他訳『境界性パーソナリティ障害の弁証法的行動療法―DBT による BPD の治療』（誠信書房、2007年）を参照。

21) 精神医療での advance statement の考え方については、例えば Sutherby K., Szmukler G. I., Halpern A., et al. (1999), A Study of Crisis Cards' in a Community Psychiatric Service, *Acta Psychiatrica Scandinavica, 100*, pp.56-61. を参照のこと。

22) クライスプランとは何か、また医療観察法での利用については次の文献を参照されたい。野村照幸「一般精神科医療への医療観察法に基づく医療の応用－クライシス・プランによる疾病自己管理と医療の自己決定－」臨床精神医学43巻9号（2014年）1275-1284頁。
23) 注14と同じ文献を参照。
24) Mohandie らの提案するストーカーと被害者の関係性や文脈に基づく分類については、次の文献を参照のこと。Mohandie K., Meloy J.R., McGowan M.G., et al. (2006) The RECON Typology of Stalking: reliability and validity based upon a large sample of North American stalkers. *Journal of Forensic Sciences, 51,* pp.147-155.
25) これは、重い精神障害をもった人に対して、地域社会の中で自分らしい生活を実現・維持できるよう包括的な訪問型支援を提供するケアマネジメントモデルである。特徴としては．ⅰ）看護師・精神保健福祉士・作業療法士・精神科医からなる多職種チームアプローチであること．ⅱ）利用者の生活の場へ赴くアウトリーチ（訪問）が支援活動の中心であること．ⅲ）365日24時間のサービスを実施すること、ⅳ）スタッフ1人に対し担当する利用者を10人以下とすることがある。
26) インターネットを介したストーキングが今後注目される。その対応について National Centre for Cyberstalking Research（2015），A Practical Guide to Coping with Cyberstalking (English Edition), University of Bedfordshire. にまとめられている。
27) 注2と同じ文献を参照。
28) ストーカー対策について被害者支援と加害者介入を含む体制づくりが必要であることが報告されている。これについて、例えば、Stalking Resource Center: Responding to stalking (2000), A guide for prosecutors, National Center for Victims of Crime. や、ストーカー行為等の規制等の在り方に関する有識者検討会「ストーカー行為等の規制等の在り方に関する報告会」（2014年）が参考になる。

（森田展彰・野村照幸）

第4章　ストーキングの実証研究

I　ストーカー相談に対する警察官の意識

一　はじめに

　最近の治安情勢については、刑法犯認知件数はこの10年減少を続けており、近年比較的安定した状態にあるといえるが、そのような中でも、ストーカー、配偶者間暴力、児童虐待、高齢者虐待など近親者間における暴力の問題は悪化の一途をたどっており、今日における治安対策の最重要課題の一つとなっている。これらの事案に対しては、警察でも、近年は最大限の注意を払って対処してきたところであるが、それでも被害者が殺害され、あるいは深刻な傷害を負うなどの事件が続発している。

　一例として、比較的最近大きく報道されたストーカー事案として読者の記憶にも新しいと思われるいわゆる逗子事案について、神奈川県警察による確認（検証）結果をもとに振り返ってみたい。この事案は、約2年にわたり、ストーカー事案の被害者として警察の保護対策を受けてきた神奈川県逗子市在住の女性が、平成24年11月、元交際相手の男によって殺害された事件である。本件は、逮捕状記載の被害女性の現住所が加害男性に対して読み聞かせられたことによって、被害女性の現住所が知られることとなった可能性があることが問題とされたが、これ以外にも別の課題がある（第2章Ⅱも参照）。

　すなわち、本件では、警察により、被害女性宅への緊急通報装置の設置、加害男性の脅迫罪による逮捕・起訴、ストーカー規制法に基づく警告等の各種の対策が行われたにもかかわらず、加害男性は、執行猶予付有罪判決（保護観察付）を受けて釈放された後に、1,000通以上のメールを送付するなどし

ていた。さらに、表面的にはストーカー行為が止まったと思われていたところ、結局、被害女性を殺害するに至ったものである。つまり、警察が、現行法制の下でとり得る保護対策を実施していても、被害者が殺害されてしまうという最悪の結果が起こり得るということである。

当時大きな問題とされた、逮捕状における被害者氏名・住所の記載等については、ストーカー事案等の性犯罪では、加害者に察知されないよう、警察及び検察において抽象的な記載とすることとなり、一部の裁判所でも最近このような実務の取扱いを認めているようである。今日では、刑事訴訟手続において「被害者特定事項」を被告人に知られないようにできるよう刑事訴訟法の改正が行われている。また、この事案で多用されたメール送信についても、当時はストーカー規制法にいう「つきまとい等」に含まれず、対処できなかったが、平成25年の同法改正により、メール送信も「つきまとい等」に含まれることとなった。

他方、残された課題としてこの事案で明らかになったのは、第一に、被害者に深刻な被害が発生する前に前兆的な行為をとらえて検挙する場合、軽微な危害行為として、したがって法定刑の重くない罪種で検挙することとなり、また、実際に実害が発生していないので量刑も当然軽くなり、結果として実刑となることが少なく、実刑となる場合でも短期間の刑期とならざるを得ないので、検挙・逮捕によって加害者を被害者から隔離する効果は極めて限定的となる。刑事法は、もともと過去に行われた犯罪に対して相応の罰を与えることを目的とするものであり、被害の未然防止のためにあるものではないから、その意味ではやむを得ないことではあるが、何とか危害を防止して欲しい被害者の立場、国民の生命、身体及び財産の保護を組織法上の責務とする警察の立場からすると、大変歯がゆい状況となっている。

第二に、加害者への指導・警告や加害者の検挙によって、ストーカー行為が鎮静化することが多いのであるが、本件のように、必ずしもストーカー行為の鎮静化に結び付くわけではなく、ひどい時は加害者がかえって逆上するおそれもあるという難しさもある。

第三に、加害者の脅迫的な行動が頻繁で、行為の内容も将来における加害に結び付きやすいような性質のものであれば、被害者に危害を加える危険性

が高いと判断しやすいが、加害者の行動が一時沈静化したり、本件のように相手への攻撃意図を隠匿して表面上一応落ち着いているような状況では、被害者に危害を加える可能性が高いかどうか分かりにくい。

　第四に、加害者の危険性が大きいと判断される場合でも、加害者の動向を把握し、行動を阻止するための有効な手立てがない。上述したように、刑罰や刑事手続としての各種の拘禁は、犯罪被害予防のための制度ではないので、加害者の危険性が大きいときでさえ、これらの手続によって加害者を物理的に隔離することは、本来は想定されていない。加害者の行動を追跡するにしても、犯罪発生後に事後的に加害者の行動の軌跡をたどることはできても、これから犯罪を行おうとする者の行動をリアルタイムに把握することは、不可能に近く、仮に技術的に可能だとしても憲法上保障された個人の人権も尊重する必要がある。

　警察は、ストーカー事案の対処に遺漏なきよう慎重に対処していかなければならないが、以上に見てきたように、危険性の高い事案であることが分かっていても有効に対処する道具を与えられているわけではないのである。

二　警察署担当者等に対する調査の目的及び方法

　そこで、我々は、①現行法制では、必ずしも最終的な法的解決手段が用意されていないストーカー事案に対して、直接被害者の保護に当たっている警察署の担当者は、実際にどのような点に困難を感じているのか、②そのような困難を解決する手段として、警察署の担当者は、どのような解決策が有効だと考えているのか、③現場担当者の直面する困難に対して、実現可能な対処方策はあり得るのかという疑問の解明を目的として、以下の要領で、全国の警察署のストーカー担当者に対してアンケートを行うとともに、いくつかの警察本部の担当者に対して個別インタビューを行ったところである。

　この機会に、調査に協力していただいた警察署及び警察本部の担当者の方々にお礼申し上げるとともに、本稿による報告をもって、これらの方々への結果報告に代えさせていただきたい。

(1) 調査対象

全国47都道府県ごとに、ストーカー事案の取扱いの比較的多い２つの警察署を警察本部の担当者に選択してもらった上で、当該警察署のストーカー担当者１名を対象にアンケート調査を実施した。本調査は、最近の現状把握を目的としたため、サンプル調査で行なわれるようにランダムに回答者を選ぶのではなく、最近においてある程度の実務経験を積んだと推測される者に回答してもらう方法を選択した。

(2) 調査票の発送・回収方法

平成25年７月末日にアンケート用紙を郵送、同年８月末日を期限として回答を得た。

(3) 警察本部担当者に対する補充的なインタビュー調査

北海道警、警視庁、神奈川県警、京都府警、福岡県警の５つの警察本部の担当者に対して、アンケート調査の項目と同様の内容について補充的インタビューを実施し、警察署担当者の認識と警察本部担当者の認識が概ね共通のものであるかを確認した。

三　調査結果

１　回答者の属性

- 回答者数：調査対象94警察署中、回答を得られたのは87警察署（92.6パーセント）。
- 回答者が所属する警察署の属性：平均署員数241.2人、平均生活安全担当者数15.7人、平均ストーカー担当者数3.2人。
- 回答者の属性：男性83.7パーセント、警察官拝命後の平均勤続年数20.0年、現所属平均勤務年数2.2年、最多の階級は警部補66.7パーセント、最多の最長勤務経験部門は生活安全部門53.6パーセント、平均ストーカー担当年数2.7年、平均相談対応経験年数2.6年、平均ストーカー対応経験件数62.4件、平均DV対応経験件数92.9件。

2 質問「相手方が被害者の生命・身体に危害を及ぼす危険性が高い又は極めて高いと判断された場合、あなたの所属では、通常どのように対応していますか」（記述式）への回答

大半の担当者は、①安全な場所に避難させる、身辺警戒を行うなど「被害者の保護措置」（70名、80.5パーセント）、②迅速な「加害者の検挙」（65名、74.7パーセント）を掲げた。警察本部担当者へのインタビューからも、この2つが、危険性の高いストーカー事案に対する警察の基本的な対応方法であることが分かる。加害者への注意・警告（26名）、緊急通報装置の設置（9名）、加害者・被害者の動向把握（5名）等の回答もあった。

3 質問「危険性が高い又は極めて高いと判断される事案の拡大を防止する上で、有効な方法は何だと思いますか」（記述式）への回答

「被害者の保護措置」（64名、73.6パーセント）、「加害者の検挙」（61名、70.1パーセント）など現に行っている対策を掲げるものが大半であった。この2つの方法以外、現状では警察に有効な手立てが与えられていないことを反映した回答とも解釈できる。今後採るべき加害者への対策としては、ストーカー規制法の罰則強化（3名）、加害者の指導・治療（2名）、加害者の動向把握（1名）を挙げる意見があった。被害者への対策として、被害者の決断を促す説得（7名）を挙げる意見もあった。

4 質問「事案対処をする際には、以下の要因のうち、どれを重視すべきだと思いますか」（選択肢の中から、上位5つの順位を記載）への回答

1位5点、2位4点、3位3点、4位2点、5位1点、それ以外0点として得点化した結果の平均点の順位は、次のとおりであった。

1位：ストーキング行為の内容　(2.59)
2位：加害者の同居家族の有無　(1.83)
3位：加害者の粗暴犯前歴　(1.48)
4位：ストーキング行為の期間　(1.12)
5位：被害者のメンタルヘルス　(0.93)
7位：加害者の性格　(0.40)

16位：復縁・交際要求の別　(0.17)
17位：被害者の避難先の有無　(0.15)
19位：過去相談の有無　(0.12)

　加害者の危険性の判断に関連する事項、被害者を迅速に避難させる方法に関連する事項が上位を占めたように理解できる。

5　質問「これまでの相談対応の中で、あなたが勧めた措置を、相談者が拒否したり辞退したことはありますか」(選択肢からの複数回答)への回答

　「相手方に対する警告・指導」(77名、88.5パーセント)、「シェルターや実家等への避難」(75名、86.2パーセント)、「被害届の提出」(74名、85.1パーセント)、「転居」(74名、85.1パーセント)であった。

　「その他」(内容記述式)としては、携帯電話の変更(5名)、相手方と連絡しないこと(3名)、保護命令の申請(1名)等があった。

　警察本部担当者へのインタビューでも必ず指摘があったのは、被害者の生命・身体への危険が高いケースにおいても、実は、被害者が、警察が加害者を検挙することや、被害者自身が加害者から容易に知れない場所に避難することを躊躇することが多く、被害者自身の安全確保のための行動をとるよう説得しなければならないことが少なくないということであった。

6　質問「相談者は（警察官からの指導への）拒否の理由として、どのようなことを挙げていましたか」(自由記載・複数回答)への回答

　本質問は、先行研究が存在しないため、今回の調査では、探索的に選択肢なしの自由回答とした。回答者数が比較的多かったものとしては、次のようなものがある。これらの項目は、警察本部担当者への補充的インタビューにおいても、異口同音に挙げられた事項であった。

・加害者が逆上して仕返しをするおそれ(48名、55.2パーセント)
・転居等の資金不足(31名、35.6パーセント)
・子ども(23名、26.4パーセント)
・シェルターは不自由で入居したくない(17名、19.5パーセント)

・仕事（16名、18.4パーセント）
・大げさなことにしたくない（16名、18.4パーセント）
・被害者側が転居することに不満（12名、13.8パーセント）
・加害者との関係維持（6名、6.9パーセント）

5の質問結果に見られたように、被害者は、自らの生命身体の危険を感じつつも、加害者との関係やこれまでの生活環境など様々な理由から、加害者の検挙や被害者自身の避難を躊躇せざるを得ない困難な事情が見て取れ、ストーカー事案をめぐる背景が単純なものではないことが分かる。

7　質問「ストーカーやDVの相談対応について、あなたが日ごろ苦労している、あるいは困難を感じている点をお答えください」（自由記載・複数回答）への回答

本質問への回答については、上記と同様の理由から、回答者数よりも回答の内容に意義があると考えられるので、筆者において「加害者対策の課題」「被害者支援の課題」「警察側の課題」に分類した。

(1) 加害者対策の課題

ストーカー規制法の罰則強化（2名）、緊急時に即応可能な規定の整備（1名）、危険性の見極め（2名）、加害者治療施設の設置（1名）等の回答があった。警察本部担当者へのインタビューでは、危険性が高いと判断されるケースにおいて、加害者の居場所を把握する方法、加害者を早急に隔離する方法として何らか有効なものが必要である旨の指摘があった。「ストーカー規制法の罰則強化」、「緊急時に即応可能な規定の整備」といったアンケートでの回答は、加害者を隔離する方法として提案されたものと推察される。

(2) 被害者支援の課題

自治体のストーカー被害者支援機関の充実（6名）、ストーカー被害者の経済的支援（3名）等被害者の支援体制の充実に関する意見があった。警察本部担当者へのインタビューでも、警察以外の被害者相談窓口の充実と既存窓口の周知、被害者を避難させるための施設や経済的支援の充実の必要性が指摘された。6の質問回答にも見られたが、多くの自治体において、シェル

ターは一時的に被害者を完全隔離する施設として運営されているので、入所中は外に出られず、携帯電話も使えないとのことで、入居を拒む被害者が少なくないとのことである。また、「悪いのは加害者側なのに、何故被害者である自分が、これまでの生活をすべて犠牲にして避難しなければならないのか」という強い憤りを感じる被害者も少なくないとのことである。

　他方、相談者側に見られる問題点として、生命身体の安全と無関係な民事問題の解決のための警察利用（12名）、相手の人柄等を確かめない安易な出会い（7名）、異性交際に関する学校教育の必要性（3名）、警察の避難等の指導に従わない被害者（6名）、被害者の危険性認識の希薄さ（4名）等を挙げる意見もあった。

　これらの点は、直接にストーカー相談を担当した経験のない筆者にとっては一つの驚きであったが、警察本部担当者へのインタビューでも、「ストーカーに関する相談」として相談窓口に来訪するケースの大半が、実は男性側の加害行為やストーカー規制法上の「つきまとい」が認められない単なる男女間の関係解消をめぐる紛議とのことであった。しかし、もちろん相談の中には、被害者の生命身体に危険が及ぶ可能性が認められるケースも確実に存在するので、相談を十分に聴いて、危険性のあるケースを確実に抽出する必要があるとのことであった。ストーカー事案は、相談の段階から容易ではなく、一定の専門性が求められることがうかがわれる。

　また、警察本部担当者へのインタビューでも、相談の原因となった男女関係が、SNS等において相手方との直接的なコミュニケーションが十分にとられず、相手方の性格等をよく把握しないままに始まったことに起因することが少なくないとの指摘があった。

(3) 警察側の課題

　警察のストーカー担当者の業務負担増・人員不足（7名）、警察署に相談、支援、事件化を一貫して担当するストーカー係が必要（6名）、生活安全係と刑事係の連携（2名）、警察における被害者が相談しやすい窓口の整備（3名）、警察内部でのストーカー問題への認識不足（2名）等が挙げられた。警察本部担当者へのインタビューでは、警察内部におけるストーカー・DV問題の重要性の認識は相当深まっており、したがって、相談担当者、被害者保

護・支援担当者、事件化担当者の間の連携は相当緊密になっているとのことであり、都道府県によっては、殺人等を除き、生活安全部門において被害者支援と加害者検挙の両方を担当することとしたところも見られた。

四　考　察

　以上の調査結果をもとに、筆者らによる考察を行った。以下の考察は、今後の対策を検討する上での論点を提示しようとするものであって、具体的な施策の提言までをしようとするものでないことを申し添えておきたい。

1　加害者対策の課題
(1)　加害者の隔離
　危険性の高いケースでは、被害者の生命身体の安全を確保するためには、どうしても被害者と加害者を隔離しなければならない。後述するように、被害者を避難させるのが、現状における最も重要な方法となっているが、被害者の事情から困難な場合も多く、かつ、公平の観点からも、加害者を隔離する方法の検討が続けられるべきであろう。
　加害者の早期検挙は、被害者の生命身体に危険が及ぶ可能性が高い事件では、必ず検討しなければならない事項ではあるが、他方、上述したように、本来刑罰は、過去に行われた違法行為をその害悪の程度に比例して処罰する制度であり、将来に向けた被害防止のためにつくられたものではないことから、冒頭に紹介した逗子事案のように、被害者に深刻な被害が生ずる前に加害者を検挙しようとすれば、危険性の抽象度がやや高く法定刑の軽い罪種で検挙せざるを得ないので、加害者を隔離する効果は限定的となってしまう。すなわち、犯罪捜査・加害者検挙は、警察にとって大きな武器ではあるが、制度そのものが本来犯罪予防のために設計されたものではないので、被害防止のための効果という点ではどうしても限界があるのである。アンケートの回答には、加害者対策として、ストーカー規制法の更なる厳罰化が挙げられていたが、上述した意味において前兆行為の厳罰化による対応には限界があると思われる。

本アンケート調査結果を報告した日本犯罪社会学会自由報告の会場においても、出席の有識者の中から、加害者の隔離のための保護命令の創設を検討すべき旨の発言があった。加害者を被害者から予防的に隔離することができるような強制力のある制度の構築については、加害者の自由にも重大な影響を及ぼす問題であることから、被害者の置かれた困難な状況に対する国民的な理解を得た上で検討を進めていく必要があろう。

(2) 加害者の現在地の把握

アンケート結果や警察本部担当者へのインタビューでは、上述のように、危険性が極めて高いことが判明した場合でも、加害者の動向や現在地を把握することが困難であることが指摘されている。警察と刑務所・保護観察所との連携は進展しつつあり、この種事案の元受刑者の住所等に関する情報が警察に伝達されるようになっているが、今後も連携の深化を図っていく必要があろう。もっとも、危険性が高いケースでは、単に加害者の住所が判明しているだけでは足りず、加害者が被害者に接近しようとしていないか確認するため、加害者の現在地を把握する必要がある。特異行方不明者事案など被害者側の所在が不明な場合については、総務省や携帯電話会社の理解も得て、迅速に携帯電話位置情報が開示される仕組みが整備されてきたが[1]、ストーカー事案のように、特定の被害者に対する危険性が具体的かつ明白な場合でも、現状では、加害者側の携帯電話位置情報が迅速に開示される制度は構築されていない。携帯電話位置情報は、所持者にとっては重要なプライバシーなので、慎重な検討を要する問題ではあるが、被害者の生命身体に明白で切迫した危険が生じているような例外的な場合には、相手方への通報なしで携帯電話位置情報が開示される仕組みが認められてもいいようにも思われる。

(3) 加害者の危険性判断

警察本部担当者へのインタビューによれば、被害者の生命身体への危険の切迫性は、加害者の言動等からある程度判断することができるという。しかしながら、逗子事案に見られるように、表面的には一時落ち着いたように見えても、加害者側の感情が変わらない限り、被害者の生命身体への危険性は変わらないケースも存在する。そのような場合には、加害者の精神医学的・心理学的な判定が必要となる。また、このような判定方法が確立されること

が、(1)において述べたような被害予防のための強制力を伴う制度構築の前提となるであろう。現在警察庁では、専門家の協力を得て、科学的な判定方法について研究中であり[2]、今後このような方法が確立され、精度の向上が図られることが望まれる。

(4) 加害者の治療

被害者への加害者の感情が変わらなければ、何度検挙してもやがて加害者は移動の自由を回復し、被害者の危険は残り続けることとなる。ストーカー事案の根本的な解決のためには、困難ではあるが、加害者を治療しなければならない。我が国では、ストーカーの治療方法は普及しておらず、専門医の数も極めて限定されているようであり、今後、ストーカー加害者の治療方法の確立とその実施体制の整備が望まれる。

2 被害者支援の課題

(1) 被害者の避難

加害者を強制的に隔離する制度が確立されていない現状においては、被害者の生命身体への危険性が認められる場合において、その安全を確保するためには、被害者側において、加害者に探知されない場所に避難してもらうほかない。

今回のアンケート調査の結果では、被害者が様々な事情で避難を躊躇すること、避難を決意した場合でも、避難場所の確保が容易ではないことが明らかになった。

ストーカー被害者が避難を躊躇する背景は、DV被害者が、相談を躊躇したり、相手との関係を断つに至らないといった、危害を回避する行動をとることができないこととも相通じている。配偶者からの暴力に関する内閣府の調査[3]では、DV被害経験者が相談しなかった理由として、自分さえ我慢すればよいと思った、世間体の悪さ、仕返しへの恐怖といった点を挙げている。また、相手と別れない理由として、子どもの存在、経済的な不安、これ以上は繰り返されないと思った、といった点を挙げている。このように、被害者の主体的な対処行動が容易でない点は、ストーカー事案やDV事案に共通するものであり、事案への対処を困難にさせていることがうかがえる[4]。

次に、避難場所の確保について、シェルターは緊急の避難場所であって、恒久的な住居ではない。恒久的な避難住居地の確保については、全国的に確立された制度はなく、自治体の取組に委ねられているので、被害者の負担でなさざるを得ない場合が多い。警察による犯罪被害者への金銭的支援（いわゆる犯罪被害者等給付金）の対象は、被害者遺族や後遺障害被害者であって、保護対象者の避難のための費用を負担することは制度の射程に入っていない。今後、自治体等において、被害者のための避難住居の確保、避難資金の支援が進展していくことが期待される。

なお、警察本部担当者へのインタビューでは、被害者が氏名等を変えて生活できる法的制度が検討されてもいいのではないかとの指摘があった。

(2) **青少年の異性交際に関する教育・相談**

今回のアンケート調査及び警察本部担当者へのインタビューによって、ストーカー問題としての相談の中には、インターネットのSNS等において、相互のコミュニケーションが十分でない交際に端を発するものが多く存在することが明らかになった。青少年に対するSNS上の異性交際に関する教育の充実を求める意見も見られたところである。青少年によるインターネット利用については、これまで、情報リテラシー教育、非行防止、犯罪被害防止の観点からの教育が進められてきたところであるが、異性交際に関する問題も視野に入れるべきなのかも知れない。

また、警察本部担当者へのインタビューや日本犯罪社会学会での報告会場での有識者の発言として、警察と自治体との役割分担の観点から、異性交際トラブルに関する相談まで警察ですべて引き受けるのではなく、関係機関の相談窓口の拡充や知名度の向上も図るべきとの指摘があった。

3　警察側の課題
(1) ストーカー事案担当の人員体制

事案の多い警察署では、慢性的な担当者不足が生じているようである。ストーカー事案を担当する警察官の増員については一定の措置がなされているものの、相談の増加には追い付いていない模様である。都道府県警察において現状に応じたパワーシフトを検討するとともに、今後も長期にわたりス

Ⅰ　ストーカー相談に対する警察官の意識　187

トーカー事案の増加が続くようであれば、所要の増員措置も検討しなければならないであろう。
　現行制度では、相談窓口は警務係、被害者支援は生活安全係、加害者検挙は刑事係が行うのが原則であり、これらの係間の連携の緊密化を図っている。警察本部担当者へのインタビューでも指摘がなされたように、これら関係部門間の連携は急速に深まりつつあるようであるが、今後とも連携に遺漏がないようにすべきであろう。都道府県警察の状況により、ストーカー問題を統一的に処理する係を警察署に設置したり、緊急事態において統一的かつ集中的に対処する組織を警察本部に設置したりすることはあり得ることで、現に一部の都道府県警察においては、そのような努力が始められているようである。

(2) 警察官等に対する教育訓練

　警察においては、ストーカー・DV問題の重要性の認識は急速に浸透しているが、今後とも研修や教育訓練を継続的に実施していく必要はあろう。ストーカー事案の主管部局とされている生活安全部門では、比較的早くからストーカー・DVに関する研修が始められたが、他の部門では本格的な取組が始まったばかりであり、教育訓練の早急な浸透が必要であろう。
　ストーカー・DVへの警察での初期対応は、相談段階において行われる。警察相談の中でも、ストーカー・DVは、相談者と相手方とが親密な関係にあるだけに、行為の実態把握が困難である。また、ストーカー・DVではともすれば死傷に帰結する重大事案に注目が集まりがちであるが、相談段階では加害者の暴力性の程度はまちまちであり、むしろ危険性の高い事案は必ずしも多くはない。さらに、口頭警告や事件化など警察の対処も被害者の意向に基づいており、事案の問題性を軽減するためには時に被害者の意思決定を後押しする必要が出てくる。
　このため、相談担当者は、相談者と信頼関係を形成した上で、実態を聴取する必要がある。次に、事案の成り行きを予測しながら、被害の拡大防止のため、警告、検挙といった対処を臨機応変に使いわけるとともに、相談者を説得して事件化する、相手方のみならず相談者を説論するなどの対応が求められる。さらに、事案は数年のスパンをおいて再発する場合もあるため、再

発に備えて、相談内容や行った対処を記録・保存し、後から検索できるようにしておく必要もある。

　これらに必要な技能は、従来の犯罪捜査や被害者対策・支援に要する技能とは相当異質で、高度なものであるといえよう。このため、被害者の意思決定を支援するためのコミュニケーション手法の普及に加え、合理的で利用しやすい相談管理システムの構築といった、加害者の危険性評価に留まらない、相談担当者を支援する仕組みの検討も必要であろう。

　このような状況のなか平成25年11月には、警察庁生活安全局長の私的懇談会である「ストーカー行為等の規制等の在り方に関する有識者検討会」が開始され、大学教授、弁護士、被害者支援団体関係者等部外有識者を交じえた検討が始められるとともに、2本の生活安全局長・刑事局長連名通達（平成25年12月6日付「人身安全関連事案に対処するための体制の確立について」及び同日付「恋愛感情等のもつれに起因する暴力的事案への迅速かつ的確な対応の徹底について」）が発出され、一元的対処体制の確立、相談体制の整備、教育訓練の強化等の施策が推進されることとなった。

五　おわりに

　本稿を終えるに当たり、この度の調査に前後してストーカー対策に関する研究を通じて感じた雑感を2点述べておきたい。

　一つは、我が国でも、学会等の国民的な議論の場において、強制力の伴う犯罪予防法制について真剣に検討をしていただかなければならないのではないかということである。本稿において何度か述べたが、警察は、警察法上「個人の生命、身体及び財産の保護」を責務の一つとしており、そのための重要な武器の一つが刑事訴訟法に定められた捜査権限であるが、本来刑罰は過去の違法行為に向けられたものであって、直接には将来の犯罪予防を目的とするものではないことから、検挙活動によって将来の犯罪を予防するのには限界がある。他方、近代法的な侵害原理によれば、未然予防のために強制的な手段が認められるのは、典型的には警察官職務執行法第5条が定める警察官による犯罪の制止規定のような、人の生命身体への危険が明白で直近に

切迫している場合に限られるということになろう。しかし、警察官はいつも将来の被害者の直近に存在しているわけではない。被害者の生命身体への危険は、被害者自身も警察官も知らない間に急に訪れる。被害者や警察官が知ることができるのは、相当の危険性ぐらいまでであって、それが何時切迫した危険に変化するのかは分からない。被害者の生命身体を守るためには、相当の危険性が判明した時点で手を打たなければならないのである。また、ストーカー事案では、被害者も被疑者も特定されているのであるから、不特定多数の人々に義務を課すのではなく、特定の人たちに対してのみ規制がなされれば足りるであろう。この常識的な手段を採ることができるような法的仕組みと、それを支える基本的な法理論が検討される必要があろう[5]。

　次に、この問題に対するこれまでの対応を振り返ってみて、警察組織の「組織学習」ないし「ナレッジ・マネジメント」の重要性について、認識を新たにしたところである。確かに我が国の警察は、国内の他の行政機関に比べても、海外の警察機関に比べても、現場で何が生じているかを迅速に把握するシステムがうまくできていると思う。また、新たな問題が浮上した場合には、警察内部では地位や階級の相違を超えて比較的自由で熱心な討議が行われ、警察一家という「仲間たち」で困難な問題を乗り越えてきた。

　しかし、変化の速い現代社会において、国民を守っていく上で必要な情報やその適切な評価を、警察内部の経験と常識だけで行っていけるものではない。警察の情報網の強さと弱さとを体系的に分析して、弱点を補っていかなければならない。今でこそ警察はストーカー問題の重大性をよく認識しているが、この問題が社会的にクローズアップされた後その重大性の認識が警察組織に直ちに浸透したとは言えず、また、現在でも、ストーカー事案がどのようなものでどのように対処すべきかに関する知識が組織内隅々に浸透しているということもできない。警察は、これまでの情報網を維持発展させるとともに、これまでの情報網とは異なる情報の流れを引き込むことができるよう不断の努力をしていくべきであろう。ストーカー事案対策でいえば、被害者団体の知見、大学研究者の知見等これまでの警察の伝統的な情報ソースとは異なる知識のルートを強化することにより、既存の情報網の弱点を補完することができる。また、26万人もの巨大組織において、新たな知識技能を浸

透させるためには、大掛かりな研修を長期間継続する必要がある。警察庁において精神科医の指導のもとにストーカーの危険性判断基準を策定しようとするなど、警察外部の知見を導入しようとする努力は既に始まっているが、このような努力が警察組織における常態、警察の組織文化の一部となることが望まれる。

1）「電気通信事業における個人情報保護に関するガイドライン」（平成16年8月31日総務省告示第695号、本稿執筆時における最終改正平成25年9月9日総務省告示第340号）第26条第4項参照
2）国家公安委員会平成25年3月14日定例委員会説明資料 No.3 参照
　（$http://www.npsc.go.jp/report25/03-14.pdf$）
3）内閣府男女共同参画局ＨＰ参照
　（$http://www.gender.go.jp/e-vaw/chousa/images/pdf/h23danjokan-6.pdf$）
4）火災や豪雨、津波からの避難行動の研究では、脅威の発生を正常の範囲内に埋没させて見てしまい、避難が遅れてしまう正常化バイアスが知られている。ストーカー被害の場合も、被害者には脅威が見えづらく、被害届の提出や避難に踏み切れない可能性も考えられる。このような被害者の心理的側面も踏まえて、相談が進められることが期待される。
5）犯罪予防の法的根拠についても、一部の研究者等により検討が始められている。例えば、渥美東洋編『犯罪予防の法理』（成文堂、2008年）、大沢秀介・佐久間修・荻野徹編『社会の安全と法』（立花書房、2013年）参照

（四方　光・島田貴仁）

II 親密型と非親密型のストーキング
―相談記録の分析と一般市民の調査から―

一 はじめに

　内閣府が3年おきに実施している「男女間における暴力に関する調査」では、これまで、配偶者間の暴力（ドメスティック・バイオレンス）や交際相手間の暴力（いわゆるデートDV）が中心に取り扱われてきたが、平成26年度の調査で初めてストーキングが調査対象となった。その結果、ストーキングは被害者の心身に多大な悪影響を与えることが明らかになった。すなわち、女性の被害者のうち、約3割が外出時の恐怖、約2割が心身の不調や不眠を報告した[1]。また、仕事やアルバイト、学業の継続が不可能になったり、転居を余儀なくされるなど、被害者の日常生活にも悪影響を与えていることが明らかになった。

　このようにストーキングは、被害者の心身や日常生活に多大な悪影響を与えるため、被害が重篤化してから対応するのではなく、被害の未然防止や拡大防止が重要である。その方策は、予防教育によって加害・被害の発生を抑制すること（一次予防）、被害が発生した際には深刻化する前に、周りの人や警察・行政の専門機関が適切な介入を行うこと（二次予防）、介入後にわたって被害者の安全を確保するとともに、加害の再発を防ぐこと（三次予防）とさまざまであるが、これらの予防対策を効果的に行うためには、ストーキングの被害実態や被害者・加害者の心理・行動について、次のような点の検討が必要である。

1　被害の広がり

　ストーキングに限らず、犯罪対策を実施する際の第一歩は、人口集団の中でどの程度の被害が発生し（被害率＝被害の広がり）、そして、その被害率に年齢・性別・地域といった属性によって差異があるかを検討することが有用で

ある。

　現在、1年間に2万件強のストーカー事案が警察に相談・通報されているが、その中では被害者は20歳代、加害者は30歳代が占める割合が最も多い。しかし、警察に申告されないストーキング被害も多々あると考えられるため、被害率は一般市民を対象に、過去のストーキング被害を尋ねる社会調査（被害調査）で調べる必要がある。

　欧米では、人口からの無作為抽出による被害調査により、ストーキングの被害率が明らかになっている。たとえば、アメリカの Violence Against Women Survey では成人女性の8.1%、男性の2.2% が過去のストーキング被害（生涯被害）を報告している（Tjaden et al. 2000）[2]。また別の調査では成人男性の0.8%、女性の2.2% が過去12か月の被害を報告した（Catalano 2012）[3]。ヨーロッパでも18歳以上74歳以下の女性の18% が15歳以降のストーキング被害、5% が過去12か月のストーキング被害を報告している（European Union Agency for Fundamental Rights 2014）[4]。

　日本では、上記の内閣府調査で20歳以上の女性の10.5%、男性の4.0% が過去のストーキング被害（生涯被害）を報告した。その被害率は、配偶者からの暴力（DV）経験（男性16.6%、女性23.7%）や、交際相手からの暴力（デート暴力）経験（男性10.6%、女性19.1%）よりは低いものの、ストーキング被害が日本の人口の中で広がりを見せていることが伺える[5]。ただし、内閣府調査では、ストーキング被害を経験した時期に制約をつけずに尋ねている（生涯被害）ため、どの年代での発生率が多いかを知ることはできない。このため、過去1年、過去5年といった期間を区切って被害を尋ね、年齢層別の被害を検討する必要がある。

2　ストーキングで発現する行動と親密・非親密による差異

　日本のストーカー規制法では特定の者に対する恋愛・好意の感情（または怨恨）に起因した、つきまとい、面会・交際等の要求、無言電話・連続メール等8つの行為の反復が規制の対象になっている。しかし、2016年のストーカー事案の検挙2,605件のうち、ストーカー行為罪が適用されたものは約3割（769件、29.6%）にとどまり、住居侵入、脅迫、傷害、暴行などの刑法が適

用された事案は7割以上（1,919件、73.7％）に達している（警察庁 2018）[6]。このことから、ストーカー事案では、ストーカー規制法で定義されたストーカー行為以外に、多種多様な加害行為が発生していることが伺える。

また、年間2万件以上警察に相談・通報されているストーカー事案のうち、検挙に至るものは2,000件あまり、殺人未遂等の重大事案の発生は10件あまりである（図1）。ストーカー事案への対応ではこの年間2万件におよぶ多数の相談から、危険性が高い少数の事案をもれなく見つけ出し対処することが必要である。

欧米の犯罪研究では、この多種多様なストーキングの実態を把握するために、ひとつのストーカー事案で起きた現象を複数項目からなる尺度で測定し、多変量解析を用いて類型化するという研究が幅広く行われている。これまで、暴力とハラスメント（Coleman 1997）[7]、接近、監視、脅迫、自傷、言語的・軽度な暴力、重度な身体的暴力（Sinclair et al. 2000）[8]、暴力、監視、接触希求（Björklund et al. 2010a）[9]といった類型が見出されている。

また、コミュニケーション研究では、ストーキングを、被害者との親密関係を希求する被害者によるプライバシー侵害行為（強迫的関係侵害、Obsessive relational intrusion）と捉えている（Cupach et al. 2000）[10]。この分野でも同種の分析が行われ、関係希求（自宅や職場への押しかけなど）、侵害（許可を得ない写真撮影など）、脅威（脅迫や身体暴力など）、親密強要（他人と会っていたか問い詰める、噂を流すなど）といった類型が見出されている（Cupach et al. 2000）。

日本では、Chapmanら（2003）[11]が日本と米国の大学生を対象にプライバシー侵害行為の28項目を用いて調査を行い、両国とも「手紙（ラブレター、電子メールを送られる）」「あなたに近づいてきた（話している最中に異常に接近したり、触れたりする）」の経験率が高く、日本では「無理やり会話しようとされた。あるいは会話に入り込もうとした」、米国では「過剰な愛情表現のある手紙」の経験率が高いことを見出している。

城間ら（2017）[12]は、国内外のストーキング研究の実証研究276件をレビューして、その被害率、取り扱っているリスクファクター、対処行動・帰結を整理している。これら実証研究でのストーキングの定義を①恋愛関係・未練感情の有無、②被害者の恐怖や不安感の有無、③加害者側の意図の有無、

④ストーキングの継続期間や頻度から整理可能としている。

このように、ストーキングで出現する行動を、類型として把握することは、ストーキングの問題に対する理解を深めるうえで有用であろう。さらに、海外の先行研究では、ストーキングの加害者と被害者との関係によって、発生する行為が異なることが知られている。すなわち、（元）配偶者や（元）交際相手といった親密関係者からの被害は、友人・知人や見知らぬ者といった非親密関係者からの被害に比べて、暴力や住居侵入、脅迫内容の言動・メールや器物損壊の出現率が有意に高い（Björklund et al. 2010b,[13] Hirtenlehner et al. 2012,[14] Palarea 1999)[15]。また、親密関係者からの被害は、非親密関係者からの被害に比べて長期化する（Björklund et al. 2010a）。これらから、親密関係間の被害は、非親密関係間の被害に比べて、行為面、被害期間の双方でより重大であると考えられるが、この加害者・被害者の関係性による差異が日本でも生じるかを確認する必要がある。

3 親密関係崩壊後のストーキング被害のリスク要因

警察統計によると、ストーカー事案の約6割は配偶者や交際相手との親密関係崩壊（別れ）が契機になっている。しかし、社会において、配偶者や交際相手との別れは、日常的に発生し、その全てでストーキングが発生するわけではない。もちろん、配偶者や交際相手との別れは当事者にとっては心理的な痛手ではあるが、その痛手を経験してもストーキングに至らないケースが大多数である。それでは、親密関係崩壊時のストーキング被害は、何の影響を受けているのであろうか。

欧米の研究では、親密関係時の暴力関係が、関係崩壊後のストーキング被害のリスク要因であることが指摘されている。アメリカの大学生対象調査では、親密関係時の身体暴力・精神暴力の発生が、親密関係崩壊後のストーキング被害と関連することが示されている（Coleman 1997）。また、Katz et al. (2015)[16]も、親密関係時の身体暴力・性的暴力が、関係崩壊後の監視、脅迫、接触と関連することを見出している。他にも、親密関係時の嫉妬感情が関係崩壊後の身体暴力を予測するという指摘もみられる（Roberts 2005)[17]。

これらから、日本でも親密関係時の暴力が、関係崩壊後の暴力やストーキ

II 親密型と非親密型のストーキング　195

ングの出現と関連することが予想される。現在、日本では学校教育を中心にDVやデート暴力の予防教育が行われているが、仮に、親密関係時での暴力が、関係崩壊時のストーキング被害の先行要因となるならば、DVやデート暴力の予防教育のなかに、ストーキングの予防教育を組み入れることは有益であろう。

4　被害者の望ましい意思決定の促進

配偶者や交際相手といった親密関係で発生するストーキングでは、周りにいる人間が被害に気づくことは容易ではない。このため、被害が発生した場合には、被害者が周辺の人に被害を打ち明けて、必要な援助や介入が行われること、そして、警察や行政の相談機関に対しても相談・通報が行われることが必要である。また、危険が迫る場合には、一時的に安全な場所に避難する、加害者から離れるといった安全のための行動が必要である。

しかし、内閣府調査では、ストーキングの被害者は、「相談するほどのことではない」「がまんすればやっていける」「相談してもむだ」「相手の行為は愛情の表現」といったさまざまな理由で、専門機関への相談をしないことが明らかになっている。また、警察へのストーキング相談者はさまざまな理

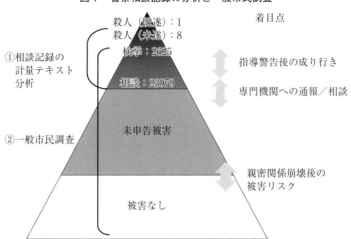

図1　警察相談記録の分析と一般市民調査

由によって警察措置を辞退・拒否する（第4章Ⅰ参照）。DVやデート暴力のような親密な関係者間暴力では、加害者と被害者との間のいわゆる「暴力のサイクル」のため、両者が離れることが困難なことが知られている。

現在、警察では、被害者の取りうる選択肢をパンフレットなどで説明して、意思決定を支援する制度が整備されている。相談者の安全を確保するためには、被害にあった被害者の、他者に対する援助要請、専門機関への相談・通報、一時避難の応諾など望ましい行動の規定因を明らかにする必要がある。

5　本章の構成

ここまでみてきたように、ストーカー事案で発現する行動は事案によって多種多様であり、出現頻度は高いがさほど重大でない事案と、出現頻度は低いが重大な事案とが混じりあっていることが、ストーカー事案に対する統一的な理解を困難にさせていると思われる。

このため、ストーキングの現象を理解し、対策のあり方を考えるためには、事象の重篤度に応じて、複数の手法を使い分ける実証研究が有用である。本章では2種類の実証研究を取り上げる。すなわち、①比較的重大な事案を対象にした、警察の相談記録の計量テキスト分析（島田・伊原 2014a[18]；2014b[19]）、②比較的軽微な事案を対象とした一般市民調査（島田 2017a[20]；島田 2017b[21]）である。

図1はこの2つの研究の模式図である。警察相談記録の分析では、警察が行為者に対して指導警告した後に、つきまとい等が収束するか否かを分ける要因を扱う。一般市民調査では、配偶者や交際相手との別れの後にストーキング被害の発生を分ける要因と、ストーキングの被害者が、警察や行政といった専門機関に被害を相談・通報するかを分ける要因を扱う。

二　相談記録の計量テキスト分析

1　研究の概要

警察がストーカー事案に関与する場合、その多くは「相談」として扱われ

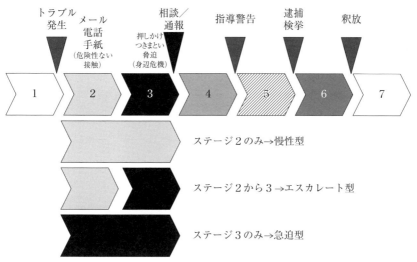

図2 ストーカー事案のステージ分類とストーキングの発展型

（島田・伊原 2014a）

る。警察が被害者・加害者と接触をもつたびに相談記録が作成され、事案について聴取した内容や、被害者や加害者に対する措置内容がテキスト形式で記録される。この相談記録から、ストーカー事案の対応に関して有益な知見を見出そうとしたのが本研究である。

研究対象は、ある1県の警察が3か月の間に新規に受理したストーカー事案に関係する相談248例から、被害詳細不明・行為者不明の31例を除いた217例であり、行為者の平均年齢は38.4歳、被害者の平均年齢は33.2歳であった。両者の関係は、配偶者・元配偶者21例、内縁・元内縁11例、交際・元交際相手115例（以上親密群）、交際がない知人等68例、不明2例（以上非親密群）であった。

分析手法は計量テキスト分析という手法を用いた。具体的には、評定者が相談記録を読んで、記録の中に記された、出会いと別れ、ストーキング、被害者の対処、警察措置等の約80項目のイベント（出来事）を抽出し、日付や時刻、行為者と対象者の情報とともに表形式で記録（コーディング）した。

次に、このイベントを、①出会い、②トラブル発生からメール、手紙、電

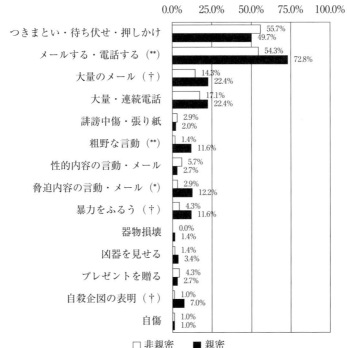

図3 親密・非親密別のストーキングの発現率

(島田・伊原 2014b)

話など危険性を伴わない接触、③つきまとい・待ち伏せ・押しかけや脅迫など身辺への危機、④警察への相談・通報、⑤相手方への指導警告、⑥検挙、⑦釈放の7ステージに分類した（図2）。ステージによって、被害者の危険性は異なってくる。すなわち、被害者・行為者間に問題はない時期（ステージ1）から、別れ話や好意の拒否などトラブル発生によってストーキングが発生する（ステージ2・3）。被害者が警察に対して相談・通報し（ステージ4）、警察が行為者に指導警告する（ステージ5）と被害者の被害可能性が減少すると仮定した。また、行為者が検挙され身柄を拘束されている間は行為者は被害者に対して接触することが不可能になる（ステージ6）。そして、行為者が釈放されると被害者の再被害の可能性が生じる（ステージ7）。

図4 多重コレスポンデンス分析で得られたストーキング及び行為者属性の布置

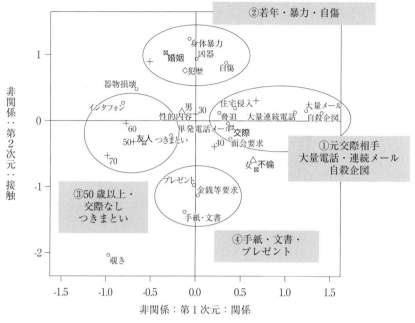

（島田・伊原 2014a）

2 ストーキングの発現率

警察での初回相談時点における各種ストーキングの発現率に、交際関係の有無による差異が見られた（図3）。すなわち、親密群は非親密群よりも、「メールや電話による接触」、「粗野な言動」、「脅迫内容の言動・メール」の発現率が統計的に有意に高かった。このことから、ストーカー事案の中でも、親密関係崩壊に起因するストーキングは、親密希求に起因するストーキングに比べて、より重大であることが示唆される。また、親密群の11.6%では相談時点の身体的暴力の被害が見出された。このことから、ストーカー事案の一部はDVやデート暴力との関連があると考えられる。

図 5　指導警告後のつきまといの再発率

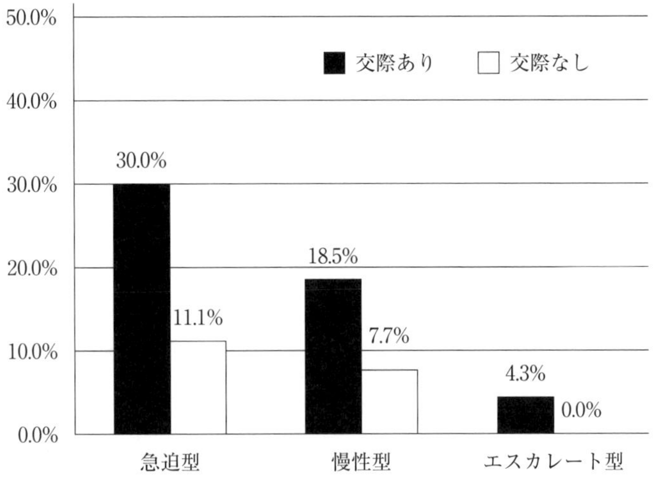

急迫型：交際あり 30.0%、交際なし 11.1%
慢性型：交際あり 18.5%、交際なし 7.7%
エスカレート型：交際あり 4.3%、交際なし 0.0%

（島田・伊原　2014a）

3　ストーキングの類型

　コレスポンデンス分析という多変量解析手法を用いて、ストーキングの各行為を類型化するとともに、行為者属性との関連を検討した。コレスポンデンス分析では、ストーキング間の関連（一つの事案の中で同時に発生している場合に関連性が強いとみなす）や、各ストーキングと行為者属性との関連が、図4に示すような散布図で示される。図上で近い点ほど関連が深いと解釈できる。

　分析結果から、ストーカー事案を下記の4類型に分類した。①（親密型）元交際相手が、面会や復縁を求めて連続電話や大量のメールを送付する類型。相手をつなぎとめるための自殺企図の表明や、脅迫的文言のメールの送付や住宅侵入も行う。②（接触型）比較的若年の行為者が被害者に対して身体的暴力をふるう、あるいは凶器を見せる類型。若年だが相手と婚姻関係にある。また、リストカット等の自傷行為も見られる。③（非親密型）50歳以上の行為者が、相手との交際を求めてつきまとう類型。行為者と被害者との関係は友人知人にとどまる。④（非接触型）行為者が被害者に対して手紙や

文書を送る、プレゼントを贈るといった電話やメール以外の手段によってストーキングを行う類型。金銭等を要求する場合もある。年齢とは関係しない。

この分析結果は、一見多種多様でみえるストーカー事案が、いくつかの類型に分類して理解可能なことを示唆している。特に、被害者に対する身体暴力、凶器を見せる・使用する、行為者本人の自傷といった行動を取る類型と、大量のメール送信や連続電話、自殺企図の表明を行う類型とが区分された点は、事案の危険性を判断する上で有益であろう。

4　指導警告後の成り行き

ストーカー事案への対応で注目されるのは、ストーキングがどのように発展し、警察や他者からの働きかけによりストーキングが休止するかどうかである。このため、トラブル発生から警察への初回相談に至る間（ステージ2・3）の、ストーキングの変化によって事案を3類型に分類した。すなわち、図5に示すように、この間に「メール、手紙、電話など被害者に対する危険性を伴わない接触（ステージ2）」のみが出現したものを「慢性型」、トラブル発生直後に「つきまとい・待ち伏せ・押しかけや脅迫など身辺への危機（ステージ3）」が出現したものを「急迫型」、ステージ2からステージ3に発展したものを「エスカレート型」とした。

警察から行為者に対して指導警告を行った112事案における、その後（ステージ5）のつきまとい等の再発率を図5に示す。親密群における急迫型行為者30名のうち3割は、指導警告を受けた後に、つきまとい・待ち伏せ・押しかけを行っており、この率は、ストーキング発展型と親密・非親密から構成される6群の中で最も高かった。このことは、かつて親密な関係にあった場合には、たとえ関係が拒否されたとしても相手に対する行動が抑制しづらく、特に行動の自己規制（セルフコントロール）の乏しさと関連するものと解釈できる。これらの結果は、別れ話を切り出した直後につきまといや待ち伏せ、脅迫が出現するようなストーカー事案では特に注意を要することが示唆される。

図6 一般市民調査における性・年齢層別のストーキング被害率

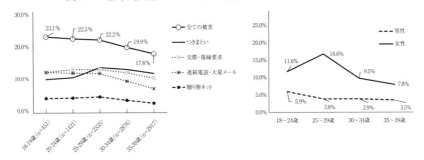

(島田 2017a；2017b)

三　一般市民対象の被害調査

1　調査の概要

　前節で述べた相談記録の計量テキスト分析は、ストーカー事案の中でも警察への相談・通報に至るような比較的重大な事案であるが、一般市民対象に社会調査を行うと、警察への相談・通報に至らない比較的軽微な事案を含めて実態を把握することができる。また、配偶者や交際相手との別れの後にストーキング被害を経験した回答者と、経験しなかった回答者とを比較することで、両者を分ける要因を明らかにすることができる。

　これらの目的のために、日本の若年男女を対象に、親密関係崩壊とストーキング被害実態をテーマに2つの調査を行った。

　ひとつめの調査（以降インターネット調査と表記）では、調査会社に登録した全国の18歳から39歳の女性10,000名に対して予備調査を実施し、過去5年間に夫・交際相手との別れまたはストーキング被害を報告した4,704名を抽出し、その中から524名を対象に本調査を行った（島田 2017b）。

　もうひとつの調査（以降、住基台帳調査と表記）では、全国150地点の住民基本台帳から無作為に抽出された18歳から39歳の男女6,000名を対象に、郵送で質問紙を配布し1,884名（うち男性815名、女性1,069名）から回答を得た。回収率は31.4％である（島田 2017a）。

2　被害の広がり

インターネット調査では、予備調査で過去 5 年間に特定の者から受けた「つきまとい・待ち伏せ・自宅や職場への押しかけ」、特定の異性から受けた「面会・交際・復縁要求」「大量メール・連続電話」「贈り物・ネット書き込み」の合計 4 項目の経験を尋ねた。その結果、回答者である18歳から39歳の女性10,000名の20.3％がそれらひとつ以上の被害を報告した。

住基台帳調査では、同じく過去 5 年間に、特定の異性から受けた「面会・交際・復縁要求」「大量メール・連続電話」「暴言や脅迫」「押しかけ・待ち伏せ」等 9 項目を尋ねたところ、回答者1,884名のうち155名（うち男性35名、女性120名）が被害を報告した。回答者に対する被害率は男性4.3％、女性11.2％であった。

年齢層別にみた時、インターネット調査・住基台帳調査ともに20歳代の女性の被害率は30歳代よりも高かった。内閣府調査ではストーキング被害を、参照期間を設けない形で尋ねていたため、正確な年代別の被害率の推定は不可能であった。これに対し、インターネット調査・住基台帳調査ともに20歳代の若年層の被害率の高さを明らかにしたことは、今後の予防教育を実施する上で有意義だといえる。

3　被害の類型化と親密・非親密による差異

インターネット調査では、本調査で過去 5 年間のストーキング被害を報告した274名に対して、日本のストーカー規制法における 8 類型（つきまとい等）及び前節で述べた海外での先行研究を参考に作成した26項目について「全くない」、「 1 回」、「 2 ～ 3 回」、「 4 ～ 9 回」、「10回以上」の 5 件法で被害を測定した。そして、ストーキング被害の潜在構造を探るために、出現率が 5 ％以下だった 2 項目（汚物・ごみ、子どもへの面会）を除いた24項目に対して、探索的因子分析（最尤法、プロマックス回転）を行った結果、 6 つの因子が得られた。

それらの因子は、①言語を利用して被害者の精神を圧迫する「精神的圧迫」、②自宅を中心とした生活空間の侵害である「生活空間侵害」、③暴力的な行動によって被害者に危害や恐怖を及ぼす「物理的暴力」、④メールやメ

図7 ストーキング被害における各種行動

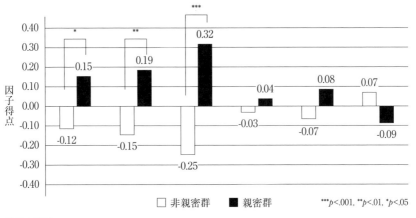

(島田 2017b)

ッセージを用いて被害者に過剰な連絡を行う「過剰連絡」、⑤文書やネットで他者をまきこみながら被害者を侵害する「間接侵害」、⑥物の送付や、被害者の職場や学校に尋ねるといった方法によって被害者に接近を試みる「接近」であった。

　この結果は、ストーキングにおいて、ハラスメント・迷惑行為と暴力とを別因子として識別する欧米の先行研究と同様の結果といえる。また、相談記録の分析から得られた4類型のうち、親密型は「過剰連絡」、接触型は「物理的暴力」、非親密型と非接触型は「接近」との関連が深いといえよう。

　被害者と加害者との親密関係の有無により、これらの行動が出現するかどうかに差異が見られた。すなわち、親密関係者からのストーキングでは、非親密関係者からのストーキングに比べて、精神的圧迫、生活空間侵害、物理的暴力、間接侵害といった行動がより顕著にみられた。この結果は、前項の相談記録の分析や、海外の先行研究（Björklund et al. 2010b, Hirtenlehner et al. 2012, Palarea 1999）と整合的であり、親密関係者から受けるストーキング被害の深刻さを裏付けるものである。

　また、親密な関係者からのストーキングの中でも、配偶者は交際相手に比

表1 親密関係崩壊時のストーキング被害のリスク要因

	推定値	オッズ比 S.E.	95% 信頼区間	
配偶者ダミー	0.70	0.47	(0.18　2.64)	
加害者年齢	1.03	0.04	(0.96　1.10)	
年齢差	1.02	0.05	(0.92　1.12)	
関係継続期間	0.39	0.16	(0.17　0.89)	*
関係継続中暴力ダミー				
物を壊す	2.25	1.80	(0.47　10.82)	
身体的暴力	0.55	0.51	(0.09　3.41)	
包丁・ナイフ	0.60	0.61	(0.08　4.34)	
精神的暴力	1.98	1.03	(0.72　5.48)	
細かい監視	13.00	5.98	(5.27　32.04)	**
性的強要	4.54	2.15	(1.80　11.46)	**
金銭的暴力	0.92	0.53	(0.30　2.84)	
定数項	0.31	0.27	(0.06　1.69)	

* : $p<.01$, ** : $p<.05$

（島田 2017b）

べて、物理的暴力および間接侵害がより顕著にみられた。また、非親密な関係者からのストーキングでも、相手との関係によって出現する行動は異なっており、間接侵害は学校、接近は職務上の関係で顕著であった。また、親密群における配偶者からの物理的暴力や、非親密群における学校の友人からの中傷やネット書き込み等の間接侵害が顕著であることが示された。

4　親密関係崩壊時のストーキング被害のリスク要因

インターネット調査で、配偶者や交際相手との別れを報告した回答者256名のうち、ストーキング被害にあったのは121名、あわなかったのは135名であった。この両者を分ける要因をロジスティック回帰分析という多変量解析手法で検討した。ここで検討した要因は、両者の関係（配偶者または交際相手）、加害者の年齢、加害者と被害者の年齢差、関係継続期間、関係継続中の暴力（物を壊す、身体的暴力、包丁・ナイフを持ち出す、精神的暴力、細かい監視、性的強要、金銭的強要）であった。

図8　ストーキング女性被害者の属性別の警察・行政への相談（通報）率

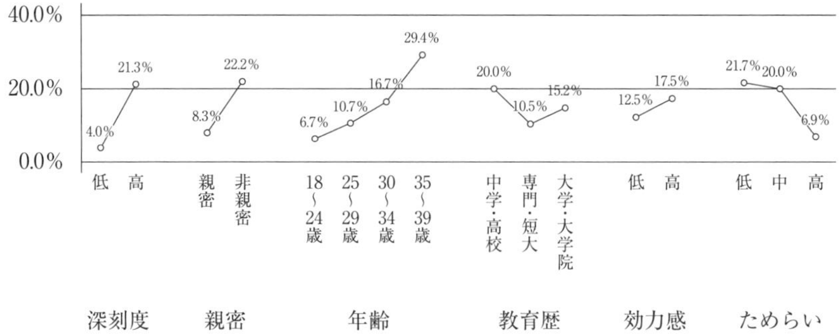

深刻度	親密	年齢	教育歴	効力感	ためらい
低 4.0% / 高 21.3%	親密 8.3% / 非親密 22.2%	18〜24歳 6.7% / 25〜29歳 10.7% / 30〜34歳 16.7% / 35〜39歳 29.4%	中学・高校 20.0% / 専門・短大 10.5% / 大学・大学院 15.2%	低 12.5% / 高 17.5%	低 21.7% / 中 20.0% / 高 6.9%

（島田2017a）

　その結果、関係継続期間の短さ、関係継続中の細かい監視と性的強要が関係崩壊後のストーキング被害に有意に関連していることが明らかになった。この結果は、親密関係時の暴力よりは嫉妬感情が、関係崩壊後の身体暴力を予測するという海外の研究結果（Roberts 2005）と整合的である。
　一方で、関係継続中の身体的暴力と、関係崩壊後のストーキング被害との間に有意な関連は見られなかった。公的機関、特に警察でのDVやデート暴力の対応は身体的暴力の有無に着目しがちである。しかし、本研究の結果からは、DVやデート暴力の予防教育では、当事者間の精神的暴力や心理的支配を削減してゆくことが、関係崩壊後のストーキングの予防にもつながるといえる。

5　専門機関への相談（通報）

　住基台帳調査ではストーキング被害を報告した152名のうち16名（10.5%）が、警察や行政に被害を相談・通報していた。この被害者152名のうち、とりわけ相談・通報の必要性が高いと思われる「被害で怖い思いをした」と回答した女性の被害者は72名のうち11名（15.3%）が相談・通報していた。この72名の属性別の相談（通報）率を図8に示す。ここで取り扱った要因は、被害の深刻度、両者の関係、被害者の年齢、対処行動に関する被害者の効力感（「ストーカー被害にあった際には、自分が行動を起こせば解決できる」）、通報に対す

るためらい(「被害を人に相談して、大ごとにはしたくない」「被害を人に相談するのは恥ずかしい」)であった。

　ここで注目すべき点が三点ある。第一に親密関係者からの被害は、非親密者からの被害に比べて専門機関に相談・通報されにくい、という点である。これまで見てきたとおり、親密関係者からのストーキング被害は、非親密関係者からの被害に比べて重篤化しやすい。それにもかかわらず、親密関係者からのストーキング被害が専門機関へ相談されにくい点は、今後のストーカー事案の対策で着目すべきであろう。

　第二に、若年者ほど警察・行政への相談をしにくい点である。この背景には、若年者ほど相談に対する知識が十分でないことや、特に行政の多くの相談は配偶者からの暴力に特化しており、若年者の問題である交際相手間のデート暴力が前面には出ていないことが考えられる。このため、デート暴力についての広報を強化することは有用であろう。

　第三に、今回の分析では、「被害を他人に相談して大ごとにしたくない」「人に相談するのは恥ずかしい」といった相談に対するためらいが相談行動を抑制し、「被害にあった際には、自分が行動を起こせば解決できる」といった効力感が相談行動を促進する可能性が示された。ストーカーの予防教育においては、単なる相談窓口の周知だけではなく、被害を他人に打ち明けることが恥ずかしいことではないこと、必要な場合には警察や行政に被害を訴えることが安全につながること、といった心理面への介入も必要になると思われる。

四　おわりに

　本節では、ストーキングの一次予防〜三次予防について述べた後に、実証研究として、警察が取り扱った相談記録の計量テキスト分析と一般市民対象の調査を取り上げた。一般市民調査で若年者の被害率が高かったこと、関係継続中の束縛や性的強要が関係崩壊後のストーキングを予測したことは、一次予防としての若年者への教育介入の重要性を示すといえよう。また、計量テキスト分析で、相談時点でのストーキング類型とその後の成り行きとの間

の関連が示されたことは二次・三次予防としての被害の拡大防止に資すると考えられる。

そして、親密型（(元)配偶者・(元)交際相手）のストーキングは、非親密型（友人・知人や客など）のストーキングに比べて、身体暴力や精神暴力を伴いやすいこと、ストーキングが発生した際に警察・行政への相談が抑制されること、警察の指導警告後の予後が悪いことが示された。

人は一人では生きられない、の言葉を引くまでもなく、親密な関係を求める動機は人間の当たり前の心理過程であり、それが親密型・非親密型にかかわらずストーキングの根源にあるように思われる。それだけに、親密な関係を求める当たり前の動機の中でのストーキング特有の特徴を明らかにすることが重要であり、実証研究に裏付けられた対策が求められる。

1) 内閣府「男女間における暴力に関する調査報告書」(2015年) (http://www.gender.go.jp/policy/no_violence/e-vaw/chousa/pdf/h26danjokan-gaiyo.pdf)
2) Tjaden, P. D. & Thoennes, N. (2000), Full Report of the Prevalence, Incidence, and Consequences of Violence against Women, *National Institute of Justice Research Report*.
3) Catalano, S. (2012), Stalking Victims in the United States-Revised. Washington, DC: Bureau of Justice Statistics.
4) FRA-EUROPEAN UNION AGENCY FOR FUNDAMENTAL RIGHTS. (2014), Violence against women: An EU-wide Survey: main results, FRA-EUROPEAN UNION AGENCY FOR FUNDAMENTAL RIGHTS.
5) 前掲注1) 参照。
6) 警察庁「平成29年におけるストーカー事案及び配偶者からの暴力事案等への対応状況について」(2018年) (https://www.npa.go.jp/safetylife/seianki/stalker/H29STDV_taioujoukyou_shousai.pdf)
7) Coleman, F. L. (1997), Stalking Behavior and the Cycle of Domestic Violence, *Journal of Interpersonal Violence, 12*(3), pp.420-432.
8) Sinclair, H. C. & Frieze, I. H. (2000), Initial Courtship Behavior and Stalking: How should we draw the line? *Violence Victims, 15*(1), pp.23-40.
9) Björklund, K., Häkkänen-Nyholm, H., Sheridan, L., Roberts, K. & Tolvanen, A. (2010a), Latent Profile Approach to Duration of Stalking, *Journal of Forensic Science, 55*(4), pp.1008-1014.

10) Cupach, W. R. & Spitzberg, B. H. (2000), Obsessive Relational Intrusion: Incidence, perceived severity, and coping, *Violence and Victims, 15*(4), pp.357-372.
11) Chapman, D. E. & Spitzberg, B. H. (2003), Are You Following Me? : A study of unwanted relationship pursuit and stalking in Japan: What behaviors are prevalent? 比治山大学現代文化学部紀要, 10, pp.89-117.
12) 城間益里・松井豊・島田貴仁「ストーキングに関する研究動向と課題」筑波大学心理学研究 *54*号（2017年）39-50頁.
13) Björklund, K., Häkkänen-Nyholm, H., Sheridan, L. & Roberts, K. (2010b), The Prevalence of Stalking among Finnish University Students, *Journal of Interpersonal Violence, 25*(4), pp.684-698.
14) Hirtenlehner, H., Starzer, B., & Weber, C. (2012). A Differential Phenomenology of Stalking, *International Review of Victimology, 18*(3), pp.207-227.
15) Palarea, R. E., Zona, M. A., Lane, J. C., & Langhinrichsen-Rohling, J. (1999), The Dangerous Nature of Intimate Relationship Stalking: Threats, Violence, and Associated Risk Factors, *Behavioral Sciences & the Law, 17*, pp.269-283.
16) Katz, J. & Hillary R. (2015), Partner Covictimization and Post-breakup Stalking, Pursuit, and Violence: A retrospective study of college women, *Journal of Family Violence, 30*(2), pp.189-199.
17) Roberts, K. A. (2005). Women's Experience of Violence during Stalking by Former Romantic Partners: Factors predictive of stalking violence, *Violence Against Women, 11*(1), pp.89-114.
18) 島田貴仁・伊原直子「ストーカー相談記録の形態素解析と加害に影響する要因：男女間トラブルとその対処に関する研究（3）」日本行動計量学会大会発表論文抄録集（2014年），42，44-45頁.
19) 島田貴仁・伊原直子「コーディングツールを用いたストーキングの時間的推移の検討― 男女間トラブルとその対処に関する研究（4）―」日本犯罪心理学会52回大会抄録集（2014年），37.
20) 島田貴仁「青年男女のストーキング被害と対処行動」（公財）日工組社会安全研究財団（編）「ストーカーの被害実態等に対する調査研究報告書」（2017年）21-46頁.
21) 島田貴仁「日本における若年女性のストーキング被害―被害者・加害者の関係と親密な関係者間暴力に注目して―」犯罪社会学研究42号（2017年）176-190頁.

（島　田　貴　仁）

第5章　ストーキングに対する法規制

I　ストーカー規制法の構造と問題点

一　はじめに

　ストーカー対策は、2015年に「ストーカー総合対策」が策定されたことで、また新たな段階に入った。「ストーカー総合対策」は、ストーカー規制法の改正に対応して2017年に改正され、さらに充実した施策がとられるようになった。

　これまで、ストーカー対策は、ストーカー規制法（2000年）を中心として、「女性に対する暴力」という女性の差別にかかわる問題として扱われてきた。ストーカー対策は、第1次男女共同参画基本計画（2000年）策定時から、女性に対する暴力の一つとして、「それ自体、被害者の生活の平穏を害する行為であるとともに、行為が次第にエスカレートし、被害者に対する暴行、傷害、ひいては殺人等の凶悪犯罪にまで発展するおそれのあるもの」で、「ストーカー規制法を適切に運用」することが求められていた[1]。その後の基本計画（2005年、2010年、2015年）においても、ストーカー対策は、女性に対する暴力対策の重要なものと理解されてきた。

　基本計画が重ねられるにしたがって、ストーカー対策は充実していき、「ストーカー事案への厳正な対処等」のほかにも、被害者情報の保護を含む「被害者への支援の推進」や「広報啓発活動等の推進」、「加害者更生に係る取組の推進」にまで拡大されてきた[2]。

　さらに、最近ではストーカー対策は「すべての女性が輝く社会」に不可欠な「安心・安全」の文脈で語られるようになった。

安倍政権は2014年、「様々な状況に置かれた女性が、自らの希望を実現して輝くことにより、我が国最大の潜在力である『女性の力』が十分に発揮され、我が国社会の活性化につながるよう、内閣に、すべての女性が輝く社会づくり本部を設置」した上で、「すべての女性が輝く政策パッケージ」を策定した。

同パッケージにおいては、女性が輝くために、女性たちの「安心して妊娠・出産・子育て・介護をしたい」、「職場で活躍したい」、「地域で活躍したい」、「起業したい」、「健康で安定した生活をしたい」、「安全・安心な暮らしをしたい」、「人や情報とつながりたい」という希望を叶える環境を整えることが政府の任務だとしている。その中で、「ストーカー対策の抜本的強化」も重要だとし、2014年末までに、総合対策を策定すること、「ストーカー事案を担当する警察官について、所要の体制を整備する」ことを要求した。

また、2016年から毎年策定されている「女性活躍加速のための重点方針」においても、「困難を抱えた女性が安心して暮らすための環境整備」の必要性（2015年）、「女性の活躍を支える安全・安心な暮らしの実現」のための「女性に対するあらゆる暴力の根絶」（2016年、2017年、2018年）の中で、ストーカー対策は重要な施策として位置づけられている。

このように、アベノミックスという経済政策における女性政策（ウーマノミクス）として、安心・安全な社会を実現し、女性が働き手として活躍するために、ストーカー対策が必要だとされている。

女性に対する暴力の根絶、女性活躍のための安心安全の確保に加えて、2016年に成立した「再犯防止推進法」とそれを前提とした「再犯防止推進計画」（2017年）でもストーカー対策が掲げられている。同法・同計画により、これまでは、被害者支援が中心であったストーカー対策に「再犯防止」という加害者対策にも焦点が当たるようになった。再犯を防止することは、究極の犯罪防止策でもあり、被害者支援策であるといえることから、「犯罪をした者等の特性に応じた効果的な指導の実施等のための取組」という枠組みで、ストーカーに対する対策が検討されることとなった。

同計画においては、ストーカー加害者が保護観察中に被害者を殺害したことなどから、「ストーカー加害者に対する指導」として、「保護観察実施上の

特別遵守事項や問題行動等の情報を共有し、被害者への接触の防止のための指導等を徹底する」ことや、ストーカー加害者に対するカウンセリング等の受診に向けた働きかけを行うことや加害者への指導に関する調査を行う必要性が指摘されている。

　ストーカー加害者が刑務所に収容される割合は、ストーカー規制法におけるストーカー行為の法定刑の上限が1年、禁止命令違反でも上限が2年であることを考えれば、そう多くはない。その「限定された加害者」に対しても対策が必要だとされるようになった。

　このように、ストーカー犯罪に対する規制の必要性は、2015年以降、犯罪としての「厳正な処罰」に加えて、「女性に対する暴力」という人権や差別との関係のみならず、「働く女性」や加害者に対する「再犯防止」にまで拡大してきた。もちろんこのようなアプローチの多様化はストーカーに限ったものではなく、ドメスティック・バイオレンス（DV）や性犯罪、セクシャル・ハラスメントといった女性に対する暴力に対する政策全般においてみられる。だとしても、この動きは、女性に対する暴力対策であったストーカー対策が、より総合的に、そして、被害者対策から加害者対策へとシフトし、より充実した施策が行われるようになってきたことを意味する。

　ただ、ストーカー規制法自体は、最初に設定された構造を変えることなく、ストーカー行為対策は進んでいくことになる。

二　ストーカー規制法の成立とその構造

1　ストーカー規制法の構造を決めたもの－桶川ストーカー事件

　男女共同参画基本計画において対策が必要だとされてきた女性に対する暴力には、ストーカーのほか、DV、性犯罪、児童に対する性犯罪・性的搾取、人身売買、売買春、セクシャル・ハラスメント、メディアにおける性・暴力表現がある。

　女性に対する暴力の中で、一定の関係性のある人からの暴力は、それが犯罪であっても、目撃者がいないために発覚しづらい、唯一の目撃者である被害者が被害者であることを意識できない、たとえその暴力を誰かに伝えたと

しても、「夫婦げんか」「そんなことはあるはずがない」「まさか彼が」など、暴力を犯罪として適切に認識してもらえない時代が長く続いた。現在では、本来なら女性にとって安心安全な場所であるはずの家庭や信頼の基礎である親密な関係において、時として暴力が支配的な場所・関係になることが認識され、予防や厳正な処罰が行われるようになったことは評価すべきである[3]。

しかし、対等な関係にある者からの暴力を防止するために、どのような介入を行うかについては、よく知られているように法的に統一的な対応はとられていない[4]。それにはいくつかの理由がある。

最も大きな理由は、それぞれの法制度が、起きた事件に影響されて導入されていることにある。特に、議員立法は実際に起きた事件がそのきっかけとなることが少なくない。周知のようにストーカー行為への対応や予防の必要性が認識されるようになったのは、桶川ストーカー事件（1999年10月）からである。

桶川ストーカー事件は、関係性の暴力という意味で衝撃的な事件であった[5]。交際中から被害者に対して暴力を行っていた元交際相手が、別れをきっかけとして、被害者に対して、無言電話や自宅への徘徊、押掛けのほか、近所への中傷ビラの配布や、父親の勤務先に名誉を棄損する文書を送りつけるなどの行為を行った上で、被害者を自分の兄とその友人に殺害させる、といった内容が多くの人に衝撃を与えた。当時は、「DV」も「ストーカー」も言葉として一般的ではなく、しかも、ストーカー行為や殺害が元交際相手以外から行われたことで、残念ながらDV加害者によるストーカー殺人事件であるとの適切な評価が行われることはなかった。当時は、ストーカー行為のメカニズムが十分に理解されず、したがってDVとの関係ではなく、次にあげる理由もあって、ストーカー行為のみに焦点が当てられてしまった。

同事件では、警察の不適切な対応も同時に焦点化された。警察は、被害者が何度も元交際相手の逮捕の必要性を訴えたにもかかわらず、何もしないどころか、提出された告訴状の取り下げを要求する、内容虚偽の捜査報告書を作成するなど、恋愛関係のもつれ事案に対して、極めて冷淡な態度をとっていた。

これらの警察の対応について、2000年4月の埼玉県警察本部による調査報告書でも虚偽公文書作成等の罪に当たるとしている[6]ほか、関係した警察官3人は、虚偽有印公文書作成、同行使被告事件として起訴され、有罪判決を受けている[7]。

　この事件における警察の不適切な対応に関連して、警察庁は初めての「女性・子どもを守る施策実施要項」（依命通達）（以下「女性・子ども要項」）を発出（1999年12月）しただけではなく、「警察刷新に関する緊急提言」（警察刷新会議）やそれを受けた「警察改革要綱」における「積極介入宣言」へと踏み出することになる。

　「警察にとって、事前に犯罪を防止することは重要な責務の一つで」あり、「放置すれば刑事事件に発展するおそれがある場合には、必要な措置を講ずるのは当然である」ことを「警察組織内に徹底させて『民事不介入』についての誤った認識を払拭させなければならない」、「告訴・告発について、様々な理由をつけてその受理を保留することが見受けられるが、国民の告訴・告発に関する権利を侵害しないよう留意すべきである」という文言がその覚悟を示している。

　このように、最初に大きな注目を集めた事件が、警察の不適切な対応によって最悪の結果を生じたことで、ストーカー行為に対する対応は、警察が行うべきであるという世論が形成されるようになった。

2　ストーカー対策の流れを決めた警察の通達

　警察が親密な関係における犯罪に対して積極的な関与を行うことを初めて宣言したのは、前記「女性・子ども要項」[8]からであった。そこでは、「女性・子どもが被害者となる犯罪等については、刑罰法令に抵触する事案につき適切に検挙措置を講ずることはもとより、刑罰法制に抵触しない事案についても、国民の生命、身体及び財産の保護の観点から、警察として積極的に対策を講じる必要がある」とし、被害者を支援するという立場からの積極介入をうたった。

　それまで警察は、親密な関係における被害については、「民事不介入」を理由として積極的に介入をしてこなかった。親密な関係における加害は、

「夫婦げんか」や「恋愛関係のもつれ」といった極めて私的な問題であり、そこに暴力が存在しても、それを犯罪と評価して介入することは、警察の任務ではないと考えられていた。それに対して、「女性・子ども要項」は、親密圏における被害者の救済のためには警察による積極介入が必要だとしている。

「女性・子ども要項」では、ストーカーという言葉は使っていないが、「つきまとい事案」と表現した上で、対応すべき方針を明らかにしている。そこでは、これまでの施策が、性犯罪等の被害者に対する支援に限られていたことの反省から、「つきまとい事案、夫からの妻への暴力事案」など「重大な犯罪に発展するおそれがあるにもかかわらず、刑罰法令に抵触しない、夫婦間又は親子間の事案であるなどの理由により警察として消極的な対応を取りかねない、又は事案への対応が困難となるといった問題を有する事案について」、「重大な犯罪の未然防止を図るとともに、被害に遭った女性・子どもの立直りを支援するために、積極的な対応が求められる」とし、初めて親密圏への積極介入の姿勢を明らかにした。

その上で、つきまとい事案及び夫から妻への暴力事案については、「被害女性の意思を踏まえ、検挙その他の適切な措置を講じる」こと、「刑罰法令に抵触しない事案についても、事案に応じて、防犯指導、自治体の関係部局、弁護士等の他機関への紹介等の方法により、適切な自衛・対応策を教示するとともに、必要があると認められる場合には、相手方に指導警告するなどして、被害女性の支援を行う」としている。

「女性・子ども要項」発出当時はまだ配偶者暴力防止法もストーカー規制法も存在していなかったこともあり、加害者への対応より、被害者への支援に重点が置かれていたが、現在にまでつながる基本的な姿勢、つまり「警察がストーカー行為については対応すべきである」という命題はこの段階で設定されたのである。

3 ストーカー規制法の成立とその構造

ストーカー規制法(「ストーカー行為等の規制等に関する法律」)は、2000年5月24日に議員立法によって成立し、同年11月24日に施行された[9]。この法律に

よって、はじめてストーカーという言葉が法的概念として明確化され、また、ストーカー行為に対しては、警察が広い裁量権をもって対応するという合意が成立した。

ストーカー規制法は、ストーカー行為を「つきまとい等」という名のもとで類型化することによって、これまで警察による介入が困難だった行為を捕捉できるようにしたこと、それに、行為者の内心、反復のおそれ、被害者の内心などの要件が揃うことで、犯罪行為として構成しているところに一番の特徴がある[10]。

同法3条は、「何人も、つきまとい等をして、その相手方に身体の安全、住居等の平穏若しくは名誉が害され、又は行動の自由が著しく害される不安を覚えさせてはならない。」とし、「つきまとい等」を禁止した上で、「つきまとい等」を反復継続した場合には、ストーカー行為として、その行為自体を犯罪としている（同法旧13条1項。現18条）。加えて、同法は、2条1項において、「つきまとい等」を定義しており、「特定の者に対する恋愛感情その他の好意の感情又はそれが満たされなかったことに対する怨恨の感情を充足する目的」をもって、「当該特定の者又はその配偶者、直系若しくは同居の親族その他当該特定の者と社会生活において密接な関係を有する者」に対して、8種類の行為が行われる場合を「つきまとい等」としている。

なお、同法2条1項1号から4号に掲げる行為は、「身体の安全、住居等の平穏若しくは名誉が害され、又は行動の自由が著しく害される不安を覚えさせるような方法により行われる場合」にストーカー行為となる。

この「つきまとい等」に関しては、「つきまとい等」をしないように文書で警告措置を行うこと（同法4条）、そして、その警告に従わなかった者に対して、さらに「つきまとい等」をしないように命令し（同法5条）、その禁止命令に違反した場合には、処罰をする（同法旧14条。現19、20条）という行政処分や刑事処分が行えるという形になっている。なお、警察では、ストーカー規制法に基づかない警察法2条に基づく行為者への口頭警告も行っており、「つきまとい等」やストーカー行為に対して、広範囲で行政処分が行われていることになる。

さらに、ストーカー規制法においては、被害者が求める場合には、警察本

部長等の援助が行えることになっており、例えば、被害防止措置の教示、被害防止に資する物品の教示又は貸出、被害防止交渉に関する助言などが行われている。

4 ストーカー規制法の構造上の問題点

　ストーカー規制法の最大の問題は、ストーカー事案の被害者と行為者の関係においては、圧倒的に交際相手（元交際相手含む）が多く、そうでなくとも何らかの関係を持っていることからすると、面識のない者からのストーカー行為や「つきまとい等」に対して警察に援助を求めることは、極めて少ないという認識が十分ではなかったということである。

　立法に大きな影響を与えた桶川ストーカー事件より後に、大きく報道されたストーカーによる殺害事件は、その多くが恋人であったDV加害者が別れをきっかけにストーカー行為を行い、その結果、重大な結果をもたらしたものであった[11]。DVに関連しては、その別れ際が最も危険であることはよく知られている[12]。しかし、ストーカー規制法の制定当時はこの点についての理解が十分ではなかったことに加えて、2001年に制定された配偶者暴力防止法（以下DV防止法）が行政処分ではなく、保護命令という司法関与方法を採用したために、警察や裁判所のDVとストーカー行為の関連性に対する意識が希薄になり、両方の関係機関が、DVから始まる一連の暴力行為としての認識をもつことが困難となった。2013年12月の通達で、やっと警察は両方の重なり合いを認識するようになったが、それまで、法律が異なることもあり、DVとの関係が積極的に意識されることが少なかったことが、数多くの犠牲者を生む結果となった。

　2001年に配偶者暴力防止法（DV法）が制定され、保護命令の導入について議論された際に、保護命令は裁判所が行うべきであるという意見が国会においても、研究者においても大勢を占めた。その理由の1つは、保護命令という接近禁止や退去命令という自由を制限する場合には、司法判断を仰ぐ必要があるというものであり、もう1つは保護命令違反に対して刑罰を科すのであれば、司法が判断する必要があるというものである[13]。

　ストーカー規制法も、禁止命令違反に対しては刑罰を科すという形になっ

ているが、ストーカー行為自体が犯罪とされていること、警告やそれが繰り返されるのであれば、警察が予防のために介入することは警察法からして当然であること、加えて、禁止命令は警告が前置されていたことから、司法判断を仰ぐという選択がなされなかった。

　行為態様が連続的であるにも関わらず、法的に異なる対応が要請されていることは、それぞれの法の成立経緯からして仕方がないことではあるが、「ストーカー総合対策」の策定や第2次法ストーカー規制法改正を経てもなお、両者は一貫した法制度として認識されていないことは問題である。

三　ストーカー事案に対する対応の変化

1　ストーカー殺人事件による運用の変化

　ストーカー事案については、警察が行政処分を行うことが基本となっていることから、ストーカー殺人事件が起こるたびに、警察の不十分な対応が批判されてきた。そして、その対応に関して、当該都道府県警察本部が何が問題だったかについて検証を行い、その検証の結果を前提として、通達が出されることで、運用が変化していった。

　2006年12月には、「警察署において相談を受けたストーカー事案等への的確な対応について（通達）」が、2009年には、「ストーカー事案等男女間のトラブルに起因する事案への的確な対応について」が発出された。

　特に大きく報道されたのは、2010年2月に起こったいわゆる石巻ストーカー殺人事件である。この事件は、18歳の少年とその友人である17歳の少年が、元交際相手（同棲もしており、両者の間に子どものいたことから、警察の報告書では内縁の妻として扱われている）の実家に押しかけ、実家にいた姉と姉の友人を殺害し、もう一人の姉の友人に傷害を負わせ、また、元交際相手に対しては、誘拐したうえで解放したというものである。

　加害少年は、傷害，殺人，殺人未遂，未成年者略取，銃砲刀剣類所持等取締法違反として、検察官送致された後、第一審で死刑の言い渡しを受け、さらに、控訴審・上告審でも死刑が維持された[14]。

　この事件を受けて出された「石巻市清水町における殺人等事件の相談体制

に関する検証結果」(宮城県警察)において、この事件がDV事案であったこと、約1年にわたり12回被害者や家族から相談がなされたこと、事件の起きる1年ほど前には、被害者をシェルターに避難させたほか、2回にわたって口頭警告を行っていたこと、暴行等被害に関する被害届出を強く促したがその提出には至らなかったこと、事件発生前夜にも加害少年が押し掛け、110番通報があったが、警察官が臨場するまでに立ち去っていたこと、被害当日に被害届や診断書を受理する予定であったことが明らかにされた[15]。

この宮城県警による本件に関する報告書では、親密な相手からの暴力の場合は、被害届の提出を躊躇する可能性が高いことから、「今後は、地方検察庁等とも協議したうえで、一定の要件を満たすDV事案は、被害届なしで強制捜査に移行する方途の検討も必要であると考えられる」としている[16]。

本件後、警察庁は、「ストーカー事案及び配偶者からの暴力事案の被害者に係る行方不明者発見活動について(通達)」(2010年2月)及び「男女間トラブルに起因する相談事案への対応について(通達)」(2010年4月)を発出し、場合によっては被害届がなくても対応する可能性について、改めて確認した。

このように事件があるたびに通達等が発出されてきたが、これまでの通達等は、基本的には、今までの通達等を確認するものでしかなかった。それに対して、長崎ストーカー事件が起こった後に発出された2012年3月の通達は、かなりの内容の変化を伴うものであった。

2　長崎ストーカー事件とその後の通達

いわゆる長崎ストーカー事件は、2011年10月29日、千葉県警において、男女間における暴力を伴うトラブルに関し被害女性の父親から相談を受理し、傷害事件として捜査していたところ、同年12月16日、同トラブルの加害者が、長崎県にある被害者の実家に押し掛け、被害女性の母親及び祖母を殺害したというものである。

この事件では、警察は、同居していた相手からDVの被害を受けていた被害者を連れ戻す父親に、父親からの要請を受けた警察官が同行するところからかかわりを持っている。そのなかで、暴行の被害を受けている被害者を

発見したところから、加害者を警察署に任意同行した上で、口頭警告と「自分から連絡しない」「もう二度と暴力は振るわない」旨の上申書を提出させた。その後電話での脅迫等があったこともあり、電話で再度の口頭警告を行った。その後被害者が被害届を出したものの、即応することなく、一週間後に被害者の事情聴取を開始した。その後、加害者とその両親と一緒に警察署で事情聴取した際に、三度目の口頭警告を行った。一旦両親と実家に帰った加害者であったが、父親とけんかをして飛び出し、その連絡が被害者の実家の長崎西海署に行かないまま、事件となった。

　本件には、千葉県警（被害女性が住んでいた）、長崎県警（被害女性の実家が所在。初めにここに住む被害女性の父親から相談があった）、三重県警（加害者の実家が所在）が関わっており、一定の連携はとられていたものの、最終的な被害は防止できなかった。

　千葉・長崎・三重の三県警は、合同で報告書を出し、そこでは、男女間トラブルの重大事件発展性に対する危機意識の不足を前提として、ストーカー規制法が「警告の申出をした者の住所地を管轄する警察本部長等」を文書警告主体とするところ、千葉県警は被害者が父親とともに帰省したことから長崎県警が行うべきと判断し、積極的に文書警告を行わなかった、千葉県警本部が事案について適切に把握し、指揮を行っていなかった、広域連携が不十分だった等の指摘を行っている[17]。

　それを受けて、警察庁は、2012年3月に「恋愛感情等のもつれに起因する暴力的事案への迅速かつ的確な対応について（通達）」及び「恋愛感情等のもつれに起因する暴力的事案への対応上の留意事項について（通達）」を発出した。

　そこでは、恋愛感情等のもつれに起因する暴力的事案は、「警察が認知した時点においては、暴行、脅迫等外見上は比較的軽微な罪状しか認められない場合であっても」「現在進行中の事件である」こと、「加害者の被害者に対する被害意識が非常に」強いために、親族にまで被害が及ぶ可能性があることを的確に指摘している。その上で、十分な制度等への教示、警察署長への報告及び積極的な指揮、警察本部への報告、警察本部でのストーカー事案等担当課における指導等、組織的な体制の強化を求めている[18]。

3　その後の事件と2014年通達

　いわゆる逗子ストーカー殺人事件（2012年）においては、被害女性に対する脅迫罪で加害者には懲役1年、保護観察付執行猶予3年の判決が言い渡されたが、その後被害女性から「メールが1000通以上送られてきた。男性を逮捕してほしい。」との相談が警察にあったものの、メールの連続送信については、ストーカー規制法上の「つきまとい等」にはならないこと、内容が謝罪や慰謝料を要求する民事上の請求にとどまるため、脅迫も同法2条4号の「義務なきことを行わせる」に該当しないとして、ストーカー規制法を適用しない方針が示された。その結果、加害者は探偵業者をつかって被害女性宅をつきとめ、被害者を刃物で刺殺し、自らも同人宅において自殺した。これを受けて、警察庁は「恋愛感情のもつれに起因する暴力的事案に係る被害者の意思決定支援手続の実施について」（2013年2月）を発出したが、その後、起きた女子高生が元交際相手から自宅で刺殺される三鷹ストーカー殺人事件（2013年10月）、元夫からの殺人未遂である伊勢原ストーカー殺人未遂事件（2013年10月）などを受けて、さらに、「恋愛感情等のもつれに起因する暴力的事案への迅速かつ的確な対応の徹底について（通達）」及び「恋愛感情等のもつれに起因する暴力的事案への対応上の留意事項について（通達）」（2013年12月）を発出した。

　2013年12月の通達等は、これまでの通達や留意事項をすべて廃止したという意味で、それまでのストーカーに対する施策の集大成であるといえる。この通達では、2012年の通達を踏襲した上で、「警告等の行政措置が犯行を阻止するのに十分な有効性を持たない場合もある」との認識のもとで、「被害者等に危害が加えられる危険性・切迫性に応じて第一義的に検挙措置等による加害行為の防止を図る」として、行政措置優先主義に修正を加えている。さらに、被害者に被害届の意思がない場合であっても、過去の事例における生命の危険性等を説明した上で、説得に応じなければ、「客観証拠及び逮捕の理由がある場合」には、逮捕を含めた強制捜査を積極的に検討するとしている[19]。

　さらに、組織による的確な対応を徹底するために、警察署においては生活安全部門と刑事部門の連携を図ること、警察署長及び警察本部が情報共有を

図ること、危険性判断のための「危険性判断チェック票」を活用して、即応体制を確立すること、刑罰法令に抵触する場合に、被害者の意思をそのまま受け入れることなく「真意を汲み取るよう努める」こと、被害者等の保護措置を徹底し、危険性がある場合には帰宅させない等の措置をとること、加害者に警告等を行う場合、被害者の安全及び「加害者の言い分に耳を傾け、加害行為をしていることの自覚を促す」加害者対応を行うこと、相談事案の継続的な把握を行うこと、警察本部の担当部署が適切な指導を行うことなど、組織的な対応の必要性が示されている。

　この「留意事項」は、これまで別々だった「ストーカー対策の流れ」と「DV対策の流れ」を一つの図にまとめ、これらを被害者への教示等に利用することを明確にしていることのほか、警告等と犯罪捜査を並行して行うことができること、口頭警告を漫然と繰り返すことのないようにすること、加害者による被害者の行方不明者届を受理しないことなど、これまでの反省を踏まえた画期的な内容になっている。

　なお、逗子事件の加害者による犯行が保護観察中であったことから、2013年4月から保護観察所と警察との協議によって、相互に特異動向（被害者やその親族等に危険が及ぶおそれのある事案に関して相談を受け、当該「行為者が被害者等への接触を試みているなど」の動向）がある場合には、保護観察所は当該行為者に対して、警察に情報提供を行うほか、保護観察所は、これまでつきまとい等があり、なおかつ特別遵守事項に被害者等との接触禁止がある場合には、警察に対して、「当該問題行為等の内容等を速やかに連絡する」という対応が行われている[20]。

4　ストーカー規制法第1次改正（2013）

　いくら解釈・運用により被害者の実態に合った支援を行っても、条文の壁は越えられない。特に、逗子ストーカー殺人事件においては、かねてから指摘のあったメールの連続送信について、ストーカー規制法の「つきまとい等」にその禁止が規定されていないことが問題となった。さらに、そのほか、長崎ストーカー殺人事件の際に明らかになった、ストーカー規制法上の文書警告や禁止といった行政処分を行う警察署が、被害者が逃げている場合

など、住所が定まらない場合や、複数の住居があるような場合に、警告等を押し付けあうという事態が問題となった。

　こうした事態を受けて、ストーカー規制法改正法は議員立法により2013年6月23日成立、同年7月3日に公布された。メールの連続送信に関する部分については、同年7月23日に施行され、その他の部分については、同年10月3日に施行された。

　この第1次法改正の内容は、1、被害者から拒まれたにもかかわらず、連続して電子メールを送信する行為が同法2条5号に新たに加えられたこと、2、被害者の住所地に加えて、被害者の居所、加害者の住所等の所在地又はつきまとい等が行われた地を管轄する警察本部長等や公安委員会に拡大されたこと、3、警告をしたとき、しなかったときには、その内容及び日時を被害者に速やかに被害者に通知義務があること、4、職権によるのみならず、被害者の申出によっても禁止命令等をすることができること、5、被害者に対する婦人相談所その他適切な施設による支援に努めなければならないことなどである。

　この改正により、より一層ストーカーに関連した被害者保護が図られるようになったが、メールの連続送信に関連しては、最近若い人たちの間では主な通信手段となっているLINEなどのSNSによる連続送信は含まれないなど、実情を反映していない点で問題が残った。

　なお、長崎ストーカー殺人事件等を受けて、配偶者暴力防止法も改正され、婚姻関係や事実婚関係にない同居・元同居の相手方からの暴力に対しても、保護命令を申し立てることが可能となった（2013年）。

5　有識者会議の報告における課題

　前述のように、2013年6月に、「ストーカー行為等の規制等に関する法律」が改正されたが、その改正法の附則第5条において、第1項「ストーカー行為等その他の特定の者に対する恋愛感情その他の好意の感情又はそれが満たされなかったことに対する怨恨の感情を充足する目的で当該特定の者等に不安を覚えさせるような方法による行為の規制等の在り方については、近年、当該行為に係る事案の数が高い水準で推移していること、当該行為が多様化

していること等を踏まえ、所要の法改正を含む全般的な検討が加えられ、速やかに必要な措置が講ぜられるものとする。」第2項「政府は、前項の行為の実情等を把握することができる立場にあることを踏まえ、同項の規制等の在り方について検討するための協議会の設置、当該行為の防止に関する活動等を行っている民間の団体等の意見の聴取その他の措置を講ずることにより、同項の検討に当たって適切な役割を果たすものとする。」と規定された。それを受けて、ストーカー行為等の規制等の在り方について検討するために設けられたのが、「ストーカー行為等の規制等の在り方に関する有識者検討会」(以下「有識者検討会」)である。

「有識者検討会」は、6回の会合を経て、2014年8月に報告書をまとめた[21]。

その報告書では、今後のストーカー行為の規制の問題点として、①規制対象行為の拡大、②禁止命令制度の見直し、③ストーカー行為罪の罰則の強化が挙げられた。

①については、SNSやつきまとい等に規定がない単にうろつく「はいかい」行為を規定の対象とすること、恋愛感情以外でのつきまとい等やストーカー行為を規制するために目的要件の撤廃について検討すること、②については、ほとんど利用されていない仮の命令の見直し、禁止命令等の実施に当たっての警告前置の撤廃等の検討、③については、罰則の強化、非親告罪化、常習累犯規定の設置が提案された。

さらに、被害者の支援の充実についても議論され、女性警察官を中心とした相談・保護体制の整備、避難場所の確保、被害者情報の保護、被害者等に対する情報の提供、防止教育についての提言もなされた。

この報告書に基づいた内容は、後述するように2016年の第2次ストーカー規制法改正によってかなり実現されたが、被害者の意思をどの程度重視すべきなのか、大阪ストーカー殺人事件で明らかになった、加害者の過去のDV歴をどのようにして被害者に伝えるかについてなど、被害者保護の観点から重要な点が報告書に十分に盛り込まれておらず、これらについては課題として残り続けている。

6 ストーカー総合対策の制定

これまで、ストーカー対策は、犯罪としての厳正な対応はもちろんのこと、犯罪予防対策や被害者支援策として、ストーカー規制法を核としながら、警察庁が中心となって行ってきた。2014年に「すべての女性が輝く政策パッケージ」が策定されたことによって、同年12月には「ストーカー総合対策関係省庁会議」が開催され、「ストーカー総合対策」が策定された[22]（ストーカー総合対策については、本書第5章Ⅱも参照）。

「ストーカー総合対策」では、従来の対策に加えて、被害者支援については、厚生労働省の精神保健福祉センターの活用、「切れ目のない支援」のため「配偶者からの暴力に関する関係機関協議会を活用するほか、関連する被害者支援連絡協議会、被害者支援地域ネットワーク等、既存の地域における関係機関の協議会の活用を考慮しつつ、関係機関の連携協力を効果的かつ効率的に推進する」こと、第1次法改正対応として、一時避難後にDV被害者と同様に婦人保護施設の利用や長期的避難のための支援、公判段階や加害者の追求からの情報秘匿の窓口対応の充実等が省庁を拡大して行われるようになった[23]。このことは、ストーカー被害者に対する初期支援だけではなく、継続的な支援の必要性が認識されたことを意味する。

なお、ストーカー被害者の個人情報の保護に関しては、2015年3月に「配偶者からの暴力、ストーカー行為等、児童虐待及びこれらに準ずる行為の被害者に関する個人情報保護のための支援措置の運用について」の通達が発出されている[24]。

ストーカー総合対策は、後述する2016年12月の第2次ストーカー規制法改正に対応する形で2017年の4月に改訂された。ストーカー被害者情報をより保護する必要が強調された反面、加害者対策について、男女共同参画基本計画等でも強調されてきた「加害者の検挙」を含む「被害者の保護を優先とした厳正な対処の推進」が削除された。その代わりに、「ストーカー加害者に対しては、その者が抱える問題にも着目し、関係機関が連携しつつ、その更生に向けた取組を推進するものとする。」という文言が挿入された[25]。当初の文言は「個々のストーカー加害者の問題性を踏まえながら」となっており、内容的にはほぼ同じでありながら、改訂版の文言の方が、再犯防止推進

法・同計画を意識したものになっている。第2次法改正は、禁止命令制度の充実拡充をその内容としたものであることから、もはや「厳正な対処」は必要がないとされた可能性がある[26]。もっとも、このことは、ストーカー加害者をより「依存症者」類似の存在とし、治療可能な存在であるとするもので、「治療的司法」や再犯防止推進計画といった最近の流れとは一致しているものの、ストーカー行為という被害者の安全に大きな影響を与える行為について、処罰よりも「抱えている問題性の解決」を優先するかのような総合対策には大きな違和感がある[27]。

7　第2次ストーカー規制法改正 (2016)

　これまで、ストーカー加害者に対する行政処分としては、警告がほとんどで、禁止命令はその使いにくさから利用されることは相対的に少なかった。この点については、「有識者検討会」においても問題とされていた。この点も含めて、与党である自由民主党・公明党によって、2016年にストーカー規制法に関して2回目の改正が行われた[28]。

　改正法の内容は、①みだりにうろつくことも「はいかい等」として規制対象行為とされたこと、②かねてから問題だったSNSによるメッセージの連続送信やブログ等の個人ページへのコメント等も規制対象行為とされたこと、③誰であれ被害者に関する情報をストーカー行為に利用することを禁止したこと、④禁止命令を大幅に見直して、1）禁止命令等における警告前置制度の廃止、2）緊急時の禁止命令等の制度の創設、3）仮の命令制度の廃止、4）禁止命令等の有効期間・更新制度の新設、5）禁止命令等の権限の警察本部長への委任を整備したこと、⑤職務関係者による被害者の安全・秘密保持への配慮を義務づけたこと、⑥婦人相談所や民間シェルターの充実の努力義務を地方公共団体に課したこと、⑦ストーカー行為罪の非親告罪化を図ったこと、⑧罰則に関する法定刑の引き上げを行ったこと、である[29]。

　今回の改正に伴って、「ストーカー行為等の規制等に関する法律等の解釈及び運用上の留意事項について（通達）」「恋愛感情等のもつれに起因する暴力的事案への対応上の留意事項について（通達）」が2017年5月26日付で発出され、これまでの同種通達は廃止された。

第 2 次法改正は、2000年にストーカー規制法が成立して以来の問題点や数多くの殺人事件から学んだ点が適切に反映されている。ストーカー規制法成立から16年がたち、総合的に再整備されたことは評価できる。

四　おわりに

　第 2 次ストーカー規制法改正が行われたことで、一応の問題は解決されたように見える。
　ストーカー行為において殺人に至る可能性が多いDV加害者がストーカーとなる行為態様についての理解もその対応も充実してきたことは間違いがない。
　しかし、依然制度として、これらの 2 つの行為の法的対応の距離は縮まっていない。もちろんこれはストーカー規制法のみの問題ではなく、DVについて、いまだに配偶者（事実婚を含む）と同居している相手に限定し、同居していない恋人に関しては保護命令の対象とはしていないことも関係している。ストーカー規制法は、「恋愛感情のもつれ」がその介入の根拠となっていることから、両者の身分関係がどのようなものであるかは問われない。これに対して、DV法は、身分関係に未だこだわりを持った運用がなされている。この点については、ストーカー規制法のさらなる改正というよりは、DV法の改正の必要性の方が高い。重要なことは、その半数を占める恋人からのストーカー行為[30]の被害者にとって、より多くの選択肢を提供する必要があるということである。
　さらに、問題は恋人同士のストーカー行為に止まらない。長崎市で発生したストーカー事件（2017年 1 月）で明らかになったように、DV加害者との離婚後の面会交流における殺人という新たな問題が生じてきている。2011年の民法改正によって、「父母が協議上の離婚をするときは、子の監護をすべき者、父又は母と子との面会及びその他の交流、子の監護に要する費用の分担その他の子の監護について必要な事項は、その協議で定める。この場合においては、子の利益を最も優先して考慮しなければならない。」（民法766条 1 項）と改正されて以来、調停・審判離婚では、調停・審判条項に、具体的な非監

護親との面会交流についての記載が義務付けられた[31]。この事件も調停離婚のケースだといわれており[32]、恋人とは異なる意味で、DV法とストーカー規制法の連動が必要となる。面会交流については、離婚後の共同親権についての議論も法制審議会で始まるとの報道もされており、更なる検討が必要となる[33]。

　再犯防止推進計画において、ストーカー加害者に対する教育的処遇や、その抱えている問題の解決に焦点化するようになってきたこととの関係で、加害者に対する適正な処罰とその責任としての再犯の防止の重要性はますます高まっている。現在知的障害者や高齢者に対して行われている「入口支援」と同様の対応の必要についても議論が必要である。特に、法制審議会でも議論されている宣告猶予制度の導入だけではなく、身柄をできるだけ拘束するための制度の構築も今後の大きな課題であるといえる。

1）http://www.gender.go.jp/about_danjo/basic_plans/ 1 st/index.html
2）http://www.gender.go.jp/about_danjo/basic_plans/ 4 th/index.html
3）家庭が戦場であることについて、後藤弘子「私的な領域における安心・安全をどう確保するか－「ホーム・バイオレンス」への対流－」警察学論集66巻 9 号（2013年）92頁以下。
4）それぞれの状況に応じた総合的な対策について、榊原富士子監修、打越さく良『第 3 版 Q&A DV事件の実務 相談から保護命令・離婚事件まで』（日本加除出版、2018年）、小島妙子『DV・ストーカー対策の法と実務』（民事法研究会、2014年）参照。
5）詳しくは、清水潔『遺言　桶川ストーカー事件の深層』（新潮社、2000年）参照。
6）埼玉県警本部「埼玉県桶川市における女子大生殺人事件をめぐる調査報告書」（2000年） 9 頁。
7）浦和地判平成12年 9 月 7 日。
8）https://www.npa.go.jp/pdc/notification/seian/seianki/seianki19991216.pdf
9）条文解説として檜垣重臣『ストーカー規制法解説（改訂版）』（立花書房、2006年）参照。
10）青山彩子「ストーカー事案等男女間のトラブルに起因する被害の未然防止」『講座 観察法第 2 巻』（立花書房、2014年）127頁。
11）大きく報道された事件として、長崎西海ストーカー事件（2011年）、逗子ストーカー事件（2012年）、伊勢原ストーカー事件（2012年）、三鷹ストーカー事件（2013年）、市川ストーカー事件（2013年）、館林ストーカー事件（2014年）、愛知ストーカ

ー事件（2014年）、大阪ストーカー事件（2014年）、目黒ストーカー事件（2016年）などがある。
12）信田さよ子『加害者は変われるか？ DV と虐待をみつめながら』（ちくま文庫、2015年）、ランディ・バンクロフト（高橋睦子・中島幸子・山口のり子監訳）『DV・虐待加害者の実体を知る』（明石書店、2008年）など参照。
13）DV 法の立法の経緯について、南野千恵子他『詳解 DV（ドメスティック・バイオレンス）防止法』（ぎょうせい、2001年）参照。
14）仙台地判平成22年11月25日、仙台高判平成26年1月31日、最判平成28年6月16日。
15）「石巻市清水町における殺人等事件の相談体制に関する検証結果」（2000年）1頁。
16）前掲注検証結果3頁。
17）「長崎県西海市西彼町における女性2名日向野殺人事件に関する千葉・長崎・三重県警察の対応の検証結果」（2013年3月4日）参照。
18）「恋愛感情等のもつれに起因する暴力的事案への迅速かつ的確な対応について（通達）」（2012年3月6日）。
19）「恋愛感情等のもつれに起因する暴力的事案への迅速かつ的確な対応の徹底について（通達）」（2013年12月6日）1、2頁。
20）宇井総一郎「ストーカーに対する保護観察の現状」刑法雑誌55巻3号（2016年）94頁。なお、2016年には、警察庁「恋愛感情等のもつれに起因する暴力的の事案に係る仮釈放者及び保護観察付執行猶予者に関する措置について」の通達が発出されている。
https://www.npa.go.jp/laws/notification/seian/seiki/hogokannsatutukishikkouyuuyosya.pdf
21）ストーカー行為等の規制等の在り方に関する有識者検討会「ストーカー行為等の規制等の在り方に関する報告書」（2014年8月5日）。
https://www.npa.go.jp/safetylife/seianki/stalker/report/report.pdf
22）http://www.gender.go.jp/policy/no_violence/violence_research/stalker/pdf/03/taisaku.pdf
23）http://www.gender.go.jp/kaigi/senmon/boryoku/siryo/pdf/bo78-6_2.pdf
24）https://www.npa.go.jp/pdc/notification/seian/seiki/seianki20150311.pdf
25）http://www.gender.go.jp/policy/no_violence/violence_research/stalker/pdf/03/taisaku.pdf
26）もっとも、ストーカー事犯の検挙人員は、2011年から2012年にかけて倍増した。特に「ストーカー総合対策」の策定時以降、刑法犯・その他の特別法犯の検挙人員は増加してはいないが、ストーカー規制法違反の検挙人員は一貫して増加している。ただし、ストーカー規制法は、ストーカー行為にしても禁止命令違反にしても刑法犯に比べて法定刑が低く抑えられている。そのため、検挙はされても起訴される、実刑となる加害者の数は多くはないといえることから、「検挙等の厳正な対処」が必ずしも実

現したとは言えないことに留意する必要がある。警察庁生活安全局「平成29年におけるストーカー事案及び配偶者からの暴力事案等への対応状況について」（2018年）1、2頁。

https://www.npa.go.jp/safetylife/seianki/stalker/H29STDV_taioujoukyou_shousai.pdf

27) もちろんストーカーに対して適切な問題解決の対応がされることを妨げるわけではない。最近のストーカーの治療について、小早川明子『ストーカー「普通の人」がなぜ豹変するのか』（中公新書ラクレ、2017年）164頁以下参照。

28) 第2次改正の経緯については、高野磨央「『ストーカー行為等の規制等に関する法律の一部を改正する法律』の概要」法律のひろば2017年4月号14頁以下等参照。

29) なお、禁止命令に対しては、2017年6月14日から施行された。

30) 前注27、4頁。

31) 最決平成25年3月28日民集67巻3号869頁では、審判で「面会交流の日時又は頻度、各回の面会交流の長さ、子の引渡しの方法等が具体的に定められている」場合には、間接強制決定が可能としている。

32) DV夫との離婚後の面会交流の危険性については、西牟田靖『わが子に会えない』（PHP研究所、2017年）の例を参照。

33) http://www.moj.go.jp/hisho/kouhou/hisho08_01028.html

＊本論文は、後藤弘子「ストーカー行為に対する警察の対応と問題点」犯罪と非行178号（2014年）18頁以下に大幅に加筆したものである。

（後藤弘子）

II　ストーカー総合対策と機関連携

一　はじめに

　2016年12月の「改正ストーカー規制法」は、規制対象行為を拡大したほか、行政措置及び罰則を強化するとともに、被害者等の安全確保と秘密保持の姿勢を徹底した[1]。関係省庁は、法改正の背景を踏まえ、ストーカー総合対策を改訂して各省庁の対策をより一層強化するとともに、各機関連携協力を促進させることを図っている[2]。

　振り返れば、2000年に整備されたストーカー規制法では法規制の対象とされなかった行為態様や新たな手段など、ストーカー行為は多様化してきている。また被害者救済と支援の面でもその対応は十分とは言い切れなかったこともあり、2013年改正法が成立したのである。しかしそれでもストーカー被害の深刻な状況には変わりなく、同改正法の附則に示された規制等の在り方について検討するための協議会を設置し、ストーカー行為の防止活動に従事する民間団体の意見等を聴取して新たな規制の在り方を講ずべきことが求められていた[3]。これを受け、警察庁生活安全局、内閣府、法務省、厚生労働省等関係省庁関係者ほか、学界、法曹界、被害者及び被害者支援団体の委員からなる「ストーカー行為等の規制等の在り方に関する有識者検討会」が、2013年11月に設置され、2014年7月までの検討協議を経て「検討会報告書」がまとめられた[4]。

　この報告書では、SNSによる執拗なメッセージの送り付けや、被害者の自宅周辺の「はいかい」を新たに規制対象とするなど規制対象行為を拡大するほか、事態急変の状況に際して迅速かつ適切な措置が求められ、禁止命令の在り方（発出主体や手続）をめぐって検討の必要性が指摘されている[5]。またストーカー行為の罰則の強化や非親告罪化、常習累犯規定の検討など刑事規制への傾斜も目立っている[6]。

　他方で、加害者対策の在り方として、関係省庁や医療機関等が連携し、

様々な段階で加害者の更生プログラムの実施が求められ、また被害者への支援体制としても、早期の段階からの相談体制を種々の機関（婦人相談所、学校、地方自治体、男女共同参画センター、法テラス、犯罪被害者支援センター等）が整備し、かつ各機関の連携が強調された。被害者支援は、相談体制の確立のみならず、一時避難体制の充実や住所など被害者関連情報の保護等、過去の深刻なストーカー被害をくり返させない仕組みを整備することも指摘されている。もちろんストーカー被害の未然防止のために、被害者とならないための自己防衛マニュアルや危険性を認識するための情報取得、ひろくは被害者にも加害者にもならないための予防教育が重要であり、この点についてもその必要性が指摘されている[7]。この「検討会報告書」の趣旨を踏まえて、2016年の改正法が提案されたのである。

さらにまた、内閣に設置された「すべての女性が輝く社会づくり本部」が決定した「政策パッケージ」（2014年10月）において、ストーカー対策の抜本的強化が盛り込まれ、被害者の一時避難等の被害者支援の取組や効果的な更生プログラムなどの加害者対策の在り方について、関係省庁間で検討協議のうえ、総合対策がとりまとめられた。これが2015年3月の「ストーカー総合対策」であり、「ストーカー総合対策関係省庁会議」（2014年12月）において、主に被害者支援の取組や加害者対策の在り方について検討され取りまとめられたものである[8]。

二　総合対策（2015年）のポイント

1　ストーカー事案に対応する体制の整備

ストーカー被害に悩む者が最初に思い至る相談機関は、警察であろう。相談者の窓口として親身になって対応する担当者の存在は欠かせない。警察では、交番や各警察署の総合窓口に女性警察官を配置し、相談しやすい体制をまずは整備する必要がある。そのためにも関係省庁は、相談窓口職員の人間性を高めるための教養を向上させ、相談にかかる研修等の取組をすすめることにしている（内閣府、警察庁、法務省、文科省、厚労省の取組項目。以下取組にかかる省庁を表示する）。

また地方公共団体の被害者支援体制として、総合窓口や専用相談電話（女性の人権ホットライン）を活用するほか、法テラス、精神保健福祉センター等においても適切な相談対応をすすめる必要がある（内閣府、法務省、厚労省）。さらに、既存のネットワーク（配偶者暴力に関する協議会等）を活用することも重要とされている（内閣府、警察庁、総務省、法務省、文科省、厚労省）。

2　被害者等の一時避難等の支援

　被害者等が深刻な被害から逃れるためには、加害者を完全にシャットアウトできる空間での保護が必要となる。そのための公的施設として「婦人相談所」を活用することになるが、その一時保護を効果的に行うためには、心理療法担当職員等による被害者へのケアが重要である（厚労省）。また被害者の安全を確保するための要員や一時避難所への予算措置も講じなければならない（警察庁）。婦人保護施設に入所させるにしても、担当職員の中長期的な支援のための人材養成が早急に必要となる（内閣府）。また入所者である被害者への生活支援や心理的支援、場合によっては就労支援等自立へ向けた中長期的支援も必要である（厚労省）。さらには、被害者等に弁護士費用を立替えたり、負担を軽減するなど法テラスによる法的支援も欠かせない（法務省）。他方で、民間シェルター等に対する地方公共団体の財政的支援も欠かせない（内閣府、総務省）。このように被害者等の一時避難等に関しても、各省庁が心を一つにして、被害者支援に取り組むことが求められている。

3　被害者情報の保護

　被害者の住所や居場所、仕事先等は、加害者等に知られたくない情報である。捜査機関や地方自治体、法曹関係者が被害者に関する情報を安易に扱ったり、被害者であることの認識を薄弱化させている状況では、被害者の避難も無に帰すことになる。捜査段階・公判段階における被害者等情報に関する慎重な配慮が求められる理由がここにある（警察庁、法務省）。また配偶者暴力支援センター等の職員が思慮なく被害者情報を外部に提供することは厳しく戒められねばならない。相談員等に向けた適切な研修が求められるし（内閣府）、「婦人相談所ガイドライン（2014年3月）」に則った対応をすすめなけ

ればならない（厚労省）。もちろん、加害者等が被害者等の情報を閲覧・謄写するようなことは厳正に防止されなければならない。証明書制度の不当利用を防止して、被害者等の安全確保を図る上での配慮についての広報啓発を推進する必要があろう。具体的には、住民基本台帳の閲覧、自動車の登録事項等証明書等の交付、選挙人名簿の抄本閲覧、戸籍届書等の記載事項証明書請求等について、被害者等情報保護の手続の厳格な運用により、被害者等情報の管理を徹底するとともに、関係各機関がその旨を周知徹底させることが大切である（内閣府、警察庁、総務省、法務省、厚労省、国交省）。

4　被害者等に対する情報提供等

さらには、相談・支援窓口や事案への対処についての国民の理解を深めるため広報啓発が進められなければならない。この点に関して、内閣府が「女性に対する暴力をなくす運動」期間を設定して広報啓発を行ったり、「男女間における暴力に関する調査」において「特定の異性からの執拗なつきまとい等の経験」に関する調査を実施し、その結果を自治体のストーカー相談対応の実態等に関する報告書としてとりまとめ、自治体に送付したことなど、取組項目への対応も見て取れる。

5　ストーカー予防のための教育等

被害者にも加害者にもならない教育啓発の推進も重要である（内閣府、警察庁）。とくに「若年層を対象にした女性に対する暴力の予防啓発のための研修」や学校等における人権教育の徹底など、人を個人として尊重する社会の構築を目指すことは、迂遠なようであっても本質的な問題解決として重要である（文科省）。現代社会における課題としての「子どものインターネットの安心・安全な利用のための啓発講座」も継続して実施されなければならないし（総務省）、学校教育の情報化指導者養成研修における情報モラル等の指導の在り方についても、研修の機会を増やすことの意義はいうまでもない（文科省）。

6　加害者に対する取組の推進

ストーカー行為を行った者や行っている加害者への取組が何よりも重要であろう。ストーカー行為をやめさせるだけでなく、将来的かつ根源的な問題解決へ向けて取り組む課題である。まず被害者の安全確保を最優先にした迅速・的確な対応が必要である。そのためにも、まずは警察の対応能力が向上されなければならない（警察庁）。また加害者に対する更生のための働きかけとして、たとえば保護観察付執行猶予者に対して、警察と保護観察所とが連携して加害者の行動特性等を把握し、適切な措置を講じなければならない（警察庁、法務省）。また受刑者や少年院在院者に対しても、問題性を考慮したプログラムの実施が必要であろう。ストーカー加害者に対する精神医学的・心理学的手法に関する調査研究を実施することで科学的に有効な加害者対策（立ち直りを含む）も可能になろう（警察庁、法務省）。

三　改訂総合対策（2017年）のポイント

上記総合対策の実施状況は、ストーカー総合対策関係省庁会議で報告され確認されてきた。また、2015年12月に策定された第4次男女共同参画基本計画においても、あらためて女性に対するあらゆる暴力の根絶が強く求められたところである。2016年に改正されたストーカー規制法にともなって、総合対策は改訂され、各省庁はいっそうの対策推進課題に取り組むことになった[9]。新たに加えられたポイントを含め、その特徴は以下のとおりである。

1　被害者等からの相談対応の充実

被害者等が早期の段階で関係機関につながることが重要である。相談窓口の充実がまず求められるが、あわせて民間の自主的な活動を含めた関係諸機関の連携を推進する必要がある。ストーカー規制法12条4号は、国及び自治体に対して、民間の自主的な活動を含めた関係諸機関との連携を推進させるための協力と支援を求めている。また9条1項では、ストーカー行為による被害者の保護、事件捜査、裁判等に係るすべての職員に対して、被害者の安全の確保と秘密の保持に最大の配慮をすべきことを求めるとともに、9条2

項によって、相談への対応にかかわる者に対して、被害者の人権を重んじ、かつストーカー行為の特性に関する理解を深めるための研修・啓発を行うことも求められている。そのうえで、9条3項は、国及び自治体に対し、個人情報の管理の徹底とストーカー行為を防止するために必要な措置を講じる義務を課している。

ストーカー被害者等の安全をいっそう確保するために、研修を受けた担当警察官を配置することを含め、被害者の状況に応じた女性警察官の配置が進められており（警察庁）、またこれまで以上に婦人相談所等の担当者の研修をすすめ、適切かつ効果的な被害者支援に対応することにしている（厚労省）。

何よりも重要なのは、関係機関の連携協力を推進させることである。被害者支援と安全確保を的確にすすめるために、被害者支援連絡協議会や被害者支援地域ネットワーク等の既存の関連協議会を活用するほか、民間の自主的な組織活動を含めた関係機関との連携協力を効果的に推進する。そこで、とくに内閣府にあっては、2014年に実施された「ストーカー行為等の被害者支援実態等の調査研究」[10]の結果を踏まえ、関係機関の連携を男女共同参画第4次基本計画に基づいて推進させることになった。

2　被害者情報の保護の徹底

ストーカー規制法7条は、ストーカー行為等を行うおそれがある者に対して、被害者の氏名、住所等、ストーカー行為等をするために必要となる情報を提供してはならない旨、規定した。その主体は、「何人も」であるが、被害者情報にかかわる者に対して、ストーカー行為等を行うおそれがある者に、そのことを認識しながら情報提供をすることを禁じたものである。これはまた、関係諸機関が、被害者情報を適切に管理するとともに、その漏えいを防ぐ責務があることを、関係職員に周知させることを求めるものでもある。したがって、職務関係者は、過ってまたは無意識に被害者情報を漏えいすることがないよう、これを管理し、決してストーカー行為者の手にわたることがないようにしなければならない。

たとえば捜査段階では、逮捕状請求における被疑事実の記載において、再被害防止の観点から、必要に応じて氏名・住所の表記方法について工夫をす

る（被疑事実を特定できさえすればよい）ことや、公判段階では、弁護人への証拠開示に際して被害者特定事項が被告人に知られないようにすることを求めるなど、被害者等に関する情報の保護への配慮をすすめることとしている。また、相談窓口等でも、加害者からの問い合わせに応じないなど、被害者等の情報の的確な保護が求められている。

　市区町村にあっても、「ドメステイック・バイオレンス、ストーカー行為等、児童虐待及びこれらに準ずる行為の被害者の保護のための住民基本台帳事務における支援措置」をはじめ、選挙人名簿の閲覧に関する取扱い、運輸支局等における登録自動車の登録事項等証明書の交付や閲覧抑制、法務局における移転登記の住所変更への配慮、閲覧拒否申請の運用など、被害者等に係る情報の管理を徹底することが求められた。また、保険、年金、税務、児童手当、郵便の転居届等、その利用の仕方によっては被害者等の住所等が加害者に伝わる可能性があるものについては、加害者に知られることがないように対応を徹底するものとされている。被害者等の職場や学校又は子どもが通う学校においても、被害者等の居所が知られないよう、十分な配慮が必要であり、被害者の安全を確保する観点から、機関等への広報啓発を徹底することとした。

3　被害者等の適切な避難等に係る支援の推進

　被害者等への適切な避難場所の提供は、その安全確保のために不可欠なものである。ストーカー規制法10条1項は、国及び地方公共団体に対して、婦人相談所その他適切な施設への避難や、民間の施設における滞在の支援、公的賃貸住宅への入居に関しての配慮に努めるべきことを求めている。ここで重要なのは、婦人相談所においての被害者の安全の確保と心理的カウンセリングを十分に行うよう、婦人相談所の体制を整備し、緊急時にはいつでも適切かつ効果的な一時保護を実施することである。これをうけて、警察庁にあっては、一時避難のための費用の一部を都道府県に補助して、都道府県警察における被害者等の安全確保の取組をすすめることにしている。また、一時保護後の被害者に対しも、自立支援やアパート等の賃借に向けた支援を、適切な機関と連携して住宅、就業等の情報提供を行い（厚労省）、また公的賃貸

住宅への優先的入居についても、再被害の防止の観点や地域の実情を踏まえて取組をすすめている（国交省）。経済的支援に関しては、法テラスの業務として、加害者への賠償請求や離婚訴訟をはじめ、加害者との交渉等にかかる弁護士費用等の負担軽減を図り（法務省）、地方公共団体が実施した民間シェルター等に対する財政的援助を地方交付税による財政措置として適切に講じるものとされている（総務省）。

4　調査研究・広報啓発活動等の推進

ストーカー規制法11条は、国及び地方公共団体に、加害者を更生させるための方法及び被害者等の心身の健康を回復させるための方法等について調査研究をすすめることを義務付けている。ストーカー行為等の被害の実態を把握することで、これらを未然に防止し、あるいはその再発を防止するためにどのような取組が必要かを明らかにすることができる。そのための調査研究や被害実態の把握は欠かせない。近時の状況に応じて、必要な調査を継続するとともに、とくに加害者更生プログラムの実情について調査することとされている（内閣府）。

これらの調査を踏まえて、ストーカーの被害者にも加害者にもならないための予防啓発教育が求められるが、とくに若年層へ向けた予防啓発の拡充、教育学習の充実を図るものとしている（文科省）。またリベンジポルノ事案や自画撮り写真の送付など被害の増幅する事例に鑑み、インターネットの危険性を含めた啓発活動を行って個人情報の扱いに関する教育啓発を推進する（総務省）。

5　加害者対策の推進

加害者に対する更生支援についても、あらためてその取組の重要性が認識されている。個々の加害者の問題性に目を向け、警察、矯正施設、保護観察所、医療機関等が連携を適切に行ってそれぞれの段階で更生への働きかけを行うものとする。たとえば、ストーカー行為等により、受刑後仮釈放になった者や保護観察付執行猶予になった者については、被害者等との接触を禁止するといった特別遵守事項を設定し、その遵守事項を的確に把握したうえで

指導監督することが必要である。保護観察所と警察とが緊密かつ継続的な連携をもつことが重要となる。また加害者への対応方法や治療・カウンセリングの必要性について地域精神科医等から助言をうけ、警察が加害者に受診を勧めるなどといった連携も必要とされており、ストーカー行為等につながる問題性を考慮したプログラムの充実と、実施に向けた医療関係者との連携をすすめることが図られている。

6　支援を図るための措置

　ストーカー規制法12条2号及び13条は、ストーカー行為等の防止や被害者の保護・支援に係る人材の養成とその資質の向上を図ることを、国及び地方公共団体に義務づけている。努力規定とはいえ、国が率先して取り組まねばならない課題であり、そのための財政的な支援措置も講ずるよう求められている。

四　機関連携の意義と課題

　以上のように、2015年3月にスタートした「ストーカー総合対策関係省庁会議」において、内閣府が主導となり、警察庁、厚生労働省、法務省、総務省、文部科学省、国土交通省などの関係省庁が連携して情報を共有化し、各省庁が設定した取組課題の進捗状況を報告する形で、ストーカー対策の総合化と効率化、迅速化をすすめてきた。検討課題を浮かび上がらせ、適切な総合対策への体制づくりを国として推進している様子が目に見えてくる。中心的役割は、総合的推進拠点としての内閣府男女共同参画局が担うとしても、実践的には、警察庁及び厚生労働省に大きな役割が期待されている。

　こうした連携は、ストーカー行為等の初期段階において早期の相談体制を整備して、迅速な被害者支援を可能にするためにすすめられるものである。また共有化した情報を活用して、予防教育や啓発事業への取組を推進することになるものでもある。上述してきた取組の状況からわかるように、国が本気になってストーカー行為等の予防を唱導し、被害者の保護と支援の体制づくりに力を注ぐ姿勢が見てとれる。

1　自治体の取組における機関連携の課題

　上述のように、国の各種対策は進められているが、総合対策において強調されたように、自治体のストーカー対策への取組は、これからのところであり、その姿勢はなお十分とは言い切れない。全国の地方公共団体を対象に内閣府が行った『ストーカー行為等の被害者支援実態等の調査研究事業報告書』(2015年3月)[11]によれば、ストーカー被害を想定した相談窓口は、なお59.8%の自治体において未整備の状態である[12]。専門的な相談窓口ともなれば、一部を除いてほとんど整備されていない状況である[13]。警察や他機関の相談窓口の紹介を含めた情報の広報と周知さえ満足に行われていない（広報・周知の自治体は36.8%)[14]。旧ストーカー規制法8条1項及び2項にあっても(2000年法及び2013年改正法)、国とともに自治体に対して、ストーカー行為等の防止に関する啓発と防止機関等関係事業者等の支援をすすめる体制を整備することが努力義務として課されてきたのであるが、その取組はすすんでいない。結果として、民間支援団体との連携協力関係も極めて少数の自治体でしか実現していない(5.8%)[15]。その背景には、自治体行政に係る職員の意識の問題もさることながら、相談窓口や他機関との連携をすすめる相談員等の職員の育成がすすんでいないことがあげられる[16]。大都市を別にすれば、市町村単位で「女性センター」といった男女共同参画センターを設置するところは少ないし（79.8%が不設置)[17]、「配偶者暴力相談支援センター」のような機関を設置する自治体は、7.2%にとどまっている[18]。このような状況に目を向ければ、ストーカー行為等の被害に対する相談体制の整備や支援連携体制の確立など、見果てぬ夢のように思われなくもない。総務省及び内閣府は、まず自治体職員の意識改革を促進させることに力を注ぐべきである。自治体の内側からの意識改革があってはじめて、ストーカー行為の防止や被害者支援の問題についても社会全体が取り組む課題であるとの認識が生成され、民間機関との連携も促進されることになるのではなかろうか。

　もっとも、ストーカー対応における自治体の連携主体性をすすめるためには、児童虐待防止対策に見られるように、「要保護児童対策地域協議会」（児童福祉法25条の2）のようなネットワークシステムを整備することが重要であり、そのためのストーカー規制法の見直しも必要であろう[19]。

2　被害者の視点からの機関連携の課題

改訂総合対策においても、ストーカー被害者への相談体制の確立とともに重要なのは、被害者等の安全の確保へ向けた体制の整備である。現行法は、被害者等の安全を確保するため、警察官による指導警告（警察法2条、警察官職務執行法5条）や警察本部長又は警察署長による文書警告（ストーカー規制法4条）、公安委員会による禁止命令（ストーカー規制法5条）によるほか、行為者の反復性が確認され申出者の生命の安全等を確保するために緊急の必要性があると判断される場合には、警察本部長又は警察署長による仮命令（当該ストーカー等反復行為の禁止）を発する体制をとっている（ストーカー規制法6条）。

実際、指導警告や文書警告を受けた結果、その多くはストーカー行為等の再発を、少なくとも半年間は防止できている状況にあることが報告されている[20]。他方で、禁止命令を発しても再発するケースが一定程度存在し、文書警告の後に再発のおそれが生じることから禁止命令が発せられても、なお繰り返す行為者がいることも事実である[21]。数は多いといえなくても、ストーカー行為等をさらに深刻化させる行為者が存在するのである。これらの者に、禁止命令違反やストーカー行為罪で処罰をしても、被害者の心身に及ぶ不安は解消されるわけではない。被害者等を法的に守る制度があまりにも弱い。警察庁は、すでに2013年及び2014年の「恋愛感情等のもつれに起因する暴力的事案における関係機関等との連携関係の確保について」[22]を警視庁安全部長及び各県警本部長、各方面本部長宛の通達として発出したが、そこでは、被害者等に対して安全な場所へ速やかに避難させることを最優先とした対応をとるものとし、被害者保護にあたる中心的機関としての「婦人相談所（配偶者暴力相談支援センター）」との連携を緊密にとることと同時に、「婦人相談所」からの一時保護委託先である施設との連携体制を確保すること、公的施設や民間シェルターとの連携のほか、ホテル等と宿泊施設に関する協定を締結して避難先を確保すること、被害者や地域の実情に応じ、夜間や休日、地理的状況、家族状況等に応じた多様な連携が可能になるよう配慮することなど、関係機関との多方向性の継続的な支援を行うものとしている。

警察において、最も重要でかつ困難な対応は、ストーカー行為者のリスク評価であろう[23]。相談者からその後の連絡がないからといって、事案が収束

しているとは限らない。文書警告後にストーカー行為が再発するのか否かの判断は難しい。被害者の安全確保の対応をいつまで継続すればよいのか、これも連携機関と協力する対応であるとしても、明確な判断は困難である。その際活用されているのが、精神医学者等の協力のもとで作成された危険度評価表である[24]。ストーカー行為の危険性や切迫性及び事件性を的確に判断するために、被害者等から加害者の具体的言動等を聞きだして、危険性判断のチェックを行っている。こうした科学的な診断等を相談段階から導入して行うためにも、精神医学や心理学の実務専門家と連携する意義は大きい。危険性・切迫性が極めて高いと認められる場合には、警察での部内連携を強くし、刑事犯罪として立件可能な事態を意識して、刑事部門と生活安全部門との協力連携体制とともに、本部対処体制を確立して対応に当たる必要がある[25]。

なお、リベンジポルノや自画撮り写真等がネット上で配信・拡散する不安や危険に迫られているような事案も多数ある。セーファーインターネット協会（SIA）の広報活動により、同協会に削除依頼や相談事例がもちこまれているという[26]。リベンジポルノの被害相談を受けた場合など、警察への相談をすすめるといった対応がされているが、なお連携体制が整っているわけではない[27]。今後の取組課題である。

3 加害者への対応に関する機関連携

ストーカー規制法は、加害者に対する措置として、行政処分（警告（4条）及び禁止命令（5条））と刑事処分（禁止命令違反罪（19条）、ストーカー行為罪（18条））を規定するが、ストーカー行為の再発を防止するという観点から見れば十分なものではない。行政処分が初期のストーカー行為に対して一定の抑止力を行使し、再発防止に効果があることや、ストーカー行為が犯罪であることを示し、刑罰が科される可能性を予告する意味で、規範の確立と一般予防効果も期待できることではある。しかし、刑務所に収容されたからといって、当該被害者等へ向けたストーカー行為がやむとは限らない。受刑するほどの行為者であれば、釈放後に再発または継続する可能性はない方が不思議である。矯正施設で心理療法等のセラピーを受ける機会はあっても、懲役受

刑者の処遇の現状からすれば十分ではない。たしかに現行では、保護観察付の執行猶予者や、刑務所からの仮釈放者に対しては、保護観察所の監督の下で、被害者等との接触を禁止するという特別遵守事項を付して指導監督を行い、警察及び医療機関との連携がすすめられている[28]。ストーカー行為等につながる問題性を考慮したプログラムの実践をさらに拡充させることが重要であろう。

　ここで留意すべきは、執行猶予者や仮釈放者には、刑期という制限があるということである。治療への働きかけは、刑期の満了とともに難しくなる。加害者への医療的支援は、加害者自身が治療へ向かう意思を形成させるところから始めなければならないが、この限られた刑期の中で治療への動機づけを行うことは容易ではない。また、警察や保護観察所は、加害者の行動監視や行動制限をする立場に立つが、医療は患者と医師との信頼関係で成立するものである。医療と、警察や保護観察という広い意味での司法とが「水と油」と評されることもあるが[29]、それぞれの本来の役割からすれば当然のことであり、むしろその違いをそれぞれが補い合う形で機能させるところに連携の意味がある[30]。

　医療機関と警察との連携については、傷害や殺人未遂といった危害行為に及ぶ前に、警告を発した警察が、医療機関への受診をすすめることも知られるようになった。治療は同意のもとで行われ、治療状況などの警察への報告についても同意を得てすすめられている[31]。しかしまだまだ、警察からの依頼を受ける医療機関は少ない。医療機関が遠隔地にある場合も多く、医療の中断に至るケースもあるという[32]。たしかに受け皿が広がることで、継続的治療が可能となり、行為者の問題性や加害行為のリスクを下げることにもなるであろう。医療の協力体制がなお不十分なのは、明確で統一的なガイドラインが存在していないからとの指摘もある[33]。医療の受入れ体制をすすめるうえでも法の整備は必要である。

　さらに、警察と検察そして、矯正施設と保護観察所であっても同じであろう。加害者情報を共有し、加害者の立ち直りを支援し、社会復帰へ向けた連携をすすめることは、再犯防止へ向けた取組として国が力を入れている課題である。刑事司法にかかわる諸機関がストーカー行為の再発を防ぐ手立てを

連携して講じることは、結局は、被害者の保護に益することになる。加害者を深刻な犯罪者にしないことが、被害者の最善の利益につながるものである。この視点に立つならば、医療的介入や行動監視の体制づくりも必要になる。その場合には、加害者への介入をチェックするうえで裁判所の役割の重要性が高まってくるものと思われる。

五　おわりに ―残された課題―

　以上、ストーカー総合対策関係省庁会議が策定した二つの「総合対策」のポイントを整理しながら、対策にかかわる各機関の連携の実情とあり方について述べてきた。ストーカー規制法は、過去の不幸な事件を二度と発生させないという願いによって成立した。しかし、警察をはじめとする部内連携の不備や、行政各機関の連携不備、さらにはストーキングに対する認識不足も重なり、新たな不幸を生じさせるに至った。その反省から、機関連携を重視する政策の提示が二つの「総合対策」の各所に表れている。しかし、残念ながら、総合対策を推進するための法整備はなお十分とはいえない。

　ストーカー規制法は、もとより警察による対象者の規制に関する法律である。加害者治療や更生支援に関する規定を整備してはいない。その意味で受講命令など、裁判所がかかわる事態を想定していないし、総合対策における機関連携の輪の中にも裁判所は登場しない。総合対策は、あくまでも行政の枠の中での話である。しかし、たとえば更生支援と再加害防止のために、加害者を保護観察付執行猶予にするか否かという判断を行う場合、あるいは保護観察における特別遵守事項違反を理由に執行猶予の取消を判断する場合には、裁判所には重要な役割が担わされてくる[34]。ストーカー行為等の問題性に関する認識が欠如しているようでは、適切な法的判断は期待できないだろう。これでは総合対策の実を向上させることは難しい。

　裁判所は、ストーキングの防止のために、もっと法的場面での役割を担うべきではないだろうか[35]。たとえば、DV防止法と同様に、加害者への禁止命令や受講命令を発出することや、継続的な医療や行動の監視を、裁判所の発する令状によって行使することも今後は検討する余地がある。また行動監

視においてはGPSを付加した電子監視も検討すべき課題であろう[36]。その場合には裁判所の判断が必要になる。裁判所は、単にストーカー事案の事件処理をする機関としてではなく、ストーカー被害を防止する機関としてもその役割を果たすべきである。警察の行政的指導等の枠組ではなく、最終的な責任主体を裁判所が担うことで、市民（加害者）の自由制限と市民（被害者）の安全確保を評価し判断するということが、法的な正当性をそなえる正道である。その役割を裁判所は果たしていない。その結果、警察等の行政機関が、加害者のプライバシー侵害をおそれ、不当な介入にならないように抑制した活動に甘んじる場合も生じてくるのである。慎重な対応は必要であるが、被害者の生命を危うくしてはならない[37]。

　また加害者情報の共有化が徹底されなかった背景には、行政機関の自己抑制ともいうべき消極的な姿勢がある。少なくとも、今後は総合対策として、関係機関の連携がいっそう推進されることになるのであろうが、加害者情報がどこまで共有化されるのか、不明な点もある。警察の被害防止へ向けた活動の意義が何よりも重要であることを考えれば、関係機関の協力姿勢が強く望まれるところである。

　他方で、機関内の部内連携についても促進されることが必要である。管轄を異にすれば、情報が伝達されにくい。過去の不手際によって生じた重大事件に思いを致し、その種の被害を二度と発生させないため、連携を密にする仕組みは欠かせない。さらに、それ以上に機関にかかわる個々の人が、ストーカー被害の深刻さや危うさをしっかりと受けとめる姿勢が必要である。機関連携の課題はなお多くある。総合対策に表明された機関連携の取組状況について、目を向け続けていかねばならない。機関連携をすすめ、ストーカーの防止と治療を含め、社会全体で取り組むためにも、ストーカー規制法にとどまることなく、総合的な防止法に改編していくことも検討課題ではなかろうか。

1）改正法の概要については、高野麿央「『ストーカー行為等の規制等に関する法律の一部を改正する法律』の概要」法律のひろば70巻4号（2017年）14頁以下を参照。
2）ストーカー総合対策関係省庁会議「ストーカー総合対策」（平成29年4月24日付改

訂版参照。以下、本稿では「改訂総合対策」と記す）。http://www.gender.go.jp/policy/no_violence/violence_research/stalker/pdf/03/taisaku.pdf

3）第１次改正ストーカー規制法（平成25年７月３日法律73号）附則５条２項による。
4）ストーカー行為等の規制等の在り方に関する有識者検討会『ストーカー行為等の規制等の在り方に関する報告書』（平成26年８月５日）。警察庁ＨＰ参照（https://www.npa.go.jp/safetylife/seianki/stalker/report/report.pdf）
5）前掲「検討会報告書」（注４）３頁から５頁参照。
6）前掲「検討会報告書」（注４）７頁から９頁参照。
7）前掲「検討会報告書」（注４）14頁参照。
8）ストーカー総合対策関係省庁会議「ストーカー総合対策」（平成27年３月30日。以下「2015年総合対策」と表記する）。内閣府男女共同参画局ＨＰ参照（http://www.gender.go.jp/policy/no_violence/violence_research/stalker/pdf/taisaku.pdf）
9）経緯については「改訂総合対策」（前掲注２）１頁参照。
10）内閣府男女共同参画局『「ストーカー行為等の被害者支援実態等の調査研究事業」報告書』（2015年３月）。東京23区を含む全都道府県及び市町村1,788箇所を対象に行ったもので、1,588箇所の自治体から回答を得たものである。このうち市部が770、町村部が741である（参照 http://www.gender.go.jp/policy/no_violence/e-vaw/chousa/pdf/h26_stalker_report.pdf１）
11）前掲報告書（注10）参照。本報告書についての紹介として、藤本哲也「地方公共団体におけるストーカー被害者支援に関する現状と今後の課題」戸籍時報740号（2016年５月）95頁以下がある。藤本はこの報告書を踏まえ、地方公共団体の役割の大きさを指摘する。それは警察への単なる橋渡し機関としてではなく、ストーカー対策を共同して講じる連携機関としての役割である。関係機関が連携してストーカー対策を講じることで、それぞれの役割に応じた多様な支援を継続的に行うことを可能にするものとして、地方公共団体の役割に期待する。
12）前掲報告書19頁参照。
13）DVや児童虐待等を含め、家族間の何らかの相談窓口があると回答した621の自治体のうち、ストーカー被害の専門的相談窓口があるとの回答は、6.8％にすぎなかった。前掲報告書41頁参照。
14）前掲報告書14頁参照。
15）前掲報告書53頁参照。
16）前掲報告書47頁から49頁参照。
17）前掲報告書７頁参照。
18）前掲報告書８頁参照。
19）鈴木秀洋「ストーカー対策の制度設計－児童福祉法及びDV防止法との比較を踏まえて」JCCD116号（2017年９月）14頁以下参照。鈴木は、親密圏被害における社会的

対応として、DV 防止法とストーカー規制法、児童福祉法・児童虐待防止法のそれぞれが異なる制度設計を有している状況に疑念を示し、被害者の近隣者として地域や自治体がなすべきことは基本的に共通であるとの認識から、ストーカー規制法のあらたな改正の必要性を主張している。傾聴すべき指摘であり、改善提案であろう（鈴木・同論文20頁以下参照）。

20）青山彩子「警察におけるストーカー対策」刑法雑誌55巻3号（2016年）453頁及び野地 章「警察におけるストーカー対策」被害者学研究26号（2016年）128頁を参照。島田貴仁は、指導警告で多くのストーカー事案が収束する背景には、事案の多くが行為者と被害者との別れ話等、相互のコミュニケーションの行き違いから生じる警察相談に至る軽微なケースであることや、被害者の多くの者の希望が平穏な暮らしの回復であって、必ずしも相手に対する行政措置や処罰を求めるものではないこと、文書警告の手続等、時間がかかるといったことがあるものと分析している（島田貴仁「ストーカー事案―統計と相談記録からみる実態と効果的な対策に向けて」早稲田大学社会安全研究所紀要7号（2014年）78頁参照）。

21）青山・前掲論文454頁参照。

22）2013年12月6日付け警察庁丙生企発第133号及び2014年4月18日付け警察庁丁生企発第178号。

23）ストーカー行為者の危険度評価について、小早川明子「当NPOにおけるストーカー被害者と加害者の実像、解決のための支援体制について思うこと」被害者学研究26号（2016年）104頁以下が参考になる。

24）福井裕輝①「ストーカー加害者：その病理と介入」犯罪と非行178号（2014年）65頁参照。なお同一の内容は同②「ストーカー加害者の病理及びその対策」被害者学研究26号（2016年）126頁および同③「ストーカー加害者の病理と介入」刑法雑誌55巻3号（2016年）480頁でも確認できる。

25）このことは、すでに2013年12月6日付け警察庁通達において明言されている（前掲警察庁丙生企発第133号3頁参照）。

26）吉川徳明「インターネット上の違法・有害情報対策について―セーファーインターネット協会（SIA）の取組から」法律のひろば70巻4号（2017年）27頁以下参照。

27）吉川・前掲論文36頁参照。

28）生島 浩「ストーキング加害者の立ち直り支援に関する試論―彼らを再び社会に受け入れるために―」犯罪と非行178号（2014年）85頁参照。宇井総一郎「ストーカーに対する保護観察の現状」刑法雑誌55巻3号（2016年）483頁以下参照。

29）福井・前掲論文①66頁。

30）福井も各機関の役割に違いがあるからこそ、補い合って連携する必要性があることを指摘している（福井前掲論文①66頁参照）。

31）長谷川直美「取締り側と医療との連携――その有効性と課題」法律のひろば70巻4

号（2017年）48頁参照。
32) 長谷川・前掲論文49頁。
33) 長谷川・前掲論文49頁。
34) 現状では、ストーカー事案に関連した保護観察付執行猶予の比率はさほど高くはなく、また特別遵守事項違反による執行猶予の取消は稀有という（生島・前掲論文85頁参照）。
35) 小早川は、被害者を守り加害者を治療するという視点から、医師と警察・検察・弁護士そして裁判所の連携がうまくいったケースを紹介しているが、珍しいケースといえなくもない（小早川・前掲論文115頁参照）。
36) 後藤弘子「ストーカー行為に対する警察の対応とその問題点」犯罪と非行178号（2014年）39頁参照。
37) 禁止命令等警察の行政処分は、権限の乱用を招くおそれもあり、司法的にチェックする必要性や、迅速な判断を得る必要性から禁止命令の発令主体を裁判所に移行すべきとの意見もある（長谷川京子「被害者の保護と法的支援」被害者学研究26号（2016年）152頁参照）。

参考文献

「〈特集〉ストーカーと現代社会」犯罪と非行178号（2014年）18〜146頁
「〈特集〉ストーカー行為の法的規制と加害者の再犯防止」刑法雑誌55巻3号（2016年）445〜504頁
「〈シンポジウム〉ストーカー被害の防止と被害者の保護」被害者学研究26号（2016年）100〜155頁
「〈特集〉ストーカー犯罪対策」法律のひろば70巻4号（2017年）4〜49頁
「〈シンポジウム〉ストーキングの予防と対策」JCCD116号（2017年）1〜60頁
ストーカー行為等の規制等の在り方に関する有識者検討会『ストーカー行為等の規制等の在り方に関する報告書』（2014年）（https://www.npa.go.jp/safetylife/seianki/stalker/report/report.pdf）
内閣府男女共同参画局『ストーカー行為等の被害者支援実態等の調査研究事業報告書』（2015年）（http://www.gender.go.jp/policy/no_violence/e-vaw/chousa/pdf/h26_stalker_report.pdf１）
ストーカー総合対策関係省庁会議「ストーカー総合対策」2015年3月30日（http://www.gender.go.jp/policy/no_violence/violence_research/stalker/pdf/taisaku.pdf）
ストーカー総合対策関係省庁会議「ストーカー総合対策（改訂版）」2017年4月24日（http://www.gender.go.jp/policy/no_violence/violence_research/stalker/pdf/03/taisaku.pdf）

（安 部 哲 夫）

第 6 章　ストーキングの病理

I　精神医学からみた病理

一　はじめに

　警察におけるストーカー事案の認知件数は増加の一途を辿っており、平成25年（2013年）にはストーカー規制法の施行後初めて2万件を超え、現在2万3千件を突破している。ストーカー事案の検挙件数、警告・禁止命令等の件数についても、法施行後、おおむね増加傾向を示している。また、平成25年10月に東京都三鷹市で発生した女子高校生殺人事件を初めとして、インターネットを通して知り合った者によって、あるいはインターネット上において、ストーカー行為が行われる事案や、若年層や高齢者を対象としたストーカー事案が増加しているなど、ストーカー行為をめぐる状況は多様化している。

　筆者は、長年ストーカー加害者を診てきた経験から、日本の様々な社会的状況などを背景に、今後ますますストーカー問題は増大・深刻化していくものと予想している。以下では、ストーカー行為に対して、どのような効果的な対策を行うことができるかについて、主として精神医学的立場から論じたい。

二　ストーカー病

1　ストーカー加害者の精神病理

　筆者がストーカーの問題を本格的に考えはじめて10年近くになる。定期的

に研究会を行い、何百という英文論文に目を通し、研究室にあふれるほどの膨大な刑事事件記録を読んだ。警察庁からストーカー等の加害者・被害者に関する3千件近いデータの提供を受け、解析した。警察学校・大学校で合わせて数千人の警察官を対象に講義を行い、現場の警察官から生の声を聞き、刑務所や拘置所でストーカー凶悪犯との接見を行い、被害者の悲しみに耳を傾け、被害者支援団体の方々とディスカッションをし、そして、ストーカー加害者の診察を行ってきた。

そこから見えてくるストーカー加害者の精神病理は、非常に似通っている。

男女が別れる際、グリーフ・ワーク（悲嘆作業）といわれるものが必要とされる。イギリスの精神科医ジョン・ボウルビィ（John Boulby）は、グリーフ・ワークは4つの段階を通して行われると論じている（J. ボウルヴィ（黒田訳『母子関係の理論（2）分離不安』参照）。

1. 相手を失った事実を認められない段階
2. 失った相手を諦めきれず、強い怒りを感じる段階
3. どうしていいか分からず混乱し、なすすべがないと知って絶望する段階
4. 相手を失った悲哀が和らぎ、生活を立て直し始める段階

ストーカー加害者は、4段階に進むことができず、1から3の段階に停滞している人たちである。したがって、彼らの多くは、失恋直後の状態がずっと続いているようなもので、とても悩み、苦しんでいる。

年齢、性別、職種、地位などの背景、また、ストーカー行動の有り様・様式などは、実にヴァラエティに富んでいる。その一方で、彼らの病理、心の状態は、ある種のパターンを持っている。

揺るぎなき被害者感情、激しい思い込み、愛憎入り交じった執拗さ、飛躍した衝動性などが一貫してみられる。こうしたストーカー加害者の特異性を目の当たりにして、ひとつの精神疾患、病気として一括りにするのが適切だと考えるようになった。

そして、筆者はそれに、「ストーカー病」という名称をつけた（拙著『ストーカー病』参照）。

2　ストーカー病の関係性による分類

　ストーカー加害者と被害者の関係性によって、ストーカーの性質には一定のパターンがみられる。筆者は、ストーカー行為を、相手との関係性や目的をもとに4つのパターンに分類している。"執着型"、"一方型"、"求愛型"、"破壊型"である。
　執着型は、元恋人や配偶者との親密な関係が壊れたときにストーカー化するものだ。最初は、復縁したいという欲求から始まるが、結果的に相手への復讐に目的が変わり、傷害事件や殺人事件に発展しやすい。三鷹女子高生殺人事件や逗子ストーカー殺人事件などがこれに該当するが、元恋人や配偶者だけでなく、親子や同僚、仕事上の取引相手、医師と患者、教師と生徒など、相当の年月において親密な関係にあった者同士の間にもみられるパターンである。
　一方型は、執着型ほど親密な関係になかった相手、あるいはほとんど知らない相手に対して接触を図ろうとして、恐怖や混乱を与えるストーカー行為である。自分の理想の人であるアイドルやタレントに一方的な恋愛感情を抱き、ストーカー行為に発展するようなパターンである。
　求愛型も、相手との相思相愛の関係を持ちたいという一方的な意図から生じるストーカー行為だが、執着型ほど親密な関係にないものの、全くの他人とも言えない関係にある人が対象とされる。相手にうまく自分の気持ちが伝えられなかったり、コミュニケーションができなかったりすることによって生じる。
　破壊型は、自己中心的な欲求を満たすために、ストーカー行為を行うものである。相手の気持ちや立場は一切関係なく、自分の感情や欲望を一方的に押しつける。性欲を満たすことを目的に、相手を支配しようとするようなケースである。

3　ストーカー病の精神医学的分類

　以上のように、加害者と被害者との関係性や目的をもとにパターン化できるストーカーだが、精神医学的な面からもストーカー病を分類することができ、関係性や目的との間に、ある程度の関連があることが明らかになっている。

　執着型は、自己愛性パーソナリティ障害傾向がストーカー化の因子となりやすい。同様に、一方型は、統合失調症や妄想性障害などにみられる被害妄想的思考、求愛型は広汎性発達障害傾向、破壊型は反社会性パーソナリティ障害傾向が因子になりやすい。

　このうち、重大なストーカー事件に発展し、メディアで騒がれるものの多くが執着型と求愛型である。一方型と破壊型については、ストーカー事件としては報じられることは少ない。なぜなら、いずれもストーカー事案化する前に、別の道をたどることになるからである。

　一方型と関連が深い統合失調症や妄想性障害が呈する症状として、クレランボー症候群やオセロ症候群が知られている。クレランボー症候群とは、恋愛妄想・熱情精神病の一種であり、「自分と相手は深く愛し合っている恋人同士である」と妄想し、その思い込みを訂正することが難しい。オセロ症候群も、恋愛の妄想に基づく対人関係の障害だが、恋人や配偶者に対する病的な嫉妬妄想を抱く点が特徴である。相手が「浮気しているのではないか、見捨てられるのではないか」との不安をつねに抱え、同様に第三者によって訂正ができない。このような思考を原因として、ストーカー化する。しかし、統合失調症や妄想性障害を発症している場合、一見して病的な言動がみられるため、事件化する前に家族などが病院に連れて行くため、深刻な事件に発展するケースはあまりない。また、抗精神病薬などの薬物療法を施すことによって症状は改善し、予後も悪くない。

　破壊型と関連が深い反社会性パーソナリティ障害の例としては、大阪池田小事件の加害者がいる。児童8名を殺害、13名の児童と2名の教諭に重軽傷を負わせるという池田小事件の前にも、本加害者は度々ストーカー行為を繰り返していたが、ストーカー行為以上の傷害その他多くの犯罪を重ねていた。したがって、ストーカー規制法レベルで問題になるのではなく、別の罪名などで刑事事件として扱われることになる。長崎西海市のストーカー事件

の加害者も、精神鑑定によって反社会性パーソナリティ障害とほぼ同義の非社会性パーソナリティ障害と診断されている。

執着型と関連が深い自己愛性パーソナリティ障害傾向の者の場合、一見したところでは判断が難しい。特に目立った特徴がなく、比較的社会適応もよいからだ。そのため、警察も病理性を見逃しやすく、事件が起きてもメディアなどでもその意外性がしばしば伝えられる。逗子ストーカー事件の加害者も高校の非常勤講師として働き、"授業は面白く生徒の人気は高かった"との学校関係者の声が聞かれた。この加害者は、殺害後に自殺するという形を取ったため、内面を正確に知ることはできないが、関係者からもたらされる情報から分析すると、自己愛性パーソナリティ障害に罹患していた、あるいは、自己愛性パーソナリティ障害傾向を有していたと筆者は推察している。

求愛型と関連する広汎性発達障害傾向の特徴は、自分の感情をうまく表現できない点にある。また、相手の気持ちを読み取るのが苦手なことも特徴のひとつだ。新橋「耳かき店員」ストーカー殺人事件の加害者がこのパターンと考えられる。加害者は被害者のもとを何度も訪れながら、ただの一度も思いを告白していない。そして、被害者に店外で会うことを要求して、店長から出入り禁止を言い渡される。それをきっかけにストーカー化し、ついには自宅を襲い殺害したのであった。本加害者に対しては精神鑑定が実施された。その報告からは、広汎性発達障害傾向を示す対人関係の苦手さ、コミュニケーション能力の未熟さ、相手の立場に立って物事を考える力の乏しさなどが多々示されている。

広汎性発達障害も自己愛性パーソナリティ障害と同様、精神医学の専門家以外にとっては、判断が難しいと推測される。そのため、周囲からは精神障害ないしその傾向を見逃されやすく、医療への橋渡しなどが遅れ、結果として重大事案へと結びついてしまうと考えられる。

4　ストーカー病の共通する特徴

ストーカー病の因子となる病的な傾向についてはこれまで述べたことである。以上のような因子を背景として、ストーカー病には共通する2つの大きな特徴がある。

1つは、「他人の不幸は蜜の味」という心境にあることだ。

ストーカー加害者は、自分の理屈の上では相手を愛していると思っている。ゆえに、いくら相手に拒絶されても求愛のメッセージを送り続ける。その一方で、自分を切り捨てた相手への恨みを募らせ、時には残酷な手段を用いて相手を苦しめる。その言い分と行動は非常に矛盾している。

なぜ、彼らは好意を寄せる相手を傷つけてしまうのか。

その理由は、自分を裏切った相手を不幸に陥れ、苦しむ姿をみたいからだ。相手に拒絶されることで、ストーカー加害者は苦しんでいる。恨みが深くなった彼らは、相手が不幸に陥り、苦しむ姿をみることで自分の苦しみが和らぎ、快楽のように感じるのである。逆に、相手が生き生きと輝いている姿をみると、裏切られたように感じ、許せないと考える。

その脳内メカニズムについては、ある程度明らかになりつつある。機能的MRI研究により、主として線条体と呼ばれる報酬に関連する部位と、前部帯状回という身体／心の"痛み"に関係する領域の関与が示されている（Takahashi et.al, *Science*, 2009）。

もう1つの特徴は、「感情の整理ができない」ことである。

ストーカー加害者は、一人の人を延々と思い続け、何年も恨み続ける。筆者が診察した加害者の多くも、1年、2年、5年といった歳月をストーカー行為に費やしていた。ストーカー行為自体は収まったものの、10年にわたって相手に関心を持ち続けている人もいる。つまり、「他人の不幸は蜜の味」の状態が、かなり長期にわたって続いているのだ。

これだけ長引くのはなぜなのか。

それは、彼らが感情の整理を非常に苦手としているからである。ストーカー加害者と話をしていると、彼らの思考、行動、感情に一貫性がなく乖離している。治療のなかで、彼らの感情の整理を促していくが、なかなかうまく実行できない。

その脳機能的な原因として、感情の整理を司る脳のモジュールのようなものが存在していて、そこに何らかの障害が生じているのではないかと思われる。あくまで筆者の推測であるが、「アレキシサイミア」（失感情症）と呼ばれる疾患に類縁していると考えている。アレキシサイミアとは、自身の感情

を自覚・認知・表現することが苦手なことで、特に空想力や想像力に欠ける傾向がある病気である。感情の認知に関与している脳の右半球と言語を司る左半球との連絡に機能的な障害があると考えられている。

　ここまで記載したことは、まだ筆者の仮説に過ぎない。しかし、この仮説をもとに考えるとストーカーの病理がうまく説明できるように思う。つまり、「他人の不幸は蜜の味」との感情を持つことと、「感情の整理が苦手」であるという特徴を、同時に合わせ持った状態がストーカー病なのである。

5　恨みの中毒状態

　誰しもが、自分の大事にしている人を失うと辛いものである。相手のことが気にかかり、頭から離れない。気持ちが動揺し、相手に復縁を求めるメールを送り、電話をかける。相手の顔が一目見たくて、家や職場の近くで待ち伏せする。いずれもストーカー規制法の対象となる行為であり、多分に"ストーカー的"といえる。こうした行動に人が走ってしまうのはそれほど珍しいことではない。そして、多くの人は、時間の経過とともに気持ちに整理をつけ、ストーカー的行動も自然におさまっていくものなのである。

　だが、なかにはストーカー規制法に抵触する悪質なレベルにまでいってしまう人がいる。それが「ストーカー病」という病によるものだと筆者は考えているが、普通にみられる「ストーカー的行動」との線引きはどこにあるのか。

　これには、医学的・心理学的説明が世界的になされている。その定義は、ストーカー行為者が、「相手側の発したメッセージによって思考や行動を修正できるかどうか」にある。

　被害者が行為者の行動を拒否していると知ったとき、ストーカー的な人の場合は、そうした行動を控えようとする。未練があっても、相手が嫌がっている事実を認識した段階で、何とか気持ちを整理しようとする。しかし、ストーカー病の人の場合は、思考を修正して行動を止めることができない。相手が嫌がっていても、ストーカー行為を続けるのである。

　依存症という病気がある。ある物事に異常なほどに執着し、それなしではいられない状態に陥ってしまう精神疾患の1つである。アルコール依存症、

覚醒剤依存症、ニコチン依存症など精神作用物質を対象としたものから、ギャンブル依存症、買い物依存症、恋愛依存症、インターネット依存症などプロセスへの嗜癖行動も含まれる。

　依存症は、脳の側坐核と呼ばれる部位が過活動を起こし、欲求が過剰になっている。それに加え、欲求のコントロールを司る前頭葉と側坐核の神経接続に異常があるため、欲求を抑制することができない。その結果、自分の精神や身体を傷つける行動を続けてしまうのである。

　ストーカー病はこうした依存症には含まれない。依存症が前頭葉と側坐核の神経接続の異常から来るものであるのに対し、ストーカー病の原因は、線条体と前帯状回と呼ばれる報酬に関連する部位の障害にあると考えられるからだ。

　しかし、自分の取っている行動の意味、そうした行動をとり続けることによってもたらされる結果を理屈上は理解し、行動を修正しないと自分自身に様々な否定的な影響を及ぼすことも分かっていながら、行動をコントロールできなくなっている。そういう意味で、中毒症状に陥っていると考えられる。筆者はこれを「恨みの中毒状態」と呼んでいる。そう捉えることで、新たな視点を加えることができると考えるからだ。

　では、どうすれば、ストーカー病、恨みの中毒状態による重大事件を防ぐことができるのだろうか？

三　刑罰の限界と精神医学的アプローチ

1　刑罰の限界

　ストーカー重大事案が起きる度に、厳罰化を求める声や、警察の取り締まりを強化すべきだとの声が高まる。しかし、それだけでは根本的な解決にはならない。

　例えば、逗子ストーカー事件の加害者は、2012年3月下旬から、激しく嫌がらせメールを被害者に送り続けた。その数は10日間で1,089通にものぼったと報道されている。それにより被害者は、同年4月9日、警察署に被害届を出した。しかし、メールは当時のストーカー規制法の対象外であったため

立件は見送られた。このことに対して、警察の対応の甘さが強く批判された。警察がもっと監視を強めていたら違った結果になったのではないか、という指摘である。

しかし、加害者が犯行に及んだのはそれから半年以上も後のことである。決して相手への憎しみが一時的に収まっていたというわけではない。しばらく行動を起こさなかったのは、単に被害者の居住地が分からなかったからに過ぎず、憎しみはますます募っていたはずである。興信所から被害者の住所に関する情報を得た翌日、犯行に及んだという事実は加害者の強い殺意の表れだ。そして、加害者は被害者を刺殺したあと、同じアパートで首吊り自殺したという結末をよく考える必要がある。

仮に、メールもストーカー規制法の対象内であったとして、加害者逮捕に踏み切り、実刑になったとする。しかし、現行のストーカー規制法では最長でせいぜい2年の懲役である。そして、おそらく釈放された加害者は、同じ道筋を辿ったと思うのである。

「拡大自殺」という自殺のかたちがある。直接自分自身で手を下す自殺ではなく、他人または国家などの力を借りて自分を死に追い込むというものだ。長崎ストーカー殺人事件、大阪池田小事件、秋葉原通り魔殺人事件、茨城県土浦市殺傷事件、奈良小児殺害事件などが典型例である。

精神分析の分野では、人は性本能や自己保存本能を含む生の本能（エロス）と自己破壊への衝動である死の本能（タナトス）を抱えているとされている。そして、私たちが日々を普通に生きられるのは、生の本能であるエロスが死の本能であるタナトスよりやや優勢というかたちで、本能のバランスがうまく保たれた状態にあるからだと考えられている。このバランスが崩れ、タナトスがエロスを上回ると人は死を希求する。自殺は、タナトスの増大によるものなのだ。

そうしたとき、自殺は生きる苦しみから逃れるため、本能によってなされるものである。それがたやすくできてしまうのは、自分という存在の貴重性や命の重みに対する感覚が希薄だからだ。上記の死刑囚たちに共通するのは、一個の生命体としての実感が薄く、自分の存在価値を十分に認識できないからだと思われる。自己の命の尊さを感じられない者は、他者の命も同じ

重さでしか感じられない。自分の命を消すことも他者の命を消すことも、同じ程度にしか考えられない。すなわち、自殺と他殺は表裏一体なのだ。拡大自殺を企てる者たちの心理はこうしたところにある。

茨城県土浦市殺傷事件の加害者は、「自殺をするのは嫌だった。複数殺せば死刑になれる。これまでと思った」と供述した。死を望んでいる者に死刑を科したところで意味はない。

逗子ストーカー事件の被害者の夫は、事件後、様々に考え、次のように述べた。

> 「連続メールで犯人が逮捕されても、刑務所から出たら妻を狙っていただろう。生きるも地獄、死ぬも地獄。逃げ切れない。加害者の更生や治療が大事だと思うに至った」

逗子ストーカー事件の加害者がそうであったように、ストーカー病の加害者に自殺願望がある場合、刑罰は抑止力にならないのである。

2　医学・心理学的アプローチ

ストーカー加害者を、悪人、変人として社会から切り捨てても根本的な解決にはならない。医学・心理学的アプローチが必要である。筆者は、そう主張し続けてきた。

そのとき、ストーカー加害者に治療の動機などないのではないか、と指摘されることがしばしばある。しかし、それは多くの場合間違っている。ストーカー行為は、相手の生活を脅かしていると同時に、自身の生活も破綻させるのである。職を失うこともあれば、家族に縁を切られることもある。それでも止められず、大変な葛藤のなかにある。ストーカー加害者には、そんな状況から逃れたいという十分な動機づけが存在するのである。

診察は、まずは、加害者の言い分を十分に聞くところから始まる。彼らは、自分こそが被害者であり真に悪いのはむしろ相手であるという強い確信を抱き、正当化している。そうした思い込みがどんなに間違っていても、単に正そうと指摘するだけでは、反発をまねき逆効果となってしまう。とはいえ、彼らの主張を肯定してしまうと思い込みを助長させることになる。否定するでもなく肯定するでもないという中位を保つことが大事である。そうし

て相手の話をじっくりと聞き、症状の重さや被害者との関係性などを整理して、治療の方針を立てていく。先にも述べたように、加害者自身も多くは、苦しい状況を変えたいと思っている。そこを手がかりに、法律に違反する行為を止めさせることが当面の目標になる。

　治療には、薬物療法と精神療法の２つを用いる。一部には、抗うつ薬や抗精神病薬が奏功するケースもある。ただ、多くはそれだけでは改善はみられない。彼らには、認知行動療法あるいは弁証法的行動療法と呼ばれる精神療法が有効である。

　認知行動療法では、カウンセリングによって思い込みと現実のギャップを認識させ、「認知の歪み」と呼ばれるものを変えていく。加害者の考え方や感情に働きかけて、問題行動を引き起こさないように、歯止めとなる経験や行動パターンを増やして、少しずつ依存の対象から離れさせていくように働きかけていくのである。ストーカー病の場合、理性とは別の部分で脳の報酬系の回路が壊れ、感情の抑制が効かない状態にあると推察される。相手に自分が好かれていないことや、さらに行為をエスカレートさせれば、場合によれば刑務所に収容されることになるかもしれないことを理解しつつも、いわば脳の一部が勝手に動いているような状態である。カウンセリングは、その壊れた部分に働きかける。そうすることで、神経回路が徐々に回復してくるのを時間をかけて待つというイメージである。

　さらに、病の根源を改善するためには、弁証法的行動療法が必要である。より心の内奥に踏み込んで、パーソナリティ自体を扱い、歪みを治していく治療法である。弁証法的行動療法とは、アメリカの心理学者マーシャ・リネハンによって開発された比較的新しい治療法である（マーシャ・M・リネハン「弁証法的行動療法実践マニュアル」参照）。自分の認知の歪みに気づかせ、その思考を変えることに重点をおいた認知行動療法に比べ、東洋の禅の思想からヒントを得た弁証法的行動療法は「変革」と「受容」のバランスをおいた点が特徴である。「マインドフルネス・スキル」「対人関係保持スキル」「感情抑制スキル」「苦悩耐性スキル」の４つの技法の取得を目標としている。なかでも、「マインドフルネス・スキル」は、弁証法的行動療法の中核とされるものだ。理知的な心と感情的な心の両面にアプローチすることで、心のバ

ランスを整えるというものである。ストーカー病を完治の状態に持って行くためには、弁証法的行動療法が不可欠である。たとえ一時的にストーカー行為が収まったとしても、病の根を絶たない限り、ストーカー病の再発の可能性が多いに考えられるからである。

以上、ストーカー病に対する治療について簡単に説明を行った。筆者は、自らの臨床経験及び海外の状況から、ストーカー病は十分に治療可能だと考えている。

四　おわりに―今後の課題―

1　社会病理としてのストーカー

ストーカーは、個人の問題、特に本人の生まれ持ったパーソナリティによるものと考えられがちである。しかし、ストーカー加害者の多くは、相手との関係以前に、不安や孤独、家族との関係など社会的な背景を抱えていることが多いものである。

逗子ストーカー事件の加害者は、非常勤講師で不安定な状態にあった。契約更新の時期となる年度末になると、気持ちが不安定になり、被害者に何百通ものメールを送ったと伝えられている。三鷹女子高生殺人事件の加害者もフリーターという不安定な身分にあった。最近、急増しているとされる高齢者のストーカーは、妻を亡くすなどの寂しさが原因となっていることが多々ある。彼らのストーカー行為がエスカレートしていくのは、それに夢中になっている間は、各々が抱える本質的な問題から目をそらすことができるという意味も持っている。ストーカー行為は自我を保つための一つの防衛機制とも言えるのである。

「失われた20年」と呼ばれる経済の長期低迷。加熱する競争社会。先行き不透明な社会情勢。希薄化する人間関係。いつ訪れるとも知れない大災害。今の日本社会において、われわれは、つねに緊張を強いられ、不安にさらされている。筆者はこうした社会病理こそが、ストーカー病を誘発する因子となっていると考えている。

2　危険度判定チェック・シートや加害者治療の導入

こうした実情を受けて、警察庁も医学・心理学的知見を有効に使おうとする試みを始めようとしている。

一つは、2012年3月にストーカー相談で、危険度を判定するチェック票の導入が全国の警察で始まった。2010年に警察庁・国家公安委員会から依頼を受け、筆者が作成したものである。これは、被害者の申告を元に、加害者の危険度を測ろうとするものだ。逗子の事件の加害者に対して、危険度評価を試したところ、4段階のうち最も危険度が高いという結果が出た。今後、このチェック票が効果的に活用されれば、ストーカー犯罪の予防に大きな役割を果たすことができると期待している。ただし、こうしたチェック票に過度に頼ると、冤罪やあるいは見落としを招く可能性がある。開発者としては、警察には、全面的に判定結果に委ねるのではなく、あくまで参考にしてもらった上で、最終的には、これまでの経験に裏打ちされた現場の判断力を元に意思決定をしていただきたいと考えている。

もう一つは、危険度の高い加害者に対して、警察庁が治療を促す試みを始め、まずは、東京都（警視庁）を中心として2016年4月に運用が開始され、全国の警察に広がりつつある（この動きにつき、第6章Ⅲ参照）。法務省には、特に小児性愛者など性犯罪累犯者に対して、ホルモン療法を含めた医学的治療の必要性を度々訴えてきた。しかし、動きは全くみられない。そういう意味では、今回、警察庁が、民間との連携を決断したことは画期的だと思われるが、治療費の負担などその実施には問題も少なくない。

3　司法と医療の連携

これまでに筆者は、数百件の精神鑑定に携わってきた。そうしたなかでつねに感じてきたのは、司法と医療は水と油であるということだ。

刑罰はデュー・プロセス（法に基づく適正手続き）によって科されるものだ。いつ、どこで、誰が誰に対しどのような行為に及んだのか、こうした事実を整然とならべ、それを法と判例という秤にかけて効率的に刑罰を下す。

しかし、医療は司法のようなわけにはいかない。被告人と何度も向き合い、話にじっくり耳を傾け、生い立ちから現在までの足跡を丹念に追ってい

く。非常に長い作業を経た上で人物像全体を読み取っていくのである。裁判所からは、つねに簡潔な鑑定文を求められるが、本来、簡潔にまとめられるようなものではないのである。

　司法の在り方を否定しているのではない。そもそも司法と医療はまったく性質の違うものであり、それぞれの役割を果たすことに社会的に意義がある。性犯罪やストーカー犯罪についても、司法が厳しく取り締まることに異論はない。だが、それだけでは根本的には解決しない。

　ゆえに、筆者は、司法と医療の連携を唱えるのである。それぞれには長所と短所がある。お互いが補い合うことで、解決の道が開けると考えるのである。そして、多くのストーカー重大事案を防ぐことができると筆者は信じている。被害者をなくすためには、加害者をなくすしかないのである。

参考文献

Takahashi H. et al. (2009), When Your Gain Is My Pain and Your Pain Is My Gain: Neural correlates of envy and schadenfreude, *Science, 13, 323*（5916）, pp.937-939.

マーシャ・M. リネハン（小野和哉訳）『弁証法的行動療法実践マニュアル─境界性パーソナリティ障害への新しいアプローチ』

ジョン・ボウルビィ（黒田実郎訳）『母子関係の理論〈1〉愛着行動』（岩崎学術出版社、1977年）

ジョン・ボウルビィ（黒田実郎訳）『母子関係の理論〈2〉分離不安』（岩崎学術出版社、1977年）

福井裕輝『ストーカー病─歪んだ妄想の暴走は止まらない─』（光文社、2014年）

＊本稿は、福井裕輝「ストーカー加害者：その病理と介入」犯罪と非行178号（2014年）51頁以下に大幅に加筆・修正したものである。

（福井裕輝）

Ⅱ　社会学からみた病理

一　はじめに

　ストーキングについては統計的に研究することは困難である。なぜなら、ストーカーが大きな事件を起こせば殺人や傷害事件等として記録され、事件を起こさなければ記録が残らないからである（警察内部で相談事案として残される場合はある）。古い時代からの記録があれば、社会の変容との関係が分析できて極めて興味深い研究ができるのに真に残念である。ストーキングの規制法ができて以降も、つきまとい行為の程度問題があるため、発生件数の統計はあっても参考にできるという程度のことに過ぎない。犯罪被害実態調査のように被害経験を聞けばよいかといえば、私の周りだけでも、非常に多くの女性が被害経験を持っている。重大事件に至らないケースは無数にあるようである。そこで、量的な議論はあきらめて、大きな事件になったケースを参考に、社会の変容とストーキング行為との関係について、私の考えていることを整理することが、今できる精いっぱいの事である。
　したがって、検証できていない仮説ということで、以下、幾つかの論点を取り上げたい。やや強引な分析も混じるが、ストーキング行為の理解と解決に少しでも役に立てれば幸いである。

二　昔のストーキング類似態様

　文献で調べる限り、ストーカーやストーキングについての論説は、20世紀末にならないと確認できない。犯罪のカテゴリーは、非常に長い歴史を持つというか、有史以来あるとでも言うべきものが多い。殺人事件は、石器時代からあったであろうことが発掘された人骨から明確に示されている。人骨は傷ついて治癒するとその痕跡が残る。人骨に大きな損傷があり、治癒した痕跡がなければ、それは、その打撃によって死に至ったことを意味する[1]。窃

盗と強盗も、人間共同体の誕生と同時に生まれたことは間違いないであろう。人類最古の職業と巷で言われる売春については、証拠不十分のように思われるが、強姦はあったように思う。

こういった犯罪の罪種のなかにストーカーはないように思われる。しかしながら、犯罪カテゴリー化されていなかったから、似た事件がなかったとは言えない。慎重に検討してみよう。

1　無理心中

最初に思いつくのは無理心中である。確かに、付き合っているパートナーを片方が殺すということにおいては、ストーカー殺人に似ている。検討のためにカテゴリーを広げて心中について見てみると、相思相愛の男女が共に死んであの世で結ばれるのが典型である。結婚に社会的な承認が必要であった時代背景がうかがえる。文学なども、『ロミオとジュリエット』はじめ、その手の題材にことかかない。それらの中で片思いのものを探せば、『若きウエルテルの悩み』に代表される、想っているほうが自殺で終わる場合がある。これは、一つ間違えれば殺人事件である。身勝手な片思いということなら『オペラ座の怪人』などもある。だが、これらは全て恋愛ものベースである。犯罪が題材の書籍を調べても、身勝手な犯罪者はいても、現在のストーカーにぴったり当てはまる人物像は見当たらない。

書籍の中になければ現実にいなかったということにはならない。殺人事件について背景も含めて詳細にカテゴリー化した1959年版の司法研修所調査叢書第五号『殺人の罪に関する量刑資料上・下』[2]を参照すれば、かつては、「相思の間柄でありながら結婚できないことを悲観して心中を図った事例」「不倫な関係を結んでいた男女が心中を図った事例」が、自殺関与及び同意殺人としてあげられている。どちらも未婚である。夫婦の心中は、「生活の破綻に基き夫婦が心中を図った事例その他」など心中がメインだが、別れ話関連のものもある。「離婚話に起因する配偶者間（内縁関係を含む）の殺人」「別れ話に起因する情交関係者間の殺人」「復縁話のもつれに起因する離婚した夫婦間の殺人」の三項目は、ストーカー事件の可能性がある。内容を読めば、記録上「未練を捨てきれず」と記述されているが、「冷たくされた」「面

子のために別れたくない」ということが原因として出てくるのでほとんどストーカー事件のように思う。

　それならば、昔からストーキングは、あったことになるが、違いに注目すれば、現在のストーカーは、別れて遠いところで暮らしているのを見つけ出して追ってくるところである。社会の在り方の背景として、住むところを容易に変えることができるので、逃げる方が大きく移動し、追う方が、その移動先を現代的な情報社会の特性を生かして居場所を突き止め遠距離をものともせずに移動してくるということであろう。ということは、かつては、パートナーに振られて追いたかったけれども追っかけることができなかったのでは、という仮説が考えられる。

2　スター・ストーキング

　無理心中はこのぐらいにして、もう一つストーキングに似た事例として、有名人の追っかけがある。一瞥しておきたい。劇場に観客を集める形態のエンターテインメントは、足を運んでくれるファンなしには成り立たない。日本の歌舞伎役者にも江戸時代からファンがいた。問題は、その「追っかけ」がルールに従っているかどうかである。ルールに従わないファンというものは、いつの時代にもいそうなものである。ベルリオーズの幻想交響曲は、劇場で見た女優を追っかけた私的経験をもとに作曲され、実際に相手の女優と結婚するが、その途中で婚約して別れた相手の殺害を考えるなど、きわどい事例である。似たようなことは、古い時代にもあったと推察できる。しかしながら、典型的なストーカー事件を探せば、やはり20世紀終盤になってしまう。ジョン・レノンがファンに殺害されたのは1980年、アメリカの女優レベッカ・シェイファー殺害は1989年である。フランス語圏で最大の人気を誇るミレーヌ・ファルメールがファンの銃撃事件に遭うのは1991年である。この事件は、音楽事務所に現れたファンが受付人を殺害し、ファルメールはそれ以降、被害を避けるためにアメリカで生活する。

　レベッカ・シェイファーはストーカーに自宅で殺害されている。ジョン・レノンも自宅アパート前である。ファンが自宅を見つけ出し、そこに行くことができる情報環境が鍵のように思われる。テレビや写真が現れるまでは、

特定の人物の顔を知ること自体が困難であった。ストーカーになる素質の人間は大昔からいそうであるが、ストーカー事件が発生するには、情報技術の発達と、それが人々の間に広く普及することが条件のように思われる。

　有名人だけがターゲットなら、マネジャーもいればファンクラブの組織化もできるので対策はいろいろ可能である。ファンと触れ合う握手会を開催する際には、持ち物検査もできる。これは、社会の大問題とまでは言えないであろう。むしろ、ストーカー事件が、大きなインパクトを持ったのは、有名でない人物が、恐るべきストーキングを受けるようになったからである。ストーカーのことを世に知らしめたリンデン・グロスも、そこを強調し「どこにでもいる一般市民」が被害者であると述べる[3]。なぜ普通の人が狙われるようになったのか、誰も説明できていないが、政治家や実業家は非常に偉い人と信じられていたが、悪いこともする人間として脱神話化されて来た傾向も考え合わせて、情報化社会による脱神話化が有名タレントにも及んだという仮説は作れる。また、天下国家の大きな物語よりも、身近なことに興味を持つ、私事化と呼ばれる傾向も関係しているのかもしれない。この点については、正直、それ以上のことは思いつけない。

3　小　括

　以上のことをまとめてみよう。古い時代にもストーカーになる素質を持った人物はいたように思われるが、別れ話の最中に殺害が起きたケースは、執拗なストーキング行為の果てではないので除外すれば、20世紀末まで、ストーカーの起こした重大事はなかったということになる。

　1990年にカリフォルニア州のストーキング防止法ができたさいにきっかけになった事件は、レベッカ・シェイファー事件はじめ、1985年以降のものである。グロスは、自分の母親の世代では、こういうストーカー事件はなかったと述べている。

三　大胆な仮説

1　ストーキングの防止

　さて、20世紀末まで、ストーカー事件がなかったのなら、その理由をもう少し考察しておかなければならない。素質としてストーカーになる人物がいたとすれば、それを防ぐ何かがなくてはならない。確かに、情報技術が十分発達していなかった時代には執拗に追うことは困難だったとしても、それだけが理由でストーキングがなかったということではないと考える。日本の防犯の得意技であるが、本人の自制心に期待することができなくても、誰か周りの人間が世話してやれば適応できる。

　犯罪の実行を誰かがが止めてくれるといえば、第一候補は家族である。家族が、具体的に止めるように言わなくても、大抵の犯罪の場合は、本人が、家族に迷惑がかかる、家族に合わす顔がないといった理由で思いとどまる。ところがストーキングについては、このブレーキが働かない。そもそもストーカーは自分のストーキング行為を悪いことをしていると自覚していないケースが多い。とりわけ相手側の家族は、本当は自分のことを愛している娘の邪魔をする悪い人たちと認識されている。最悪、相手方の家族は殺害の対象になる。自分の家族は、ほとんどの事件で登場しない。性関係の特徴として、近親相姦範囲内の家族は対象外、封建制の家社会の時代ならともかく、近代において性関係の領域には家族は干渉しない。異性との付き合いについて親から習うことも学校で習うこともなく、若者集団のなかで身につける社会がほとんどである。大切なのはピア集団、友人である。

　ストーカーの特徴は、この止めてくれる友人・仲間がいないことというのが私の仮説である。ストーカーについて、自分が相手に好かれていない現実を受け入れられず、女性に献身するヒーロー、男らしさの呪縛に陥っていることが指摘されている。ここまでは、その通りであるが、さらに、男性優位社会などと結び付ける自称フェミニスト的な批判をする意見がある。これは、やや短絡的で、目配りが十分でない。男同士のステレオタイプな男らしさは、むしろ、振られたらメソメソしないという「規範」を持っている。振

られた男性の元には、悪友が来て、「他にもっといい女などいくらでもいる」と慰めるわけである。振られた相手をあきらめられないことは恥ずかしい、男らしくないという規範があるわけである。低次元の話ながら、この規範は、それなりのブレーキとなり社会的な機能を持っていたことは否定できないように思う。ストーカーに友人がいないことは大きいと考える。

2　戦争との関係

　グロスの上げている事例を検討すると、友人がいても止まらないケースがあると認めざるを得ないと思わせられる。強力に武装し、何かを成し遂げなければ死を選ぶという類のパーソナリティーが観察できる。このような人々は、昔はどうしていたのだろうというのが、解かなければならない問いである。さもなければ、昔もストーカー事件は起きているはずである。

　そこで、文字通りの大胆な仮説なのであるが、戦争の機能ということを仮説として提案したい。戦争があると犯罪が減少するということは経験的には確認できると言われるが、戦時中は、社会内の多くの条件が平時と異なるので、因果関係として、戦争が犯罪抑止に役立つかどうかは明確でないとされてきた。そのうえ、そもそも、正しい政策を選択するために研究しているということを前提とすれば、たとえ戦争が犯罪抑止に効果的でも、そのような研究をすること自体が間違っているという見解には一理ある。私も、戦争して犯罪を減らす政策など提唱する意図は全く持たない。しかしながら、戦争の影響について考えておくことは必要であると考えている。

　戦争といっても、現在のハイテク戦争でなく、一昔前、少なくとも第二次世界大戦以前を想定すれば、戦闘機が空を飛び、潜水艦もあったにせよ、陸上では、相変わらず機関銃を持って突撃が行われてきた。ミサイルや爆弾での攻撃が効果をあげたとしても、最後は歩兵が突撃する。刀で切りあっていたころからそうであるが、突撃の際に先頭を行くのはリスクが高く勇敢な行為だとされる。誰を先頭にやるかは戦場では非常に大切な問題である。その行為を勇敢と褒めたたえ勲章を与えたりする仕組みは、どこの軍隊にもあった。それでも、ほとんどの人間は尻込みするのだが、この先頭を切ってヒーローになってやろうとする者はいた。このタイプの人こそ、強烈な自己承認

欲求と逞しい行動力を兼ね備えるストーカーそのものであるように思われる。もし、そうだとするならば、誰にも止められないタイプのストーカーになる素質がある者たちは、戦争の度に命を落としていたのではないかというのが私の仮説である。

証拠にはならないのだが、関連して興味深い事例をあげておけば、アメリカで粗暴犯として逮捕された人物が、犯行を認めたうえで、軍に志願し戦場に行くと意思表明すれば、不起訴処分となり前線にいかされるという。戦争が大掛かりになれば、犯罪者になりがちな人々は、真っ先に前線に送られるということが20世紀末までは実行されてきたのかもしれない。

3　社会学理論からみたストーカー

ここまで実態についてのみ考察してきた。社会学理論からストーカー現象を捉えるとどうなるのか一言しておきたい。

ストーカーは、社会学において、犯罪社会学、あるいは逸脱社会学という領域で考察されるであろう。逸脱行為は、ある社会において一定数発生するが、その発生率は、長期にわたって同じであることもあれば、増減することもある。その変動について、社会の変数で因果関係を持つものについて考察することが社会学の中心課題である。窃盗などの犯罪発生率については、ある社会内の失業率や貧困率等が影響することが知られている。この種のアプローチからストーカーについて考察すれば、ストーカーは、経済的に困っているわけではなく、個人能力も高い傾向であり、社会問題が背景にある犯罪とは言えないようである。

私が、注目するのはアノミー論である。アノミーとは、簡潔に紹介すれば、社会学の元祖デュルケムが、自殺論のなかで提唱したもので、社会において到達目標がインフレを起こし、高すぎる欲望を成就できない状態のことをさす。これを受けて、マートンは、社会内において成し遂げるべきとされる文化的目標を達成しようとするさいに制度的な障害がある状態というように定義する。この図式をストーカーに当てはめてみると興味深い。

ストーカーは、病的な自己承認欲求を持つ人物であると心理学的に説明されがちだが、男性らしくなれといった社会的な目標の実現をめざして、フラ

れた事実を受け入れられないケースと考えられないであろうか。相手の女性は、本当は自分を愛していて相手の家族が邪魔しているという妄想は、本人の主観からは制度的障害に近く理解されているとみることもできるかもしれない。ただし、アノミー論の図式が当てはまらない要素もある。自分が好きになったから相手も好きなってくれるとは限らないという現実は、人類に限定されない困難であるが、どの生物種も、引き下がり方の作法を持っている。フラれたことは少しも逸脱行動ではないが、その後の対処に問題があるわけで、その部分については社会のルールを身に着けていないということになるであろう。

四　おわりに

　ストーカーは20世紀末に現れたということに拘って考察してきた。最後に、対策論も考えておきたい。私は、同性愛の場合も、ストーキングのリスクは同じようにあると考えているが、事件としてはあまり顕在化していないようである。そこで一応排除するのではなく、むしろ存在するとして議論を進めたい。
　大きな事件になったもののなかに、一度付き合ってからの別れ方の問題であるケースが多くみられる。対策を考える際に、問題を絞ることも有効であるが、時には大きく捉えることも有効的であると考える。ストーカーにならないとは何かと問えば、それは、お付き合いしてきた相手と、付き合わなくなる際に、スムーズに移行できることである。どこの社会にも、パートナーを探す手段も別れる手段も、文化的に存在している。誘う方法については粋なやりかたを模範とするために学習意欲をそそってきたが、別れる方法についてもノウハウが語られてよいと思う。
　片方が冷めて、片方が熱い状態がストーキングを生む危険な状態であるとするならば、冷めたほうがどうすべきかである。別れ話の仕方、あるいは、復縁を迫られた際の応答のコツは、相手はまだ熱いのだから、自尊心を傷つけないことにつきる。「これまでのお付き合いは楽しかった。ありがとう。でも、今後はお付き合いしません。」である。これを、相手との関係を全否

定するような言葉、「あなたと一緒にいても全然楽しくなかった」などのセリフを吐くと、相手を傷つけるだけでなく、それまでの言動の信用性を失う。相手から見れば、楽しそうに振る舞っていたのは何なのか、逆に、今、言っていることもウソで本当は気持ちが残っているのに何らかの事情で別れようとしているのだと勝手な推測を生んだりする。まさにストーキングが起きるパターンである。ストーキングは、しばしば復讐行為ではなく、相手の気持ちを確認したいということで発生する。

身分制の障害をなくし、自由恋愛などと呼ばれる時代なのであるが、日本社会も含めて、どこの社会も、パートナーとの別れ方といった人間関係の方面にかけてさしたる発展をしてきていないように思う。

1）弥生時代の殺傷人骨の研究蓄積がある。橋口達也『弥生時代の戦い―戦いの実態と権力機構の生成』（雄山閣、2007年）参照。
2）司法研修所調査叢書第五号『殺人の罪に関する量刑資料上・下』（司法研修所、1959年）
3）Gross L. (1995), To Have or To Harm: True Stories of Stalkers and Their Victim, p14. リンデン・グロス（秋岡史訳）『ストーカー　ゆがんだ愛のかたち』（祥伝社、1995年）

（河合幹雄）

Ⅲ　メディアが伝えたストーカー事件

一　はじめに

　1990年代に日本に伝わった「ストーカー」という言葉は、従来痴情のもつれなどと片付けられてきた男女間のトラブルが犯罪であるという意識変革をもたらし、その被害の深刻さと対策の必要性を社会に伝えることになった。マスメディアは1999年以降相次いだストーカーによる女性殺害事件を報じる中で、なぜ悲劇を防げなかったのか、対策の不備を掘り下げてきた。日本のストーキング対策はそうした報道と世論に背を押される形で進められてきたと言っても過言ではない。メディアが報じたストーカー事件と加害者像、被害者を守るための法整備と改正の流れを３度の転機から振り返る。

二　用語「ストーカー」の定着

1　脅威の顕在化

　ストーカーという言葉が日本に広まった大きなきっかけは1995年、米国のストーキング犯罪を紹介するノンフィクション『ストーカー　ゆがんだ愛のかたち』（リンデン・グロス（秋岡史訳）、祥伝社）が翻訳、出版されたことだったとされる。訳者の秋岡さんは、ハリウッド女優がファンに殺害されるなどストーキング犯罪が当時社会問題化していた米国を訪問した際、つきまといが犯罪として認識され、各州に防止法が制定されていることを知り、「日本でも女性が男女トラブルで殺される事件は多い。こうした法律があれば救われる」と感じ、翻訳に取りかかった。ただ、ストーカーに該当する適当な訳語が見つからず、悩んだ末に英語のまま「ストーカー」と訳したという。反響は予想以上で、出版後、つきまといに苦しんでいた全国の被害者から相談の電話や手紙が出版社に殺到した。それまで日本では犯罪と認められなかった脅威が、ストーカーという新しい用語を得たことで顕在化したのだった。

秋岡さんは個人的に被害者の相談に乗るようになり、当時住んでいた横浜市で1996年に有志による全国初の「ストーキング被害者の会」を結成。被害の実態を伝え、規制法制定の必要性を訴える活動を始めた（会はその後、休会）[1]。

2　マスメディアへの浸透

マスメディアにも1990年代半ばから、ストーカーという言葉が登場するようになる。共同通信の記事検索データベースで初めて現れるのは1996年で、当初は熱狂的なファン心理が高じてスターにつきまとうストーカーを描いた米映画の日本公開や、欧州各国で加害者が有罪判決を受けたといった海外事情を伝えている。日本で起きた事件では1996年12月、交際を断られた女性につきまとった男が軽犯罪法違反容疑で書類送検されたとの記事の中で「いわゆる『ストーカー』行為をした疑い」と表現しており[2]、徐々に社会の病理として認識されていった。

ただ、ストーカーという言葉の耳新しさからか、「得体の知れない、見知らぬ人物が若い女性に一方的に好意を寄せてつきまとい、監視する」といった不気味な加害者像を伝えるテレビ番組なども目立っていた。「ストーキング被害者の会」は相談を寄せてきた人に返信するのと並行して、被害実態のアンケート調査を進めた。その結果から、加害者は同僚や元同級生といった知人や、元恋人、元配偶者が多いこと、大半が１年を超す長期被害であること、警察に相談しても民事不介入を理由になかなか動いてくれず多くの被害者が不満を抱いている、といった被害の実像をメディアなどに地道に訴えた[3]。

三　最初の転機（1999年）―桶川事件など―

1　相次いだストーカー殺人

そうした中、日本のストーカー対策の大きな転機となる1999年が訪れた。この年の２月から10月にかけて、兵庫県太子町と愛知県西尾市、埼玉県桶川市で10〜20代の女性３人がそれぞれ、つきまといの末に殺害される事件が相次ぎ、社会に衝撃を与えるとともに、対策の必要性を強く感じさせることと

なる。中でも同年10月26日、埼玉県上尾市の女子大生、猪野詩織さん（当時21歳）がJR桶川駅前で刺殺された桶川事件では、元交際相手の男らによる執拗、残忍な犯行手口だけでなく、詩織さんの被害相談を受けていた埼玉県警の著しく不適切な対応が社会問題となった。

詩織さんは、一時交際していた男に別れを告げた後、近所に中傷ビラをまかれる、自宅に押し掛けた男たちに脅迫される、といった激しい嫌がらせに遭っていた。詩織さんと家族は埼玉県警上尾署に相談に通ったが、上尾署員は捜査に動こうとせず、事件後には自らの捜査怠慢を隠すため、調書の改ざんという犯罪行為にまで及んでいたことが発覚。国民の警察不信が高まった。

桶川事件では、メディアによる調査報道が真相解明と埼玉県警の責任追及に寄与したことは特筆すべきだろう。新潮社の写真週刊誌「FOCUS」記者だった清水潔氏は詩織さんの両親や友人の証言から、過酷なストーカー被害に苦しんでいた詩織さんが命の危険を感じていたことを知り、当時の共同通信浦和支局記者と共に取材を重ねて、逃亡した加害者を突き止めた。その後、清水氏は上尾署員の告訴もみ消しの事実もあぶり出し[4]、事件を報じた同氏の記事は2000年3月7日、参議院の予算委員会で当時の民主党議員によって読み上げられた。詩織さんの切実な相談を真摯に受け止めようとしなかった埼玉県警の対応は国会の場でも批判された。

2　ストーカー規制法のスピード成立

この国会審議を機にストーカー行為を規制する法律制定に関する議論が始まり、2000年5月、ついに議員立法で「ストーカー行為等の規制等に関する法律」（以下、「ストーカー規制法」と略す）が成立した。

長年、ストーカー被害に苦しんできた被害者にとって、悲願の法律だったことは言うまでもない。ストーカー行為を犯罪だと条文に明記し、取り締まりの手続きを定めたことは大きな前進だった。ただ、立法の過程で上記の「被害者の会」からヒアリングすることも、詩織さんの両親ら事件遺族の声を聴くこともなく、拙速に提案され、成立したという感は否めなかった。警察がストーカーを取り締まれるようにすることに主眼が置かれるあまり、残

念ながら被害者保護の視点は乏しいものとなり、法整備当初から「被害者を守るために効果的に機能していない」という批判はあった[5]。

　ストーカー規制法成立の翌年の2001年に議員立法で成立した「配偶者からの暴力の防止及び被害者の保護等に関する法律」(以下、「DV防止法」と略す)と比較すると、その立法過程の違いは明白だ。DV防止法は超党派の女性国会議員によって発議され、被害者や支援する民間シェルターの関係者、法律家などのヒアリングを重ねた上で制定された。被害者の一時保護制度や、全都道府県への配偶者暴力相談支援センターの設置などが盛り込まれ、警察だけでなく、自治体や裁判所、福祉事務所など多くの機関が関わって被害者の保護から自立に至るまでを切れ目なく支援するようデザインされている[6]。一方、ストーカー規制法は警察を対応の中心的な機関と位置付け、被害者が「警告を出してほしい」と相談する先は警察しかなかった。多くの人にとって警察は敷居が高く、相談をためらう被害者は多い。ストーカー規制法には一時保護の制度もないため、被害者は転居や転職をして加害者から身を隠し、自らを守るしかなかった。

3　法制定後の事件

　ストーカー規制法成立後も、前述のストーキング被害者の会の取材を続けていた筆者は、施行から1年に合わせて2001年11月18〜20日、共同通信から連載企画「ほぐれぬ糸　ストーカー規制法1年」の記事を配信した。3回続きの(上)不安「あの男が戻ってくる　告訴と逮捕、わだかまる心」では刑事罰を科すだけではもつれた感情の糸はほぐれず、被害者が闘い続けなければならない現状を、(中)模索「『僕は被害者』薄い罪悪感　立ち直りに苦しみ抜き」では、罪の意識が乏しく、相手への強い執着を捨てられない加害者の認識を変えるためのカウンセリング・治療の必要性を、(下)救い「顔上げ『もう屈しない』同じ立場の仲間が支えに」では、3年に及ぶつきまとい・嫌がらせと闘い、ストーキング被害者の会に相談して救われた被害女性を描き、「警察とは別に、民事訴訟のやり方や心のケアなどの知識を持ち、被害者を支える組織がほしい」と法改正を求める被害者の会の訴えを紹介した[7]。

ただ、ストーカー規制法成立後はあたかも法整備によってストーカー問題が解決したかのように、関連の記事・ニュースは少なくなり、法改正の必要性を巡る報道は低調だったと言わざるを得ない。ストーカー規制法には、施行から5年後をめどに「実施状況を勘案して規制と被害者支援を見直す」との附則が設けられていたが、国会では議論が高まらないまま、見直しのタイミングだったはずの5年は過ぎていった。つきまといの末に女性が殺害される事件は各地で続き[8]、警察庁の統計によると、2000年のストーカー規制法施行から2017年末までの間にストーカー行為の末に殺人又は殺人未遂容疑で摘発された事件は、全国で延べ166件に上った。

四　2度目の転機（2011～12年）—西海事件と逗子事件—

長年にわたって見直されることなく、国会で放置されてきたストーカー規制法の改正の機運が一気に高まったのは、2011年から12年にかけて長崎県西海市と神奈川県逗子市で起きた2つの痛ましい事件だった。

1　西海事件

2011年12月16日、長崎県西海市の住宅で2人の女性が刺殺された。住人夫妻の三女の女性は元交際相手の男からストーカー被害に遭っており、殺されたのはその女性の母親（当時56歳）と祖母（当時77歳）だった。その後、2人に対する殺人罪などで死刑が確定した元交際相手の男は、千葉県習志野市のマンションで女性と同居するようになって間もなく暴力を振るうようになり、女性が別れを告げて郷里の長崎に逃げた後も「実家の住所は知っている」「家族も必ず殺す」と脅すメールをしつこく送り続けていた。

女性と家族は何度も千葉県警習志野署と長崎県警、男の実家のある三重県警に男の暴力とストーカー行為を相談していた。事件の10日前には習志野署に、男の暴力で女性がけがをしたという傷害の被害届を提出しに行ったが、同署は別の事件処理で忙しいことを理由に「1週間待ってほしい」と言った。実は対応した署員はその直後に、慰安旅行で北海道に行ったことが後に判明し、強い批判を受けることになる。加害者の男は習志野署の注意を受

Ⅲ　メディアが伝えたストーカー事件　279

け、いったんは三重県に帰省したが、事件の2日前に実家を飛び出した。三重県警はこの事実を千葉県警には伝えたが、最も守るべき女性と家族がいる長崎県警には連絡しなかった。被害女性の父親は事件後、「警察署は電話に出た人が変わるたびに一から説明しなければならず、疲労困憊しました」、「どこの署も助けてくれないと思いました」との手記を公表し、新聞やテレビが大きく報じた。読売新聞は2012年2月23日付朝刊1面から連載企画「誰も助けてくれない　長崎ストーカー殺人事件」を5回続きで掲載し、被害者のSOSを放置した3県警の連携不足、被害者の家族が襲われることを想定できなかった捜査上の問題点などを掘り下げた。

2　遺族による法改正要望

1999年の桶川事件を彷彿させるような捜査の怠慢に、胸を痛めた過去の事件の遺族たちも立ち上がった。2012年4月8日、桶川事件の被害者、猪野詩織さんの父憲一さんや兵庫県太子町事件の遺族らが都内で記者会見を開いた。遺族は警察庁と国家公安委員会に対し、被害者の声を反映し、命を守るためのストーカー規制法改正を求める要望書を郵送し、猪野さんは「ストーカー規制法ができて12年もたつのに、警察の対応は娘が殺された時と全く一緒。なぜ変わらないのか。法律を変えて、ストーカー被害をなくしていこう」と訴えた。共同通信はこの記者会見の翌4月9日から、連載企画「助けてが届かない　止まらぬストーカー殺人」（3回続き）を配信。他メディアもこの遺族会見を大きく報じ、ストーカー問題に対する報道が再燃した。

3　逗子事件

そして2012年11月6日、今度は神奈川県逗子市の住宅で、ワークショップコーディネーターの三好梨絵さん（当時33歳）が押し掛けてきた元交際相手の男に刺殺された。梨絵さんは別れた後、何年たっても送られてくる男のしつこいメールに悩み、神奈川県警に再三相談していた。県警は2011年、「殺す」などとメールを送った脅迫容疑で男を逮捕したが、梨絵さんが言わないように依頼していた結婚後の姓や住所の一部を、逮捕状を読み上げる時に伝えてしまった。男はこの時に聞いた住所の一部をヒントに、探偵会社を使っ

て詳しい住所を調べあげたのだった。脅迫罪で執行猶予付きの有罪判決を受けた男は、執行猶予中に「婚約不履行だ」などとするメールを半月の間に千通以上も送りつけていたが、当時のストーカー規制法は執拗なメール送信をつきまとい行為として明記していなかったため、神奈川県警が「警告はできない」としたことも事件後、問題化した。ストーカー規制法は通信技術の進歩に対応できず、時代遅れになっていることが露呈し、改正を求める機運が高まっていった。

4　2事件が示した加害者像

　西海、逗子の2つの事件は、日本のストーカー対策を考える上で重要な加害者の特徴を私たちメディアと社会に認識させるきっかけになった。ストーカー被害の中でも、とりわけ危険な類型がDVから派生する「DV型ストーカー」だと言われる[9]。親密な関係の男女間に暴力（DV）による支配が存在し、その暴力から逃れようとする被害者を、加害者が連れ戻そうと追いかけ、支配下に引き戻そうとする時に凶悪事件にエスカレートしやすいためだ。西海事件はまさにDV型ストーカーの典型だったが、警察はその危険性に対する認識が乏しく、DV被害者とその家族を保護する社会的制度も不十分であったがゆえに起きた惨事だった。加害者の男は女性のマンションで同居するようになって間もなく、携帯電話の連絡先をすべてチェックして束縛する、テレビのリモコンで殴るといったDVをするようになっていた。女性の父親の相談を受けてマンションを訪れた千葉県警習志野署員は、壁に開いた穴、血痕が付いた布団、女性の腫れ上がった目や両腕の無数のあざといった男の暴力の痕跡を確認している[10]。夫婦間や事実婚、元配偶者間であればDV防止法に基づき、一時保護や、裁判所に申し立てて接近禁止・退去命令を受けることもできるが、こうした同居する恋人間の暴力には当時は適用されなかった。ストーカーとDVの被害は密接に関連し、DVの延長線上にストーカー被害があること、凶悪犯罪を未然に防ぐにはストーカー規制法とDV防止法を併せて見直す必要があることが認識され、後の両法ダブル改正につながっていった。

　逗子事件では、加害者の男は不安症状などから精神科の医療機関に受診

し、自殺未遂を繰り返していた。被害者の三好梨絵さんが別れを告げた後も「人生の終止符を打つ」と自殺を予告するメールを送りつけ、その内容は自死願望から、やがて「殺す」と攻撃の矛先を梨絵さんに向けるものとなっていった[11]。自宅に押しかけて梨絵さんの命を奪った男は現場で首を吊り、自殺した。事件後、男の通院歴が明らかになり、もっと早い段階で男に適切な治療を施していれば事件を防げたのではないか、という意見が遺族からも上がり、日本では手つかずに近かった加害者対策の必要性に社会の目が向くきっかけになった。

5　初の法改正

2つの事件後、連日のようにメディアが日本のストーカー対策の不備を報じる中、2013年6月26日、先に通過した参議院に続いて、衆議院本会議で改正ストーカー規制法と改正DV防止法が全会一致で可決、成立した。ストーカー規制法は規制対象にメールを加えるといった最低限の手直しにとどまったが、DV防止法は同居という条件付きとはいえ、「デートDV」と呼ばれる恋人間の暴力の一部に規制と保護の対象を広げる改正が実現した意義は大きい。そして改正ストーカー規制法は、さらなる全般的な検討を進めるための協議会を設けることを附則に盛り込み、次なる改正に道筋をつけた。

2013年11月1日、附則を受けて警察庁が設置した「ストーカー行為等の規制等の在り方に関する有識者検討会」の第一回会合が開かれ、委員には学者らとともに、桶川事件の被害者遺族、猪野憲一さんが選ばれた。警察庁の検討会委員に事件の被害者遺族が名を連ねたのは極めて異例のことだ。ストーカーの被害者側の声を国政に届け、制度作りに生かす仕組みがようやく実現した。この検討会が2014年にまとめた報告書は、ストーカー規制法の次なる改正の土台になっていく。

五　3度目の転機（2013〜16年）―三鷹事件と小金井事件―

1　三鷹事件

こうして成立から13年の歳月を経て、初めて見直された改正ストーカー規

制法が2013年10月3日に施行された。しかし、そのわずか5日後、東京都三鷹市で高校3年の女子生徒（当時18歳）が元交際相手の男に刺殺される事件が起き、社会に再び衝撃を与えた。

被害者の少女と両親は事件が起きた当日の午前中、警視庁三鷹署を訪れ、関西在住のはずの男が上京して自宅周辺で待ち伏せしていること、一家が恐怖を感じていることを相談していた。しかし、その日の午後、学校から帰宅した少女は自宅内のクローゼットに忍び込んでいた男にナイフで何度も刺され、命を絶たれた。この事件は、急激にエスカレートするストーカー犯罪では何より優先して被害者を保護することの重要性、事態が切迫する前に高校生のような若い世代が気軽に相談できる警察以外の相談窓口の必要性といった、法改正後も依然として残るストーカー対策の課題を数多く浮かび上がらせた。

事前に相談を受けながら事件を防げなかった警察は再び強い批判を受けた。警察庁は2013年12月、ストーカーやDV事案はそれまで相談窓口となってきた生活安全部門だけでなく、凶悪犯罪を担当する刑事部門も連携して対応するといった見直しを全国に通知した。

少女は、両親が結婚13年目に授かった一人娘だった。慈しみ育ててきた両親の深い悲しみは癒えることはない[12]。この事件では、加害者の男が犯行前後に少女の私的な画像をインターネット上に流出させたため、「リベンジポルノ（復讐目的の画像投稿）」の被害の深刻さを社会に知らしめ、警鐘を鳴らす契機にもなった。2016年3月、東京地裁立川支部で開かれた男の裁判員裁判で、意見陳述した少女の母親は「被告は娘のわずか18歳の命を奪いました。生前にも刺殺後も、娘の画像をネットにばらまきました。娘は人生を奪われ、命を奪われ、二度殺されたのです」と声を詰まらせながら訴えた。

リベンジポルノは「サイバー上のレイプ」とも言われる。インターネット上にいったん流出すれば完全に消去するのは容易ではない。事件を契機に国会で対策の必要性が議論され、2014年11月には「私事性的画像記録の提供等による被害の防止に関する法律（リベンジポルノ防止法）」が議員立法で成立、施行され、個人的に撮影した性的な写真や電子画像を不特定多数に提供した場合の罰則が定められた。

2　小金井事件

　2014年8月5日、桶川事件の被害者遺族、猪野憲一さんらが委員として加わった警察庁の「ストーカー行為等の規制等の在り方に関する有識者検討会」は対策強化を求める報告書を取りまとめた[13]。ストーカー規制法の罰則強化や禁止命令手続きの簡略化、SNS（ソーシャル・ネットワーク・サービス）を使ったつきまとい行為を規制対象に加えることなど、次なるストーカー規制法改正の土台となる広範な内容となったが、国会では安全保障関連法制の審議などで与野党が激しく対立し、改正の議論はなかなか始まらなかった。転機となったのは、またしても若い女性が襲われる痛ましい事件だった。

　2016年5月21日、東京都小金井市で、音楽活動をしていた20歳の大学生の女性が自称ファンの男にナイフで首や胸を刺され、一時重体になった。男は一方的に女性に好意を抱き、本や腕時計をプレゼントしたが送り返され、怒りを募らせていた。事件前にはSNSを使って「お前それでも人間か」などと執拗に書き込みをしてきたため、女性は警視庁武蔵野署に相談した。しかし、対応した署員は「切迫性がない」と判断し、ストーカー事案とは扱わず、本部の専門部署に伝えなかった。

　警視庁は事件後、経緯を検証し「安全を早急に確保する必要があると判断すべき事案だった」と危険性判断の誤りを認め、女性に謝罪した。幸い、一命を取り留めた女性はこの検証結果公表に合わせ、代理人弁護士を通じて手記を公表した。几帳面な文字でしたためられた手記の中で、女性は武蔵野署の対応について「『殺されるかもしれない』と伝えたのに、事実を警察が認めないことに、怒りを通り越して、悲しみを感じます」とつづり、「警察がこの事件のことを本当に反省してくれていないと、また同じことが繰り返されるのではないかと心配です」と訴えた。この手記は各メディアを通じて大きく報じられ、被害女性が藁にもすがる思いで助けを求めたにも関わらず、その切実な思いを受け止めらなかった警察の対応は厳しい批判を浴びた。

　小金井事件を契機に、国会では再びストーカー規制法改正の議論が始まり、2016年12月6日、二度目の改正が実現した。SNSを使った執拗なメッセージ送信、ブログへの書き込みといった「サイバーストーキング」に幅広く網をかけ、罰則も全般的に強化するなど、警察庁の有識者検討会の報告書

に沿った広範な改正となった。警察だけでは数々の事件を防げなかった反省から、国や自治体による被害者の相談・支援体制を強化するよう促す条文も加わり、「社会全体でストーカー被害者を守り、支える」という方向性に向かいつつある。

六　加害者対策の必要性と課題

　近年、ストーカー対策として新たに注目されてきたのが、加害者に対する精神医学的な治療・カウンセリングでつきまといをやめさせるアプローチだろう。この点では、本書の執筆者でもある芝多修一氏の功績が大きい。前述の通り、逗子事件の加害者の男は精神科に通院し、自殺未遂を繰り返していた。被害者の兄である芝多氏は妹を亡くした苦しみの中で、どうすれば事件を防げたのかと考え抜き、「厳罰だけではストーカーは止まらない。治療でつきまといをやめさせる仕組みが必要だ」と考えるに至った。日本では立ち後れている加害者治療の必要性を訴える活動を始め、各メディアの取材にも積極的に応じてきた。

　世論の高まりを受け、警察庁は2014、2015年度に、ストーカー規制法に基づく警告を受けた加害者に精神科の治療を受けるよう促し、その効果を検証する調査研究を実施。ストーキングの加害者対策に一歩踏み出した。2016年度からは都道府県に対する補助事業として、地域の精神科医と連携し、医学的な助言を受けた上で加害者に受診を勧める取組を始めている。ただ、警察庁によると、2016年4月から12月までの間に、293件の加害者に働きかけをし、実際に受診したのは73件（25％）にとどまった。加害者は「傷つけられた自分こそが被害者」と考え、罪の意識が低いケースが多い。75％が断った理由は、病気だという認識や受診の意思が乏しいためだと思われる。こうした加害者をどのように治療・カウンセリングに結び付けるのかは今後の課題だろう。

七　おわりに

　日本でストーカーという脅威が認識されるようになってから20年余り。こうして振り返ると、ストーカーに人生を狂わされた被害者、あるいは愛する家族を奪われた遺族らが、無念と悲しみの中で声を上げ、国に対策を促してきた功績が大きいことが分かる。筆者はストーカー規制法の制定前から被害者・遺族の取材を重ねてきたが、彼らの願いは共通していた。「こんな理不尽な苦しみを、他の誰にも味わってほしくない」、「無念の死は、もう終わりにしてほしい」、「こんな不条理がまかり通る社会であってほしくない」。その思いを受け止め、あるべきストーカー対策を共に考えることが求められる。

　ストーキングは「終わらない被害」と言われる。つきまとい・嫌がらせが一時的に止まってもいつ再開するか分からず、実際に何年もたってから再開するケースは少なくない。警察に被害を届け出て摘発されても、逗子事件のように加害者が釈放・出所後に被害者の居所を突き止め、命を奪う悲劇も起きている。加害者が治療によって執着や怨念を捨て、もうつきまとわないという確証が得られるなら、被害者は安心して暮らせるのかもしれないが、その試みは緒に就いたばかりだ。ストーカー規制法施行後１年の連載企画「ほぐれぬ糸」で指摘した、摘発するだけでは解決しない感情のもつれ、加害者治療の必要性、被害者を支える警察以外の相談窓口の整備といった課題は15年以上たった今も、道半ばの「宿題」として私たちの社会に投げかけられている。

　最近では、高齢者が認知症や孤独から他者につきまとう「高齢ストーカー」も問題化している。このほか、つきまといの手段も、衛星利用測位システム（GPS）端末を被害者の車に付けて行動を監視するなど情報通信機器の進歩に伴って多様化しており、ストーカー問題は「現代社会の歪みを映す鏡」だとも言える。被害者の声に耳を傾け、ストーカーの病理と必要な対策を社会に伝えるメディアの役割は、今後ますます重要になっていくだろう。

1）ストーキング被害者の会の当時の活動と会が実施した被害実態調査の結果については秋岡史『ストーカー犯罪―被害者が語る実態と対策』（青木書店、2003年）に詳しい。
2）1996年12月11日共同通信配信記事。
3）筆者は当時勤務していた横浜支局でストーキング被害者の会を取材し、1999年3月20日、被害実態調査結果を「知人5割、元恋人ら3割　大半が1年超す長期被害　警察の対応に不満も　ストーカー問題で初調査」として配信。沖縄タイムスの1面トップを始め全国の地方紙に掲載された。
4）清水潔氏が桶川事件を記録したノンフィクション『遺言：桶川ストーカー事件の深層』（新潮社、2000年）は2001年の日本ジャーナリスト会議（JCJ）大賞を受賞した。
5）注1の秋岡『ストーカー犯罪―被害者が語る実態と対策』はストーキング被害者の会の代表として多くの相談に乗ってきた立場から、警告や禁止命令を出す判断が警察や公安委員会に任されていることへの不安、罰則の軽さなどの問題点を当時から指摘していた。
6）DV防止法の立法過程については、南野知恵子他監修『詳解DV防止法2008年版』（ぎょうせい、2008年）、堂本暁子『堂本暁子のDV施策最前線』（新水社、2003年）、戒能民江編著『ドメスティック・バイオレンス防止法』（尚学社、2001年）参照。
7）連載企画「ほぐれぬ糸―ストーカー規制法1年」は上毛新聞など共同通信加盟の地方紙に掲載された。
8）ストーカー規制法の生い立ちと施行後も相次いだ事件については、長谷川京子、山脇絵里子『［改訂］ストーカー被害に悩むあなたにできること―リスクと法的対処』（日本加除出版、2017年）8-35頁に詳述している。
9）DV型ストーカーの危険性については注（8）の長谷川・山脇『［改訂］ストーカー　被害に悩むあなたにできること―リスクと法的対処』の第2章「ストーキングとDVについて」に詳しい。
10）前述の共同通信配信の連載企画「助けてが届かない―止まらぬストーカー殺人」より。
11）逗子事件の経緯は、被害女性の相談を受けていたカウンセラーの小早川明子さんが著書『『ストーカー』は何を考えているか』（新潮新書、2014年）の122-136頁で検証している。
12）筆者が三鷹事件の両親を取材した記事は2014年10月11日、共同通信が改正ストーカー規制法施行1年に合わせて配信した連載企画「〝鎖〟断ち切れ―改正ストーカー規制法1年」の3回続きの（上）「『パパ、ママ、大好き』警察相談当日、殺された娘」として、日本海新聞などの地方紙に掲載された。
13）警察庁のストーカー行為等の規制等の在り方に関する有識者検討会がまとめた報告書の詳細は（http://www.npa.go.jp/safetylife/seianki/stalker/report/report.pdf）参照。

参考文献

リンデン・グロス（秋岡史訳）『ストーカー　ゆがんだ愛のかたち』（祥伝社、1995年）
秋岡史『ストーカー犯罪―被害者が語る実態と対策』（青木書店、2003年）
長谷川京子、山脇絵里子『改訂　ストーカー　被害に悩むあなたにできること　リスクと法的対処』（日本加除出版、2017年）
清水潔『遺言：桶川ストーカー事件の深層』（新潮社、2000年）
小早川明子『「ストーカー」は何を考えているか』（新潮新書、2014年）

（山脇　絵里子）

Ⅳ　心理学からみたストーキング

一　はじめに

　ストーカー行為等の規制等に関する法律（いわゆるストーカー規制法）が2000年に施行されて以来、警察において取り扱われるストーカー事案は年々増加しており、2013年以降は4年連続で2万件を超えている（警察庁、2017）。また、ストーカー事案でのストーカー被害者と加害者との関係は、その半数以上が配偶者（内縁・元配偶者を含む）あるいは交際相手（元交際相手を含む）であることが報告されている（2016年では双方の合計が54.5%）。それゆえ、ここでは、主に親密な関係が破綻した後のストーキングに焦点を当てるとともに、量的データに基づいたストーカー研究の知見を概観していく。

二　関係破綻後の感情や行動

　上記のように、警察において取り扱われるストーカー事案の半数以上は、親密な関係が破綻した後に生じるストーカー行為である。また、海外の研究においても、親密な関係の破綻後に、軽度のストーカー行為が生じることはそれほどめずらしいものではないことが報告されている（e.g. Dutton & Winstead, 2006, Langhinrichsen-Rohling, Palarea, Cohen, & Rohling, 2000, Wigman, Graham-Kevan, & Archer, 2008）。それゆえ、夫婦関係や恋愛関係が破綻した後に、当事者がどのような感情を経験し、どういった行動を取るのかということは、ストーカーを考える上において重要となってくるであろう。夫婦関係や恋愛関係は、その排他性（当事者以外の他者をその関係から排除する傾向）の高さゆえ、関係破綻時に激しい感情経験を伴いやすく、また、関係の破綻が個人にとってストレスフルなものとなりやすい。実際、これまでの研究においても、夫婦関係や恋愛関係の破綻が、当事者の精神的健康を害し、人生への満足感を低下させることが報告されている（Rhoades, Kamp Dush, Atkins,

Stanley, & Markman, 2011, Simon, & Barrett, 2010)。

　親密な関係の破綻時において、その主導権をもつか否か、すなわち、別れを切り出したか、切り出されたかによって、関係の破綻は異なったものとして経験される（Davis, Shaver, & Vernon, 2003）。別れを切り出した側は、罪悪感や自責の念を抱く傾向があり、人を避ける、仕事を変えるといった行動を取りやすく、また、別れについて友達や家族等の周囲の人たちにあまり相談したがらない。それとは異なり、別れを切り出された側は、苦悩や悲嘆を感じて、別れについて友人や家族等に相談しやすく、また、別れた相手のことを頭の中で反芻しやすい（何度も思い出しやすい）。さらに、別れた相手に対して怒りや敵意といったネガティブな感情を抱きやすいとされる。

　相手との親密さや関係の進展段階も関係崩壊後の感情や行動と関連することが知られている。シンプソン（Simpson, 1987）は、交際相手のいる人、234名を対象にしてアンケート調査を行い、その後（約3ヶ月後）、再度調査を実施して、関係が破綻した人にその際の苦悩について回答してもらうという縦断研究を行った。その結果、交際時に相手との親密さが高い（一緒にいる時間や活動の多様性が多い）ほど、交際期間の長いほど、また、新しい恋人を見つけにくいと思っている人ほど、関係破綻に対する苦悩が大きく、それが長期にわたることが示されている。同様に、日本の研究（和田、2000）でも、恋愛相手との関係が進展していた人ほど、関係の破綻時により強い苦悩を経験しやすく、その相手を説得したり、話し合ったりする行動が多くなることが報告されている。加えて、そのような人は、関係破綻後に相手を思い出したり、別れたことを悔やんだりしやすく、たとえば、デートした場所に行く、相手の家の周りを歩き回るといった行動を取りやすいことも示されている。他にも、交際時に相手との親密性が高い（相手との接触頻度や共有する時間が多い）ほど、関係破綻後に相手と接触を図ろうとする行動や食欲不振・やけ酒に走る等の自己制御を欠いた行動が高まることを報告する研究もある（栗林、2001）。このように、関係破綻時あるいは関係破綻後の行動や感情は、相手との関係の深さや交際時における相手との関係性によっても異なるのである。

　それでは、親密な関係が破綻した後の苦悩に対して、私たちの脳はどのよ

うな反応を見せるのだろうか。最近恋人から別れを告げられたが相手のことが忘れられない実験参加者に対して、元恋人の写真を見せ、その際の脳内の活動がfMRI（functional magnetic resonance imaging: 機能的磁気共鳴画像法）によって調べられた（Fisher, Brown, Aron, Strong & Mashek, 2010）。その結果、脳の報酬系の一部である腹側被蓋野（VTA）の活性化、さらに、ドーパミン報酬系と関連する腹側線条体、側坐核、眼窩前頭皮質等の活性化が起こっていた。それらは、いわゆる薬物依存と関連する脳部位であるとされており、つまり、失恋後、相手に未練が残っている者の脳は、薬物の禁断症状のように、別れた相手という「報酬」を求め、渇望しているような状態になっているというのである。

三　喪失からの立ち直り過程とストーキング

　イギリスの心理学者ボウルビィ（Bowlby, 1969/2000, 1973/2000）は、人と人との絆（特に親子関係の絆）に関する理論として愛着理論を提唱している。ボウルビィによると、愛着とは「ある特定の他者に対して強い心理的な結びつき（絆）を形成する人間の傾向」（Bowlby, 1977, p.203）であるとされ、愛着は、一般に乳幼児と親とを結びつける心理的な絆を指す言葉として用いられることが多い。ただし、ボウルビィ自身も述べているように、乳幼児期における愛着は他の年代と比べて非常に重要な意味をもつものではあるが、愛着は「揺りかごから墓場まで」生涯を通じて、二者間の心理的絆の形成、維持に対して大きな役割を果たすとされる。つまり、乳幼児期においては、強い心理的な絆を形成する対象（愛着対象）が父親や母親であったものが、青年期や成人期では、その対象は配偶者や恋愛相手へと次第に移行していくことで、恋愛関係や夫婦関係にある二者間の心理的な結びつきもまた愛着してとらえることができるというのである（Shaver & Hazan, 1988）。
　このような強い心理的な結びつき、すなわち、愛着は、人に安心感を提供し、自信を与えてくれるというポジティブな側面を多分に有してはいるものの、時としてそれは人にネガティブなインパクトを与えてしまうこともある。特に、強い心理的な結びつきは、その対象への激しい執着や固執をも生

図1　愛着対象の喪失からの立ち直り過程

1. 無感覚－情緒的危機の段階
相手を失ったことに対して激しく動揺し、それを受け止めることができずにいる段階。興奮やパニック、あるいは無力感状態となり、時に怒りを引き起こすこともある。この段階は、一般に数時間から1週間程度続く。

2. 喪失した相手への渇望と探索－怒りの段階
相手を失ったという事実を認識し、相手への渇望（相手のことを何度も思い出したり、相手のことに思考がとらわれたりすること）から苦悩したり、悲嘆したりする段階。その一方で、喪失を受け入れることができず、現実を否定したりもする。さらに、失った相手を追い求め、取り戻そうと探索を行う（相手を探し回ったり、相手と会えそうな場所に行ってみたりする）。この段階は数ヶ月、時には数年続くこともある。

3. 断念－絶望の段階
失った相手が自分の元には戻ってこないという現実を認め、それを受け入れる段階。強い絶望感と失意に襲われ、酷いときには、引きこもりや抑うつ状態に陥る。また、身体的な健康状態にも影響が見られることもある。

4. 離脱－再建の段階
相手から次第に心が離れ、相手に関する記憶も穏やかなものとなる段階。時として新たな相手に気持ちを向けることができるようになる。少しずつ立ち直りの兆しが見え始め、喪失によって傷ついた心の再建を行おうとし始める。

(Bowlby, 1980)

み出ため、愛着対象の喪失は、人にとって非常に大きなストレスとして経験されやすい。つまり、自分にとって重要な、あるいは精神的依存の対象である相手との心理的な絆の喪失（関係の破綻や死別等）は、人を狼狽させ、混乱させ、憔悴させるのである。このような心理的に強く結びついた相手（ここでは、配偶者や恋人等）を喪失した場合の反応やそこからの立ち直りの過程について、ボウルビィは、4つの段階（図1）から捉えようとしている(Bowlby, 1980)。

この愛着対象の喪失からの立ち直り過程の観点から見た場合、ストーキングは、第2段階の「喪失した相手への渇望と探索－怒りの段階」から次の第

3段階に移行することができず、そこに長期間、留まってしまっている場合に生じやすいと考えることができる。つまり、相手のことが頭から離れず思考がとらわれてしまい、相手を失ったという現実を否定して、相手を探し回る（つきまとう）状態が初期段階のストーキングと言えるだろう。さらに、そのようなストーキング行為を抑えることができないままに、次の第3段階「断念－絶望の段階」に移行してしまった場合、絶望感に襲われる、あるいは抑うつ状態に陥ることで、より重大なストーキング行為へとつながっていくと考えられる。すなわち、親密な関係破綻後のストーキングは、心理的な強い結びつきを喪失したことから立ち直れず、第4段階の「離脱－再建の段階」に至ることができずにいる状態として捉えることができるのである。

四　関係破綻後の感情や行動およびストーキングに関する性差

　親密な関係破綻後の行動や感情経験に性別による差は見られるのだろうか。これまでの海外の研究では、男性よりも女性の方が恋愛関係の破綻時に怒りや敵意、憎しみを感じやすく、また、相手を責めやすい傾向があることが示されている（Davis $et\ al.$, 2003, Sprecher, Felmlee, Metts, Fehr, & Vanni, 1998, Perilloux & Buss, 2008）。同様に、日本の研究でも、女性は男性よりも関係破綻に際し、怒りや失望を感じやすく、相手のことを何度も思い出しやすいことが報告されており（金政・荒井・島田・石田・山本、2018）、さらに、男性の方が女性よりも、自分が別れに納得していなくても関係の崩壊を受け入れやすいとの報告もある（和田、2000）。これらの研究結果から見る限り、関係破綻時においてネガティブな感情を経験しやすく、相手に心が残るのは、データの上からは男性よりも女性の方であると言うことができるだろう。

　ただし、女性は自身の関係破綻について友人や家族に相談しやすいのに対して、男性は他人に頼らずに自分だけで関係破綻に対処しようとしやすいとされる（Davis $et\ al.$, 2003）。周囲の他者からのサポートが恋愛関係の破綻からの立ち直りと関連するという研究結果（山下・坂田、2008）や、また、社会的な孤立が攻撃性（Leary, Twenge & Quinlivan, 2006）や抑うつ（Peplau & Perlman, 1982）を高めるという研究結果を踏まえると、関係破綻について友人や家族

に相談をしないという男性の傾向は、関係破綻からの立ち直りを阻害させ、社会的な孤立を招き、攻撃性や抑うつを高めてしまうことにつながる可能性も十分にあるだろう。

　それでは、ストーキングの加害、被害に関して、男女による違いは見られるのであろうか。私たちの一般的な思い込みとは異なり、これまでいくつかの研究において、関係破綻後の軽度なストーキング加害に関しては、性差はほぼ見られないことが報告されている (Davis, Ace, & Andra, 2000, Dye & Davis, 2003, Dutton & Winstead, 2006, 金政ら、2018)。しかしながら、重大なストーキング加害に関しては、女性よりも男性での発生率が高いことを示唆する研究 (Purcell, Pathé, & Mullen, 2001) もあり、実際、日本の警察におけるストーカー行為の相談状況 (警察庁、2017) では、加害者の84% が男性である (女性11.4%、不明4.7%)。このことから、女性よりも男性の方がストーキング行為をエスカレートさせやすいと考えることができるだろう。

　ストーキングの被害状況に関しては、内閣府が実施した男女共同参画局 (2015年) の調査によると「特定の異性からの執拗なつきまとい等の経験」、いわゆるストーカー行為の生涯被害経験率は、女性で10.5%、男性で4.0% (全体では7.3%) であることが報告されている (ただし、この調査の回答者の女性で60.1%、男性で60.2% が50歳以上である)。また、アメリカでの男女合わせて1万3千人を超える回答者 (女性6,463人、男性6,705人) に対して実施された全国調査でも、女性の14.2% (930人)、男性の4.3% (285人) がストーカー被害の経験があることが示されており、日本のそれとかなり近しい値となっている (Davis, Coker & Sanderson, 2002)。同調査によれば (図2)、ストーキングの被害者と加害者との関係について、女性は男性と比べて、恋人や配偶者といった親密な相手からストーキングを受けやすく、男性は女性と比較して、見知らぬ人や知り合いからのストーキングを受けやすい傾向があるとされる。さらに、女性は男性よりも、ストーカーに対して恐怖を感じやすく、ストーキングによって受ける精神的なダメージも大きいことが報告されている。

　警察へのストーカー行為の相談状況 (警察庁、2017) においても、やはり被害者の88.8% が女性であり、男性の被害者の割合は11.2% に留まっている。このような警察への相談件数の違いは、男女の身体的、精神的な違いによる

図2 ストーキングの被害者と加害者との関係（男女別）

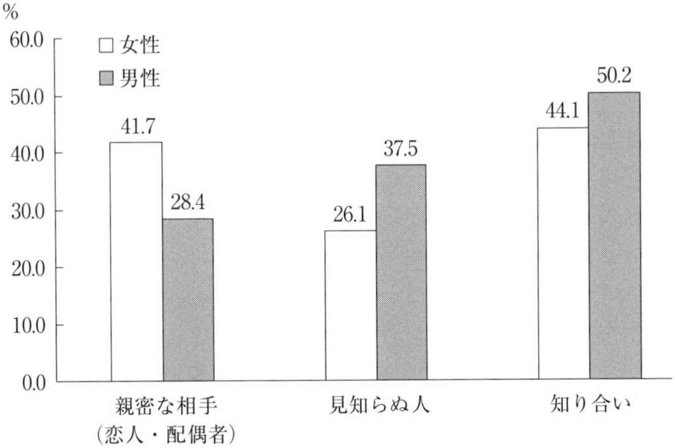

（グラフ：女性／男性）
- 親密な相手（恋人・配偶者）：女性 41.7、男性 28.4
- 見知らぬ人：女性 26.1、男性 37.5
- 知り合い：女性 44.1、男性 50.2

＊ストーキングの被害経験がある女性930人、男性285人における割合（Davis et al., 2002）

可能性もあるが（たとえば、男性は女性と比べて平均的には筋力や攻撃性が高いことから、女性の方がストーキングに対して恐怖を感じやすい、あるいは、男性が沽券ゆえに自身のストーキングに関する相談を差し控えるということも考えられるものの）、ストーカー被害者の約9割が女性であり、また、上記のように加害者の8割以上が男性であるという、そのかなり大きな性差を踏まえると、重大なストーキングは男性の方が行いやすく、また、女性の方が重篤なストーキングの被害者となりやすいと言うことができるだろう。

五　ストーキング加害のリスク要因

1　パーソナリティ特性

ストーキングを増大させるパーソナリティ特性（性格特性）として、これまで多くの研究でその対象となっているのが愛着不安である。愛着不安とは、恋愛関係や夫婦関係（先述のように、それらの親密な二者間の心理的な結びつきも愛着として捉えることができる）において、自分のことを肯定的に捉えることができず、相手から見捨てられることや拒否されることに対して過度な不安

図3 愛着不安が配偶者からの受容感のなさを媒介して間接的暴力に与える影響

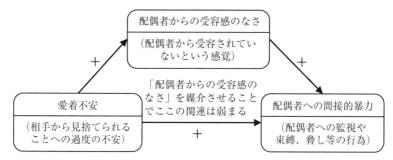

(金政ら、2017)

感や焦燥感を覚え、また、それゆえに相手との間に過度な親密さを求める傾向のことを指す。

このような愛着不安の高い人は、親密な関係が破綻した際、精神的なストレスを経験しやすく、また、別れた相手に固執して、よりを戻したいと思う気持ちが強く、その相手に対して怒りや復讐心を抱きやすいことが示されている（Davis et al., 2003）。加えて、関係が継続している夫婦間であっても、愛着不安は、図3のように、配偶者から受容されていないという感覚を高めることで、配偶者への監視や束縛等を含む間接的な暴力を増大させることが報告されている（金政・浅野・古村、2017）。つまり、愛着不安は親密な二者関係における攻撃性と関連するのである。後述のように、親密な関係内での暴力（IPV; Intimate Partner Violence）が関係破綻後のストーキングと関連することを踏まえれば、愛着不安はストーキングを生起させやすいと考えられよう。実際、回顧的手法（過去に破綻した恋愛関係について思い出しながら質問紙に回答してもらうという方法）を用いた研究によると、愛着不安が高い場合、すなわち、恋人から見捨てられたくないという不安を抱きやすい性格である場合、恋愛関係破綻時に怒りや嫉妬を感じやすく、また、別れた相手に執着しやすいことから、ストーキングが生起しやすくなることが報告されている（Davis et al., 2000, De Smet, Uzieblo, Loeys, Buysse, & Onraedt, 2015, Dutton & Winstead, 2006, 金政ら、2018）。

その他のパーソナリティ特性としては、境界性人格障害傾向（自己像が不安

定で衝動性が高く、感情や思考の制御に困難を伴うといった症状をもつパーソナリティ障害傾向）（De Smet et al., 2015; Lewis, Fremouw, Del Ben, & Farr, 2001）や自己愛傾向（自己評価が過剰に高く、自身に対する自信や優越感といった肯定的な感覚を抱き、他者から賞賛されたいという欲求が強いパーソナリティ傾向）（Asada, Lee, Levine, & Ferrara, 2004）もストーキングの生起しやすさと関連することが報告されている。また、パーソナリティ特性以外の個人特性としては、薬物使用やアルコール依存が、ストーカーの暴力行為を増大させることが示されている（McEwan, Mullen & Purcell, 2007; Roberts, 2005）。

2 交際時における関係の特徴

「二 関係破綻後の感情や行動」でも触れたように、過去の交際時の関係の特徴は、関係破綻に対する苦悩の大きさやその長期化に影響を及ぼしやすい。先に紹介したシンプソン（Simpson, 1987）の研究では、交際時に相手と親密であるほど、交際期間が長いほど、また、新しい恋人がなかなか見つからないと思っているほど関係破綻に対して苦悩を感じやすいことが示されていた。また、それと同様に、男性では、交際時のコミットメント（相手との関係を継続、維持しようとする意思）や愛情の強さが関係破綻後の苦悩を増大させることを報告する研究もある（Attridge, Berscheid, & Simpson, 1995）。このような関係破綻後の苦悩の増大は、ストーキング加害と結びつきやすいと考えることができるだろう。

それでは、実際、どのような交際時の関係の特徴がストーキングと関連するのだろうか。これまでの研究では、交際時に相手への情熱的な愛情（passion）が強いほど、関係破綻後の怒りが増大しやすく、それゆえ、ストーキングが増大しやすいことが報告されている（Dye & Davis, 2003）。また、交際相手に対して情緒的・感情的に依存している場合（Langhinrichsen-Rohling et al., 2000）や交際相手以外に魅力的な人がいないと思っている場合（Dutton & Winstead, 2006）にも、関係破綻後にストーキングは生起しやすくなるとされる。これらの研究結果を踏まえれば、交際時に相手を唯一無二だと感じ、自分には相手しかいないという思い込みが強くなることによって、関係破綻後の苦悩が高まり、ストーキングは増大しやすいと言うことができる

だろう。

　その他の要因としては、交際相手をコントロールしようとする欲求、あるいは交際相手を自分の支配、統制下に置きたがる傾向も関係破綻後のストーキングと関連する。これまでの研究では、交際相手を支配、コントロールしようとする欲求（Dye & Davis, 2003）や交際相手に対する不当な扱い（Davis et al., 2000）が後のストーキングと関連することが報告されている。この点に関しては、夫婦関係における DV（domestic violence）や恋愛関係における DaV（dating violence）といった親密な関係内での暴力（IPV）とストーキングとの連関性について考慮する必要があるだろう。これまで DV や DaV と親密な関係破綻後のストーキングは、それぞれ別々に生起するものとして扱われることが多かった。しかしながら、関係破綻前の DV や DaV と関係破綻後のストーキングとの間には関連があることを報告する研究も多々ある（e.g. Coleman, 1997, Katz & Rich, 2015）。すなわち、夫婦・恋愛関係内での DV や DaV が、後のストーキングにつながっていくという負の連鎖が存在するというのである。ただし、それらの関連についての縦断研究（関係が継続している段階で DV や DaV についてのデータを収集し、その後、時間をおいて関係が崩壊した人に再度ストーキング行為に関するデータを収集することで、それらの関連性について調べるといった研究）は、ほぼなされていないことから、今後そのような検討の必要性は高いと言えよう。

3　関係破綻後の思考と感情

　一般に関係破綻に対して主導権をもたず、相手から別れを告げられた側は、別れを告げた側よりもその苦悩は大きく、ネガティブな感情を経験しやすい（Davis et al., 2003）。それゆえ、当然とも言えるが、別れの主導権を持たなかった方、すなわち、相手から別れを告げられた側の方がストーキングを行いやすい傾向がある（Davis et al., 2000; Dye & Davis, 2003）。

　相手から別れを告げられた場合、別れた相手のことを頭の中で何度も思い出しやすく（反芻思考）、さらに、その相手に対して怒りや敵意といったネガティブな感情を抱きやすいとされる（Davis et al., 2003）。さらに、そのような思考や感情、つまり、関係崩壊後に相手のことを何度も思い出してしまう反

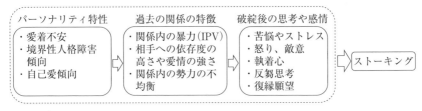

図4 ストーキング加害のリスク要因についての模式図

(筆者作成)

反芻思考（De Smet et al., 2015）や怒り感情（Dutton & Winstead, 2006; Dye & Davis, 2003）は、ストーキングを増大させることが報告されている。また、別れた相手への執着心（Davis et al., 2000）、親密な関係破綻後の苦悩（Dutton & Winstead, 2006）もストーキングを増大させる要因となり得る。

　ストーキングというものが、その発生当初は別れた相手とよりを戻したいという願望が行動として表出されたものであると考えるならば（もちろん、手段が目的化し、ストーキングをすること自体が目的となった場合や当初から相手を傷つけることを目的としたストーキングも当然あり得るだろうが）、一見すると、別れた相手とよりを戻したいという願望とその相手に対する怒り感情とは、相反するもののように思えるかもしれない。しかしながら、実証的研究ではそれらは正の関連をもつことが示されている（Davis et al., 2003）。すなわち、関係破綻後に相手とよりを戻したいという願望が高まるほど、相手に対する怒りもまた高まっていき、それゆえにストーキングが加速していくと考えられるのである。

4　リスク要因の模式図

　これまでのストーキング加害のリスク要因について、模式図として簡潔にまとめるならば図4のようになるであろう。すなわち、パーソナリティ特性が交際時の関係の特徴、さらに関係破綻後の思考や感情に影響を及ぼすと共に、それら3つの要因のそれぞれがストーキングを生起、増大させるリスク要因となり得るのである。もちろん、ここに記されているもの以外のリスク要因をまったく排除するわけではなく、ストーキングやそこで行われる暴力

表1　ストーキング行為別の被害率

ストーキングの方法	女性（930人）	男性（285人）
つきまとわれる、後をつけられる	62.2%	50.2%
迷惑電話をかけてこられる	61.3%	46.7%
自分の家や学校、職場の外に立たれる	52.6%	40.7%
監視される、見張られる	45.8%	34.7%
迷惑な手紙やその他の書類を送りつけられる	25.3%	20.0%
所有物を傷つけたり、壊したりされる	23.8%	26.7%
望んでもいない物を目に付くところに置かれる	18.2%	16.2%
脅される、家族を脅される	5.8%	0.4%
ペットを殺すと脅される	5.6%	4.9%
ペットを殺される	2.3%	0.7%
不適切な場所で突然姿を見せてくる	0.5%	0.7%
望んでいない方法で連絡を取ってこられる	0.4%	0.7%
暴言を吐かれる、口汚く罵られる	0.4%	0.0%
その他の方法でストーキングされる	4.4%	0.4%

(Davis *et al.*, 2002を基に作成)

的行為を予測する要因について、今後、さらに入念かつ詳細な研究を行っていく必要があるだろう。

六　ストーカー行為の種類とストーカーの分類

　これまでストーキングを生起、増大させる要因に関する説明を行ってきたが、ここではストーカー行為の種類とその被害率や発生率に焦点を当てるとともに、ストーキングを行う者、つまり、ストーカーの分類について話を進めていく。

1　ストーカー行為の種類とそれらの被害・発生率

　先のアメリカの全国調査でストーカーの被害経験があるとした女性930

表2 ストーカー行為の形態別発生件数とその割合

ストーカー行為の形態	件　数	全体に対する割合
つきまとい・待ち伏せ等	11,643	51.2%
監視していると告げる行為	1,428	6.3%
面会・交際の要求	10,946	48.1%
乱暴な言動	4,468	19.7%
無言電話・連続電話・メール	6,321	27.8%
汚物等の送付	180	0.8%
名誉を害する行為	929	4.1%
性的羞恥心を害する行為	1,253	5.5%
その他（ストーカー規制法で規制されていない嫌がらせ行為等）	676	3.0%

（警察庁、2017を基に作成）
「全体に対する割合」は、平成28年のストーカー事案22,737件に対する割合を算出したもの

人、男性285人に関して、どのようなストーカー行為の被害に遭ったのかを行為別にその被害率を示したものが表1である。結果を見ると、男女ともに「つきまとわれる、後をつけられる」や「迷惑電話をかけてこられる」、また、「自分の家や学校、職場の外に立たれる」、「監視される、見張られる」といったストーカー行為の被害を多く受けていることがわかるだろう。特に女性では、それら4つのストーカー行為の被害率は45.8%〜62.2%とかなり高く、また、全体的に男性よりも女性の方が各ストーカー行為の被害率が高いことから、女性はストーカー行為が複合した形で被害に遭いやすいと考えられる。

表2は、平成28年に警察に相談されたストーカー事案について、行為の形態別にその発生件数を示したものである。警察への相談がなされていることから、ストーカー行為としては比較的重大なものであると考えられるが、「つきまとい・待ち伏せ等」や「面会・交際の要求」、「無言電話・連続電話・メール」等の発生件数が多く、カテゴリーの分類は異なるものの先のアメリカでの調査結果（表1）と類似した傾向が見て取れるであろう。

表3　ストーカーのタイプ別の特徴や目的

タイプ	主な対象者	目的	特徴	ストーキング期間
拒絶型	元交際相手、元配偶者	別れた相手とよりを戻す。あるいは、拒絶されたことへの怒りや恨みを晴らす。	親密な相手に別れを切り出されたことから始まり、多様なストーキングを行う。嫉妬深く、独占欲が強い反面、相手への共感性は乏しく、相手の被害や苦痛に関しては興味を示さない。暴行や傷害、殺害等につながる危険性が高い。	長い
親密希求型	好意を持った相手	相手と相思相愛の関係を築く。あるいは相手と親しい関係になる。	相手を理想化し、相手が拒否をしてもおかまいなしにアプローチを行う。親密な人間関係づくりができず、ストーキングすることで孤独を解消しようとしている場合が多い。精神疾患（統合失調症、自己愛性人格障害）を伴っていることもある。	比較的長い
無資格型	好意を持った相手	相手と親密な関係を築く。	社交スキルが非常に低く、興味を持った相手に的外れな方法でアプローチを行う。好意を寄せる相手とつき合う権利が自分にはあると思い込んでいる。一人に執着する時間は比較的短く、相手を変えてはストーキングを繰り返す。	比較的短い
憎悪型	偶然かかわった相手	自らの鬱憤や不満を晴らすため、相手に不安や恐怖を与え、相手を困らせる。	自分は被害者で、嫌がらせは正当防衛だと主張する。相手に落ち度がなくても、ささいな理由からストーキングを行いやすい。ストーキングの対象は以前に自分を侮辱した（と本人が思い込んでいる）相手であることが多い。	比較的短い
略奪型	性的対象	自らの性的妄想を満たし、相手を性的にいたぶる。	自らの性的欲求を満たすための準備段階としてストーキングを行う。このタイプは、男性であることが圧倒的に多く、ターゲットとなるのは女性だけでなく、男性、子供などさまざまである。性的犯罪へとつながることもある。	短い

(Mullen *et al*, 2000を基に作成)

2　ストーカーの分類

　上記のように、ストーカー行為には様々なものがあるが、ストーカー自体もその動機や目的、行動パターン等によっていくつかに分類することができ

る。ストーカー研究の第一人者のミューレンによると、ストーカーは「拒絶型」「親密希求型」「無資格型」「憎悪型」「略奪型」の５つに分類が可能であるとされ（Mullen, Pathé, & Purcell, 2000）、それらの特徴や目的等をまとめたものが表３である。それら５つのストーカーの中で、最も発生率が高く、また、危険度が高いとされるのが「拒絶型」、すなわち、これまで扱ってきた親密な関係が破綻した後にストーキングを行う者である。もちろん、全てのタイプのストーカーがその対象となる人物への暴行や傷害、殺害を行う可能性を否定はできないものの、「拒絶型」のストーカーは、自身の気持ちが既に相手には受け入れられないことを理解しながらも、ストーキングすることで相手との関係をつなぎ止めておこうとして、次第にストーキング行為をエスカレートさせ最悪の結末を招いてしまう危険性が高いとされる。

七　おわりに

　ストーカー規制法が施行されてから既に18年の月日が流れた。しかしながら、ストーカーに端を発する事件は、減少するどころか増加し続け、メディアでは依然として凄惨な事件が報告されている。これらのことは、法的な制限や拘束力のみではストーカーの抑止には十分ではないことを示唆していると言える。ストーキングの被害をいかに未然に防ぐのかということは、ストーキングの被害者の安全をいかに確保するのかと同様に、ストーキングの加害者の行為をいかに重大なものにしないか、それにどう歯止めを掛けるのかについて考えていくことでもある。残念ながら、本邦におけるストーカーに関する研究知見はそれほど多くはない。親密な関係破綻後のストーキングは、当事者となる二者間だけの問題ではなく、その周囲の人たち、友人や家族を含めた問題でもある。先述のように、社会的な孤立やつながりのなさが攻撃行動へとつながることを踏まえれば、今後、ソーシャルサポートや社会的ネットワーク等を踏まえたストーカー研究の知見を早急に積み上げていく必要があるだろう。

参考文献

Asada, K. J., Lee, E., Levine, T. R., & Ferrara, M. H. (2004), Narcissism and Empathy as predictors of obsessive relational intrusion, *Communication Research Reports, 21*, 379-390.

Attridge M., Berscheid E., Simpson J. A. (1995), Predicting Relationship Stability from Both Partners Versus One, *Journal of Personality and Social Psychology, 69*, 254-268.

Bowlby, J. (1969/2000), Attachment and loss, Vol. 1: Attachment, New York: Basic Books.

Bowlby, J. (1973/2000), Attachment and Loss, Vol. 2: Separation: anxiety and anger, New York: Basic Books.

Bowlby, J. (1977), The Making and Breaking of Affectional Bonds, *British Journal of Psychology, 130*, 201-210.

Bowlby, J. (1980), *Attachment and Loss, Vol. 3: Loss: sadness and depression*, New York: Basic Books.

Coleman, F. L. (1997), Stalking Behaviour and the Cycle of Domestic Violence, *Journal of Interpersonal Violence, 12*, 420-432.

Davis, K. E., Ace, A., & Andra, M. (2000), Stalking Perpetrators and Psychological Maltreatment of Partners: anger-jealousy, attachment insecurity, need for control, and break-up context, *Violence and Victims, 15*, 407-425.

Davis, K. E., Coker, A. L., Sanderson, M. (2002), Physical and Mental Health Effects of Being Stalked for Men and Women, *Violence and Victims, 17*, 429-443.

Davis, D., Shaver, P. R., & Vernon, M. L. (2003), Physical, Emotional, and Behavioral Reactions to Breaking up: the roles of gender, age, emotional involvement, and attachment style, *Personality and Social Psychology Bulletin, 29*, 871-884.

De Smet, O., Uzieblo, K., Loeys, T., Buysse, A., Onraedt, T. (2015), Unwanted Pursuit Behavior after Breakup: occurrence, risk factors, and gender differences, *Journal of Family Violence, 30*, 753-767.

Dye, M. L., & Davis, K. E. (2003), Stalking and Psychological Abuse: common factors and relationship-specific characteristics, *Violence and Victims, 18*, 163-180.

Dutton, L. B., & Winstead, B. A. (2006), Predicting Unwanted Pursuit: attachment, relationship satisfaction, relationship alternatives, and break-up distress, *Journal of Social and Personal Relationships, 23*, 565-586.

Fisher, H. E., Brown, L.L., Aron, A., Strong, G., Mashek, D. (2010), Reward, Addiction, and Emotion Regulation Systems Associated with Rejection in Love, *Journal of Neurophisiology, 104*, 51-60.

金政祐司・浅野良輔・古村健太郎「愛着不安と自己愛傾向は適応性を阻害するのか？—周囲の他者やパートナーからの被受容感ならびに被拒絶感を媒介要因として—」社会心理学研究33号（2017年）1-15頁.

金政祐司・荒井崇史・島田貴仁・石田仁・山本功「親密な関係破綻後のストーカー的行為のリスク要因に関する尺度作成とその予測力」心理学研究89号（2018年）160-170頁.

Katz, J., & Rich, H. (2015), Partner Covictimization and Post-Breakup Stalking, Pursuit, and Violence: a retrospective study of college women, *Journal of Family Violence, 30,* 189-199.

警察庁「平成28年におけるストーカー事案及び配偶者からの暴力事案等の対応状況について」（2017年）（https://www.npa.go.jp/safetylife/seianki/stalker/seianki28STDVsyosai.pdf）

栗林克匡「失恋時の状況と感情・行動に及ぼす関係親密さの影響」北星論集38号（2006年）47-54頁.

Langhinrichsen-Rohling, J., Palarea, R. E., Cohen, J., & Rohling, M. L. (2000), Breaking Up is Hard to Do: unwanted pursuit behavior following the dissolution of a romantic relationship, *Violence and Victims, 15,* 73-90.

Leary, M. R., Twenge, J. M., & Quinlivan, E. (2006), Interpersonal Rejection as a Determinant of Anger and Aggression, *Personality and Social Psychology Review, 10,* 111-132.

Lewis, S. F., Fremouw, W. J., Del Ben, K., & Farr, C. (2001), An Investigation of the Psychological Characteristics of Stalkers: empathy, problem-solving, attachment and borderline personality features, *Journal of Forensic Sciences, 46,* 80-84.

McEwan, T., Mullen, P. E., & Purcell, R. (2007), Identifying Risk Factors in Stalking: a review of current research, *International Journal of Law and Psychiatry, 30,* 1-9.

Mullen, P. E., Pathé, M., & Purcell, R. (2000), Stalkers and Their Victims, Cambridge University Press.（ミューレン, P. E.・パテ, M., & パーセル, R.（詫摩武俊他訳）『ストーカーの心理—治療と問題の解決に向けて—』（サイエンス社、2003年）

内閣府男女共同参画局「男女間における暴力に関する調査報告書」（2015年）（www.gender.go.jp/policy/no_violence/e-vaw/chousa/pdf/h26danjokan-gaiyo.pdf）

Peplau, L. A., & Perlman, D. (1982), Loneliness: a sourcebook of current theory, research, and therapy, New York: John Wiley & Sons.（ペプロー, L. A.・パールマン, D. 加藤義明（監訳）『孤独感の心理学』（誠心書房、1982年）

Perilloux, C., & Buss, D.M. (2008), Breaking Up Romantic Relationships: cost experienced and coping strategies deployed, *Evolutionary Psychology, 6,* 164-181.

Purcell, R., Pathé, M., & Mullen, P. E. (2001), A Study of Women Who Stalk, *The*

American Journal of Psychiatry, 158, 2056-2060.

Roberts, K. A. (2005), Women's Experience of Violence during Stalking by Former Romantic Partners, *Violence Against Women, 11*, 89-114.

Rhoades, G. K., Kamp Dush C. M., Atkins, D. C., Stanley, S. M., & Markman, H. J. (2011), Breaking Up is Hard to Do: the impact of unmarried relationship dissolution on mental health and life satisfaction, *Journal of Family Psychology, 25*, 366-374.

Shaver, P. R., & Hazan, C. (1988), A Biased Overview of the Study of Love, *Journal of Social and Personal Relationships, 5*, 473-501.

Simon, R. W., & Barrett, A. E. (2010), Nonmarital Romantic Relationships and Mental Health in Early Adulthood: does the association differ for women and men? *Journal of Health and Social Behavior, 51*, 168-182.

Simpson, J. A. (1987), The Dissolution of Romantic Relationships: factors involved in relationship stability and emotional distress, *Journal of Personality and Social Psychology, 53*, 683-692.

Sprecher, S., Felmlee, D., Metts, S., Fehr, B., & Vanni, D. (1998), Factors Associated with Distress Following the Breakup of a Close Relationship, *Journal of Social and Personal Relationships, 15*, 791-809.

和田　実「大学生の恋愛関係崩壊時の対処行動と感情および関係崩壊後の行動的反応—性差と恋愛関係進展度からの検討—」実験社会心理学研究40号（200年）、38-49頁．

Wigman, S. A., Graham-Kevan, N., & Archer, J. (2008), Investigating Sub-Groups of Harassers: the roles of attachment, dependency, jealousy and aggression, *Journal of Family Violence, 23*, 557-568.

山下倫実・坂田桐子「大学生におけるソーシャル・サポートと恋愛関係崩壊からの立ち直りとの関連」教育心理学研究56号（2008年）57-71頁．

（金　政　祐　司）

第7章　海外におけるストーキング対策

I　イギリス

一　はじめに

　最近、イギリス（イングランドとウェールズ、以下同じ）で大変衝撃的なレポートが発表された。その趣旨は現在のストーキング対策は大変問題が多く、当該行為を警察や検察では重大なものとして扱っておらず、被害者の救済に至っていないというものであった。これは警察・検察の監察事務局（Her Majesty's Inspectorate of Constable 及び Her Majesty's Crown Prosecution Service Inspectorate）が共同で実施した調査（以下、「共同監察調査」とする）に基づくものであり、2017年7月に公表されたその調査報告書『怯えながら生きる（Living in Fear）』（以下、「共同監察報告書」とする）[1]で、ストーキングやハラスメントに対する警察や検察の対応はきわめて不適切と厳しく批判したのである[2]。報告書は114頁にわたり詳細な実態が報告されている。

　詳細は後述するが、概略、ストーキングはしばしば警察によって認識されていないか、誤って別の行為で記録され、あるいは記録自体がなされないなどの扱いを受けており、実態を反映していないという。この結果、警察は適切に被害者を保護することができておらず、調査対象となったストーキング事件でも、初期のリスク評価やそれに基づくリスク管理が十分に行われていないとしている。したがって、当然ながらストーキング被害者はリスクを抱えたまま、加害者への対応もなく放置されている状態にあると報告している。要するに、警察がストーキングに対して効果的に法令を適用していないことに起因し、後述の種々の措置、たとえばPIN（Police Information Notices）

などの措置が適切に利用されず、たんに器物損壊やハラスメントなどの軽微な処分で済ませている実態がみられるという。他方、検察においても、ストーキングの送致件数は増加しているにもかかわらず、起訴件数は増えていないことを報告書は指摘している。

　もう一つ、イギリスのストーキングへの対応の特徴は、家庭内暴力・虐待と結合していることである。つまり、ストーキングは配偶者・パートナー間で発生した DV の発展型と考えられているのである（この点は、オーストラリアの対応と類似する。オーストラリアの状況については、本書第7章(4)参照）。確かにわが国でもストーキングと DV が関連している事件も少なくないが、しかし、イギリスはそのために法令や行政上の措置が家庭内暴力・虐待との関連で規定されていることが多く、いわゆる不審者ストーキング（stranger's stalking）への対応が脆弱である点が目立つ。近年、ようやくこの対応が整備されつつあるが、それでも上記報告書が指摘するように十分な状況にあるとは言い難い。

　このような実態から浮かび上がるのは、イギリスの刑事司法機関がストーキングの扱いに逡巡している姿であり、扱いあぐねている姿である。その点は、明瞭な理由の一つとして法令が 'stalking' という用語を定義していないことに由来する。このように、イギリスでは概念の曖昧さとも相まって、ストーキング対策は進んでおらず、当然ではあるが、その結果、ストーキング被害者の刑事司法機関に対する信頼感が著しく低い点が注目される。

　下記では、このような状況を含め、イギリスにおけるストーキング対策の現状と課題について紹介する[3]。

二　ストーキングの現状

　イギリスでストーカー事件として最も著名なのがジル・ダンドー（Jill Dando）事件[4]である。ダンドーは有名な BBC の女性キャスターであり、しかも「犯罪事件解決」'Crime Watch' という長寿番組を担当し、人気を博していたため、一人の男性ファンによるストーキングの果てに殺された事件は、イギリス社会にストーキングの恐ろしさを改めて印象づけた。

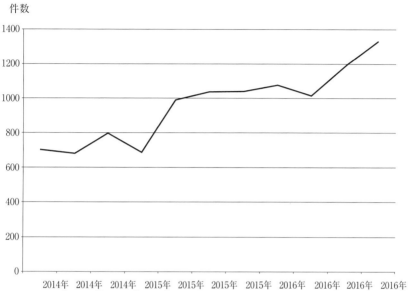

図1 イングランドとウェールズにおけるストーキング犯罪認知件数
（四半期ごとの推移）

※ HM Crown Prosecution Service Inspectorate（2017年）, Living in Fear, p.32.
※ ここで 'Stalking' とは「傷害を伴わない暴力」に分類されている（内務省国家犯罪記録基準）。

2010・11年のイギリス犯罪調査（the British Crime Survey, BCS）[5]では、ストーキングを「交際相手、家族などにより、わいせつ、威嚇を含む、被害者が望まない手紙や電話、被害者の自宅や職場付近での待ち伏せやうろつき、つきまとい、監視、個人の財物へのいたずら、損壊などの苦痛、不安、恐怖を引き起こす反復した行動」と定義している。

同調査によると、16歳から59歳までの女性18.1％、同男性9.4％が16歳以降、ストーキングの被害経験があると述べている。過去1年間では、同年齢層で女性4.1％、男性3.2％がストーキング被害の経験があるという。そして、最も共通したストーカーは、現在ないしは元の配偶者・同棲相手・恋人であった（39％）[6]。

また、内務省の別の調査[7]では、ストーカーの加害者・被害者関係は、無

関係者（未知の者）2％、近隣の者16%、知人41%（日頃の顔見知り24%、以前に交際経験ある者11%、職場同僚3％）、親密な者41%（以前のパートナー33%、親戚4％、現在の交際相手1％、友人4％）であった。但し、この調査で近隣者が含まれるのは、後述の1997年ハラスメント保護法が近隣のもめ事もハラスメントに含めるからであり、また新旧の交際相手の中には配偶者も含まれることに注意を要する。

　以上の調査から、ストーキングの多くが以前に何らかの交際、交流があった者同士の関係破綻から発展していることが理解される。とくにイギリスでは前述のとおり、DVとの関係が重視されており、DVからストーキングへの流れが強調されているように思われる。

　次に、実際にどのくらいストーキングは発生しているのか。つまり、警察統計によるとどの程度の規模で発生しているのか。図1は、ここ数年において警察に記録されたストーキング犯罪の認知件数を示している。ストーキングが大きな社会問題になっているにもかかわらず、その割にあまりにも件数が少なく、四半期で約1,400件程度であり、実際年間では2016年で警察に記録された件数は4,613件であった。ハラスメント犯罪は同期間に202,755件であり、これと比較しても、ストーキング記録件数がきわめて少ないことが伺える。これも、繰り返し述べているように、イギリスの法制がストーキングをハラスメント（嫌がらせ）の一つに位置付けていることから、わが国の恋愛感情に基づくストーキング概念に相当する部分が明らかにできない限界がある。つまり、ハラスメント犯罪には、隣人同士のもめ事、人種的宗教的な嫌がらせ、事件の目撃者・裁判での陪審員への脅迫、労働関係の労使もめ事などがハラスメントとして幅広く含まれており、恋愛感情の拗れとしてのストーキングを抽出することが困難で、わが国との比較が難しい。

三　ストーキング関連法

　イギリスのストーカー対策として最初に成立した法令が、1997年ハラスメント保護法（The Protection from Harassment Act 1997、以下「1997年PHA」と略す）であった。この法以外でも、ストーキング行為を個々に処罰する法令が

表1 ハラスメント関連犯罪

行動タイプ	行動範囲	適用可能な法令
苦痛・不安を惹起する目的での書状や品物の送付	手紙、電子機器、電話、その他の手段	1988年悪意通信法第1条
ハラスメント	ハラスメント、恐怖、苦痛を惹起する一連目的行動	1997年ハラスメント保護法（PHA）第2条
人を暴力の不安に陥れる行為	暴力が使用される複数回の機会で不安を惹起する行動	PHA第4条
人種的宗教的に加重されたハラスメント及び暴力不安	PHA第2条/第4条の人種的宗教的に加重された犯罪	1998年犯罪及び秩序違反法第32条
公共電気通信システムの不適切使用	・不品行、わいせつ、威嚇的ないし攻撃的なメッセージを送付ないし送付させる行為 ・迷惑、不都合、不必要な不安を引き起こす目的で、メッセージを送らせ、あるいは公共の電気通信網を執拗に使用し、相手が偽と分かるメッセージを送付すること	2003年通信法第127条
過激なポルノ画像の所持	人の生命を脅かす行為を描写した画像、あるいは全体的におぞましい、わいせつな画像	2008年刑事司法及び移民法
暴力の不安や暴力の挑発	全当事者が住居外で、被害者に違法な直接的暴力の不安嫌がらせ、恐怖、苦痛を惹起させ、暴力を挑発し、暴力が利用され、挑発されると人が考えられるとき、威嚇的、虐待的、侮辱的な言動、威嚇の示威、虐待的、侮辱的記述、サインその他の可視的著作物を利用すること	1986年公共秩序法4条
意図的な嫌がらせ・害悪・苦痛	全当事者が住居外で、他人に嫌がらせ、恐怖、苦痛を惹起する意図で、威嚇的、虐待的、侮辱的な言動、威嚇の示威、虐待的、侮辱的記述、サインその他の可視的著作物を利用すること	1986年公共秩序法4条A

嫌がらせ・恐怖・苦痛	全当事者が住居外で、当該行動によって嫌がらせ、恐怖、苦痛が惹起される可能性のある者の見聞きした範囲で、威嚇的、虐待的、侮辱的な言動、威嚇の示威、虐待的、侮辱的記述、サイン、威嚇的、虐待的、侮辱的なその他の可視的著作物を利用すること	1986年公共秩序法5条
殺害の威嚇	他人に不安を感じさせる目的で、殺害の威嚇を行うこと	1861年人身犯罪法第16条
証人・陪審員への脅迫	意図的に事件の証人、陪審員を脅迫し、それによって司法の捜査や審判の妨害、悪用、干渉を意図すること。他人に害悪の不安を惹起する目的で、その者が事件の被害者、刑事手続における証人、陪審員であることを知り、あるいは信じて、意図的に害悪を与え、その威嚇を行うこと	1994年刑事司法及び公共秩序法第51条
暴力その他による脅迫・迷惑	他人に法律上の権利を行使させないようにするため、故意に法的権限なしに、他人を脅迫するために暴力を用い、つきまとい、その者が所有する財物を隠匿し、自宅や職場を監視して、固有の行動をすること	1992年労働組合及び労働関係（統合）法第241条

出典：National Policing Improvement Agency (2009), Practice Advice on Investigating Stalking and Harassment, p.16-18.

みられ、同法成立以前はこれらの法律の多くで対処されてきた。表1に示された法令がこれに当たる。この理由は、イギリスでは、法令上ストーキングそのものの定義がないために、広くハラスメント（嫌がらせ）として捉えられていることに起因するからである。代表的な法令としては次のようなものがある。

① 1861年人身犯罪法（the Offences Against the Person Act 1961）は、殺害の脅威を与える犯罪や重大な傷害行為を処罰する。
② 1994年刑事司法及び公共秩序法（the Criminal Justice and Public Order Act 1994）は、目撃者・証人への威迫を犯罪とする。
③ 1988年刑事司法法（The Criminal Justice Act 1988）は、実際の殴打や直接の物理力の威嚇を通常暴行として犯罪とする。
④ 1986年公共秩序法（The Public Order Act 1986）は、暴力不安の惹起や暴力挑発の犯罪で、暴行を示唆する威嚇、虐待、侮辱的言葉、行動、サインなどが含まれる。違法な直接的暴力が用いられることを相手に信じさせる意図や暴力を挑発する意図は、故意のハラスメント、恐怖、苦痛の犯罪となる。
⑤ 1990年コンピュータ不正利用法（The Computor Misuse Act 1990）は、別の犯罪を行い、促進する意図で、他人のコンピュータ内への不正なアクセス、内容改竄などをする行為を犯罪とし、処罰する法令である。また、コンピュータ操作を不能・困難にする意図で、ないしは不注意で不能・困難にする犯罪を創設した。
⑥ 1998年悪意通信法（The Malicious Communications Act 1998）は、苦痛や不安を引き起こす意図で手紙や資料を送付する犯罪である。

1　1997年ハラスメント保護法（PHA）

　この法律は、従来、ストーキング被害者が一連の不穏な行動に動揺し、脅威を感じる状況がありながら、ほとんど保護が与えられなかった中で、1995年、96年に相次いで比較的重大なストーカー事件（たとえば、女性が元同僚からのストーカー行為に苦しめられたトレーシー・モーガン事件）が発生したことから、成立した（1997年6月16日施行）。同法ではハラスメントに関して2種の犯罪が新たに創設された。一つは、第2条のハラスメントに当たる略式起訴犯罪（summary offence）、もう一つは第4条の暴力使用を被害者が恐れる状況に対する両用審理可能犯罪（either-way offence）[8]である。すなわち、第1条(1)で、「人は、他人のハラスメントに至る、ハラスメントであることを知っているか、知るべきであった一連目的行動を継続してはならない」（ハラスメン

ト禁止）とし、第2条で、「第1条に違反して一連目的行動を継続した者は有罪とする」（ハラスメント犯罪）として、刑罰は最高6月の拘禁刑か最高レベル5の罰金刑か、その併科である。また、第4条(1)では、「その一連目的行動が少なくとも2回以上、暴力が行われるという不安を他人に引き起こした者は、その一連目的行動がそれらの機会に他人に不安を与えることを知っているか、知るべきであったとき、有罪とする」（人を暴力の不安に陥れる犯罪）として、その刑罰は、正式起訴犯罪として有罪の場合は最高5年の拘禁刑（2017年警察活動及び犯罪法により最高10年の拘禁刑に改正）[8]か上限のない罰金刑か、その併科であり（4条(4)(a)）、略式起訴犯罪の場合は、最高6月の拘禁刑か法令上最高額を超えない罰金刑かその併科とされる（4条(4)(b)）。このように、ストーキングの行動を犯罪化し、以前にはほとんど何もなされなかった事件への公的介入を可能にした。しかしながら、これらの行為はあくまでも「ハラスメント」であって、立法時の同法には'stalking'という語は用いられていなかったが、後述する2012年自由保護法による改正で、法文上この語が使用された（この点には後述する）。

　1997年法には先だって協議会（consultation）が組織され、報告書[9]が発表されている。同報告書は、ストーキング行為そのものに焦点を当て、行為者を「ストーカー（stalker）」と呼称した。1997年の議員提出法案（Private Members Bill）は、当初同種の行動リストを列挙してストーキングを定義しようとしたが、不完全であるとして、ストーカー、ストーキングの用語の導入は見送られた。まさにストーキングではその範囲が狭すぎるという理由であった。当時の政府は、ストーキング解決策は、ストーカー、つまり加害者対策よりも被害者にもたらされる危害に焦点を当てるべきとする被害者保護対策を考えていたからである。したがって、法案はその後、第1次的にはストーキングの処理を目指しながら、ストーキングと同質のハラスメントの事件を広くカバーすることが意図されたのである[10]。

　1997年 PHA の特徴的なところは、ストーカーが行った種々の行動を一回的なものとして扱うと、犯罪とはならない点である。つまり、ストーカーが同種の行為を執拗に続行した場合に、初めて犯罪となり処罰が可能となる。それが、この構成要件である「一連目的行動（course of conduct）」である。

また、同法は、刑事処分のほかに、後述の民事処分（第3条禁止命令、第5条制限命令）の手段も採用した。このようにして、前述のように、同法1条及び2条では、恐怖や苦痛を引き起こす「ハラスメント」犯罪、第4条では、少なくとも複数回暴力を用いられるという予測が可能な状況で人が他人に不安を引き起こす場合は「暴力不安惹起犯罪」として、それよりもさらに重大な犯罪としたのである。

2　民事的対応

1997年ハラスメント保護法（PHA）は、民事的対応についても規定している。第1に、被害者は第3条で民事的対応、つまりハラスメントを差し止める禁止命令（injunction order）を民事裁判所に求めることができる。民事裁判所での立証は、刑事裁判所における「合理的な疑いを超える」検証ではなく、証拠の比較衡量となる。禁止命令は、被告人がハラスメントに至るような行動を取ることを制限する目的で発出される。さらに、被害が発生している場合は、もちろんハラスメントから生じた精神的、財産的な損失に対して発生から6年以内であれば賠償を請求しうる。

民事的禁止命令は、民事裁判所によって言い渡され、禁止命令を求める裁判費用は法律扶助が受けられない場合、禁止命令を求めた者、つまり原告、被害者などが支払うことになる。1998年以降、民事命令違反は犯罪となり、これは両用審理可能犯罪（triable either-way offence）とされ、治安判事裁判所か刑事法院のいずれかで審理可能である。刑罰は最高5年拘禁刑か上限のない罰金刑である。また、民事命令違反に対して法廷侮辱罪でも告訴することは可能で、この場合、最高刑は2年の拘禁刑である。

第2に、PHA第5条[11]では、有罪判決を受けた者に刑を言い渡す裁判所は、制限命令（restraining order）を言い渡すことができる。これは、ハラスメントや暴力不安を引き起こす特有の行動形態を禁じるものである。無罪判決が出た場合や有罪が控訴裁判所で逆転し無罪となった場合でも、裁判所がハラスメントから保護するために、制限命令が必要であると判断した場合に裁判所は言い渡すことができる。制限命令の違反には、最高5年の拘禁刑か上限のない罰金刑が科される。

3 1997年PHAの評価

　内務省は、1997年PHAの使用や効果についての評価目的の調査を行っている[12]。

　この調査は、1998年に起訴が決定され、警察から検察に送致されたハラスメント事件167件を検証したものである。方法としては、検察庁の記録データが分析され、同時に警察官、検察官、治安判事、被害者に対するインタビューも行われている。

　これによると、同法の犯罪規定の適用は妥当であるが、実務者間に存在する混乱を解決する必要があるという。そこで、同法が意図する事柄について何らかのガイダンスや実施要領を発行し、機会あるごとに実務家の研修をさらに進めるべきとする。この評価研究が指摘する同法の効果の鍵となるのは、①警察は適切な時期に活動を行なうこと。警察が明瞭にすべきことは、ハラスメントの対応に何をなすべきか、どのような証拠を収集すべきか、事件をどのように処理すべきか、ということである。そのためには職員の研修が必要であり、また警察と検察庁との連携も再検討すべきである。②被害者は可能な救済方法を知るべきであること。そのために、同法に含まれるハラスメントに対する救済策について広報活動が必要である。③犯行者の起訴については精緻なアプローチをすること。制限命令は通常12ヶ月から18ヶ月継続され、保釈条件と同様に、ハラスメント行動を続行するストーカーを止める効果がみられた。④適切な刑罰を言い渡し執行すること。制限命令違反については、警察によって十分に処理されていない側面がみられた。

　他方、この調査でインタビューした多くの実務家は、ハラスメントへの介入には1997年法（PHA）は歓迎すべきツールでありと感じており、とくに治安判事はハラスメント処理に自信が与えられたと感じている、という。これらの実務家は同法の最も重要な特性は制限命令だと考えており、被害者の保護に役立っていると評価している。しかし、制限命令を効果的にするには、報告書は被害者に同命令の内容や条件を伝えること、命令を下す前に四囲の状況を勘案すること、警察が同命令違反を効果的に処理することが肝要であるとしている。

　この調査は、他方で、同法が失敗であると考えられる部分も指摘してい

る。それは、民事救済（禁止命令や制限命令）と刑事処分のどちらを使用するのが適切であるか、という点について実務者の間で混乱がみられることである。全般的に、警察は刑事処分と民事処分の両方を好む傾向があると言われる[13]。これは、1997年 PHA の性格をめぐる問題であって、同法が深刻なストーキングを扱うことがメインなのか、DV や隣人紛争の解決が目的かに関連する混乱である。また、警察においても、2条犯罪、4条犯罪の事件を立件する是非や時期をめぐる不確実性がみられる、という。その理由は、第1に1997年 PHA が「ハラスメント」という用語の下、あまりにも広範な行為に取り組んでいて現場で混乱が生じていること、第2に、ストーキングが継続的な性格であることから、警察介入の適正な時期として、ストーキング行為のどの時点を捉えるかという困難な問題であるからである。実際に、報告書では、警察は近隣や家庭のもめごとをハラスメントとして処理するには、同法は適切ではないと考え、軽微な事案は民事裁判所で処理すべきとする傾向にあると指摘する。イギリスの文脈でなくても、なるほど、これらの事案は民事問題であり、当事者双方が加害、被害をめぐってもめることは十分に考えられる。

　上記で指摘した問題は、要するにストーキングの処理や対応について、1997年 PHA の性格自体が曖昧なことに加え、実務機関の間に確固たる指針や方針がないことに帰因すると思われる。そこで、当然ながら、PHA の性格自体を明瞭にする必要があり、そのためには、ストーキングを他のハラスメントとは区別し、とくに犯罪として位置づけることが重要であるというのがこの評価を行った報告書の見解であると思われる[14]。

　また、それほどストーキング問題の法令上の意味づけが複雑なイギリスでは、この評価研究でも指摘されているように、ストーキング処理について実務家向けのガイダンスや取扱要領を発行し、これに基づいて職員の研修を行うことが必要であろう。

4　DV に関する2010年犯罪安全法（Crime and Security Act 2010）

　2010年犯罪安全法の第24条から33条に家庭内暴力保護警告（Domestic Violence Protection Notice, DVPN）、家庭内暴力保護命令（Domestic Violence

Protection Order, DVPO) に関して規定がある。これらの規定は、必ずしもストーキングに特化した規定ではないが、ストーキングが家庭内の暴力ないし虐待と関連する場合が少なくないことから、これらの規定もストーキング対策の一環と考えられている（なお、同種の制度はこれ以前にオーストラリアにみられた。第7章Ⅲ参照）。これらの制度は2014年3月からイングランドとウェールズで全面的に実施されている。DVPOは民事命令であり、行為者を訴追するのに証拠が不十分な場合や保釈条件を介して被害者に保護を与える場合に、警察や治安判事裁判所が家庭内暴力事件の直後に保護手段を講じることができるようにするためであり、要するに被害者保護の時間的ギャップを埋めることを目的としている。他方、DVPNは警察が家庭内虐待事件に対応する場合、行為者に発行する緊急の立退き警告である。行為者にDVPNが執行されて48時間以内に、警察官はDVPOの申請を治安判事裁判所に行い、審理を求めなければならない（27条(1)、(3)）。DVPOによって最大で28日間、行為者が元の住居に戻ること、被害者との接触を防ぐことが可能である。DVPN及びDVPOには行為者が被害者に性的虐待を禁止する条件が含まれている（28条(6)）。

　DVPNは一定階級以上の警察官が、行為者が特定関係者に対して暴力ないし威嚇を行っていることを信じるに足る合理的な根拠があり、かつDVPNの発行がこれらの暴力ないし威嚇から特定者を保護するのに必要である場合に発行する。DVPNには、文書で、①発行の根拠、②行為者がDVPNに違反したことを信じるに合理的な根拠がある場合には令状なしで逮捕できること、③同法27条の下でDVPOの適用につきDVPN執行48時間以内に審理され、行為者に審理の警告が与えられること、④DVPNはDVPO適用が決定されるまで有効であることなどが記載される。また、DVPOの言い渡しはDVPN発行後に治安判事裁判所で行われる。治安判事裁判所が言い渡し可能な保護的条件は警察官による場合と同じであり、裁判所が決定した開始日から14日以降28日まで有効である（28条(10)）。

　DVPNおよびDVPOに特徴的なことは、一つは行為者を拘禁する権限がいかなる者にも与えられていないことである。もう一つは、被害者の同意が不要なことである。その理由は、これらの措置が被害者の言い分から判断した結果の緊急な措置であり、果たして被害者の意思に影響を与える加害行為

が事実存在するのか否かの判断を行うわけではなく、ただ被害者を保護することに主眼が置かれているからに他ならない。

5　2012年自由保護法（the Protection of Freedoms Act 2012, PFA）による改正

　1997年PHAについては、成立後に早くもその限界が指摘されてきた。その第1は、同法が本来的にはストーキングの問題を解決するために創設されたにも関わらず、上述のとおり、いわゆる典型的伝統型のストーカー事案にはめったに適用されず、むしろいわば低レベルのハラスメント、つまり隣人間のもめごとや元配偶者・交際相手の嫌がらせに適用されてきたからである。その理由は、法令上、'stalking' という語が使われていないためとされる。このため、警察などはストーキングに対して同法を適用できるという理解に乏しく、その処理に適切な活動を行うことができなかった。実際、成立後も種々のストーキング被害者支援団体や実際に法執行を行う警察からも、同法の使いにくさが示唆されてきた[15]。

　そこで、2011年7月に内務省内に「ストーキング法改正キャンペーン (Stalking Law Reform Campaign)」が立ち上げられ、1997年法が被害者にどの程度の影響を与えているか、その意見の収集が図られた。このキャンペーン中、被害者やその家族が参加するセッションが開催され、彼らからは法律上、明瞭に 'stalking' という名称の犯罪を挿入すべきである、専門家に明解な指針を提供するためにストーキング行動を法律に定義すべきとの意見が寄せられた。セッションに参加した被害者支援団体からも法改正に賛意が述べられ、ストーキングという固有の犯罪を創設すべきであり、これは刑事司法制度に対してストーキングの深刻さを伝達するため、また当該問題の規模と範囲をよりよく理解するためでもある、との意見が示された[16]。

　他方、当時のキャメロン首相も法改正に言及し[17]、その後、2012年10月、内務省回状[18]が発せられ、1997年PHAの改正に言及し、かつ新種の犯罪を導入することが明らかにされた。そして2012年自由保護法（以下、「2012年PFA」とする）により、実際、その第111条（ストーキング関連犯罪）、112条（立ち入り権限）において1997年PHAが改正された。改正点は、回状が示唆したように、3つの新しい犯罪を創設した点（初めて法文上で 'stalking' という語が

用いられた）にある。これは、一般に「ストーキングの犯罪化（criminalisation of stalking）」と呼ばれている[19]。2012年 PFA は、以下の行為を PHA に挿入するとした。

(1)　2条(A)「ストーキング犯罪（offence of stalking）」

前述したように、「ストーキング」の明瞭な定義を規定せず、次のような各種行為を2条A(3)では例示するにとどまっている。

・人に対するつきまとい
・あらゆる手段による、人に対する接触、接触の試み
・文章その他の素材の公表
・人のインターネット、Eメール、その他のあらゆる電子通信形態の利用に対する監視
・公私の空間におけるあらゆる場所のうろつき
・人の所有する財物に対する干渉
・人に対する監視、スパイ行為

2条(A)犯罪に対する刑罰としては、略式裁判により51週を超えない拘禁刑ないしレベル5を超えない罰金刑、またはその併科である。

(2)　4条(A)(b)(ⅰ)「暴力不安を惹起するストーキング」

2条(A)(1)の規定と異なり、ストーキングが将来、暴力を伴うことが少なくとも複数回予想され、それが不安を増幅することから、刑が加重されたものである。

(3)　4条(A)(b)(ⅱ)「深刻な恐怖や苦痛を惹起するストーキング」

深刻な恐怖や苦痛は、被害者の日々の日常生活に実質的な不便を与えることから、刑が加重されたものである。ここでいう被害者の「不便」とは、ストーキングを避けるための引っ越し、身体的精神的な変調、自宅警備装置の強化、職場への通勤ルートの変更などが含まれるという[20]。

すなわち、4条(A)(b)(ⅰ)では「その一連目的行動がストーキングに至り、少なくとも2回以上、相手に暴力が振るわれるという不安を引き起こしたこと」、4条(A)(b)(ⅱ)では「その一連目的行動が相手の日常生活の活動に実質的に悪影響を与える深刻な恐怖や苦痛を引き起こしたこと」が構成要件であり、不安を与え、あるいは恐怖や苦痛を与えることを知っていたか、知るべ

きであった場合に有罪となる。

　これら4条(A)(b)の行為は従来ハラスメント概念で括られていたもので、ハラスメントに含まれた複数の行為を明瞭に分離し、刑罰を科することを可能にしたのである。4条(A)犯罪に対する刑罰としては、正式起訴犯罪の裁判による場合は10年を超えない拘禁刑（2017年警察活動及び犯罪法により改正）ないし罰金刑、またはその併科であり、略式裁判の場合は12ヶ月を超えない拘禁刑ないし法令上最高額を超えない罰金刑、またはその併科である。

　新規定によると、第2条(A)犯罪はハラスメントを引き起こす一連目的行動がストーキングと結びつくとき成立する。前述のように、これに該当する行為が例示されているが、もちろん、全ての行為を網羅しているわけではない。同様に、4条(A)犯罪は少なくとも2回以上の暴力使用の不安をもたらす一連目的行動がストーキングに至る場合に成立する。そのうち、最も大きな改正は4条 A (1)(b)(ii)であり、被告人が被害者に深刻な恐怖ないし苦痛を惹起する一連目的行動を執拗に継続した場合である。「深刻な恐怖ないし苦痛（serious alarm and distress）」とは、被害者の通常の日々の活動に実質的に不都合な影響を与えるもので、被告人がこれを知っていたか、知っているべきであった場合に成立する。この新型犯罪は、ストーキング・ハラスメント行為の繰り返される事件の問題に巧妙な解決策を提供するものと評価されている[21]。

(4)　2条(B)「警察の立ち入り・捜索」

　2条(A)犯罪が現に行われているか、行われていると信じるに足る合理的な理由があるとき、警察官の請求により、治安判事は警察官の敷地内立ち入りおよび捜索を許可する令状を発行することができる（この趣旨については後述する）。

四　ストーキング対策

　その後もストーキング対策の検討は続く。イギリス政府とくに内務省は、2010年9月ストーキング政策の会議を主催し、ストーキング被害者支援活動を行う8つの慈善団体と協議した。これらの団体には、3つの主要な団体、つまり PAS（Protection Against Stalking「ストーキング被害者保護団体」）、NSS（Network for Surviving Stalking「ストーキング克服ネットワーク」）、SLT（スー

ジー・ランプル・トラスト）が含まれていた。検察庁（CPS）は、関連団体との協議により、ストーキングやハラスメントの事件の起訴に関して検察官に対する新しいガイダンスを発行した。その後、このガイダンスにはサイバー・ストーキングに関する助言も含むように改訂された。さらに、2010年12月には警察と検察の間で全国ストーキング会議が開催され、最善の実務を共有することが目指された。

1 警察の対応

2011年になると、ACPO（Association of Chief Police Officers、「幹部警察官協会」）は、上級警察官の研修にストーキング・ハラスメントの内容を含むように、NPIA（National Policing Improvement Agency、「国家警察活動改善庁」）と協議を行い、警察監察官も警察のストーキング・ハラスメントへの対応状況を検証した。

警察は、ストーキングに対して、いわゆる「ハラスメント警告（harassment warning）」ないしは「警告通告（warning notice）」といった警察情報通知制度（Police Information Notice, 'PIN'）を活用している。これらについては、法令上の根拠はないが、実務上、対象者に口頭、あるいは文書で、告発がなされていること、行為者に自らの行動を反省させること、それによって潜在的に起訴を回避できることを伝える警告である。

警察が発する警告によって生じる可能性のある効果は、以下のとおりである[22]。

① 公衆一般に1997年 PHA の関係で、処罰の条件を知らしめ、一般予防を図ること
② 警察の初期介入の一部として、個人間のもめ事がエスカレートするのを防ぎ、ハラスメントに至る行動からさらなる事件が発生するのを防ぐこと
③ 行為者が、自らの行動が1997年 PHA の下でハラスメントに当たることを知っていたを証明し、訴追の支援をすること
④ 告訴者が起訴を希望しないときに、警察が独自の対応を提供できること

この警告制度 PIN に関しては適用ガイドラインがあり、それに準拠する。PIN が発せられるのは、行為が未遂で、たとえば一連目的行動が続行されない場合、つまり被害者がハラスメント行為を1回受けて通報したとき、などである。また、PIN が発せられる他の場合としては、行為者が純粋に自らの行為が1997年 PHA の下で犯罪を構成することを知らない場合であり、知らないことにつき合理的根拠がある場合がある。但し、PIN の通知を受けたことが即座に自らの悪意ある行動を認めたことにはならない。PIN の発行は、単に1997年 PHA についての情報およびストーキングを含むハラスメント嫌疑に対する警察の捜査状況について情報を得たに過ぎない。この理由から、対象者に警察の PIN 発出に対する不服申立の権利はない。つまり PIN が発せられただけでは、行為者の個人情報は全国警察コンピュータには登録されず、また PIN 発出自体は犯歴として扱われることもないとされる。

　しかし、この PIN 制度についても批判がある。すなわち、この警告が発せられるプロセスが問題とされる。要するに、警告の相手方に対して十分な聴聞の機会を与えていないこと、手続き自体に厳格さが欠け、被害者に誤った安心感を与えていることである[23]。警告を発出したことがストーキング停止に至らないことも多いと言われる。

　前述のとおり、PHA の改正（2012年 PFA）では、警察権限も強化された。第2条(B)では、第2条(A)ストーキング犯罪につき、行為者の自宅敷地内への立ち入り捜査を可能にした。すなわち、治安判事は2条(A)犯罪が行われたと考えるに合理的な根拠がある場合は、捜索令状を発行する。

　もちろん、言うまでもなく一般に、警察には家宅捜査や財産の押収・保管の権限が与えられている。もともとこれらの権限は1984年警察及び犯罪証拠法（the Police and Criminal Evidence Act 1984）で規定されているが、通常は重大な犯罪である正式起訴犯罪に限定されているから、犯罪を構成するか否かグレイ・ゾーンにあるストーキングに適用することは困難となる。1997年 PHA は、第2条でハラスメント自体を略式起訴犯罪（summary only offence）[24] としており、したがって、警察は PHA 第2条では私有地への立ち入り権を行使することは困難であった。そこで、1997年 PHA 第4条の改正により、

前述のとおり、より重大なハラスメントは、治安判事裁判所か刑事法院で審理可能で、警察の立ち入り捜査権が可能とされたのである。

もっとも、1997年 PHA 成立当初の時代にも、立ち入り捜査・財産押収の権限を拡張できないか議論されてきた。というのも、サイバー・ストーキングのような事件では、行為に使用されたコンピュータや他の電子機器（たとえば、スマートフォン）への捜査や押収が必須であり、それによってストーカー行為者の全体像が明らかになり、訴追もしやすくなるからである。とくにサイバー犯罪は、行為者と被害者が非対面であり、遠距離から行為を行うことが可能であるから、それに対応する捜査手法が必要という主張である。しかし、これについても捜査権限の拡張は不要であるという反対論がみられた。サイバー犯罪（ハラスメント）においても、犯罪（ハラスメント）を立証するのに、被害者は自分が受信した E メールその他のメッセージを警察に証拠として提出できるからである。

しかし、いずれにせよ、上述のように、2012年 PFA によって、これらの問題は一応の決着をみた。

2 リスク判定・評価と 'DASH'

被害者が最初に警察にストーキングの被害を訴えた場合、警察がその被害リスクをどのように評価、判断するかがポイントになる。すなわち、リスク評価とは、上述の「共同監察報告書」(38頁) によると、「行為者が特定の被害者、その子どもなどに提示したリスクの可能性や特質を測定し、また定期的に検討するプロセス」を意味する。そこでは、二つの方法でリスクが評価される。第1に、被害者が警察に最初に接触した際に被害者やその家族へのリスクを測定するために、リスク評価スクリーニング・ツール (risk assessment screening tool) が使用されたかどうか。これは、警察が被害者への直接的リスクを考慮するために行われるもので、対応の優先順位や被害者へのコンタクトをどのようにとるのがよいのかを決定するうえでも利用される。上述の共同観察報告書では、約半数の警察署で実施されているという。第2に、それに引き続き、強化リスク評価 (enhanced risk assessment) が継続的に行われたどうか。これは、その後被害者との相談を継続中に被害者の状

表2　DASH調査表の概略

現在の状況 起こっていることの内容・詳細は大変重要です。関連する空欄には✔を入れ、必要であればコメントを記述して下さい。	はい ☑	いいえ ☑
1. 今回の事件ではケガをしましたか （ケガの状況や最初のケガであるかを書いて下さい） ＿＿＿＿＿＿＿＿＿＿＿＿＿＿＿＿＿＿＿＿	☐	☐
2. 非常に恐怖を感じますか コメント＿＿＿＿＿＿＿＿＿＿＿＿＿＿＿＿＿	☐	☐
3. 何が怖いですか。さらにケガや暴力を受ける可能性がありますか。 ・殺されること　　（自分自身、子ども、その他＿＿＿＿＿＿） ・ケガや暴力　　　（自分自身、子ども、その他＿＿＿＿＿＿） ・その他　　　　　（自分自身、子ども、その他＿＿＿＿＿＿）	☐	☐
4. 家族や友人などから孤立を感じますか。虐待者（名前＿＿＿＿＿＿）は友人・家族・医者などと会うことを止めようとしますか。	☐	☐
5. うつの状態を感じたり、自殺を考えたことはありますか	☐	☐
6. 過去に虐待者（名前＿＿＿＿＿）から離れたり、離れようとしましたか	☐	☐
7. 子どもとの接触についてもめていますか（もめごと＿＿＿＿＿＿＿）	☐	☐
8. 虐待者（名前＿＿＿＿＿）は絶えず電話、接触、つきまとい、嫌がらせをしていますか 故意に脅していると考える理由　＿＿＿＿＿＿＿＿＿＿＿＿＿＿＿ 具体的にどのような行為ですか　＿＿＿＿＿＿＿＿＿＿＿＿＿＿＿	☐	☐
子ども・扶養者（いない場合は飛ばしてください）	はい	いいえ
9. 現在妊娠中か、過去18ケ月以内に子どもができましたか	☐	☐
10. 現在、同居の子ども、養子の子どもがいますか。 あるいは同居の扶養家族（高齢の親族など）がいますか	☐	☐
11. 虐待者（名前＿＿＿＿＿）は子どもや扶養者を虐待したことはありますか	☐	☐
12. 虐待者（名前＿＿＿＿＿）は子どもや扶養者を虐待するとか殺すとか脅したことはありますか	☐	☐
家庭内暴力の前歴	はい	いいえ
13. 虐待は頻繁に起こりますか	☐	☐
14. 虐待は悪化していますか	☐	☐
15. 虐待者（名前＿＿＿＿＿）はあなたのすること全てをコントロールしていますか。かなり嫉妬深いですか。	☐	☐
16. 虐待者（名前＿＿＿＿＿）は虐待する際に武器や物を使いますか	☐	☐
17. 虐待者（名前＿＿＿＿＿）はあなたや他の人を殺すと脅していますか。また、そのようにすると思いますか。	☐	☐

		はい	いいえ
18.	虐待者（名前_____）は首を絞めたり、窒息させたり、溺れさせたりしたことがありますか。	□	□
19.	虐待者（名前_____）は気分を悪くするような、あるいは傷つけるような、性的なことを言ったり、したりしますか。	□	□
20.	他に誰かあなたを脅したり、怖がらせる人がいますか。	□	□
21.	誰かを虐待している人（名前_____）を知っていますか。 □子ども　□他の家族　□過去に関係のあった者　□その他_____	□	□
22.	虐待者（名前_____）は動物や家のペットを虐待したことはありますか。	□	□
虐待者		はい	いいえ
23.	何かお金の問題を抱えていますか。たとえば、虐待者に依存しているとか、最近失業したとか。	□	□
24.	虐待者（名前_____）は過去に日常の生活に影響するような薬物、アルコール、精神障害の問題を抱えていましたか。 □薬物　　　□アルコール　　　□精神障害	□	□
25.	虐待者（名前_____）は自殺をほのめかしたり、試みたことはありますか。	□	□
26.	虐待者（名前_____）は裁判所の保釈条件や禁止命令やあなたや子どもに会うときの合意に違反したことはありますか	□	□
27.	虐待者（名前_____）が警察沙汰になったり、犯罪歴があるかどうかを知っていますか。 □DV　　□性的暴力　□その他の暴力　□その他	□	□
リスクレベルを変更するようなその他の関連情報（被害者の弱さ、身体障害、精神障害、アルコール薬物乱用、虐待者の職業・興味、武器へのアクセス、その他重大な犯行歴など） _____ _____ _____			
上記に付加すべき事項			

被害者のリスク判定		
□ 標準	□ 中度	□ 高度

況をさらに詳しく考察する場合に使用される。

　イギリス警察でリスク判定ツールとして知られるのが、DASH（Domestic Abuse, Stalking and Honour Based Violence）である[25]。これは「DV、ストーキング、名誉に根ざす暴力[26]のリスク」を判定、評価、管理するACPO（警察幹部

協会）認証のモデルであり、2009年3月からイギリス全土の警察で実施されている。DASH は後述の被害者支援組織「パラディン（Paladin）」創設者の考案とされる。その内容は、表2に示されるように、診断ツールであり、その記載事項には本人の現状、その子ども・扶養者の現状、被暴力・虐待歴、加害者の状況、被害者のリスクなどがあり、最後にリスク評価、リスク管理を診断するようになっている。また、スクリーニング・ツールとして、'S-DASH' もある。これは、診断者用の、文字通りストーキングに該当するか否かを判断するツールであり、11個の質問項目から成る。内容的には、行為者の状況を問う事項が多く、それによってストーキングの有無や程度を判断するようになっている。内務省では、ストーキングが疑われるすべてケースで S-DASH を使用するように警察などの担当者向けの研修などで指導している。なぜなら、このスクリーニング結果はその後のリスク評価の診断、リスク管理のプランや捜査、証拠収集などの参考になるからである。

3 各種団体の取り組み

イギリスでは、多くのストーキング被害者支援団体が活動している。しかも、これらの団体は各種公的機関と連携し、いわゆる多機関協働体制を構築している。とりわけストーキング対策では、第1に被害者との最初の接触における効果的な電話応対、第2に最も脆弱な被害者を見出すための適切なリスク評価手段の利用、第3に特定地域における機関間が合意したケース・マネジメント原則の共有、などが意識されているという[27]。

イギリスのストーキング被害者支援組織としては、次の主要なものがある。

(1) **全国ストーキング・ヘルプライン**（National Stalking Helpline, NSH）

2010年4月に組織された団体で、イギリス連合王国全体をカバーして活動している。この団体は、3つの慈善組織が共同して運営しているもので、これには下記 SLT、NSS、PAS が関わる。この運営資金の一部は内務省が助成している[28]。

NSH によると、発足以来1年間で、被害者等2,327人がこの組織に電話相談しており、その内訳はほぼ女性8割、男性2割であった。さらに、この約

半分はこの組織に接触する前に警察に相談しており、その4分の3は警察対応に不満足であったと答えている。当然ながら、警察対応が不十分であったために、当組織に接触したものと思われる。

(2) **ストーキング被害者保護**（Protection Against Stalking, PAS）

この団体は、子どもがストーカーに殺害された被害者遺族によって創設された。PASの女性代表は多くの複雑な殺人、その他性犯罪・暴力犯罪を検討、分析し、数百の事例について心理学的な検証を行い、介入や予防の機会を考察してきた。

(3) **スージー・ランプルー・トラスト**（Suzy Lamplugh Trust, SLT）

1986年創設の慈善団体で、その活動の一部として、イギリス全国でストーキングを扱う個人の安全を図る組織である。上述NHSと無料相談窓口のヘルプラインを共同運営している。具体的には、電話、電子メール、オンラインなどによる相談を展開している。相談オペレーターはボランティアであり、法曹関係者や元警察関係者などが従事しており、オンラインでは24時間対応を可能にしている。もっとも、当組織の対応はあくまでも相談者の決定に委ねるもので、組織自体が決定や判断、強制を行うものではないという。上述のDASHやS-DASHなどのチェックリストを活用し、相談者に対して選択肢を提供することを柱としている。

(4) **ストーキング克服ネットワーク**（Network for Surviving Stalking, NSS）

2008年創設。ストーキング被害者や専門家の意見を利用して、他のケースへの解決策に適用している。NSS女性代表（Tracey Morgan）は、テレビ会社ITNのキャスターを務めていた時期にサイバー・ストーキングの被害を受けている。現在、サイバー・ストーキングの研究を行うため、ベッドフォードシャー大学で活動している。

(5) **警察幹部協会**（ACPO）

警察本部副部長を務める人物が中心になって、ストーキングやハラスメントの対応を図るため定期的な会合を開催し、警察の対応を検討している。2010年には、ストーキング向けの受付組織（Single Point of Contact）を開設した。

(6) **固執性威嚇アセスメント・センター**（Fixated Threat Assessment Centre, FTAC）

執着的固執的な行動をめぐる精神保健問題を扱う組織である。この組織は、もともと王室や政治家などストーキング・ハラスメント被害を受けた要人を扱うために創設された。FTAC の目的は、精神に障害のある者をその居住地域の精神医療施設に送致し、被害者の安全を保護する一方、当人の治療も施すことにある。そして、治療を行う精神科医にストーカーの警察記録を提供し、効果的な治療を行うことを支援する。FTAC の資金は警察と精神保健機関が拠出しており、それにより多くの研究論文を公刊している。その成果が認められ、2009年には ACPO（幹部警察協会）優良賞を受賞した。

これらの成果は、ストーキング対策に悩む警察活動に反映されており、警察は実際、ストーカーの犯行に焦点を当てたプログラムを開発し、精神状況に関連する問題に対処している。

(7) **全国ストーキング戦略グループ**（National Stalking Strategy Group）

このグループは内務省自体によって組織されたもので、上記 ACPO のストーキング・ハラスメントのワーキンググループを支援している。要するに、種々の分野からの専門家で構成されており、警察をはじめ検察、内務省、司法省からの代表者が関与している。とくにこれらの機関が対処しなければならないリスク・アセスメントの重要性に照準を定め、警察対応の改善と訴追の促進を図っている。

このグループが活動の参考にしているのが、オーストラリアのメルボルンで行われている試み[29]である。そこで、FTAC とも連携しながら、この試みがイギリスにも適用できるか検討中であるとされる。

(8) **パラディン**（Paladin）**全国ストーキング支援サービス**（NSAS）[30]

2013年創設と比較的新しい組織である。元警察官らが創設した組織で、リスクの高い被害者やその家族・子どもの安全を支援するために地域協働体制を採用している点が特徴である。資金は個人や企業からの寄付により、政府からの支援は受けていない。その活動内容は、トラウマ理解の支援や助言、ストーキングのリスク認識、専門家への研修、ストーキング関連法の分析、被害者支援キャンペーンなどであり、これらを通じてストーキング被害者相談窓口としての「知の拠点」をめざすという。そして、被害リスクの高い事

例については警察、あるいは多機関連携として MARAC などと情報共有を行うとしている。

　パラディンは、被害者支援に特化した組織であり、単に助言だけでなく、上述 DASH などを利用したリスク・アセスメントを主業務としており、加害者との接触は行っていない。その意味では、かなり突っ込んだ被害者への介入を行っているが、それが結果的には相談者や関係者とのトラブルを誘発することもあり[31]、このような態様の被害者支援の困難さを示している。

五　ストーキング処理に関する監察調査

　冒頭で述べたように、警察・検察監察当局（HMIC and HMCPSI）共同によるストーキング及びハラスメント刑事司法機関の処理に関する調査が実施され、共同監察報告書が出されている。つまり、これらの行為に対する警察や検察の対応は適切であったかを問う調査である。以下にその調査の内容や報告書の結論を記述するが、イギリスのストーキング概念が複雑なこともあり、報告書におけるストーキングの用語や概念も「ハラスメントを構成する行動であり、行為者が他人に対して固執し取り憑く」行為と記述している点に注意を要する。

1　定義問題

　先述のように、イギリスの法制はストーキングとハラスメントを同種に扱っている。実際の実務の現場では、この両者を区別する努力がみられるが、かなりの困難が強いられているという。とくに、この調査で明らかになったのは、警察・検察のストーキングに対する理解不足である。その結果、一定の行為がストーキングと認識されず、警察はしばしばストーキング行為を別の犯罪で記録したり、そもそも記録しなかったりするなどの現実が目立つとされる。同様に、検察もストーキング行為の起訴をめぐってハラスメント概念に引きずられて、起訴の機会を失うという同様の傾向がある。この要因はまさしくストーキング単体の一貫した定義が欠如していることにある。つまり、現場では「何がストーキングであるのか」という混乱が生じているの

である。

その結果、被害者には、犯罪は適切に処理されていないという印象を強く与えている。ストーキングに特化した権限、たとえば家宅捜査や証拠収集といった権限が使用されておらず、一部の事件では犯罪の重大性に見合った訴追が行われず、被害者の刑事司法機関に対する信頼は著しく低いという調査結果が示されている。

2　犯罪記録問題

犯罪問題の解決には、刑事司法機関による正確な犯罪認知件数の把握が重要なことは言うまでもない。とくに、警察はこの数値を参考にしながら、犯罪対策に向けて警察資源の配置、配分を考えるからである。しかしながら、しばしばこのような公的統計は実態と乖離する場合があり、このためイギリスでは独自の被害者調査「イングランドとウェールズにおける犯罪調査（Crime Survey in England and Wales）」（旧イギリス犯罪調査（BSC）の改称）が行われている。これによると、ハラスメント・ストーキングを経験したとする被害者数と警察が記録した件数とは開きがある。警察統計では2016年に4,613件のストーキング犯罪と202,755件のハラスメント犯罪が記録されているが、後者は実際よりもかなり不正確な数値ではないかと疑われている。というのも、共同監察調査では、被害者が通報した犯罪が必ずしも警察で記録されていないこと、記録された場合でも異なった犯罪で記録されていることが明らかになっているからである（ストーキング犯罪をハラスメントや暴行と記録するなど）。またこれらの犯罪を扱った警察署ごとに記録の仕方にばらつきがあるという。

3　ストーキングの程度と進行

ストーキング被害者が感じる最も大きな不満の一つは、警察がストーキングの実態を大局的に、あるいは文脈的にみない点である。ストーキングは時間的に少しずつ変化するが、その一連の経過の中で、ちょっとした出来事を過少評価する傾向にあるという。つまり、これらの些細な出来事を文脈的につなぎ合わせて行動パターンとして考察すべきであるが、警察は個別、単一

に捉えるために、大したことはないと判断しやすく、その結果、重大な被害を招くことがあるという。共同監察報告書は、そのため犯行の重大性、継続性、進行性が見過ごされていると警告し、警察や検察のきめの細かい事件経過の観察とそれに根ざす対応を求めている。

4 リスクの評価と管理

ストーキングが家庭内虐待（DV）のカテゴリーに含まれない場合、リスク・アセスメントを受けない傾向にあるという。調査対象となった警察署の一部は、すべての被害者に対して行うという原則をとっておらず、この原則を維持している警察署でもアセスメントは家庭内虐待に限定されている。しかし、この場合も被害者個別の問題が質問されないため、被害者が保護されない結果となっている。このようにリスク・アセスメントの欠如は被害者の放置に連なるという。

他方、リスク・マネジメントの側面はどうであろうか。同報告書では、「リスクが確認された事例において、犯行者のさらなるリスクを最小限にするために採用される対応の管理」と定義され、リスク・マネッジメントは被害者の安全を確保するための必要不可欠な措置である。なぜなら、刑事司法機関が確認された被害者のリスクを理解し、どのような介入策が可能であるかを検討し、確認されたリスクを管理し被害者を保護するための最適の方策を選択し実施できるからである。しかしながら、今回の調査では構造化されたリスク管理プランは見いだせなかったという。警察署が策定したプランは思い付きの様相が強く、しばしば認知モデルに従っておらず、被害者のリスクにどのように対応するかを説明できないものが少なくなかったとする。当然ながら、リスク管理の欠如は被害者が日常的に保護されない事態を招くのである。

5 警察情報通知制度（PIN）の問題点

PIN が使用されるのは、ストーキングの行為者とされる者にその行為が犯罪を構成することを知らせるためである。もともとの意図ではないが、行為者の将来の行動に警告を発する趣旨もある。前述のように、PIN には法

的根拠はなく、その結果、PIN は継続的に使用されることもなく、またその使用が監視されたり、分析されることもないために、共同監察報告書は問題も多いとする。

共同監察調査では PIN が使用された270事例につき審査したが、大半の事例で適切な対応がとられていないことが明らかになった。PIN はときに非公的な制裁を伴う場合があり、その場合も完全な捜査が行われているわけではないという。そこで、PIN 使用に関する調査が行われ、その誤使用を防止し、警察の説明責任を明らかにするために多くの勧告がなされている。もっとも、これらの勧告も効果的であるという証拠は見当たらない。すなわち、これらの勧告には PIN の一貫した公表や職員研修などが含まれているが、ほとんどの警察署でこれらは実施されていなかった。つまり、ここで問題なのは、PIN の利用が完全な捜査や被害者保護に繋がっていないという事実であり、必ずしも機能していないという事実である。そこで同報告書では、PIN に代わる新しい制度の提案を行っている。これが次のストーキング保護命令である。

6　ストーキング保護命令（SPO）の新設提案

2016年12月政府は、ストーキング保護命令（Stalking Protection Order, SPO）の導入を発表した[32]。この制度は、裁判所がストーキング行為初回からストーカーに対して、犯罪ではない反社会的行動に発出される ASBO（反社会的行動命令）類似の民事禁止命令を言い渡すことができ、これに違反すると最高刑が10年の拘禁刑であり、刑罰の強化も図られている。要するに、起訴前の早期の段階でストーキング被害者の保護を図るものである。すなわち、家庭内虐待の被害者の場合は上述の DVPN や DVPO で保護されているが、家庭外でのストーキング（いわゆる不審者ストーキング（stranger stalking）のリスクを抱える者はこれらの制度では保護されておらず、新たな保護策が必要であったことから、新制度（SPO）が提案されたのである。SPO も DVPN や DVPO の制度と同様に、被害者の同意を必要としない。しかしながら、当然のこととはいえ、従来の制度と異なり、SPO の言い渡しにはストーキングの行為が刑事司法機関によって認知される必要がある。また、他方で、家

庭内虐待の被害者で姻戚関係を離れた者が引き続き虐待を受けている（ストーキングと認定されない）場合には適用できないことになっている。

もっとも2018年8月現在、依然、このストーキング保護命令は法制化には至っていない。

六　今後の課題

　上記のとおり、イギリスのストーキング対策の特徴と課題は、次の点を指摘できる。

　第1に、ストーキングはその他のハラスメント（嫌がらせ）と法制上同列に扱われており、このような規定の仕方からも実務の現場、警察や検察において一定の混乱をもたらしていることである。この問題はさらにストーキングの定義とも関連する。イギリスの法制上、ストーキングの具体的行為を列挙するにとどまり、明瞭に定義されておらず、刑事司法機関ではその扱いに戸惑いが見られるのも現実である。この点、先述の警察・検察の共同監察調査報告書でも内務省に対して、1997年ハラスメント保護法の再検討を求め、ストーキングの定義をさらに明瞭にするように提言している（89頁）。

　第2に、イギリスのストーキングは家庭内暴力・虐待との結合（とくに配偶者やパートナー、およびこれらの関係にあった者からのストーキング行為）が重視され、それに基づいて法制度や対策が実施されている点である。上述のDVPNやDVPOはその端的な例である。他方で、家庭内暴力・虐待から派生しないストーキング（不審者ストーキング、stranger's stalking）に対する対応の遅れは否めない。確かに、わが国においてもDVから派生したストーキングの例は多く、その対応もDV対策と近い点はあるし、両問題を結合して議論した方がよい場面も少なくない。しかし、実際不審者ストーキングの形態も多数発生しており、これらは分けて考えるべきであろう。そこで、イギリスではこれに対応した新制度のストーキング保護命令（SPO）の導入が待たれる。この制度は、法的根拠を有しない警察のPIN制度の欠陥を補う側面もあり、不審者ストーキングに対応することが可能である。

　もっとも、このSPOが適切に機能するには、警察がまずきちんとストー

キングを認知し、記録することが必要である。そのためにも結局、ここでもストーキングの定義問題に行き着かざるを得ない。また、被害者の同意問題もクリアする必要がある。DVPN、DVPO、SPO はいずれも被害者の同意を不要としているからである。

　第3に、警察段階におけるリスク・アセスメントおよびリスク・マネジメントの立ち遅れである。先にみたように、警察の現場ではこれらの対応は十分ではないという指摘がみられた。いうまでもないが、初期段階のリスク・アセスメントはその後の科学的な対応やリスク・マネジメントを可能にし、適切に被害者を保護するという警察の本来的使命が果たされる。つまり、リスク・マネッジメントに根ざす対応はリスク・アセスメントのツールに含まれるべきである。

　第4に、多機関協働体制の構築である。ストーキングに関しては、刑事司法機関がとくに多機関リスク・アセスメント会議（Multi-Agency Risk Assessment Conferences、MARACs）や独立 DV 調停協会（Independent Domestic Violence Advocates, IDVAs）などと連携することが考えられる。これらは基本的にボランティア組織であり、前者は地方の警察、保健衛生、児童保護、住宅などの機関との間でハイリスクの事例に関して情報共有を図っており、リスク・アセスメントを実施している。後者は、独立の専門家アドバイザーから構成され、リスク・レベルを評価し、適切な対応の選択肢を議論して、共同した安全策の策定などを展開するなど被害者とともに活動している。もっとも、これらの活動はストーカーの行動原因に向けたものというよりも被害者保護に主眼をおくものである。そこで、一般には性犯罪者などに活用されている MAPPA を準用することなどが考えられている[33]。

　第5に、このように、イギリスでも依然、加害者対策が遅れていることである。共同監察報告書でもストーカーに対する適切な刑事司法機関の対応が必要であるとしながらも、被害者の保護が強調され、加害者に対しては警察と検察の効果的な連携による早期の捜査を推奨する程度であり、いささか具体策に欠けるきらいがある。また、法制度として1997年 PHA 第5条や2004年家庭内暴力、犯罪および被害者法（the Domestic Violence, Crime and Viotims Act 2004）第12条には有罪判決に基づく制限命令（restraining order）が規定さ

れ[34]、有罪判決だけでなく、無罪判決の際にも、命令に明記された行為を加害者が行うことを禁止することができるが、これも結局、加害者がこれに違反すれば被害者の安全を保つことができない。もっとも、警察署の中には、ストーキングの行為者に向けた対応を独自に講じるところもあり、たとえばハンプシャー警察では「ストーキング・クリニック」を開設し、警察、検察、保護観察、保健衛生、慈善組織が一堂に会し、リスク・プロファイルの評価手続を使用するなどによって行為者を精神衛生処遇に送致したり、MAPPAの管理下におくなどの措置をとっている[35]。しかし、全国レベルの試みとはいえない。実際、国家保護観察庁が行った調査でも、ストーキング加害者に特化したプログラムを行っている保護観察所は少数にとどまっていると報告されている[36]。

　第6に、イギリスで指摘されている課題は、サイバー・ストーキング (cyber stalking, digital stalking) である。今後、ますます遠隔地にいる者同士の人的接触が増大し、いわゆる非対面型のストーキングが増えることが予想される。イギリスの新法 (PFA) による改正では、すでにあらゆる電子通信手段によるストーキングが処罰対象になっており、一応、サイバー・ストーキングも含まれ、その点では一歩わが国よりも進んでいると思われるが、課題も少なくない。これはイギリスに限ったことではないが、インターネット絡みのストーキングは形態が複雑であり、次々と新たな手段が生まれており、その分野の専門家でさえ知識が追いつかない現状にある。また、加害者、被害者が遠隔地、場合によっては海外であることもあり、捜査も一段と困難を極める。これについては、イギリスでは、サイバー・ストーキングのカテゴリーで統計を取り始めており、検察庁はとくにこの分野向けのガイダンスを作成して対処している。

　以上のように、イギリスのストーキング対策の現状は依然、暗中模索が続いているように思われる。とりわけ加害者対策では刑事司法制度の改革だけでなく、実際の原因究明とそれに基づく治療といった側面の遅れは否めない。この点は、英連邦の盟主たるイギリスといえどもオーストラリアなどの他国モデルを参考にしなければならないであろう。但し、先にみたように、

被害者保護の組織や活動は、わが国に比べ公私を含め圧倒的に充実しており、それがせめてもの救いであると思われる。

1) HM Crown Prosecution Service Inspectorate (HMCPSI) (2017), Living in Fear; the Police and CPS Response to Harassment and Stalking, A Joint Inspection by HMIC and HMCPSI.
2) イギリスでは後述1997年ハラスメント保護法（PHA）にもみられるように、伝統的にストーキングはハラスメント（嫌がらせ）の一種として位置づけられてきた関係で、通常、セットで議論されることが多く、この点がイギリスにおけるストーキング対策を複雑にしているように思われる。
3) 本稿は、守山　正「諸外国のストーキング実態とその対策～イギリスの状況を中心に」犯罪と非行（日立みらい財団発行）178号（2014年）123頁以下に加筆補正したものである。
4) これは、1999年ジル・ダンドー（当時37歳）が自宅玄関付近で拳銃で撃たれて殺害された事件であり、その後の捜査で、それ以前から彼女が不審者につきまとわれ、ストーカーに悩まされていたことが明らかになった。捜査は難航したが、1名の被疑者が首都圏警察によって逮捕され、第一審判決では有罪で終身刑の判決を受けたが、控訴し証拠不十分として無罪となり釈放され、その後有罪判決を受けた者はおらず、事件は迷宮入りしている。
5) イギリス犯罪調査（BCS）は1982年から開始され、当初犯罪被害調査として公式の警察統計から漏れた暗数調査や警察通報態度などの意味あいがあったが、その後、たんに被害調査にとどまらず、犯罪問題に対し幅広く人口統計学的な意義を持つようになり、また毎年実施されるようになって、現在は調査年齢も少年にまで拡張され、不安感調査にまで広げられている。2013・14年調査では、名称が「イングランドとウェールズ犯罪調査（Crime Survey for England and Wales）」に変更され、イングランドとウェールズの5万世帯に調査員による面接調査が実施されている。ストーキングに関しては、1998年調査から調査対象となっている。
6) 2001年BCS調査でも、前年にストーカー被害に遭った者は女性で8％、男性で6％とされ、推計で女性約120万人、男性90万人が被害に遭っていることになるとしている（Walby S. and Allen J. (2004), Domestic Violence, Sexual Assault and Stalking; From the British Crime Survey, p.vi）。
7) Home Office (2011), Consultation on Stalking, p.5.
8) 2017年警察活動及び犯罪法（Policing and Crime Act 2017）175条(1)。
9) Home Office (1996), Stalking Solutions, July 1996.
10) Home Office (2011), op.cit., p.5.

11) 2004年家庭内暴力、犯罪及び被害者法（Domestic Violence, Crime and Victims Act 2004）の12条によって修正された。
12) Harris J. (2000), An Evaluation of the Use and Effectiveness of the Protection from Harassment Act 1997, Home Office Research Study 203.
13) Ibid., p.44.
14) とくに Ibid., p.45.
15) Home Office (2011), op.cit.（注7）, pp.25-27
16) 2011年10月12日第3回エビデンス・セッションにおける慈善団体'Victims and Witnesses'元代表ルイーズ・キャッシー氏の発言。
17) 首相は、2012年3月8日「国際女性の日」に演説を行い、ストーキングを「忌まわしい行為であり、被害者にとって生き地獄である」として、新法（2012年 PFA）では固有の犯罪とすることを明言している（BBC News UK, 2012年3月8日配信）。
18) Home Office circular 018/2012.
19) Finch E. (2001), The Criminalisation of Stalking; Construction the Problem and Evaluationg the Solution.
20) Gowland J. (2013), Protection from Harassment Act 1997: The 'New' Stalking Offences, *The Journal of Criminal Law, 77*, p.396.
21) Ibid., p.395.
22) Ibid., p.7.
23) Ibid., p.7.
24) 'summary only offence' とは、治安判事裁判所のみで審理される、重大ではない犯罪であり、治安判事が行使できる限定的な量刑権限で十分と考えられる犯罪である。
25) http://www.dashrischecklist.co.uk/
26) 「名誉に根ざす暴力」とは、たとえば女性性器の切除などインドなどでみられる宗教上の通過儀礼や強制婚姻などであり、現代においてもイギリスのインド系民族の間で家族の名誉を維持するために強制的に行われている（Home Office (2014), A Call to End Violence against Women and Girls, p.16.）。
27) Harris J.（注12）, op.cit., p.11.
28) 内務省は、2010年「女性・少女対象暴力対策アクション・プラン（A Call to End Violence against Women and Girls）」を立ち上げており、この一環として、各種ストーキング・ヘルプラインに毎年90万ポンドを支出している。これは、家庭内暴力（DV）の被害者（男性、女性、同性愛者、両性愛者、性転換者）支援活動を維持するもので、この資金の一部が NSH（全国ストーキング・ヘルプライン）に提供されている（ibid., p.11）。
29) 後述のオーストラリアの状況を参照せよ。
30) http://paladinservice.co.uk/

31) http://www.dailymail.co.uk/news/article-3489626/
32) Home Office（2015）, Introducing Protection Order: a Consultation.
33) 2016年においてストーキング犯罪者37名及びハラスメント犯罪者93名に12ケ月以上の拘禁刑が言い渡されたが、その結果、これらの者は自動的にMAPPAのカテゴリー2に分類された。このうち実際にMAPPAに送致され、あるいはその管理下におかれたかどうかは不明とされる。もともと重大なハラスメント・ストーキングで起訴された者の数は相当数に上ることから、実際にはこのような管理下に多数の者をおくこと自体、困難であると思われる。なお、MAPPAについては、守山　正『イギリス犯罪学研究Ⅰ』（成文堂、2011年）129頁以下参照。
34) 制限命令は有罪判決の際に2014年に19,140件、2015年に20,693件、無罪判決でもそれぞれ2062件、2328件発出されている。そして、2015年では命令違反罪により9,594件（そのうち有罪判決の命令違反は8,631件）が起訴され、7,543件が有罪判決を受けている。
35) HM Crown Prosecution Service Inspectorate, op.cit., p.78.
36) Ibid., p.78.

（守　山　　正）

II　カナダ

一　はじめに

　カナダにおいて、ストーカー行為は、ハラスメント犯罪としてカナダ刑法の264.(1)に「何人も、どのような状況においても、法的な権限無く自己の安全に恐怖を覚えたり、その人及び、その人を知る他の人々の身に危険が及ぶことがあってはならない」と制定されている。これらのハラスメント犯罪に関わる行為としては、①その人やその人を知る人々を執拗につけまわす行為、②その人やその人を知る人々に幾度となく連絡を直接的に、また間接的にとる行為、③その人やその人を知る人々の家、仕事場などに張り込んだりその人たちを見張るような行為、あるいは、④その人やその人の家族の身に危険が及ぶような行為などが挙げられる。このような行為があった場合、略式裁判による有罪判決、あるいは、起訴手続きによる有罪判決が可能となり、最長10年の刑期となる。「執拗」、「繰り返し」の解釈においても2007年における判例法で「繰り返し」とは一回以上、しかし、二回以上である必要はないとしている（Department of Justice Canada, 2012）。

　1996年のカナダでのストーカー行為に関する統計では、約80%の被害者が女性であり、88%の加害者が男性であったと報告されている（Bunge & Levett, 1998）。他の研究でも同様に、ストーカー加害者の約72%が35歳から40歳までの男性であったと報告されている（Meloy, 1996; Meloy & Gothard, 1995）。Milligan (2011) によると、2008/2009年では、2万件のストーカー行為の内、3,200件がハラスメント犯罪として起訴され、裁判になっていて、その内52%が有罪となり、37%が申し出・起訴の取り下げ、あるいは一時停止、7%が無罪となり、そして、4%が責任能力なしとなったと報告している。

　ハラスメント犯罪において困難とされているのが、証拠集めの難しさが挙げられるが、警察官・検察官のためのハラスメント犯罪のための手引きなど

を作成し (Department of Justice Canada, 2012)、より迅速で効果的な介入を目指している。カナダのアルバータ州、グランド・プレーリー市では、Family Violence Unit が警察署内で設置されており、そこにはドメスティック・バイオレンス (DV) 専門の警察官、そして、児童相談所の DV 専門職員、そして、被害者支援センターの職員が常勤して DV やストーカー問題に対応している。このようなハラスメント犯罪において、ハラスメント犯罪での独立した刑事事件としての立件を目指すよりも、DV などの現状を吟味しながら包括的に介入できるように、必要な刑事犯罪（ハラスメント犯罪としてだけではなく、恐喝としてもなど）を加味して立件して行くことを心がけていると話している。また、接近禁止命令違反などを積極的に導入し、より早期の介入を目指している。

近年ではこのようなハラスメント犯罪もインターネット上でのいじめやストーカー行為も問題化しており、Statistic Canada (2016) によると、2014年には、インターネットを使用する15歳から29歳の年齢層で、約17％の人がインターネット上でのいじめやストーカー被害を受けたと報告している。サイバーネット上でのハラスメント犯罪は、①メールやテキストなどで、本人が嫌がるような連絡を直接的に執拗にとったり、②その人について困ったり、不快にさせるような個人情報を流したり、あるいは、③その人の許可なく無断でその人個人のコンピューターなどに不当にアクセスしたり、操作したり、故意に使えなくさせたりすることが挙げられる。さらに、これらのサイバーネット上のストーカー行為は、刑法における各本条、すなわち、162（窃視）、163.1（児童ポルノ散布）、172.1（インターネット誘惑）、241（自殺幇助）、298-302（名誉棄損）、319(2)（故意による憎悪の助長）、346（強要）、342.1（コンピューターの無権限使用）、372(1)（虚偽のメッセージ伝達）、423（脅し）、430(1.1)（データに関する損壊）、402.2(1)（個人情報窃盗）、403(1)（身元詐称）などにも関わる可能性がある。

二　ストーカー加害者の類型

ハラスメント犯罪において、ストーカー加害者の類型は様々なものが提示

されている。例えば、Mullen, Pathé, Purcell & Stuart（1999）は、司法精神病院にいる145名のストーカー行為をした患者たちを対象に、ストーカー加害者の類型の調査を行なった。その結果、拒絶型、関係追いかけ型、不適性型、遺恨型、搾取・略奪型の5つのストーカー加害者の類型を提示している。拒絶型は、往々にして加害者が被害者と親密な関係にあり、関係破綻のため、仕返しあるいは、何とか関係を立て直そうとしてハラスメント犯罪を起こす加害者の群、関係追いかけ型は、恋愛妄想などを含み、加害者が、親密な関係を追い求めたりする加害者群、不適性型は、知能障害などの問題を抱える加害者の群、遺恨型は、被害者に恐怖や、精神的な苦痛を与えることを目的にしている加害者の群、そして、搾取・略奪型は、性的倒錯の傾向が見られ、性犯罪に関与したことのある患者を含むストーカー加害者の群としての5つのストーカー加害者の類型が報告されている。Mullenらは、拒絶型、搾取・略奪型はより暴力行為を行う傾向にあり、特に過去の犯罪歴、薬物依存問題、脅しなどを行ったことのあるストーカー加害者は、より暴力に至る傾向が見られると報告している。この研究では、多くの場合が知り合いに対してストーカー行為を行なっていて、ストーカー行為を行なった患者の44名（30%）が別れたパートナーに対して加害を行い、34名（23%）が専門家に対して加害行為をし、16名（11%）が仕事関係の人に対して、20名（14%）は、全く知らない他人に対して加害行為を行なったと報告されている。加害の期間は、4週間から最長で20年（平均12ヶ月）で、被害者と親密な関係にいた加害者は比較的長い間ストーカー行為を行なったと報告されており、58%（84名）が脅しを行い、36%（52名）が実際に暴力行為を行なったと報告されている。

同様に、Kropp, Hart & Lyon（2002）も、ストーカーの4つの類型を提示している。元親密な関係型は、一番多いストーカー加害者の群と言われ（Canadian Centre for Justice Statistics, 2000; Tjaden & Thoennes, 1998）、パートナーが別れを告げるも、別れられず、パートナーの意思に反して何とかやり直そうと執拗に迫る加害者の群と報告されている。このような加害者の場合、多くは、行動の不適切さを理解するものの、社会的、関係性的不適切さのサインが読めず、介入がさらに困難になると報告されている。このような加害者

は、過去に DV 歴がある傾向にある。遺恨型と言われる加害者群は、過去の「不条理」な対応に対する仕返し、関係の拒絶に対する遺恨からストーカー行為に走る傾向にある加害者群であり、愛情妄想型は、知り合い・友人関係という、むしろ親密な関係ではない人に特別な愛着を感じ、ストーカー行為を行う加害者群である。この型の加害者には、人格障害傾向や深刻な考え方の歪み、孤独、社会的不適応などがみられる。さらに、妄想型は、恋愛妄想、統合失調症など深刻な精神病を持つ加害者であり、被害者が自分のことを愛していると妄想したり、幻聴からある有名人を傷つけるように示唆されていると信じているなど、顕著な妄想障害を持っている加害者群である。

三　精神病理としてのストーカー問題

　過去の研究者らは、このようなストーカー加害者の類型の中でさらに、妄想障害、特に恋愛妄想などの精神病理を抱えたストーカー加害者について考察している。Signer（1991）は、De Clérambault（1942）の定義を使って、恋愛妄想とは、ある種の社会的に上流階級とみられる人と恋愛状態にいると妄想している状態にあり、自分がいなければ、彼・彼女の人生は不幸せなものであり、とても満足できる生活を送れていないと信じており、もしその対象者が既婚者であった際は、その婚姻関係は正式なものではなく、個人の意に反している本当の婚姻状態ではないなどと信じている妄想状態であると説明している。

　先述の Mullen らの研究（1999）でも、全体の43名（30%）に妄想性障害があり、その中の20名が恋愛妄想を持っていたと報告されている。しかし、他の研究では、ストーカー加害者の全体からすると恋愛妄想を伴ったストーカー加害者は全体の15%ほどとなっており、比較的少ない人数が報告されている（Harmon, Rosner, & Owens, 1995; Mullen et al., 1999; Sandberg, McNeil, & Binder, 1998; Zona, Sharma, & Lane, 1993）。

　このような恋愛妄想の大変興味深いところは、このような恋愛妄想は妄想障害の一つであり、脅迫観念とは違った状態にあることである。恋愛妄想のように愛されているという妄想と、脅迫観念のように、恋愛感情とは関係な

くある特定の人に執着・固着するのとには違いがある。例えば、Zona ら(1993) の研究では、恋愛妄想、恋愛脅迫、と単純脅迫とに分けて考察しており、恋愛妄想では、被害者の71% が男性で女性は29% であり、加害者の86% が女性で男性はわずか14% であったのに対し、恋愛脅迫では、男性の被害者はわずかに7％で、女性の被害者は93% にのぼり、加害者の88％が男性で、女性はわずか12%であった。さらに、Dietz（1989）の研究では、恋愛妄想を持つ加害者の5％以下しか暴力犯罪に至らなかったと報告している。同様に上記の Mullen ら（1999）の研究では、精神病性障害を持った加害者の25%が暴行に至っているのに対して、精神病性障害のない加害者の場合、43%が暴力犯罪などに至っていると報告していて、暴力行為に至るストーカー加害者の場合、実際には精神病性障害よりもむしろ、怒り、衝動性、行動の不安定さなどを持つ人格障害の方が顕著に見られたと報告されている。興味深い点として、過去のストーカー加害者の研究では、反社会性人格障害は顕著ではないとの報告がされていることであり（Harmon, et al., 1995; Meloy & Gothard, 1995）、このように精神病理においても様々な傾向が見られ、加害者の動機と行動決定のロジックをしっかりと把握することが適切な介入へとつながる。

四　DVの延長上としてのストーカー問題

この様に精神病理を疾患する加害者の他に、DV としてのストーカー加害者の群が考えられる。つまり、同居中は家庭内という閉ざされた場で行われていた暴力・虐待が、別居や離婚が起こることによって、家庭外というソーシャルな場に出ることによる「外で起こる DV」である。2009年の Statistics Canada の統計によれば、ストーカー被害を受けた女性の約45%は元のパートナーからのストーカー行為で、6％の女性被害者は現在親密な関係にあるパートナーによる加害であったと報告されている。つまり約半数の被害者が現在、あるいは元のパートナーからストーカー加害を受けていることになる。Gill & Brockman（1996）も、600以上にのぼる警察のストーカー事件のファイルを検証した結果、約50%のケースにおいて DV があっ

たという同様の報告をしている。また、Wigman, Graham-Kevan & Archer（2008）も、DVがあった場合、その後のストーカー行為の危険性が高まる傾向にあることを報告している。このようなストーカー行為の状況をWigman, Graham-Kevan & Archer（2008）は、愛着の観点から考察し、愛着像から切り離される別離不安による、愛着対象者の連れ戻しの行為であると説明している。

　さらに、Burgess, Baker, Greening, Hartman, Burgess, Douglas & Halloran（1997）は、120名のDV加害者からストーカー行為を行なった加害者を分析し、被害者の信頼を中傷するような中傷型、注意を引くために花を贈ったり、電話をかけたりなどの、被害者が望まない逸脱した愛情表現を行う愛情から憎悪に変容する型、そして、別れた相手の家や仕事場にアグレッシブに立ち入ったりする直面型の3つの類型を報告している。

　このようなストーカー行為を受けた被害者は、自己懐疑、混乱、時間の停滞、精神的な困憊、恐怖などの精神的被害の体験をしたと報告していて、特に、自己懐疑がとても辛い体験であったことを報告している（Takano, 2014）。加害男性からの執拗な責めや、自己価値の中傷、責任転嫁、被害女性に対する「精神病理化」によって、被害女性は、自己の判断や体験的現実に疑いを持ってしまい、混乱し、苦しむ体験をしたと報告している。こうした被害女性は自身の現実を男性が塗り替えているように感じ、時として、加害男性の巧みな言葉によって、被害者の友人や家族までもが加害男性の加害行為を信じられず、逆に被害女性の方が疑われることとなり、それによってさらに被害者の自己懐疑を助長してしまったというケースも見受けられた。被害女性は、自己に対する疑いと、加害者からの責任転嫁に苦しみ、自責の念に苦しむ体験をしたことを報告している。

　このように自己の体験や現実に対して自信や確信が持てないために被害女性は、このような加害が起こった原因がどこにあったのかを長い間探し求める大変苦痛な体験をしたと報告している。また、被害女性は予期せぬ、絶え間ない執拗な連絡を長期に渡って受け、元パートナーがなぜそのようなことをするのか分からず、とても混乱し、精神的に疲れ果てた体験をしたことを語っていた。そして、そのような執拗なつきまといに、恐怖と不安を常に感

じて毎日生活していたと報告している。それは、まるで別れた加害男性のことを常に思い出させ、まるで精神的拷問のように感じたと語っていた。ある被害女性は以下のように彼女の体験を説明していた。

> 「彼からのメールや連絡などの他は、私の人生はとても静かで平和なものなのです。身体的な暴力ではないから良いのかもしれませんが、車上荒らしなどはとても怖い体験でした。他人に私を尾行させたり、突然知らない人に写真を撮られたりもしました……。裁判所に行く前などに、彼の彼女とその友達が私と私の車の写真を撮っていて……。でも、なぜ私はそのように尾行されたり、付きまとわれたりしなくてはならないのだろうかと混乱します。もし一枚の紙切れ（接近禁止命令）によって家にいる限りは私の安全が守られるというのであれば、家を出たくなくなります。でも、そのような気持ちと戦い、自分の人生を生きないといけないと思っています。生きることをコントロールされたくないのです。一つ一つの小さなことまでも怖がるようにはなりたくないのです。次は一体何が起こるのだろう？みたいに常に不安でいるのは嫌なのです。彼がどこで私の仕事場の情報を手に入れて来たのか分からないのですが、彼は、私がどこで仕事をしているか知っているようです。どのようにしても彼が側にいるということを頭に叩きつけられている感じがするのです。もしかしたらそれが彼の目的なのかもしれないのですが……。」

また、このようなストーカー行為の責任を加害者である元のパートナーが認めないこと、また、どれほどの苦しみが自分や子ども達にあったのかを理解してくれていないこと、あるいは、警察や施設が被害者であるはずの自分をサポートしてくれないことで、意味の混乱が起こり、とても困惑した体験をしたことを報告している。また、このようなストーカー行為が長く続くことによって、身体的、精神的な被害からの回復にとても時間がかかり、日々の苦痛の中で過ぎ去る時間、パートナーへの変化の期待と失望の繰り返しから、変わらないパートナーへの諦めと、気持ちが死んでいく体験をしたことを報告している。

このように、ストーカー行為を家庭内での密室で起こるDVの延長として考えた場合、ストーカー行為とは、まさしく、威嚇や脅しなどで個人の自由と尊厳を取り上げることによって、加害者自身が力とコントロールを獲得し、また、自身の罪悪感と羞恥の気持ちをパートナーに責任転嫁しようとする行為である。

五　ストーカー・リスク・アセスメント

　この様なストーカー加害者に対する早期の介入はとても重要で、そのためにはストーカー行為のリスクとそのリスク・マネジメントを的確に行う必要がある。その様な、信頼性、妥当性を持った正確な早期査定とそれらのリスクに対して的確に介入する助けとなるツールとして、カナダでは、Stalking Assessment Measures（SAM）（Kropp, Hart, & Lyon, 2008）というストーカー犯罪のアセスメント・ツールが開発された。現在様々な州で、現場の第一線で対応する警察官、セラピスト、保護観察官、司法精神病院、精神保健関係者などがこのリスク・アセスメント・ツールを使っている。SAMは、静的なリスク要因ばかりでなく、動的なリスク要因も含めて、過去のストーカー犯罪における様々な実証的研究の結果を元にリスク要因項目を構成し、それらのリスク要因項目を元に必要な情報を集め、総合的に判断することでより正確なリスクの評価と効果的なリスク・マネジメントを可能にしている。

　SAMはストーカー行為の可能性がある、または、ストーカー行為を以前したことがある、あるいは、ストーカー行為をする可能性がある人に対して性別に関わらず使うことができる。SAMは18歳以上人口には勿論、18歳以下の子供にも使うことは可能であるが、18歳以下の年齢層でのストーカー研究報告が限られているので、それらの対象者に使う場合は、使用に十分配慮する必要がある。

六　SAMの構成について

　SAMは、構造化された専門家判断法（structured professional judgment）（SPJ）に基づいたリスク・アセスメントである。構造化された専門家判断法とは、次世代のリスク・アセスメント法であり、ストーカー行為を行う危険性にともなう、科学的に実証されているリスク要因を項目として構成し、それらの項目において専門家が自己の専門的知識と、加害者の存在する文脈などを含めた動的なリスク要因を含めて判断することができるリスク・アセス

メント・ツールである。また、SAMは、対象者のリスクの評価だけではなく、起こり得る可能性のあるストーカー行為をシナリオとして想定することによって、再犯防止のためのリスク・マネジメントを早期に行うことができる有効なツールである。

　SAMは加害者、そして被害者の関わるリスク要因を含めた、以下の30項目（加害者の要因20項目、被害者に関わる要因10項目）をリスク項目としている（表1）。

表1　Stalking Assessment Measures（SAM）（Kropp, Hart, & Lyon, 2008）

ストーカー行為の質	加害者のリスク要因	被害者の脆弱要因
N1. 被害者について詮索する	P1. 怒り	V1. 加害者に対する一貫しない行動
N2. 被害者への連絡	P2. 固執性	V2. 加害者に対する一貫しない態度
N3. 被害者への接近	P3. 非合理性	V3. 地域リソースへの不十分なつながり
N4. 被害者との直接的な接触	P4. ストーカー行為に対する後悔のなさ	V4. 危険な生活状況
N5. 被害者への威嚇	P5. 反社会的な生活	V5. 子どもの養育問題
N6. 被害者への身体的な危害の脅し	P6. 親密な関係における問題	V6. 親密な関係における問題
N7. 被害者への暴力	P7. その他の人間関係における問題	V7. その他の人間関係における問題
N8. ストーカー行為の執拗性	P8. 精神的苦痛	V8. 精神的苦痛
N9. ストーカー行為の悪化	P9. 薬物依存・乱用問題	V9. 薬物依存・乱用問題
N10. ストーカー行為における監督命令違反	P10. 就労や金銭的な問題	V10. 就労や金銭的な問題

七 アセスメントの流れ

　実際にアセスメントをするにあたり、まず最初に、面接で得た情報や様々な関連書類（例：調書など）から、該当するリスク要因の項目を埋める。次に、それらのリスク要因の各項目において現在と過去にそれぞれ「存在する」、「ある程度存在する可能性がある」、あるいは、「存在しない」のどれに該当するかを判断する。さらに、この特定の対象者がストーカー行為を行う将来的な危険性において、挙げられたそれぞれのリスク要因項目がどの程度関係しているかを、同じように「重大な関係性がある」、「ある程度関係する可能性がある」、「関係性があまりみられない」など、それぞれのリスク要因の重要性を判断する。どのような要因がどれくらいの重度でこの特定の対象者に存在し、ストーカー行為のリスクに関係しているかを評価するのである。例えば、「P10. 就労や金銭的な問題」において、リスク要因として挙げられたとしても、Aの加害者は、金銭の借用を別れた妻に執拗に迫り、しかし、Bの加害者は金銭的な問題は抱えているものの、別れた妻との間には金銭的な問題がないケースと、リスクの評価とそのリスク・マネジメントの対応が変わってくる。

　このように、リスク・マネジメントには、それらの抽出された項目を元に、評価している特定の対象者における、ストーカー犯罪の可能性を考え、起こり得るシナリオを考えていくことが重要である。このようなリスク・マネジメントのためのシナリオを作る上で、まず重要なのは、決定理論（Hart & Logan, 2011）の考えである。加害者がストーカー行為をするにあたって、まず、動機（ストーカー行為を効果的、あるいは、より好ましい対処法として選択させるもの）が必要となり、次に、脱抑制物（外的あるいは内的にもストーカー行為を抑制、あるいは制限し辛くする要因、犯罪性による司法システムへの否定的な態度、人格障害による罪悪感のなさ、ストーカー行為による他人への影響に対する不安感のなさなど）のようにストーカー行為におけるコストに対する正確な判断を鈍らせるもの、そして、最後に、不安定化要因（記憶の障害、衝動性、強迫観念、思考障害など）となる、理論的な決断を妨げるような要因を考えながら、挙げられた

リスク要因を踏まえて、起こり得るシナリオを組み立てていく。

このようなシナリオを、繰り返しのシナリオ、深刻化のシナリオ、そして、極端なシナリオという3種類を考え、それぞれにおいて、1）ストーカー行為の性質（どのようなタイプのストーカー行為か、被害者となり得る人は誰か、動機は何かなど）、2）危険性の度合い（精神的、身体的な傷害の危険度、ストーカー行為が被害者の生命の危険を脅かすようなものへと発展する可能性があるかどうかなど）、3）緊急性（ストーカー行為の切迫度、リスクの高まりや緊急性を知らせる警告サインがあるかどうかなど）、4）頻度・長さ（ストーカー行為の回数や頻度、慢性的か急性的なものかなど）、5）可能性（このタイプのストーカー行為が起こる可能性、加害者の経歴からみて、この種のストーカー行為が起こる可能性がどのくらいあるかなど）に答えながら、まとめていく。

次に、リスク・マネジメントを考えるために、監視の方法、介入の方法、監督の方法、被害者の安全確保計画などを、それぞれ挙げられたシナリオごとにまとめる。その際により具体的な介入計画を立てることが重要となる。そして、最後に、これら全てを加味しながら、1）ケース対応の優先度、2）ストーカー行為の継続の可能性、3）深刻な身体的な危害、身の危険の適切な判断の有無、4）介入の緊急性、そして、5）ケースのレビューの必要性などから、リスクを高度、中度、低度のいずれかに判定し、それらを最終意見とし、リスクのマネジメントに取り掛かる。

このようにSAMは構造化されたリスク要因の項目の枠組みの中で、専門家が加害者との面接、被害者からの情報、そして、司法や医療関係の書類などから得た情報に基づいて、その対象者に特化したリスク・アセスメントとマネジメントを的確に実践するための有効なツールである。

八　おわりに

カナダでは、法的な観点からも、ストーカー行為をハラスメント犯罪として特化して扱うばかりでなく、それにまつわるであろう犯罪行為をも踏まえて対応し、ストーカー行為が犯罪であるという民衆の認識を高めるとともに、ストーカー行為の撲滅を目指している。そして、また、介入においても

SAM のようなリスク・アセスメントを矯正局やカウンセリング施設など様々な施設で使うことによって、リスク・アセスメントを共通言語とすることによって、ストーカー行為に対する早期で的確な介入に効果を見せている。また、Spousal Assault Risk Assessment Guide Version 3 (SARA-V 3) (Kropp & Hart, 2015) のような DV に特化したリスク・アセスメントなどを併用することによって、より効果的に介入することができる。カナダでのストーカー犯罪に対する対応にはまだまだ改善の余地はあるものの、他機関の連携をそれぞれの地域で確立していくことによって、さらに効果的な介入を目指している。

Bunge, V.P., & Levett, A. (1998), Family Violence in Canada: A statistical profile, Statistics Canada, Ottawa.

Burgess, W. A., Baker, T., Greening, D., Hartman, R. C., Burgess, G. A., Douglas, E. J., & Halloran, R. (1997), Stalking Behaviors within Domestic Violence. *Journal of Family Violence, 12* (4), 389-403.

Canadian Centre for Justice Statistics. (2000), Family Violence in Canada: A statistical profile, Ottawa, Canada: Minister of Industry.

De Clérambault, G. (1942), Les Psychoses Passionelles (1921), Qeuvre Psychiatrique, Paris, Presses Universitaires de France.

Department of Justice Canada (2012), A handbook for police and crown prosecutors on criminal harrassement, Ontario, Canada.

Dietz, P. (1989), "Threats and Attacks Against Public Figures," presented at the Annual Meeting of the American Academy of Psychiatry and the Law.

Gill, R., & Brockman, J. (1996), A Review of Section 264 (Criminal Harassment) of the Criminal Code of Canada, Ottawa, ON: Department of Justice.

Hango, D. (2009), Insights on Canadian Society: Cyberbullying and cyberstalking among internet users aged 15 to 29 in Canada, Ottawa, ON: Statistics Canada.

Harmon, R. B., Rosner, R., & Owens, H. (1995), Obsessional Harassment and Erotomania in a Criminal Court Population, *Journal of Forensic Science, 40*, 188-196.

Hart, S. D., & Logan, C. (2011), Formulation of Violence Risk Using Evidence-based Assessments: The structured professional judgment approach, in P. Sturmey & M. McMurran (eds.), Forensic case formulation (pp. 83-106), Chichester, UK: Wiley-Blackwell.

Kropp, P. R., Hart, S. D., & Lyon, D. R. (2008), Guidelines for Stalking Assessment and

Management (SAM), Vanouver, Canada: ProActive ReSolutions.

Kropp, P. R., & Hart, S. D. (2015), SARA-V 3 : User guide for the third edition of the spousal assault risk assessment guide, Vancouver, Canada: ProActive ReSolutions.

Meloy, J. R. (1996), Stalking (obsessional following) : a review of some preliminary studies, *Aggression and Violent Behavior, 1*, 147-162.

Meloy, J. R., & Gothard, S. (1995), Demographic and Clinical Comparison of Obsessional Followers and Offenders with Mental Disorders, *American Journal of Psychiatry, 152*, 258-263.

Milligan, S. (2011), Criminal Harassment in Canada, 2009, Ottawa, ON: Statistics Canada.

Mullen, P. E., Pathé, M., Purcell, R., & Stuart, G. W. (1999), Study of Stalkers, *American Journal of Psychiatry, 156*, 1244-1249.

Sandberg, D. A., McNeil, D. E., & Binder, R. L. (1998), Characteristics of Psychiatric Patients Who Stalk, Threaten or Harass Hospital Staff after Discharge, *American Journal of Psychiatry, 155*, 1102-1105.

Signer, S. F. (1991), Les Psychoses Passionnelles' Reconsidered: A review of DeClérambault's cases and syndrome with respect to mood disorders, *Journal of Psychiatry and Neuroscience, 16* (2), 81-90.

Statistics Canada (2016), Study: Cyberbullying and Cyberstalking among Internet Users Aged 15 to 29 in Canada, Ottawa, ON.

Takano, Y. (2014), Stories of Change in Men Who Were Violent and Abusive to Their Partners: A collaborative narrative inquiry (unpublished doctoral dissertation), University of British Columbia.

Tjaden, P., & Thoennes, N. (1998), Stalking in America: findings from the National Violence against Women Survey, Washington, DC: U.S. Department of Justice.

Wigman, S.A., Graham-Kevan, N., & Archer, J. (2008), Investigating Sub-groups of Harassers: The roles of attachment, dependency, jealousy and aggression, *Journal of Family Violence, 23*, 557-568.

Zona, M. A., Sharma, K. K., & Lane, J. (1993), A Comparative Study of Erotomanic and Obsessional Subjects in a Forensic Sample, *Journal of Forensic Science, 38*, 894-903.

(髙 野 嘉 之)

Ⅲ　オーストラリア

一　はじめに

　オーストラリアでもストーキングは社会問題として深刻である。実際、1990年ごろから、ストーキング問題が社会的に顕在化して注目されるようになり、研究者や公的機関の間でさまざまな調査が実施され、書籍・論文も各種公刊されている。他方、ストーキングに対する法的対応として最初に関連法制度の導入を検討したのは、オーストラリアを構成する6つの州・2つの領域のうちサウス・オーストラリア州であった。実際、1993年同州選挙中に検事総長がストーキングを犯罪化する「刑法統一（ストーキング）法案（Criminal Law Consolidation（Stalking）Bill）」を発表している。もっとも、最初に刑法典で法制化したのは1993年のクイーンズランド州である。その後、1996年までに他の法域でもストーカー法制が順次制定された。現在、オーストラリアの全法域でストーキングは犯罪化（criminalization）されている。このような状況の中で、オーストラリアのストーキング対策で世界的に最も注目されるのは、加害者への対応であろう。
　以下では、オーストラリアの対策において、被害者・加害者への法的対応および実務的対応を概観する。

二　ストーキング法制の概略

　よく知られるように、オーストラリアは行政区分として6つの州（ビクトリア、クイーンズランド、ニュー・サウス・ウェールズ、サウス・オーストラリア、ウェスト・オーストラリア、タスマニア）とその他の領域（首都特別地域、ノーザンテリトリーなど）から構成され、それぞれ独自の法制度を有している。これに連邦法が加わり、法管轄の観点からは複雑である。この事情はストーキング対策においても変わらず、州や領域によってストーキング対策は異なってい

る[1]。そこで、これらの共通点や相違点について概観したい。

1　ストーキング行為の犯罪化

オーストラリアにおけるストーキングの犯罪化の理由として、ウィリスとマクマホン（Willis J. and McMahon M., 2000）は、第1に、暴力やハラスメントに対する危機が意識されたこと、第2に、政治的オポチュニズムが高まったこと、第3に、社会の耳目を集めるストーキング事件が発生したことの3点を指摘する[2]。第1に関して、法制定後に全オーストラリアで実施された女性の不安感調査（1996年）[3]によると、調査対象者のうち15%が過去にストーキングの被害にあったことがあるとし、2%が調査前12ヶ月間に被害にあったことがあると回答している。このように一定の割合で女性のストーキング被害がみられる。もっとも、ストーキング被害女性の57%は警察に報告しておらず、さらにその37%は身の危険を感じていたのにもかかわらず警察に報告していないことが明らかになっている。第2の政治的オポチュニティズムについては、サウス・オーストラリア州の選挙で「法と秩序（law and order）」政策が目玉となったことがあり、またビクトリア州政府キャンペーンとして「犯罪に厳しく（'get tough' on crime）」がスローガンに掲げられた。第3に、注目を浴びたストーキングの事例として具体的には、1993年、ニュー・サウス・ウェールズ州で発生したアンドレア・パトリック（Andrea Patrick）事件がある[4]。この事件は、当時の法制度の不備を示すものとして、マスコミにより大きく取り扱われ、オーストラリア社会を震撼させる象徴的事件となった。

2　ストーキング行為の特徴と刑罰

上述のとおり、現在、オーストラリアの全法域でストーキングは犯罪化されているが[5]、各法域で法制は異なり、ストーキングの定義も多様で統一されていない。各法に共通する「ストーキング」の特徴は、①対象者に懸念や恐怖を生じさせること、②対象者に身体的ないし精神的危害を引き起こすことである。これらの法制において、ニュー・サウス・ウェールズ州とビクトリア州を除き、加害者を処罰するには、ストーキング行為が2回以上発生す

ることが必要とされ、それを下回る行為は単なる「脅迫」として扱われる。

　ストーキング行為には、人につきまとうこと、人の家屋・職場・その人が出入りする他のあらゆる場所を徘徊することが含まれる。また、ほとんどの法域で、望まれないにも関わらず、他人に接触すること（郵便、電話、その他インターネットいずれの手段でも）、他人の財産に干渉すること、武器の所持を他人に示すこと、他人を監視下に置くこともストーキング行為に含まれる。

　もっとも、ストーキング行為に対して科される刑罰は、各法域でかなりの相違がある。拘禁刑の場合、最高刑が最も軽い法域では2年（ノーザン・テリトリー）、最も重い法域では10年（ビクトリア州）である。他の法域では最高刑は3年から5年の間であり、一定の加重事由がある場合には8年である。一部の法域では、罰金刑のみ、あるいは罰金刑との併科もありうる。

3　DV との結合

　オーストラリアのストーキング対策で注目されるのは DV との関係である（この点についてはイギリスの状況と類似する。第7章Ⅱ参照）[6]。すなわち、DV の観点から、ストーキング行為は DV の一部の行為と理解され、それゆえ、DV を伴うストーキングに対しては保護命令（protection order）が言い渡され、被害者保護が企図されている。これは、以下にみるように、ストーキングが DV から派生しているという点に着目しているからである。しかし、もちろん、DV と関連しないストーキングの形態もあり、後述するように、制度は徐々に変化しつつあり、DV を伴わないストーキングへの法的対応も進んでいる。

三　ストーキング法制の例

　上記のとおり、オーストラリアのストーキング対策法は法域ごとに異なるが、以下では全法域の中で最も人口の多いニュー・サウス・ウェールズ州（州都シドニー、2016年現在人口779万人）のストーキング対策に焦点を当てる。

1　ニュー・サウス・ウェールズ州

(1) 2007年犯罪（家庭内および身体的暴力）法の構成

　1994年、ニュー・サウス・ウェールズ州は1900年犯罪法（Crimes Act 1900）を改正し、若干のストーキングに関する規定が挿入されたが、その後削除され[7]、現在は、2007年犯罪（家庭内及び個人的暴力）法（Crimes（Domestic and Personal Violence）Act 2007）（以下、2007年法と略す）8条（ストーキングの意義）、13条（身体的精神的危害の脅威を引き起す意図でのストーキングないし脅迫）、36条（暴力不安禁止命令）にストーキングの定義、罰則等の規定がおかれている。

　2007年法第8条「ストーキングの意義」では、第1項「ストーキングとは人へのつきまとい、及び人が社交的、娯楽的な活動の目的で出入りする住宅、職場、その他の場所の近辺を監視し、うろつき、つきまとう行為を含む」、第2項「裁判所は、人の行動がストーキングに当たるかどうかを決定する際に、人の行動に伴うあらゆる暴力（とくに家庭内暴力犯罪を構成する暴力）態様を斟酌する」[8]とする。

　2007年法は、このようにストーキングを定義したうえで、第13条「身体的、精神的な害悪の不安を引き起こす意図によるストーキングないし脅迫」に対する刑罰として、第1項「身体的、精神的な害悪の不安を引き起こす意図で人につきまとい、ないしは脅迫した者は、最高5年の拘禁刑若しくは50ユニット[9]の罰金に処し、又はこれを併科する」と規定し、第2項「本条において、人に身体的、精神的に害悪の不安を引き起こす行為には、家庭内で一定の関係を有する者への身体的、精神的な害悪の不安を引き起こすことを含む」として、家庭内犯罪（DVなど）との関連を規定している。また、第3項「本条において、人がその行為は他人に不安を引き起こす可能性があることを知っているときは、身体的、精神的な害悪の不安を引き起こす意図があるものとする」として、故意の「みなし規定」をおく。さらに、第4項「本条において、訴追者は、つきまとわれ、ないしは脅迫されたとされる者が現実に身体的、精神的な害悪に不安を感じたことを証明することは求められない」として、挙証責任の免除を規定する。そして、第5項「本条1項の罪の未遂の者は本条の罪で有罪とし、既遂と同様に処罰される」として既遂犯ばかりでなく、未遂犯の処罰も規定している。

(2) 禁止命令の導入

　先述のとおり、ニュー・サウス・ウェールズ州では、2007年法でストーキングを犯罪として規定しており刑罰を科すことが法令上可能であるが、ストーキング対策としては、刑罰はほとんど利用されておらず[10]、実際には、その禁止を命じる暴力不安禁止命令（Apprehended Violence Order、以下 'AVO' と略す）が多用されている[11]。その根拠規定は2007年法第36条にみられる。すなわち、「AVOはストーキングないし脅迫等を禁ずる。すべてのAVOは、被告人による以下の行為の禁止を明らかにするために言い渡される。(a)被保護者ないし被保護者と家族関係にある者への暴行、わいせつ行為、迷惑行為、脅迫、その他の干渉行為、(b)被保護者ないし被保護者と家族関係にある者に対するあらゆる脅迫行為、(c)被保護者ないし被保護者と家族関係にある者へのストーキング行為」である。

　オーストラリアではAVO制度が導入されるまで、ストーキングに伴うその後の暴力リスクを削減するのに有効な方策がほとんど存在しなかったとされる[12]。その結果、何らかの危害が発生して初めて刑法に規定される殺人罪、傷害罪、暴行罪などによって加害者が処罰されるに過ぎなかったのである。つまり、ストーキングに伴う暴力被害リスクが高まっているのにもかかわらず、犯罪被害を受けていない者は救済されなかったのである。実際、AVO制度導入以前、暴力を受けるリスクのある潜在的被害者が利用することができた主要な方法は、犯罪法（Crimes Act）第547条でかつて規定されていた平穏維持の誓約（recognisance to keep the peace）であった。同制度は、治安判事が召喚令状（summons）ないし令状（warrant）のいずれかを発出して治安判事裁判所小法廷（court of petty session）に被告人を出廷させたうえで、被告人が暴力を振るった、暴力を振るうと威嚇した、あるいは暴力を行う可能性があった、のいずれかの要件を満たすと治安判事が判断したとき、被告人に対して「平穏維持（keep the peace）」あるいは「善行（good behaviour）」のための誓約（recognisance）（あるいは保証（undertaking））を求めるものであった。しかし、被告人が潜在的被害者に接触することを禁ずるなどの具体的な条件を治安判事が調整することはできなかったし、また、たとえ被告人が誓約（ないし保証）をしたとしても、その違反は刑事法上の犯罪とはならないた

め、被告人を逮捕することもできなかったのである。したがって、このような誓約制度は形骸化して法的強制力に乏しく、潜在的暴力リスクを削減するには十分な制度ではないと考えられた。

4 DVとストーキングの結合

　オーストラリアのストーキング規制法の特徴は、前述したように、DVとストーキングとの結合である。家庭内暴力とくに配偶者による暴力からストーキングに発展する事例が多いことに鑑みたものと思われる。

　早く1980年代には上述の誓約制度の不備が意識されて、DVの社会問題化に伴い、1981年ニュー・サウス・ウェールズ州議会にDV対策作業部会（Task Force on Domestic Violence）が設立された[13]。この作業部会は、議論の末に法改革に関する187個の勧告を含む報告書を作成した[14]。これらの勧告を受けて、ニュー・サウス・ウェールズ州は、1900年犯罪法（Crimes Act 1900）を修正する1982年犯罪（家庭内暴力）修正法（Crimes (Domestic Violence) Amendment Act 1982）を制定した。同修正法第547条AAによって家庭内暴力不安禁止命令（Apprehended Domestic Violence Order, ADVO）が導入されたのである。これが、その後のAVOの起源となる保護命令制度である。

　ADVOは、原告の申請に基づいて裁判所が最大6カ月間、法律上ないし事実上の配偶者の行為を制限したり禁止したりすることができる制度である。上記の誓約制度とは異なり、裁判所は被告に一定の条件（遵守事項）を課すことができる。具体的には、被告が原告（DVの潜在的被害者）に接触することや特定の敷地内に接近することを制限したり禁止したりすることができる。この命令は、刑事手続ではなく民事手続によるので、その証明の基準は、「合理的な疑い」を超える必要はなく「証拠の優越」で足りる。もっとも、裁判所が発出したADVOに対する違反行為は、最高6カ月の拘禁刑を科すことのできる犯罪であり、先の誓約制度よりも柔軟性に富み実効性のある制度となった。

　このように、当初は法律上ないし事実上の配偶者のみが対象であったが、ADVO導入の翌年には、さらに1983年犯罪（家庭内暴力）修正法（Crimes (Domestic Violence) Amendment Act 1983）が制定され、以前に婚姻関係にあっ

た、あるいは同棲関係にあった者も ADVO の対象に含まれることになった。また、潜在的暴力に加えて、潜在的迷惑行為（harassment, molestation）について原告が不安を覚えたことに合理的な根拠のある場合も ADVO の対象となった。これは、暴力には至らないが、被害者にとってはより悩ましい、電話、手紙、器物損壊、絶え間のない監視など常習的で極端な迷惑行為もカバーすることを意味する[15]。さらに、1983年法では、ADVO 違反に対して、拘禁刑のほかに罰金刑（最高2,000豪ドル）も科すことができるようになった。

5 AVO 制度の導入

こうして、ADVO 制度はたびたび小改正が行われてきたが、導入から7年後の1989年には大規模な変更が加えられる。すなわち、1989年犯罪（暴力不安）修正法（Crimes (Apprehended Violence) Amendment Act 1989）は、ADVO を 'Crimes Act 562B' の規定、つまり 'Apprehended Violence Order' (AVO) に置き換えた。要するに、新たな AVO 制度は、家族関係（domestic relationship）の間にだけではなく、全ての人間関係の間にある潜在的暴力、迷惑、ハラスメント、性的いたずらなどのリスクに曝される人々を保護する制度へと変革を遂げたのである。したがって、たとえば、近所の人や同僚から嫌がらせを受けている場合、その被害者は裁判所に AVO の発出を申請することが可能となった。これらは、ストーキングとハラスメントを区別しないイギリス法制に近似する。

AVO 制度の修正はその後も続く。1993年犯罪（州間制限命令登録）法（Crimes (Registration of Interstate Restraint Orders) Act 1993）は、ストーキングを予防する新しい規定を導入し、AVO 違反の罪に関して罰金刑の上限を2,000豪ドルから5,000豪ドルに、拘禁刑の上限を6カ月から2年に変更し重罰化した[16]。また、1996年犯罪修正（暴力不安禁止命令）法（Crimes Amendment (Apprehended Violence Orders) Act 1996）は、被告人がストーキング、脅迫、DV 犯罪で有罪である場合、裁判官は AVO を命じなければならないこと、被疑者がストーキング、脅迫、DV 犯罪で起訴される場合、仮 AVO を命じなければならないことも規定された。

このような経緯をみれば明らかなとおり、ニュー・サウス・ウェールズ州

においては、DV問題、つまり家庭内問題への対応から発展して不審者を含む幅広いストーキング対策が講じられるようになったのである。もっとも、グード（Goode M., 1955）が指摘するところでは、ストーキングに対する関心がDV事件の多発によって引き起こされた経緯はニュー・サウス・ウェールズ州だけではなく、オーストラリア全体に通じる事情であったという[17]。

さらにその後、1999年犯罪修正（暴力不安）法（Crime Amendment（Apprehended Violence）Act 1999）は、AVOをADVOとAPVO（個人的暴力不安禁止命令（Apprehended Personal Violence Order））の二つに分ける改正を行った。両命令の根本的な相違は、加害者・被害者間に家族関係（domestic relationship）があるか否かである[18]。つまり、家族関係にある場合にはADVO、ない場合にはAPVOが選択される。

2007年、AVOに関する基本的な規定は、犯罪法（Crimes Act）から2007年犯罪（家庭内及び個人的暴力）法（Crimes（Domestic and Personal Violence）Act 2007）に移された。本法のAVO（2007年法第3条）はADVO（2007年法Part 4）とAPVO（同Part 5）、それら二つの命令の仮命令を総称するものである。AVOは、（家庭内）暴力、ハラスメントを含む脅迫、ストーキングから人々を守るための制度である。したがって、ストーキングの被害者は、加害者と家族関係にある場合にはADVO、家族関係にない場合（近隣住民、顧客や依頼人、友人、同僚など）にはAPVOを申請することができる。この流れ、とくに後者はイギリス法がストーキングを広くハラスメントに含んでいる事情と類似していることは先述した[19]。

このように両命令の相違の一つは、関係当事者が家族関係にあるか否かである。2007年法第5条は「家族関係（domestic relationship）の意義」を次のように規定する。すなわち、家族関係とは、(a)婚姻関係にある（あった）者、(b)同棲関係にある（あった）者、(c)緊密な人間関係（intimate personal relationship）にある（あった）者（性的な意味の有無を問わない）、(d)同一世帯に居住する（していた）者、(e)同一の居住施設において長期居住者として居住する（していた）者、(f)有給ないし無給のケアに依存している（していた）者、(g)親族関係にある（あった）者、などを意味する。このように、家族関係には現在だけではなく過去も含まれる。また、この家族関係には、ルー

ム・メイト（flat mates）や介護関係も含まれるなど、広範囲の意味をもつ点に特徴がある[20]。

AVOの申請は、被害者自身[21]ないし警察訴追官（police prosecutor）[22]が地方裁判所に対して行う。AVOを言い渡されたことは、犯罪歴に記録されない。AVOは、被害者に加えて、被害者と同居する者も保護する。

AVOを発出する場合、裁判所は被告人の行動に関する禁止や制限を課すことができる（2007年法第8部35条）。具体的には、暴行（殴打や足蹴りなど）、性的嫌がらせ、脅迫、迷惑行為（連続電話、e-mail、SNSなど）、ストーキング（付け回し、自宅や職場に現れること）、威嚇（その他、申請者を怖がらせること）などを禁じることができる[23]。それらに加えて、被告人が申請者と同一世帯に居住すること、申請者の居住場所や職場などに接近ないし侵入すること、飲酒や違法薬物摂取後に申請者に接近すること、申請者の財物（property）を損壊すること、弁護士を通さずに申請者に話しかけること、その他当事者間ないしは裁判所が特に定める行為を禁じる付加条件も設定することができる。

AVO発出の申請者は、治安判事に対して、保護を必要とする者の氏名と住所、被告との関係性（夫、パートナー、友人など）、被告を知ってからどれくらいの期間が経っているのか、その他保護を希望する者（子どもなど）、懸念する事項の詳細、被告が損壊した財物、医療診断書などを示す必要がある。

AVOの発出が認められる場合、その期間は6カ月から2年の範囲で設定される。また、保護対象者の安全と保護を確実にするための合理的な根拠があれば、AVOの期間を延長することもできる。AVO発出後に、条件変更や取消も可能である。AVO違反は、犯罪（criminal offence）であり、最高2年の拘禁刑ないし50ユニットの罰金（5,500豪ドル）、あるいはその併科である（2007年法第14条）。

四　ストーキングの実態

1　個人安全調査（Personal Safety Survey）

オーストラリアにおけるストーキング被害の実態調査としては、オーストラリア統計局（Australian Bureau of Statistics）が2016年11月から2017年5月の

期間に実施した2016年個人安全調査（Personal Safety Survey, 2016）がある[24]。本調査は、18歳以上の男女を対象として、基本的には15歳以降に経験したストーキングを含む多様な暴力の性質や程度についての情報を収集するものである（一部、15歳以前の経験の項目もある）。具体的には、15歳以降の現在ないし以前のパートナーによる暴力や情緒的虐待、15歳以降のストーキングの被害経験、15歳以前の身体的性的虐待、親とそのパートナーとの間の暴力に関する15歳以前の目撃経験、セクシャル・ハラスメントの生涯経験、安全に関する一般的な感情など調査事項に組み込まれている。個人安全調査の前身は、1996年に実施された女性安全調査（Women's Safety Survey）であり、その名称のとおり、女性の暴力被害経験を明らかにするために行われたが、2005年に男性の暴力被害経験も含めた個人安全調査となり、これまでに合計4回実施されている（1996年、2005年、2012年、2016年）。

　2016年調査は任意抽出されたオーストラリアに居住する18歳以上の者30,933人を対象として個別対面インタビュー形式で実施された。回答者数は21,242人（男性5,653人、女性15,589人）（回答率68.7%）であった[25]。本調査では、ストーキングは「不安や苦悩を引き起こした可能性のある2回以上のあらゆる望まない接触や付きまとい、ないし、不安や苦悩を引き起こした可能性のある2回以上経験された多様な類型の望まない接触や行動」と定義された[26]。具体的には、自宅の周りを徘徊すること、職場、学校、教育施設の周りを徘徊すること、娯楽や社会的活動の場の周りを徘徊すること、直接的にある者の後をつけたりある者を見張ったりすること、電子追跡装置（たとえば、GPS追跡システム、コンピューター・スパイウェア）を使用してある者の後をつけたり見張ったりすること、電話、郵便、email、テキスト・メッセージ、ソーシャル・メディア・ウェブサイトでの継続的に望まれない接触をすること、インターネット上に攻撃的ないし望まれないメッセージ、画像、個人情報を掲載すること、評判を傷つけるためにオンライン上で他人になりすますこと、フォローすることの同意なしにemail、ソーシャル・メディア、その他オンライン上のアカウントをハッキングしたりアクセスしたりすること、攻撃的である又は邪魔であるとみなされ得る場所に物を置くこと、あらゆる他人の財物に干渉したり損壊したりすることである[27]。

18歳以上の者のうち10人に1人（12%）が15歳以降にストーキングの被害を経験していた[28]。女性は、男性よりもストーキングの被害を経験する傾向が強い[29]。18歳以上の女性のうち6人に1人（17%）、男性のうち15人に1人（6.5%）が15歳以降にストーキングの被害を経験していた。女性の被害者のうち94%が男性によるストーキングであり、10%が同性によるものであった。それに対して、男性のうち54%が同性によるストーキングであり、51%が女性によるストーキングであった。

　調査前の過去12ヶ月間におけるストーキングの被害経験は、18歳以上の全女性の推計3.1%、18歳以上の全男性の1.7%であった。被害女性のうち88%が男性によるストーキングを受け、15%が同性によるものであった。被害男性のうち69%が同性によるストーキングを受け、36%が女性によるものであった。このように同性間のストーキングが多いのは、この調査において恋愛感情等を伴わない単なるハラスメントを含むからであろう。

　直近のストーキング被害経験についての被害者と加害者の関係性をみると、男女共に、見知らぬ者よりも知人によるストーキングを受けた傾向が強い。男性によるストーキングを受けた女性の75%、女性によるストーキングを受けた女性の89%は、行為者と顔見知りであった。女性によるストーキングを受けた男性の95%は、行為者と顔見知りであった。男性は、見知らぬ男性によるストーキングよりも顔見知りの男性（54%）によってストーキングされる傾向が強かった。

　直近のストーキング被害経験について、どのような行為類型であったのかをみると、男性によるストーキングを受けた女性の場合、「テキスト・メッセージ、ソーシャル・メディア・ウェブサイトでの継続的で望まない接触」（50%）、「自宅周辺の徘徊」（47%）、「付きまといや監視」（42%）の3類型の割合が高かった。同性によるストーキングを受けた女性の場合、「テキスト・メッセージ、ソーシャル・メディア・ウェブサイトでの継続的で望まない接触」（58%）が最も高かった。同性によるストーキングを受けた男性の場合、「自宅周辺の徘徊」（43%）、「テキスト・メッセージ、ソーシャル・メディア・ウェブサイトでの継続的で望まない接触」（38%）、「付きまといや監視」（26%）、「財物への干渉や損壊」（24%）の順であった。女性によるストーキン

グを受けた男性の場合、「テキスト・メッセージ、ソーシャル・メディア・ウェブサイトでの継続的で望まない接触」（57%）、「自宅周辺の徘徊」（41%）、「付きまといや監視」（39%）の順であった。

この調査ではさらに、直近の被害経験について、被害者はそのストーキング行為を犯罪として認識していたかどうかを尋ねられている。男性によるストーキング被害を受けた女性の48%、同性によるストーキング被害を受けた女性の51%は、犯罪（crime）ではなく悪ふざけ（wrong）とみなした。女性によるストーキング被害を受けた男性の23%、同性によるストーキング被害を受けた男性の48%が犯罪とみなした。

最新の被害経験の警察への通報態度について、女性は男性によるストーキング（29%）よりも同性によるストーキング（37%）の方が警察への通報割合が高かった。男性は女性によるストーキング（18%）よりも同性によるストーキング（47%）の方が警察への通報割合が高かった。女性が男性によるストーキングを通報しなかったのは、自分で対処可能だと思ったから（44%）、重大な犯罪とはみなさなかったから（29%）が理由として挙げられている。男性が女性によるストーキングを通報しなかった理由は、自分自身で対処可能だと思ったから（46%）である。

2　ニュー・サウス・ウェールズ州におけるストーキング法制の運用状況

統計をもとにニュー・サウス・ウェールズ州のストーキング法制の運用状況をみてみたい。州警察のデータを基にした州認知犯罪統計では、ストーキング単独の項目は見当たらず、「迷惑行為、脅迫行為、私的騒音（Harassment, threatening behavior and private nuisance）（以下、迷惑行為等と記す）」の項目の中にストーキングが含まれるに過ぎない[30]。したがって、以下の記述においてはこの点に注意を要する。

(1)　警察認知件数及び確定判決

ニュー・サウス・ウェールズ州では、個別の犯罪類型で増減の相違はあるが、認知犯罪件数は全体的に減少傾向にある。これに対して、後述のとおり、ストーキング関連事案は上昇している。2016年（1～12月）ではストーキング事案のうち迷惑行為等が約3万件（5%）であり、これは6番目に多

表1　ニュー・サウス・ウェールズ州の裁判所におけるストーキング事案の起訴件数、有罪件数、有罪率（2012-2016）

年	起訴件数	有罪件数	有罪率
2012	7820	4707	60.2
2013	8593	5352	62.3
2014	9508	6023	63.3
2015	11061	7,131	64.5
2016	11816	7,700	65.2

出典：NSW Criminal Courts Statistics 2016, Table 2, Higher, Local and Children's Criminal Courts を基に作成した。

表2　迷惑行為に対する処分別確定判決

	2016年
拘禁刑	661件
少年統制命令	9件
自宅拘禁刑	0件
集中的矯正命令	34件
保護観察付執行猶予	260件
保護観察無し執行猶予	137件
コミュニティ・サービス命令	169件
少年保護観察命令	49件
観察付釈放	887件
観察なし釈放	1,395件
罰金	366件
名誉刑	27件
有罪判決無し釈放	474件
前歴なし釈放	33件
その他の刑罰	32件
計	4,533件

出典：NSW Criminal Courts Statistics 2016, Table 2, Higher, Local and Children's Criminal Courts: Defendants convicted in finalised court appearances by court level, type of principal offence and principal penalty を基に表を作成した。

い犯罪類型である。2016年（1～9月）に認知された迷惑行為等約2万6,000件中、警察への通報から30日以内の検挙率は37％（約8,300件）であった。

次に、裁判所段階におけるストーキング事案の処理状況をみる。上述の認知犯罪統計とは別に、同州の刑事裁判所統計（2016年）の中にはストーキングの項目がある[31]。2016年、同州全裁判所にストーキング事案として1万1,816件が起訴され、7,700件（65.2％）が有罪とされた。2012年から2016年までの5年間で、ストーキング事案の起訴件数（増加率51％）、有罪率（5ポイント増）ともに上昇している（表1参照）。

2016年におけるストーキング事案の確定判決は4,533件である。前記のとおり、ニュー・サウス・ウェールズ州ではストーキングに対する刑罰は、最高5年の拘禁刑ないし最高50ユニットの罰金刑（あるいは併科）であるが、実際の確定判決では、拘禁刑661件（14.5％）、罰金刑は366件（8％）と少なく、これらの刑罰が選択されるのは全体の2割程度に過ぎない。

(2) AVOの発出状況

ニュー・サウス・ウェールズ州のストーキング対策として、拘禁刑や罰金刑等の刑罰による対応のほかにAVOがあることは先述した。そこで、AVOの運用状況をみると以下のとおりである。繰り返しになるが、AVOは、ADVOとAPVOの二つの命令を総称したものである。両者の基本的な相違は、原告・被告の関係が家族関係にある場合にはADVO、ない場合にはAPVOが適用される。AVOは裁判所が発出する民事命令であり、保護対象者（被害者）に対して、(a)暴行、迷惑行為、脅迫すること、(b)不安を覚えさせること、(c)ストーキングすること、などの行為の禁止を被告に命ずるものである。

2013年から2017年の間に、ADVOの発出件数は約2万5,500件から約2万9,500件に増加しているが、APVOは約6,000件から約4,600件に減少した[32]（図1参照）。

ADVO（2万4,458件（2013年7月1日から2014年6月30日の間に発出）に対する命令違反率は、19.7％である[33]。ADVO違反のほとんど（95.2％）は、言い渡し後1年以内に発生している。女性（14.5％）よりも男性（20.8％）の違反率が高い。前記のとおり、ADVO違反は犯罪であり2年以下の拘禁刑ないし5,500

図1　AVO 発出件数（類型別）

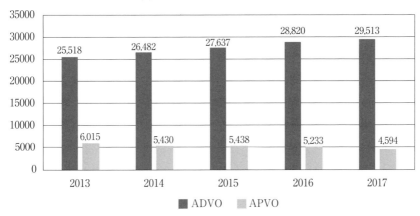

出典：NSW, Bureau of Crime Statistics and Research, Apprehended Violence Orders.
http://www.bocsar.nsw.gov.au/Pages/bocsar_pages/Apprehended-Violence-Orders-.aspx

表3　ADVO 違反に対する処分

主要な刑罰	件数	構成比（％）	平均（月数、額）
拘禁刑	390	12.4	4
家庭拘禁	1	0.0	3
集中矯正命令	12	0.4	8
監視付き猶予刑	165	5.2	9
監視なし猶予刑	72	2.3	8
地域サービス命令	132	4.2	111時間
監視付き善行保証	489	15.5	16
監視なし善行保証	709	22.5	14
罰金	560	17.8	432豪ドル
不定期刑	3	0.1	
刑罰なし有罪	179	5.7	
刑罰なし善行保証	294	9.3	12
犯罪記録なし	148	4.7	
計	3,154	100.0	

出典：Trimboli L., (2015), Persons convicted of breaching Apprehended Domestic Violence Orders: their characteristics and penalties, NSW Bureau of Crime Statistics and Research, Bureau Brief, Issue paper no.102, p. 3．

豪ドル以下の罰金刑（あるいは併科）が科される可能性がある。実際には、ADVO違反に対して拘禁刑が選択される場合（12.4%）、拘禁刑の平均期間は4カ月であり、罰金刑の場合には平均432豪ドルである（表3参照）[34]。

五　加害者対策

　冒頭で指摘したように、オーストラリアのストーキング対策で注目されるのは、加害者対策である。おそらく世界的にみて加害者対策が最も進んでいる国の一つである。これについては、メルボルン市のモナッシュ大学医学看護保健科学部（Faculty of Medicine, Nursing and Health Sciences at Monash University）の研究グループ、ビクトリア司法精神衛生研究所（Forensicare: Victorian Institute of Forensic Mental Health）、クイーンズランド司法精神衛生サービス（Queensland Forensic Mental Health Service）、クイーンズランド固執性威嚇評価センター（Queensland Fixated Threat Assessment Centre, QFTAC）などの活動が活発である。とくに、後述のSRPを開発したモナッシュ大学グループはストーキング加害者治療で約20年の実績があると言われ、加害者の分類と治療のための各種の診断ツールを開発している。以下では若干この動きを紹介したい[35]。

1　ストーキング・リスク・プロファイル（SRP）[36]

　このモナッシュ大学研究グループには、ジェームス・オグロフ（James R.P. Ogloff）、トロイ・マックイーワン（Tory McEwan）らの心理系、医学系の研究者が含まれる。彼らの研究の中でとくに注目されるのがストーキング・リスク・プロファイル（Stalking Risk Profile, SRP）である[37]。これは、従来の暴力のリスク評価がストーキングという新形態の分野のリスク評価に適合しうるかを検討した結果、両者は異なるという認識の下、ストーキングのリスク状態の多様性に鑑み、専門家の構造化された標準的な判断手続きの必要性から、2009年に開発されたものである[38]。要するに、SRPは一連の構造化された専門家向けの判断ガイドラインである。したがって、これを使用するには一定の研修を受ける必要があるが、研修不要の簡易版 'Stalking Assessment

Screen（SAS）'も用意されている。このツールによって、個々のストーキング事件におけるリスクの評価と管理を行う。すなわち、SRPを用いて動機、行為の分析を行いリスク要因に基づく固有の分類を行い、治療法を確定するのである。これは、研究者らの長年にわたるストーキング加害者・被害者に対する臨床経験から、暴力リスク、ストーキングの動機、行動の固執性、再発性、それに伴う心理的社会的損失などを総合的に判断する独自のガイドラインであり、オーストラリア国内の機関（たとえば、Forensicareなど）で活用されているほか、すでに多くの国で導入されるなどの実績がある[39]。

SRPについてはすでにわが国でも紹介されている。とくに警察庁の研究会報告書[40]に詳しく、診断プログラムも示されている。これによると、SRPでは、次のようなストーキング行為者の類型化が試みられ、これらの各タイプに対してクイーンズランド司法精神衛生サービスがSRPを採用して、その介入策（精神保健介入と司法介入）を提示しているので、これらを組み合わせると、次のように示すことができる。

(1) 拒絶 (rejected) 型と介入策

過去に親密関係、とくに性的親密関係にあった者で、被害者本人だけでなく家族、親友、ストーカーと親しかった者が標的になりうる。拒絶されたストーカーは当初の動機は関係修復であるか、拒絶した被害者への報復であるかのいずれかであり、しばしば両者の相反した感情が混交している。ストーカーは被害者の近くにいると感じることで過去の親密関係に代替できると考えたり、ストーキング行為を継続することで自らの自尊心を維持できると考える場合が多い。

＜介入策＞　拒絶型ストーカーは、主にパーソナリティ障害を有するため、特性に応じた処置と再発防止処置が重要である。グリーフ（悲嘆）カウンセリングもストーカーの対象を諦めさせることに役立つことがある。司法介入としては主に法的手段が求められ、断固とした対処が必要である。被害者との関係が浅く、また被害者との間に子供を有しない者は、治療プログラムの効果が期待できる。しかし、反社会的かつ犯罪傾向があり、社会性にも欠けるストーカーで被害者との関係が長期間にわたり、子供を有する者は、経過が良好にはならず、法的手段が唯一の有効な対処法と考えられる。

(2) **憎悪（resentful）型と介入策**

ストーカー自身が自ら過酷な扱いを受け、あるいは被害者から屈辱を受けていると感じることで憎悪が発生する。この場合、被害者は会ったことのない見知らぬ者か、知人である。ストーカーは被害妄想を拡大し、その復讐手段としてストーキングを行うが、しばしば重度の精神疾患を患っている場合がある。初期動機は復讐や仕返しであり、被害者が恐怖心を感じることがストーカーに支配感、征服感を与えることになる。ストーカーは自身が迫害されていると感じるため、迫害する個人、組織への反撃としてストーキングを正当化する。

＜介入策＞ 認知療法的な手法を病的な悲嘆に対処するため用いる。また、妄想性障害があれば精神医学的な治療も行う。明らかな妄想性障害があり、精神保健機関が処置に同意していれば対処しやすくなるが、障害が明らかではないと見逃されることがあるし、治療スタッフを威嚇するなどして早期に退院させられることがある。また、このタイプは被害者の苦痛から満足を得ようとするため、被害者への共感トレーニングは適しない。司法の介入によって処理されることが多いが、法的手段を講じるとストーカーを刺激してしまう可能性があることを念頭に置いて対応しなければならない。

(3) **親密願望（intimacy seeker）型と介入策**

特定被害者に対して親密な人間関係の構築をめざすタイプである。ストーカーの孤独感、相談相手不在などから生じる。このタイプの被害者は会ったことのない者か知人程度の薄い関係にすぎず、しばしば被害者に対する妄想観念、恋愛妄想であって重篤な精神疾患を伴う場合が多い。当初の動機は恋愛感情や親密関係の構築意図であり、ストーキングによって被害者と親密につながっているという満足感を得て、これがストーキングの継続に至る。

＜介入策＞ 妄想性障害（恋愛妄想）を有している場合は、精神医学的な治療を行い、また、社会からの疎外感を減少させることも試みる（ペットを飼育させるなど）。再発防止処置も将来の誘発を抑えるために重要である。また、このタイプのストーキングを止めさせるには治療が有効で、司法の介入は治療を受けさせることにつながるものとして考えられている。

(4) 片面求愛（incompetent suitor）型と介入策

被害者から相手にされず一方通行型のストーキングである。これは孤独感や性欲の充足を求めて生じ、被害者は一般的に会ったことの無い者か知人である。親密願望型と異なり、継続的な恋愛関係の構築ではなく、とりあえず相手と会って一時的な性欲の満足を求める傾向がつよい。そのため、ストーキングは短期間で収束するが、固執する場合は無分別で相手の苦痛に無関心であり、ストーキングが継続することもある。このタイプのストーカーはしばしば自閉スペクトラム症や知的障害に起因する認知障害、社会スキルの欠如などの問題を抱える。

＜介入策＞　社会性を構築すること、教育、被害者への共感を増加させることに重点が置かれる。このタイプは一般的に治療に適性を示すが、行動が卑小化されるので治療機関に回されることがなく、治療ができないことがある。

(5) 略奪（predatory）型と介入策

このタイプは常軌を逸した性癖や興味を背景に生じる。行為者は通常男性で、被害者の女性も行為者に対して性的興味を有して見知らぬ者同士の出会いが契機となる。当初長期の窃視などの性的満足行為で始まり、性的暴行を加えるために被害者の情報を収集し、しばしば不用心の被害者に対する支配感や征服感を満足させるための手段としてストーキングを行う。

＜介入策＞　性犯罪者用のプログラムを使用する。治療が可能である者もいるが、完全に治癒できるわけではない。

以上がSRPによるストーカーの類型化と介入策の概要である。SRPについてはその信頼度や予測精度に関する評価研究も行われている[41]。この研究は、256件のストーキング事件を起こした241名（うち女子18名）、平均年齢は34.63歳の者を対象に行われた。事件のデータは2002年から2007年の間（84名）か、2010年から2013年の間（157名）かいずれかを基にしており、対象者のうち219名の事例では調査対象期間にストーキング自体あるいはそれに関連する犯罪で起訴された者であり、ほとんどが保護観察所から紹介された。それ以外の22名は精神病院やその他の社会サービス機関によって注目された

者であり、特定被害者に対して侵入行為などを含むハラスメント行為（例えば頻繁な電話、つきまとい、望まれない侵入行為など）が2週間以上継続したと判断される証拠を有する者である。人種的には2名のアボリジニを含むオーストラリア生まれが124名で79％を占める。その他は主としてアジア出身の者であった。

この評価研究によると、まず上記の分類ではどのタイプが多いのかを調べた結果、調査対象者241名のうち、順に138名（53.9％）拒絶型、37名（14.5％）憎悪型、25名（9.8％）親密願望型、27名（10.5％）片面求愛型、24名（9.4％）略奪型と判断された。

調査結果として、全体的にSRPはストーキング関連のリスク評価としてはかなり有望なツールであり、比較的良好な内部的な一貫性、IRR、分類の正確性、予測妥当性を示したとする（詳細についてはMcEwan T. E. et al (2018) 参照[42]）。しかしながら、SRPには弱点もみられ、さらなる妥当性や洗練さが求められるとした。すなわち、構造の単純化、項目の合理性、複数のリスク領域の結合などの改善が行われればSRPはさらに利用可能性が高まると結論づけている。

SRP作成関係者らの評価であることから、客観性に問題はあるものの、これに変わる診断ツールが乏しく、各国で採用されている実績からすると、SRPが現在の国際的スタンダードである点には変わりはないように思われる。

六　おわりに

オーストラリアもイギリス同様、ストーキング対策は家族間暴力との関連、つまり配偶者ないし親密者間のDVに関する対応から始まり、徐々にそのような関係に加えて広く不審者を含む一般人同士のストーキング対策へと展開したことが窺える。そして、その制度の大きな特徴は親密者間と非親密者間のストーキングに対する法制度を分けている点である。確かに両者の問題性は状況を異にするから、識別することは重要であると思われる。しかも、少なくとも法令上はストーキング行為者に対する厳罰化が進んでおり、刑罰としても多様な対応がとられていることも理解された。

また、オーストラリアのストーキング対策の目玉は加害者に対する精神医学的、心理学的な対応であろう。この点はどの国においても悩ましい問題であり、わが国でも各種提案はあるものの、遅れをとっていることは事実である。ただ、このような対応がどの程度の効果を発揮しているのかはこのオーストラリアの例でも必ずしも明らかにはならず、今後の課題であると言えよう。いずれにせよ、先進的なオーストラリアのストーキングに関する制度や研究状況がわが国にとって示唆的であることは間違いない。

1) 連邦法にはストーキングを犯罪とする法規定は存在しない。しかしながら、ストーキングに対して実際には1975年家族法（Family Law Act 1975）第68条Bや第114条を根拠に命令（order）や禁止命令（injunction）を発出することは可能である。
2) Willis J. and McMahon M. (2000), Stalking: Intervention Orders, a paper to the Australian Criminology Conference, p.2.
3) Australian Bureau of Statistics (1996), Women's Safety Australia 1996.
4) Gouda N. (2000), Legislative and Criminal Justice Responses to Stalking in the Context of Domestic Violence, Paper at the Stalking: Criminal Justice Responses Conference convened by the Australian Institute of Criminology and held in Sydney 7-8 December 2000, p.8. Goode M. (1995), Stalking: Crime of the'90s? *Criminal Law Journal, vol.19, no.1*, p.1. この事件の被害者アンドレアはメルボルン市で男性と同居していたが、その間、しばしばこの男性からDV被害を受け、その後、この男性が凶器で彼女を脅したことから男性は有罪判決を受け刑務所に収容されるなどした。このような事情もあって、彼女はシドニーに転居したが、出所後この男性も跡を追い彼女に復縁を迫り、再度暴行事件を起こした。男性は起訴されたが、管轄のマンリー地方裁判所（Manly Local Court）が保釈を許したことから、再び彼女を追い回すようになり、所有の自動車にもキズを付けるなどの器物損壊を繰り返し、そこで彼女は同居する両親の同伴の下でこの男性と話し合う約束をしたが、待ち合わせ場所で彼女はこの男性にナイフで刺され、その後死亡した。
5) The National Council to Reduce Violence against Women and their Children (2009), Domestic Violence Laws in Australia, p.18.
6) Ibid., p.133.
7) もっとも、1900年犯罪法からストーキングに関する規定がすべて削除されたわけではなく、60条（警察官への暴行）、60条A（法執行官への暴行）、60条B（法執行官と関連する第三者に対する行為）、60条C（法執行官についての情報の取得）、60条E（学校内の暴行）の条文中に'stalk'の用語がみられるが、法執行官に対する暴行罪の

構成要件の一要素としての行為であり、一般的な意味でのストーキングとは異なる。
8）2007年法第8条と第13条の翻訳は、守山　正「諸外国のストーキング実態とその対策～イギリスの状況を中心に」犯罪と非行178号（2014年）142-143頁を参考にした。
9）イギリスの制度と類似した、いわゆるユニット・ファイン（unit fine）制度である。2018年当時、5,500豪ドル（約44万円）。
10) Stocker M. (2000), Apprehended Violence Orders and Stalking, Paper at the Stalking: Criminal Justice Responses Conference covened by the Australian Institute of Criminology and held in Sydney 7-8 December 2000.
11）2016年、ニュー・サウス・ウェールズ州におけるストーキング事案の確定判決4,533件中、拘禁刑は661件、罰金は366件であり（NSW Criminal Courts Statistics 2016, Table 2 NSW Higher, Local and Children's Criminal Courts: Defendants convicted in finalised court appearances by court level, type of principal offence and principal penalty）、他方、ＡＶＯの発出件数は3万4,053件である（NSW Government, Apprehended Violence Orders (AVOs) (http://www.bocsar.nsw.gov.au/Pages/bocsar_pages/Apprehended-Violence-Orders-.aspx)）。
12) New South Wales Law Reform Commission (2002), Apprehended Violence Orders: Part 15A of the Crimes Act, Discussion Paper 45, pp.13.
13）ニュー・サウス・ウェールズ州の場合、ストーキングはDVと結びついた法制が採用されていることが指摘されている。守山・前掲論文、143頁。
14) New South Wales Task Force on Domestic Violence (1981), Report of the NSW Task Force on Domestic Violence, to Honourable N K Wran Qc, MP Premier of New South Wales, Women's Co-ordination Unit.
15) Landsdowne R. (1985), Domestic Violence Legislation in New South Wales, UNSW Law Journal vol.8, p.85.
16) New South Wales Law Reform Commission (2002), Apprehended Violence Orders: Part 15A of the Crimes Act, Discussion Paper 45, p.20.
17) Goode M. (1995), Stalking: Crime of the '90s? *Criminal Law Journal, vol.19, no.1*, p.1.
18) New South Wales Law Reform Commission (2002), op.cit., p.23.
19）守山　正『イギリス犯罪学研究Ⅱ』（成文堂、2017年）「ストーキングの実態と対策」119頁。
20) South West Sydney Legal Centre (2014), Apprehended Violence Orders, p.2.
21）被害者が自ら申請すること、弁護士に代弁させることの双方が可能である。
22）オーストラリアやニュージーランドなどで採用される制度で、この制度では警察に所属する制服警察官あるいは警察に雇用された法律家が裁判所に事件を提起する。イギリスも1982年に検察官制度を導入する以前では同様の制度が存在した。

23) South West Sydney Legal Centre, op.cit p. 2 .
24) Personal Safety Survey, Australia: User Guide, 2016（http://www.abs.gov.au/ausstats/abs@.nsf/Lookup/4906.0.55.003main+features12016）
25) http://www.abs.gov.au/AUSSTATS/abs@.nsf/Lookup/4906.0Explanatory%20Notes12016?OpenDocument
26) http://www.abs.gov.au/ausstats/abs@.nsf/Lookup/by%20Subject/4906.0~2016~Main%20Features~Experience%20of%20Stalking~28
27) 2012年調査と比較すると2016年調査では、いわゆるサイバー・ストーキングに関連する項目が増えている。
28) http://www.abs.gov.au/ausstats/abs@.nsf/Lookup/4906.0main+features12016
29) 以下、本節のデータは、4906.0 - Personal Safety, Australia 2016の記述による。2016http://www.abs.gov.au/ausstats/abs@.nsf/Lookup/by%20Subject/4906.0~2016~Main%20Features~Experience%20of%20Stalking~28
30) Goh D. and Holmes J.（2017）, New South Wales Recorded Crime Statistics 2016, New South Wales Bureau of Crime Statistics and Research, p.49.
31) New South Wales Criminal Courts Statistics, 2016.
32) New South Wales Criminal Courts Statistics 2016, Table 7 New South Wales Recorded Crime Statistics Jan 2012 - Dec 2016: Apprehended Violence Orders（AVOs）granted in the Local Court by the person of interest's（POI's）（a）residential area and order type.
33) Poynton S.（2016）, Efty Stavrou, Neil Marott and Jackie Fitzgerald, Breach Rate of Apprehended Domestic Violence Orders in NSW, New South Wales Bureau of Crime Statistics and Research, Issue paper no.119.
34) Trimboli L.（2015）, Persons convicted of breaching Apprehended Domestic Violence Orders: their characteristics and penalties, NSW Bureau of Crime Bureau Brief Statistics and Research, Issue paper no.102. 2013年にADVO違反で有罪判決を言い渡された3,154人を対象とする研究である。
35) なお、守山・前掲書143頁参照。
36) MacKenzie R. D. et al（2009）, Stalking Risk Profile: Guidelines for the Assessment and Management of Stalkers, Monash University.
37) E.McEwan, T. Pathé M. and Ogloff J. R. P.（2011）, Advances in Stalking Risk Assessment, *Behavioral Sciences and the Law, vol. 29,* pp.180-201.
38) 一般的な暴力のリスク評価としては、暴力ヒストリーの臨床リスク評価として‘HCR-20,’‘LSI-R’あるいはDVリスク評価として‘SARA,’さらには性暴力リスク評価として‘RSVP’などがあるとされる。すでに、カナダ研究グループのクロップらはストーキングと他の暴力形態とは異なっている点を指摘し、暴力リスク評価は、長期

間の内在的外在的な威嚇行動を含むストーキング行動の評価には不適切であるとして、構造化された専門診断的アプローチ 'SPJ' を使用したガイドラインを推奨している（Kropp R. P. et al（2002）, Risk Assessment of Stalkers: Some Problems and Possible Solutions, *Criminal Justice and Behavior, vol.29*, pp.590-616, および Kropp R. P. et al（2008）, Guidelines for Stalking Assessment and Management, ProActive Resolutions Inc.）。
39) ドイツでも翻訳版が活用されている。Stalking: Ein Leitfaden zur Risikobewertung von Stalkern- das "Stalking Risk Profile（German Edition），" 2014.
40) 平成26年度警察庁委託調査「ストーカー加害者に対する精神医学的・心理学的アプローチに関する調査研究（1）」4頁以下。
41) McEwan T. E. et al（2018）, The Reliability and Predictive Validity of the Stalking Risk Profile, *Assessment, vol.25*（2）, pp.259-276.
42) Ibid., p.273.

（渡邉泰洋）

Ⅳ　ドイツ

一　はじめに

　本書のメインテーマであるストーカー問題に関する法分析を試みる時、我が国のストーカー規制法と配偶者暴力防止法という２つの法律がこの問題と深く関与していることに気づく。すでに平成21年警察白書において、ストーカー規制法と配偶者暴力防止法に関する分析がなされている[1]。また、平成28年警察白書では、その「第２章 生活安全の確保と犯罪捜査活動」の「第３節女性・子供を犯罪から守るための取組」の「恋愛感情等のもつれに起因する暴力的事案への対応」において、ストーカー規制法と配偶者暴力防止法に関する我が国の現状を分析している[2]。さらに、平成29年警察白書には、ストーカー規制法の改正に関する詳細な記述がなされている。このような状況はドイツにおいても当てはまり、後述するように、特別法たる暴力行為保護法と刑法上の規定としてのストーカー罪が時間的に相次いで立法化された。

　とくに1990年代以降の被害者保護の重要性の認識の高まり、安心安全社会の実現、処罰の前倒しといったキーワードに代表されるような背景があるように思われる。すでに筆者は、2006年９月に社会安全財団の研究助成を受けて、ドイツにおける犯罪予防法制を実地調査する機会を得、ドイツの大学の法学部の刑事法研究者に聞き取り調査を行い、また、資料の提供を受け[3]、ドイツ刑事司法にみる犯罪予防法制について考察を加えたものを公表している[4]。本稿は、とくにその後の状況の変遷も含めて、ドイツにおけるストーカー規制について検討するものである。

二　犯罪予防の概念とその根拠 —ストーカー問題と刑事法—

　医師にとって病気の患者を治療することと同様に、その病気の原因を究明

し、これを克服することは、治療以上に重要なことであるともいえる。医学が疾病の予防に重点を置いているように、刑事法の分野においても犯罪予防は重要な位置づけを与えられている。そして「犯罪予防」というキーワードは、刑事法に関連する分野の様々な場面で用いられている。犯罪論レベルでは、刑罰の目的との関連で「予防」という用語が用いられ、刑罰と処分の執行レベルでは、再犯防止、保安処分との関連で「予防」が問題とされ、さらに、行政法との関連で、警察との連携による犯罪の「予防」が問題となり、具体的には、警察法2条や警職法各条に犯罪の予防に関する文言が見受けられる。このように「予防」概念は刑事法関連の分野にかなり広範に見出される。しかし、他方で、刑法は「事後的な」処罰を中心課題としている。実際になされた犯罪をどう法的に判断するか、どう処罰するかが判断の対象となるのであって、将来起こりそうな犯罪に着目して刑事法が運用されるということはない。

　ところがストーカー問題は、その後に生ずるであろう別の犯罪、たとえば、生命、身体に対する罪、わいせつ罪、場合によっては財産犯を予防するために、現段階でどのような規制ができるかという予防の問題である。つまり、将来起こるであろう犯罪を予防するために、「事後的な」処罰を行う刑事法が、実質的には「事前的な」処罰、つまり処罰の前倒しを行うことになる。そして、罪刑法定主義との調和のためには、事後に想定される犯罪とは別の、新たな犯罪構成要件の創設が必要であり、これが先に言及した特別法としてのストーカー規制法と配偶者暴力防止法である。

三　ドイツにおけるストーカー規制についての歴史的展開[5]

1　2002年暴力行為保護法

　すでに述べたように、刑法は、犯罪行為が行われて、これに対する制裁として刑罰を付与するものであるが、ストーカー問題は、犯罪発生前でかつ「現在の危険」にまでは至っていない段階での処罰を念頭に置いたものである。我が国ではストーカー規制法14条の禁止命令違反、配偶者暴力防止法29条の保護命令違反に規定例が見られるが、ドイツにおいても、同様に2つの

法律によりストーカー問題に対処してきた。

　まず、配偶者からの暴力行為を防止することを念頭においた暴力行為保護法（Gewaltschutzgesetz）、正式には「暴力行為とつきまとい行為に対する民事法的保護のための法律（Gesetz zum zivilrechtlichen Schutz vor Gewalttaten und Nachstellungen v. 11. Dezember 2001, BGBl. I S. 3513）」が成立し、2002年1月1日から施行された。これはその名の通り、主にドメスティックバイオレンスからの保護を念頭に置いたものである。

　本法律は、形式的には民事法上の規定であり、被害者からの申立てに基づき、同法1条「暴力および付きまといから保護するための裁判所の措置」により裁判所が保護命令を出すが、その裁判所の保護命令を無視した場合に、同法4条で刑事罰（1年以下の自由刑または罰金）が規定されている。従って、処罰の対象は、ストーカー行為それ自体ではなく、裁判所の命令の不遵守ということになり、我が国の配偶者暴力防止法29条と同様である。ただ、本規定は民事法の規定として、被害者から裁判所への申立てが必要で、その意味で敷居の高いものとなっている。この点、我が国においては配偶者暴力相談支援センターが全面的にバックアップして、扶助が受けられる体制が整っているが、ドイツにおいては、弁護士がこれに代わるものと思われる。

　とくにストーカー関連では、同法1条2項2号b「行為者が違法に且つ故意に、明確に表明された意思に反して、繰り返し付きまとい、あるいは、通信手段を用いて追跡することにより、期待不可能なほどに迷惑をかけた場合」、同法1条1項により、裁判所は行為者に対し、接近禁止命令等（同法1条1項1～5号）の保護命令を発することができる。しかし、同法1条2項はこのストーカー行為に関して、さらに続けて後段で、「同法1条2項2号bでは、その行為が正当な利益の保護のためになされた場合は、期待不可能なほどの迷惑は認められない」とも規定している。

2　刑法典におけるストーカー罪

　このように、特別法としての暴力行為保護法が2002年に成立した一方で、我が国のストーカー規制法に該当する法律は、ドイツには長く存在しなかった。しかしながら、ストーカー行為を規制しなければならないという議論は

なされてきており、2006年に入って、連邦政府の立法案とそれに対する連邦参議院の対案が出された。連邦政府は、ストーカー対策の立法案（Gesetzentwurf der Bundesregierung）として、「執拗なつきまとい行為を処罰するための法律案（Entwurf eines Gesetzes zur Strafbarkeit beharrlicher Nachstellungen）(08.02.2006)」を提出し、刑法241ｂ条「つきまとい行為」を規定し、内容として、執拗で個別具体的な行為による許されないつきまとい行為は、それにより被害者の生活形成が重大で期待不可能なほど害される場合には処罰されるとした。その構成要件は現在の認識に基づいて最も頻繁に行なわれるつきまとい行為がカバーされるものである。他方、各州の代表である連邦参議院は「ストーカー対策法案（Entwurf eines Stalking-Bekämpfunggesetzes）(23.03.2006)」として対案を提出し、空き条文となっていた刑法238条に「重大な迷惑行為」を規定するとしている。これは政府案に対して、①詳細な構成要件、②結果加重規定、③刑訴法112a条に逮捕権限の規定を置くものである。この政府案と連邦参議院の対案を検討した結果、連邦政府と各州から提案された妥協案（2006年5月11日連邦司法省のプレス発表[6]）が示され、これが2006年11月30日に連邦議会で承認された。

ドイツ刑法238条　つきまとい
（１）他人に対し、正当な権限なく、執拗に
１．身辺につきまとい、
２．電話、あるいは、その他の通信手段を用い、あるいは第三者を通じてコンタクトを取ることを試み、
３．個人情報を不正に利用して、商品ないしサービスの発注を行い、あるいは第三者にコンタクトを取るようにさせ、
４．本人自身、あるいは近親者の生命、身体、健康、自由を威迫し、
５．その他同様の行為をし、
　それにより、当人の生活形成に重大な侵害をした者は、3年以下の自由刑または罰金に処する。
（２）行為者がその行為により、被害者、被害者の親族、その他被害者の近親者に対して死の危険または重大な健康障害の危険をもたらした場合は、3月以上5年以下の自由刑に処す。
（３）行為者がその行為により、被害者、被害者の親族、その他被害者の近親者の死を引き起こした場合は、1年以上10年以下の自由刑に処す。

(4) 1項の場合において、行為は告訴を待って訴追されるが、例外的に、刑事訴追機関は刑事訴追についての特別の公共の利益を理由に職権でこれを必要と認める場合がある。

さらに、逮捕について規定する刑訴法112a条に本条文を加え、それにより逮捕権限を認めている。そしてこれは、執拗なつきまといの処罰に関する法律（Gesetz zur Strafbarkeit beharrlicher Nachstellungen（40. StrÄndG）v. 22.03.2007 BGBl. I S. 354）として公布され、2007年3月31日に施行された。

3　ドイツ刑法238条をめぐる問題[7]

ドイツ刑法238条の解釈で特に問題となるのは、「正当な権限なく」、「執拗に」、「その他同様の行為」、「それにより、当人の生活形成に重大な侵害をした」という構成要件要素をめぐる問題である。

「正当な権限なく」は、わが国の刑法130条や軽犯罪法にも同様な文言が見受けられるが、ここでは構成要件要素とされ、処罰に値するケースを限定する機能を有していると考えられている[8]。とくに、レンギーア（Rengier R., 2017）はこれについて、行為者が被害者の意思に反して行為していることを明確にするとともに、社会的相当な行為態様をカットアウトするものであり、犯罪者の追跡や強制執行がこれにより排除されるとしている[9]。これを構成要件要素とすると、構成要件的錯誤の問題が出てくるが、被害者の合意は、つきまとい行為それ自体を対象とするので、構成要件的錯誤が適用されるのは限定的であるとされる[10]。

「執拗に」という文言も、その曖昧性ゆえ、解釈問題を含んでいる[11]。量的な観点と質的な観点から分析され、量的には「5回」が一応の目安とされているが[12]、必ずしもこれだけでは十分とされず、個別具体的に解釈するしかないとされている[13]。クリューガー（Krüger M., 2010）はこれを個々の観点からの全体評価と表現しているが[14]、連邦通常裁判所が「執拗かどうかは様々な行為の全体評価から明らかになるのであり、とくに侵害と内心の関係の時間的な隔たりが意味を持つ」[15]と表現していることに対応している。また、質的には、行為者の「一定の態度」と「内心傾向」が問題となるとされる[16]。連邦通常裁判所は、この概念を「実行行為において示される頑な粘着

性と、法による禁止と被害者の意思を顧みないこと」と解釈している[17]。他方、行為者の一般的な行動の自由にも配慮せねばならず、子供に会うためにかつてのパートナーに「執拗に」連絡を取ったり、ジャーナリストが「執拗に」ターゲットを追いかけまわす場合もこれに該当しないことになる[18]。

「その他同様の行為」については、これが１号から４号までの捕集構成要件であり、処罰の間隙を埋めるものであるとされるが[19]、罪刑法定主義違反ではないかとの批判も存在する[20]。特にこの点についてラコウ（Rackow P., 2008）は、オーストリアが法的安定性を高めるために同様の規定を意図的に導入しなかった点を指摘している[21]。

「それにより、当人の生活形成に重大な侵害をした」という要件は、同条の前半に記載された行為類型の記述に対し、その結果としての第２の要件を示すものである。「重大な侵害」の概念が問題となるが、立法理由書では、「一般的で、原則的に受け入れるべき、期待可能な侵害を大いに、そして、客観的に見ても、上回るような重大で、真剣に対応しなければならない侵害」と説明されている[22]。具体的には、生活習慣の客観的な変更が必要であり、主観的な生活感覚への悪影響は問題にはならないと解される[23]。

また、他罪との関係については同条はとくに言及していないが、同条の「当人の生活形成を重大に侵害した」とはいえない場合には、先にあげた暴力行為保護法４条の適用が排除されるものではないとされている[24]。

四　犯罪統計に見る238条の運用状況

それでは犯罪現象としてのストーカー事案はどのように推移しているであろうか[25]。ドイツ刑法238条に関する統計が連邦統計局[26]から発表されており、これをグラフ化してみた。

１　概観

図１は238条が施行された2007年から2016年までの推移を示している。2007年３月31日付で施行されたことを考慮すれば、2007年の数値が低いことに不思議はない。検挙率は恒常的に90％前後で推移している。また、2008年

図1　238条の認知件数と検挙人員

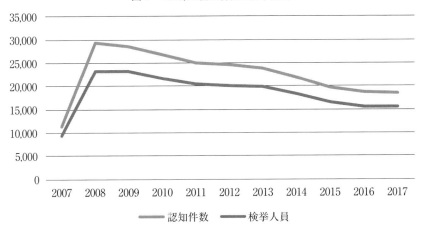

PKS 2017 - Zeitreihen Übersicht Falltabellen, Tabelle 01, Grundtabelle から作成

図2　自由に対する罪全体の推移

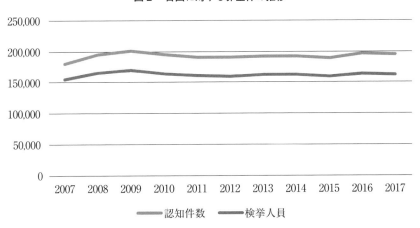

PKS 2017 - Zeitreihen Übersicht Falltabellen, Tabelle 01, Grundtabelle から作成

以降は漸減傾向にあり、この点については、図2が示すように、自由に対する罪全体ではほぼ横ばいか、微増傾向があるにもかかわらず、238条の付きまとい罪は減少しており、2016年の19,704件から2017年の18,739件へと4.9％

図3　人口100万人あたりの発生率

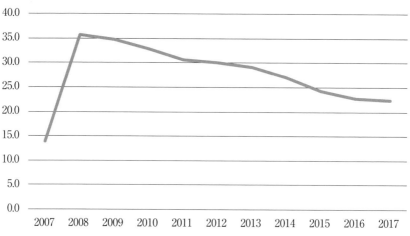

PKS 2017 - Zeitreihen Übersicht Falltabellen, Tabelle 01, Grundtabelle から作成

図4　検挙人員数と年齢別構成

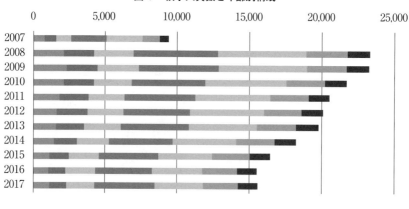

PKS 2017 - Zeitreihen Übersicht Tatverdächtigentabellen, Tabelle 20, Tatverdächtige insgesamt nach Alter und Geschlecht から作成

も減少し[27]、更に2017年は18,483件と2％減少している。また、人口100万人当たりの発生率（図3）も30人前後で推移しており[28]、それほど高い数値ではない[29]。

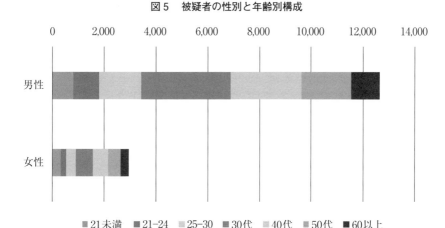

図5 被疑者の性別と年齢別構成

PKS 2017 - Standard Übersicht Tatverdächtigentabellen, Tabelle 20, Tatverdächtige insgesamt nach Alter und Geschlecht から作成

2 行為者

行為者に関しては、図4で検挙人員と年齢別構成をみると、30代と40代が圧倒的に多く、続いて20代、とくに20代後半が多い。2017年は、男女ともに30代が一番多く（図5）、男性が11,820人、女性が2,614人で、それぞれ3,457人、664人となっている。次に多いのが40代で、それぞれ2734人、606人となっている。

3 被害者

被害者に関しては、少し詳細に論じてみよう。まず、図6で年齢別被害者数を見ると、成人の被害者が圧倒的多数である。また、図7が示すように、全体の男女比は、明らかに女性が多い。このことを反映して、21～59歳の被害者では、女性の被害者が多数となっている（図8）。しかし、14歳未満と60歳以上の被害者の男女比（図9、10）はかなりその差が詰まっており、これらの年代の特徴が現れているといえる。

386　第7章　海外におけるストーキング対策

図6　年齢別被害者数

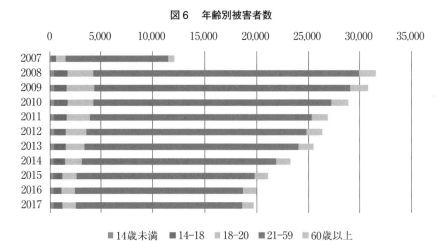

PKS 2017 - Zeitreihen Übersicht Opfertabellen, Tabelle 91, Opfer - Straftaten insgesamt ab 2000から作成

図7　男女別被害者数

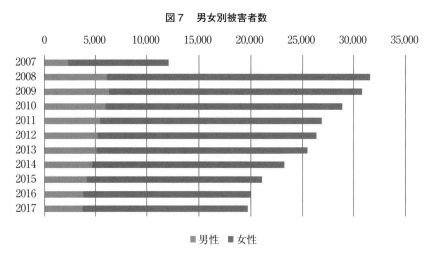

PKS 2017 - Zeitreihen Übersicht Opfertabellen, Tabelle 91, Opfer - Straftaten insgesamt ab 2000から作成

Ⅳ ドイツ　387

図8　21-59歳の被害者

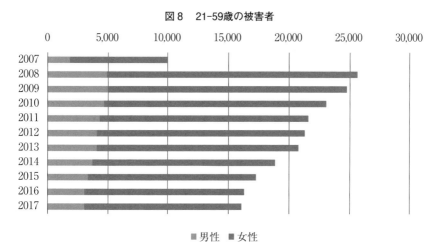

PKS 2017 - Zeitreihen Übersicht Opfertabellen, Tabelle 91, Opfer - Straftaten insgesamt ab 2000から作成

図9　14歳未満の被害者

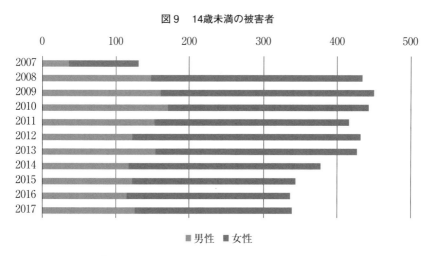

PKS 2017 - Zeitreihen Übersicht Opfertabellen, Tabelle 91, Opfer - Straftaten insgesamt ab 2000から作成

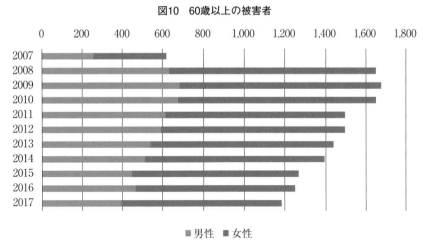

図10　60歳以上の被害者

PKS 2017 - Zeitreihen Übersicht Opfertabellen, Tabelle 91, Opfer - Straftaten insgesamt ab 2000から作成

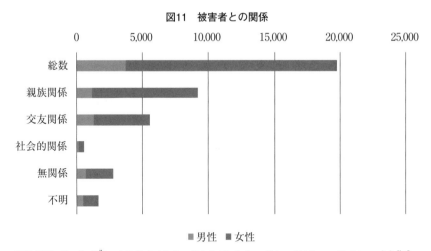

図11　被害者との関係

PKS 2017 - Standard Übersicht Opfertabellen, Tabelle 92, Opfer - Tatverdächtigen - Beziehung から作成

4　被害者との関係

　被害者との関係について2017年の統計をもとに分析すると、親族関係、交友関係が主である（図11）。社会的関係とは、会社、学校など組織内での人的

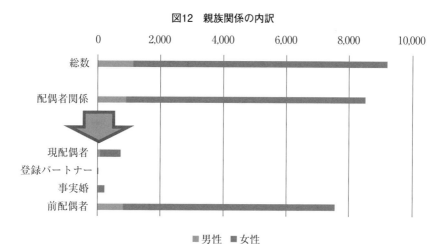

図12 親族関係の内訳

PKS 2017 - Standard Übersicht Opfertabellen, Tabelle 921, Opfer‐Tatverdächtigen‐Beziehung formal（Partnerschaften）から作成

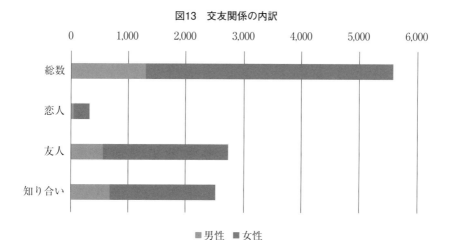

図13 交友関係の内訳

PKS 2017 - Standard Übersicht Opfertabellen, Tabelle 923, Opfer‐Tatverdächtigen‐Beziehung formal（Informelle soziale Beziehung）から作成

なつながりを意味しているが、非常に少ない。

　親族関係のうち、ほとんどは配偶者関係、すなわちパートナーの関係であり、さらにその大部分は前配偶者関係であり、更に被害者の81％は女性であ

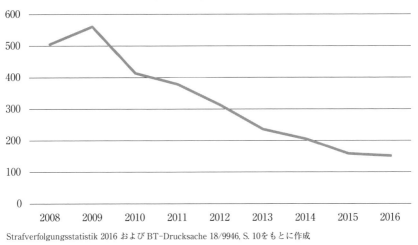

図14　238条有罪判決人員

Strafverfolgungsstatistik 2016 および BT-Drucksache 18/9946, S. 10をもとに作成

表1　238条違反の認知件数、検挙人員、有罪判決人員

	認知件数	検挙人員	有罪判決人員
2008	29,273	23,296	505
2009	28,536	23,247	561
2010	26,848	21,698	414
2011	25,038	20,492	378
2012	24,592	20,079	313
2013	23,831	19,775	236
2014	21,857	18,245	205
2015	19,704	16,430	158
2016	18,739	15,477	151

Polizeiliche Kriminalstatistik 2016, Strafverfolgungsstatistik 2016 および BT-Drucksache 18/9946, S. 10をもとに作成

る（図12）。

　交友関係の内訳は、それなりに付き合いのある友人、深い付き合いはない単なる知り合いと続いている（図13）。

5 有罪判決人員

　刑法238条違反の有罪判決人員数は、検挙者数に比して、著しく少ない。図14は2008年以降の統計であり、且つ、刑事裁判を経ているので年度ごとの統計資料として検挙者数に対応するものではないが、1％台で推移していることがわかる。そしてこのことが構成要件上の制限に基づくものであり、被害者を保護するためには法改正が必要であるとの議論[30]につながっているのである。

五　刑法238条の改正

　上に述べたように、これまでの文言「それにより、当人の生活形成に重大な侵害をした」が示すように、刑法238条は結果犯である[31]。行為が被害者の生活形成に重大な侵害を引き起こした場合に構成要件が充足されるのであり、可罰性は行為者の行為とその質ではなく、被害者がどのように対応したかに左右される[32]。したがって、被害者が日常の行動を変更し、よって行為者の圧力に屈した場合に刑法的な保護がなされ、逆に被害者が強ければ、行為者は処罰されないということになる[33]。これでは被害者保護が十分に実現していることにはならないであろう。そこで2016年8月12日付で、連邦政府は刑法238条1項を潜在的危険犯に修正すること等を提案した[34]。具体的には、行為者の行為が被害者において生活形成に重大な侵害を生じさせるに客観的に適う行為で十分とするものである[35]。これにより、具体的な結果の発生は必要なくなり、被害者の生活状況への重大な侵害を引き起こすために、行為が客観的に適性かどうかが基準となるのである[36]。そしてこのような客観的な基準の導入は将来的にも構成要件の厳格性を保証するものであると理由づけている[37]。加えて、一般条項である238条1項5号「その他同様の行為」を削除することを連邦政府は提案した[38]。

　この改正案を出すにあたって、草案はその理由の中で現行規定238条が被害者保護には十分ではないと明言し、オーストリア刑法107a条を参照している[39]。

　連邦政府の改正案のモデルとなったオーストリア刑法107a条は、現在、

（1）（2項に示すような）違法に、且つ、執拗に他人を追跡した者は、1年以下の自由刑または720日までの罰金に処する。
（2）日常生活において期待不可能なほど侵害するに適うほどに、長期にわたり継続的に
 1．身辺につきまとい、
 2．電話、あるいは、その他の通信手段を用い、あるいは第三者を通じてコンタクトを取り、
 3．個人情報を利用して、商品ないしサービスの発注を行い、あるいは、
 4．個人情報を利用して、第三者にコンタクトを取るようにさせた
者は、他人を執拗に追跡したことになる。
（3）行為が、2項の意味で追跡された被害者の自殺または自殺未遂を引き起こしたときは、行為者は3年以下の自由刑に処する。

と規定している。

本規定は、現行の規定であり、このうち、1項は従来規定されていた自由刑に加え罰金刑が追加され、さらに3項には行為により重大な結果が発生した場合を追加し（2016年8月のBGBl. I Nr. 112/2015）、2016年1月1日付で施行されたものである。なお、当初の規定は、2006年5月8日のBGBl. I Nr. 56/2006により成立し、同年7月1日付で施行されたが、その文言でも、2項の「日常生活において期待不可能なほど侵害するに適うほどに」が用いられており、当初から結果犯ではなく、適性犯（Eignungsdelikt）であった。

話をドイツでの刑法改正に戻すと、理由書は重ねて、現行法規定では生活形成が重大にも侵害されたことが構成要件上要求されているので、当初、落ち着いて行動する被害者には刑法の保護がなされず、つきまとい行為が被害者の行動の変更をもたらすに至った時に初めて刑法的保護がなされると指摘している[40]。

さらに、草案はストーカー行為の刑法上の訴追に関する規定の不備として、つきまとい罪が私訴犯罪であることを挙げ、これにより、被害者自身が行為者に対する刑事訴追を自らのイニシアチブで実現しなければならないと指摘している[41]。

そこで、政府草案は、①238条1項を結果犯から適性犯への変更し、②一般条項である238条1項5号の削除、③刑訴法の私訴犯罪からの削除、以上

3点を挙げるとともに、家事事件及び非訟事件手続法214a条に、暴力行為保護事件において、裁判所による暴力行為保護命令が出されたのと同様に、和解の規定を裁判所が確定する制度を導入し、裁判所により確定された和解の義務に反する行為は、暴力行為保護法4条の刑事罰によって処罰されるように提案している[42]。

これに対して、州代表である連邦参議院からは2016年9月23日付で、①家事事件及び非訟事件手続法214a条関連での文言修正[43]と②暴力行為保護法4条の刑事罰の2年への引き上げの修正提案がなされた[44]。ただし、連邦政府はこの批判をすべて退けている[45]。

さらに39名の議員で構成される連邦議会法務委員会（第6委員会）からは、政府草案に対して、①238条1項4号の文言の修正、②削除が提案された5号の復活、③家事事件及び非訟事件手続法214a条前段の文言の修正が2016年12月14日付で提案された[46]。

同盟90/緑の党は、当初の政府案にある238条1項5号の一般条項の削除に賛成であり、これを復活させることには反対である、このような規定はあまりにも不明確である、5号により有罪となった事例は存在しない、また、結果犯から適性犯への構成要件の変更に関しては、被害者保護の強化は刑罰法規の強化では実現せず、刑法はあくまでも最後の手段であるべきであるとして、委員会案に反対した[47]。

左派党・リンケは、同盟90/緑の党の批判に同調し、適性犯への変更による処罰の前倒しと処罰の拡大には反対である、行為者の行為が被害者の生活形成を重大に侵害するに「適っている」ということをどう解釈するのかが不明確である、当初の草案で歓迎された238条1号5号の一般条項の削除が破棄されることにも反対であるとして、委員会案に反対した[48]。

SPDは、以上のような疑義をとりわけ被害者保護の観点から退け、ドイツ法曹連合や被害者団体「白い環」の代表のような専門家が公聴会で適性犯への変更を正しい方向と歓迎した、保護の間隙が生じないためにも、238条1項5号の一般条項を維持することに賛成するとして、委員会案に賛成した[49]。

CDU/CSUはSPDに同調したうえで、本立法作業が被害者保護の一環であることに言及し、「ストーカー行為」によって激しく生活が脅かされてい

る被害者を刑法を使って救うことは重要である、これまでは被害者は刑法上の保護を得るためには、自分の生活を変更しなければならなかった、立法者が施行から10年経過した238条の構成要件とその効果を検討したことは正しい、そこで指摘された保護の間隙は埋められねばならない、生活状況の重大な侵害を引き起こすことに適している行為はすでに可罰性を備えているので、結果犯から適性犯へと変更がなされる、5号の一般条項はいきなり真空状態に作られるものではなく、1号から4号までの具体的な例示との関連および行為の適合性から厳格な解釈が導かれるのであり、従って、捕集構成要件であるとして、委員会案に賛成した[50]。

このような審議を経て、2017年3月に「つきまといに対する保護の修正法 (Gesetz zur Verbesserung des Schutzes gegen Nachstellungen v. 1. März 2017, BGBl. I, S. 386)」が施行され、刑法238条は改正された。同法は、その1条で刑法238条の改正、2条で私訴を規定する刑訴法374条1項5号から、つきまとい罪の削除、3条で家事事件及び非訟事件手続法に裁判所による和解の確定という規定の新設（同法214b条）、4条で暴力行為保護法4条の罰則規定の適用について前記の裁判所による和解の不遵守を追加、5条で施行規則を規定している。

さて、本法律により、刑法238条の規定は以下のように改正された。

ドイツ刑法238条　つきまとい
（1）他人に対し、正当な権限なく、執拗に
1．身辺につきまとい、
2．電話、あるいは、その他の通信手段を用い、あるいは第三者を通じてコンタクトを取ることを試み、
3．個人情報を不正に利用して、
a）商品ないしサービスの発注を行い、
b）第三者にコンタクトを取るようにさせ、
4．本人自身、その親族、その他の近親者の生命、身体、健康、自由を威迫し、
5．その他同様の行為をし、
当人の生活形成に重大な侵害に適う行為をした者は、3年以下の自由刑または罰金に処する。
（2）行為者がその行為により、被害者、被害者の親族、その他被害者の近親者に対

して死の危険または重大な健康障害の危険をもたらした場合は、3月以上5年以下の自由刑に処す。
（3）行為者がその行為により、被害者、被害者の親族、その他被害者の近親者の死を引き起こした場合は、1年以上10年以下の自由刑に処す。
（4）1項の場合において、行為は告訴を待って訴追されるが、例外的に、刑事訴追機関は刑事訴追についての特別の公共の利益を理由に職権でこれを必要と認める場合がある。

　旧規定と新規定との一番大きな違いは、旧規定が「それにより、当人の生活形成に重大な侵害をした者は」と規定し、つきまといの結果として現実に生活に支障が出たことを要件としているが、新規定では「当人の生活形成に重大な侵害に適う行為をした者は」と規定し、つきまといの結果として現実に生活に支障が出るような行為をしただけで、構成要件該当性が認められる点である。これは適性犯（Eignungsdelikt）であり、具体的な生活形成への侵害という結果は必要とされない[51]。

　他方、238条1項5号が残った点については憲法上の疑義の方が問題であり[52]、事実、本号を必要とした事例は実務上存在しなかったという批判もある[53]。他方、クーレンは最近出版されたレンギーア祝賀論文集での「238条1項の明確性」と題する論文において、ドイツの各草案とオーストリア刑法107a条を比較検討し、ドイツの多数説が238条1項5号は明確性の原則に反する、あるいは、非常に問題であると解しているのに対し、多数説が、1号から5号を個々別々に解釈していること、1号から4号がなくても、十分に構成要件は明確であり、5号があってもこれを不明確にするものではないこと、さらに5号は構成要件の限定にも貢献していることを述べて、通説の批判を退け、結論として238条は明確性の原則に反するものではないとしている[54]。

　今後は本規定の運用がどのようになるのかを注視する必要があろう。

1）平成21年版警察白書（警察庁）84頁以下。
2）平成28年版警察白書（警察庁）92頁以下。
3）ミュンヒェン大学名誉教授ホルスト・シューラー＝シュプリンゴールム氏、エアラ

ンゲン・ニュルンベルク大学教授ハンス・クートリッヒ氏、エアランゲン・ニュルンベルク大学教授フランツ・シュトレング氏、ボン大学教授マルティン・ベーゼ氏、アウクスブルク大学教授（現ハレ大学教授）ヘニング・ローゼナウ氏、ケルン大学名誉教授ハンス・ヨアヒム・ヒルシュから資料の提供と貴重な教示、助言をいただいた。

4) 拙稿「ドイツ刑事司法にみる最近の犯罪予防法制」渥美東洋編『犯罪予防の法理』（成文堂、2008年）275頁。

5) ドイツの2007年のストーカー規制について歴史的に概観したものとして、齋藤順子「ドイツのストーキング対策立法 - 暴力保護法とつきまとい処罰法」外国の立法233号98頁（2007年）、嘉門優「ドイツにおけるストーカー行為処罰規定の新設について」國學院法學45巻4号67頁（2008年）、佐野文彦「ストーカー罪に関する解釈論と立法論の試み」東京大学法科大学院ローレビューVol.10（2015）3頁（とくに6頁以下）があり、参考になる。

6) http://gesmat.bundesgerichtshof.de/gesetzesmaterialien/16_wp/stalking/pm_bmj_11_5_06.pdf

7) ドイツにおけるストーカーの被害は、暗数部分も勘案すると、年間50万人から60万人と伝えられている（http://www.spiegel.de/politik/deutschland/0,1518,451627,00.html（2018年9月25日最終閲覧）、Valerius B. (2007), Stalking: Der neue Straftatbestand der Nachstellung in §238 StGB, JuS, 319.)。

8) von Schenck, Stalking, Jura 2008, 553, 554, Valerius B., aaO, (Fn. 7), 322, Neubacher/Seher, Das Gesetz zur Strafbarkeit beharrlicher Nachstellungen, JZ 2007, 1029, 1031, Gazeas N. (2007), Der Stalking-Straftatbestand, JR 497, 502.

9) Rengier R. (2017), StGB BTII, 18. Aufl., S. 231.

10) Valerius B., aaO, (Fn. 7), 322 f.

11) Gazeas N., aaO, (Fn. 8), 502, Neubacher/Seher, aaO, (Fn. 8), 1031.

12) BR-Drucksache, 551/04, S. 9, Valerius B., aaO, (Fn. 7), 322.

13) von Schenck, aaO, (Fn. 8), 553 f., Gazeas N., aaO, (Fn. 8), 502.

14) Krüger M. (2010), NStZ, 550.

15) BGHSt. 54, 189, 195, RN. 20.

16) von Schenck, aaO, (Fn. 8), 554.

17) BGHSt. 54, 189, 194 f. RN. 20, vgl. Rengier R., aaO. (Fn. 9), 231, Krüger M., aaO, (Fn. 14), 550.

18) Valerius B., aaO, (Fn. 7), 322.

19) Rengier R., aaO, S. (Fn. 9), 232.

20) Fischer T. (2017), StGB, 64. Aufl., §238 RN. これに対してSch/Sch/Eisele, StGB, 2010, 29. Aufl., §238, RN. 23. はやや肯定的。なお、新しい規定になって最初の版であるFischer T. (2018), StGB, 65. Aufl., §238 RN. 5f., 17ff. でも前版と同様に懐疑的

である。
21) Rackow P. (2008), GA, 566.
22) BT-Drucksache 16/3641, S.14.
23) Jahn M., JuS 2010, 83, Rengier R., aaO. (Fn. 9), 232 f.
24) Valerius B., aaO, (Fn. 7), 323.
25) 2007年から2011年までの犯罪学的分析については、Höffler K (2013), Stalking aus kriminologischer Sicht, in: Krüger M. (hrsg.), Stalking als Straftatbestand, 2., überarbeitete und aktualisierte Aufl., 2013, S. 35 ff. が詳細に論じている。また、Spohn V. (2017), Zehn Jahre Anti-Stalking-Gesetz はこれらを含めて10年の動きを総合的にまとめたものである。
26) 犯罪統計は連邦内務省編纂による Polizeiliche Kriminalstatistik 2017、刑事司法統計は Strafverfolgung, Fachserie 10 Reihe 3, 2016から引用した。
27) Bericht zur Polizeiliche Kriminalstatistik 2016, S. 13.
28) Polizeiliche Kriminalstatistik 2017, Zeitreihen Übersicht Falltabellen, Tabelle 01, Grundtabelle.
29) 根拠となる人口統計が2013年に変更されたため、数字にわずかながらのぶれがあるが、大きな差を生むものではない。
30) BT-Drucksache 18/9946, S. 10
31) BT-Drucksache 16/3641, S.14, BGHSt. 54, 189, 195, RN. 22, *Sch/Sch/Eisele*, StGB, 2010, 29. Aufl., § 238, RN. 4.
32) BR-Drucksache 420/16, S. 1, BT-Drucksache 18/9946, S. 1.
33) BR-Drucksache 420/16, S. 1, BT-Drucksache 18/9946, S. 1.
34) BR-Drucksache 420/16, S. 1 f.
35) BR-Drucksache 420/16, S. 1 f, BT-Drucksache 18/9946, S. 1 f.
36) BR-Drucksache 420/16, S. 2, BT-Drucksache 18/9946, S. 2.
37) BR-Drucksache 420/16, S. 2, BT-Drucksache 18/9946, S. 2.
38) BR-Drucksache 420/16, S. 2, BT-Drucksache 18/9946, S. 2.
39) BT-Drucksache 18/9946, S. 9.
40) BT-Drucksache 18/9946, S. 9.
41) BT-Drucksache 18/9946, S. 9.
42) BT-Drucksache 18/9946, S. 9.
43) BR-Drucksache 420/16 (B), S. 1 f., BT-Drucksache 18/9946, S.17.
44) BR-Drucksache 420/16 (B), S. 2, BT-Drucksache 18/9946, S.17 f.
45) BT-Drucksache 18/9946, S.19 f.
46) BT-Drucksache 18/10654, S. 2.
47) BT-Drucksache 18/10654, S. 4.

48) BT-Drucksache 18/10654, S. 4.
49) BT-Drucksache 18/10654, S. 4.
50) BT-Drucksache 18/10654, S. 4.
51) Fischer T. (2018), StGB, 65. Aufl., §238 RN. 3a.
52) Fischer T. (2018), StGB, 65. Aufl., §238 RN. 5f., 17ff.
53) https://www.lto.de/recht/hintergruende/h/238-stgb-neufassung-stalking-gefaehrdungsdelikt-privatsache-schwachstellen/ （2018年9月25日最終閲覧）同様に、Fischer T. (2018), StGB, 65. Aufl., §238 RN 17c もこれまで5号による有罪判決はなかったとしている。
54) Kuhlen L. (2018), in Hecker B., Weißer B., Brand C. (hrsg.) Festschrift für Rengier, S. 271, 276, 278, 280.

（小名木　明　宏）

執筆者一覧

青山 彩子	(あおやま あやこ)	警察庁生活安全局地域課長
安部 哲夫	(あべ てつお)	獨協大学法学部教授
小名木 明宏	(おなぎ あきひろ)	北海道大学大学院法学研究科教授
金政 祐司	(かねまさ ゆうじ)	追手門学院大学大学院心理学研究科教授
河合 幹雄	(かわい みきお)	桐蔭横浜大学法学部教授
後藤 弘子	(ごとう ひろこ)	千葉大学法政経学部教授
四方 光	(しかた こう)	中央大学法学部教授
芝多 修一	(しばた しゅういち)	逗子ストーカー事件遺族
島田 貴仁	(しまだ たかひと)	科学警察研究所犯罪行動科学部犯罪予防研究室長
生島 浩	(しょうじま ひろし)	福島大学大学院人間発達文化研究科教授
髙野 嘉之	(たかの よしゆき)	ジョン・ハワード・ソサイエティー・セラピスト
谷 真如	(たに まさゆき)	法務省法務総合研究所研究部室長研究官
野村 照幸	(のむら てるゆき)	国立病院機構さいがた医療センター心理療法士
長谷川 京子	(はせがわ きょうこ)	みのり法律事務所弁護士
長谷川 直実	(はせがわ なおみ)	ほっとステーション大通公園メンタルクリニック院長
廣井 亮一	(ひろい りょういち)	立命館大学総合心理学部教授
福井 裕輝	(ふくい ひろき)	特定非営利活動法人性障害専門医療センター代表理事
森田 展彰	(もりた あきのぶ)	筑波大学医学医療系准教授
守山 正	(もりやま ただし)	拓殖大学政経学部教授
山脇 絵里子	(やまわき えりこ)	共同通信社編集局ニュースセンター整理部長
渡邉 泰洋	(わたなべ やすひろ)	拓殖大学政経学部特任講師

ストーキングの現状と対策

2019年3月20日　初版第1刷発行

編著者　守　山　　　正

発行者　阿　部　成　一

〒162-0041　東京都新宿区早稲田鶴巻町514
発行所　株式会社　成　文　堂
電話03(3203)9201(代)　FAX03(3203)9206
http://www.seibundoh.co.jp

製版・印刷・製本　藤原印刷　　　　　　　　　検印省略
©2019　T. Moriyama　　　　　　Printed in Japan
☆乱丁・落丁本はおとりかえいたします☆
ISBN978-4-7923-5272-1 C3032

定価（本体5,000円＋税）